LOUIS-NAPOLÉON
ET
MADEMOISELLE DE MONTIJO

LOUIS-NAPOLÉON

ET

MADEMOISELLE DE MONTIJO

INTRODUCTION

C'est aujourd'hui le 15 novembre 1895. Seul, avec le gardien qui me conduit, je visite le palais de Compiègne où il y a trente ans, jour pour jour, je souhaitais la fête de l'impératrice Eugénie. Chacun lui offrait un bouquet et lui baisait la main. Elle remerciait avec un doux et majestueux sourire. Je parcours toutes les pièces du château. Voici la grande galerie qui servait de salle à manger, le salon où la souveraine prenait le thé avant le dîner, en compagnie de quelques privilégiés, invités oralement le matin par une dame du palais; voilà la salle des cartes où l'on se tenait le soir, voilà le salon où l'on se réunissait avant de partir pour la chasse à courre. Je circule dans les pièces où jadis on ne pénétrait pas : le cabinet de travail et la chambre à coucher de l'Empereur, la chambre et le cabinet de toilette de l'Impératrice. Quel contraste entre ces meubles, ces objets d'art, ces tableaux restés absolument les mêmes, et les royautés, les empires dont les ruines même n'existent plus ! Un pâle soleil d'automne, qui est comme un vague reflet des splendeurs évanouies, éclaire les salles désertes.

Je me souviens qu'il y a trente ans parmi les invités de la *série* de Compiègne figuraient Ferdinand de Lesseps, Prosper Mérimée, le baron Haussmann, l'astronome Leverrier. Un jour ce célèbre découvreur de planète fit aux hôtes du château un petit cours d'astronomie. Il parla de la pluralité des mondes, et démontra que notre terre n'est qu'un atome à peine perceptible dans l'immensité de l'univers. Je crois entendre encore, à l'issue de cette leçon, l'Empereur dire lentement, d'une voix mélancolique : « Grand Dieu ! que nous sommes peu de chose ! » Napoléon III avait bien raison et c'est surtout dans les palais, demeures aussi instructives que les églises et les cimetières, qu'il faut répéter cette parole.

Il existe, au château de Compiègne, tout près de la chapelle, un petit salon qui se nomme le salon des revues, parce qu'il contient deux tableaux représentant l'ombre du vainqueur d'Austerlitz passant la revue de soldats fantômes. Pour le second Empire, comme pour le premier, il y a déjà des revues fantastiques, et bien des évocations d'outre-tombe. Que sont-ils devenus les hommes d'État, les généraux, les diplomates, les littérateurs, les savants qui brillèrent dans ce palais jadis si animé, aujourd'hui si tranquille ? Je me rappelle les versets de l'*Imitation de Jésus-Christ* : « Dites-moi où sont maintenant ces maîtres que vous avez connus, et que vous avez vus fleuris pendant leur vie par leur doctrine ? D'autres occupent aujourd'hui leur place, et je ne sais s'ils pensent à leurs prédécesseurs. Tandis que ceux-ci vivaient, on les comptait pour quelque chose, et maintenant ils sont dans l'oubli. Oh! que la gloire du monde passe vite ! »

C'est en parcourant les salles du palais de Louis XIV, quand les bureaux du ministère des Affaires étrangères, dont je fais partie, y étaient campés en 1871, que j'ai eu l'idée d'écrire les *Femmes de Versailles*. C'est en contemplant les ruines des Tuileries que je me suis décidé à raconter la vie des souveraines et des princesses qui habitèrent ce palais funeste : ce sont les visites que j'ai faites dans ces derniers temps aux châteaux de Fontainebleau et de Compiègne qui m'ont déterminé à m'occuper du second Empire. Après avoir terminé, à la mort de la reine Marie-Amélie, le trente-sixième des volumes que j'ai consacrés aux *Femmes de Versailles* et aux *Femmes des Tuileries*, j'inclinais à considérer ma tâche comme terminée, et je craignais de fatiguer la patience d'un public, qui, à ma grande surprise, m'était resté fidèle pendant vingt-cinq ans. Quelques personnes, trop bienveillantes peut-être, m'ont engagé à reprendre la plume et à étudier le second Empire de la même manière que j'avais étudié les périodes précédentes. J'objectais qu'il est peut-être encore trop tôt pour parler du règne de Napoléon III. On m'a répondu qu'au contraire le moment était venu d'aborder cette période, et de profiter des témoignages que peuvent donner ceux des contemporains de l'Empereur qui vivent encore. Avant la vapeur et l'électricité, l'histoire pouvait attendre. Aujourd'hui elle se hâte. Il est possible que cette précipitation soit un gage de vérité. Quand on parle d'événements récents, on ne peut avancer des faits inexacts sans être immédiatement contredit. Il n'en est pas de même lorsqu'on étudie des époques lointaines; les erreurs qu'on commet ne pourraient être relevées que par un très petit nombre d'érudits qui, en général, s'occupent trop de leurs propres travaux pour avoir le loisir de songer à ceux des autres. De nos jours l'on peut dire que l'histoire se fait instantanément. C'est comme une enquête judiciaire à laquelle les témoins oculaires et auriculaires sont appelés.

Sous prétexte que j'ai vu de près la cour du second Empire, quelques-uns de mes amis m'engageaient à écrire mes mémoires. Je n'ai pas eu un seul instant l'idée de suivre un pareil conseil. Mon humble carrière est beaucoup trop obscure pour que je puisse tenter d'y intéresser le public. Il n'y a rien dans ma vie qui mérite d'être signalé. J'ai été un simple spectateur. La seule chose que je puisse faire, c'est de raconter des choses vues, et de parler d'illustres personnages avec lesquels je me suis trouvé en relation. Mais je ne mêlerai jamais à mes études ma personnalité. Il me suffira de reconstruire par la pensée les décors tour à tour éblouissants et sinistres qui avaient tant frappé mes yeux. J'ai assisté à tous les actes du drame, j'ai été le témoin des apothéoses comme des effondrements. J'ai vu l'impératrice Eugénie se rendant à Notre-Dame le jour de son mariage. J'étais tout près d'elle dans la même église quand elle assista, avec son fils, au *Te Deum* chanté pour la victoire de Solferino. Le petit prince avait alors trois ans. Il me semble le voir encore avec sa robe blanche et sa ceinture bleue. Regardant attentivement sa mère, dont il suivait tous les mouvements, il se levait, s'agenouillait et s'asseyait en même temps qu'elle. La voiture dans laquelle l'Impératrice et son enfant retournèrent aux Tuileries était remplie de fleurs. J'ai été invité aux grandes fêtes et aux fêtes intimes de la Cour, à ces bals costumés où la Souveraine apparaissait dans des costumes resplendissants, et, d'autres fois, cachait sa beauté sous le masque et le domino. J'ai vu l'Exposition Universelle de 1867, fastueuse apogée d'un règne, puis les premiers symptômes de décadence, puis les catastrophes foudroyantes. J'avais assisté à la naissance du second Empire, j'ai été le témoin de son agonie, et, du haut des terrasses qui surmontent le ministère des Affaires étrangères, j'ai regardé la foule traversant le pont de la Concorde pour envahir le Corps législatif et prononcer la déchéance de Napoléon III et de sa dynastie. Ayant été en relations avec la plupart des hommes et des femmes célèbres qui brillaient à Paris pendant ma jeunesse, je me suis trouvé, pour ainsi dire, aux premières loges pour assister aux spectacles si variés et si extraordinaires qui se sont déroulés sous mes yeux, et dont je voudrais essayer de retracer le souvenir.

Je ne suis plus à l'âge où l'on peut faire des projets à longue échéance, et je ne sais si j'aurai le temps et le loisir nécessaires pour esquisser une étude complète de la société parisienne sous le second Empire. Je me bornerai dans le présent volume à jeter un rapide coup d'œil sur les origines de l'Empereur et de l'Impératrice depuis leur naissance jusqu'à leur mariage.

La vie de Napoléon III avant son avènement au trône a déjà donné lieu à de nombreux et importants travaux historiques. Citons entre autres les ouvrages de MM. de La Gorce, Blanchard

Jerrold, Georges Duval, Thirria, Fernand Giraudeau, Émile Ollivier. L'ensemble de ces œuvres remarquables nous a été très utile. Nous remercions et nous félicitons leurs auteurs.

Quel que soit le jugement qui sera rendu par la postérité sur le second Empereur, un fait incontestable, c'est qu'il a été pendant près de vingt-deux ans le personnage le plus en vue du monde entier. Aucune figure, dans la seconde moitié du XIXe siècle, ne s'impose davantage à l'histoire. Un des caractères les plus curieux qu'elle ait jamais examinés est certainement celui du vainqueur de Solferino, du vaincu de Sedan : cosmopolite plus encore que Français, à la fois rêveur et homme d'action, tour à tour et quelquefois même simultanément démocrate et autocrate, travaillé tantôt par les préjugés du passé, tantôt par les idées nouvelles, représentant du Césarisme et, à la fin de son règne, champion des libertés parlementaires, prenant pour conseillers les hommes les plus opposés par leurs antécédents et leurs doctrines, ayant l'aspect d'un sphinx et ne devinant pas toujours lui-même sa propre énigme, actif, sous une apparence indolente, passionné, malgré un flegme imperturbable, énergique avec un air d'extrême douceur, aimant l'humanité tout en la méprisant, bon pour les humbles et compatissant pour les pauvres, très sérieusement préoccupé d'améliorer le sort matériel et le sort moral du plus grand nombre, victime des fautes d'autrui, plus encore que des siennes, et meilleur que sa destinée. La République reprochera toujours au second Empereur d'avoir fait le coup d'État et suspendu la liberté. On ne pourra oublier les effroyables catastrophes qui ont été la conclusion de son règne. On lui en voudra de n'être pas resté fidèle à son programme de Bordeaux : « L'Empire c'est la paix », programme vraiment fécond qui lui aurait permis de réaliser son rêve : éteindre le paupérisme. Mais d'autre part, on se souviendra qu'il a été mêlé à toutes les grandes affaires sur tous les points du globe, qu'il a abordé tous les problèmes, soulevé toutes les questions, que ses aigles ont plané victorieuses depuis Pékin jusqu'à Mexico, qu'il a consolidé le suffrage universel, proclamé le principe de la souveraineté nationale et le principe des nationalités, réalisé en Italie, peut-être, hélas ! au détriment de la France, le rêve du Dante et de Machiavel, émancipé les petites nations de la péninsule des Balkans, inauguré le système de la liberté commerciale, recherché tout ce qui peut rapprocher et unir les peuples, emprunté au socialisme plus d'une réforme utile. On se souviendra enfin qu'il a déclaré que les nations doivent être les arbitres de leur sort, et qu'il a essayé de substituer à l'ancien système de conquêtes la maxime : « Le droit prime la force. » Les idées de ce souverain moderne et révolutionnaire, homme de transition entre l'ancienne Monarchie et la République, n'ont été développées que d'une manière imparfaite, et la fortune, dont il avait été longtemps le favori, a fini par être, pour lui, impitoyable. Mais son œuvre, quoique interrompue, a quelque chose de grand :

Perdent opera interrupta, minœque
Murorum ingentes.

D'autres accompliront peut-être ce qu'il avait rêvé inutilement, et la démocratie fera peut-être un jour ce qu'un César n'aura pu faire.

La vie d'un homme dont la destinée a été si imprévue et si étrange sera l'objet d'innombrables travaux historiques et donnera lieu aux appréciations les plus contradictoires. Nous sommes persuadé que le meilleur moyen de juger le caractère et le rôle de Napoléon III serait de publier intégralement sa correspondance, comme l'a été celle de Napoléon Ier, en y ajoutant toutes ses œuvres littéraires ou politiques, toutes ses professions de foi, tous ses discours du trône. Il y aurait là les éléments d'une autobiographie essentiellement curieuse.

L'histoire s'attache de préférence aux personnages dont la carrière a été féconde en contrastes, et dont la destinée a quelque chose de romanesque. C'est pour cela que l'impératrice Eugénie, comme son époux, intéressera à un si haut degré, non seulement son époque, mais les siècles à venir. Symbole vivant des vicissitudes et des ironies de la fortune, elle a été tour à tour une souveraine éblouissante, une femme heureuse, enviée, adulée entre toutes et une *mater dolorosa*. Il sera beaucoup parlé d'elle parce qu'elle a tout ce qu'il faut pour frapper l'imagination, et que, suivant l'expression de Napoléon Ier, c'est l'imagination qui gouverne le monde. Au moment où la nouvelle du mariage de Mlle de Montijo et de Napoléon III commençait à se répandre dans Paris, quelqu'un s'empressa de l'apporter à M. de Lamartine, croyant qu'elle serait mal accueillie et critiquée par lui. Au lieu de cela, le grand poète s'écria : « L'Empereur vient de réaliser le plus beau rêve qu'un homme puisse faire : élever la femme qu'il aime au-dessus de toutes les autres femmes. » C'est par amour que l'Impératrice a été épousée, et rien n'est plus poétique, rien n'est plus populaire que l'amour. L'infortunée souveraine a porté un sceptre auquel les femmes tiennent plus qu'à celui de la royauté ou de l'empire, celui de la beauté. Elle a incarné toutes les joies, comme toutes les tristesses, et il n'y a pas au monde de contraste plus saisissant que celui qui existe entre ses toilettes éblouissantes d'autrefois et sa robe de veuve, sa robe de laine noire d'aujourd'hui.

L'impératrice Eugénie est une femme remarquablement douée. Caractère vraiment espagnol, passionnée pour la religion et pour la gloire, elle aime tout ce qui est beau, chevaleresque héroïque. Il y a de la fougue dans son esprit, de l'exaltation dans son cœur. Les choses aventureuses l'ont toujours séduite. Ce qui est extraordinaire lui plaît : « Je suis, disait-elle un jour, en souriant, de la famille du Cid et de la famille de Don Quichotte. » Elle s'exprime avec charme, avec vivacité, parfois même avec éloquence dans la langue de ses deux patries. Quand elle aborde une discussion politique, historique, littéraire, elle l'examine sous toutes ses faces, elle l'épuise. Son style est primesautier, original, plein de couleur et d'images. Son écriture très nette, très ferme, indique un caractère plein d'énergie. Elle lit beaucoup et s'assimile très facilement tout ce qu'elle lit. C'est une nature remplie de ressort que des malheurs incommensurables n'ont pas abattue et qui s'intéresse encore à toutes choses. Sa vie s'est écoulée comme dans un rêve, rêve étoilé qui s'est changé en un cauchemar horrible. Mais l'Impératrice a été à la hauteur de son infortune, et nous ne croyons pas que jamais veuve, jamais mère privée de son unique enfant ait montré plus de dignité dans sa douleur.

Ce serait agir en courtisan, ce serait flatter la souveraine détrônée et par conséquent lui manquer d'égards que de dire qu'en matière politique elle ne s'est pas souvent trompée. Mais ce qu'on peut affirmer, c'est que toujours elle s'est trompée de bonne foi et que ses erreurs ont eu pour cause des sentiments nobles et généreux. C'est pour cela qu'elle inspire même aux adversaires les plus irrités contre le régime impérial un sentiment de commisération et de respect.

Bien des gens qui étaient sévères pour la souveraine triomphante, s'attendrissent en présence de la femme malheureuse. Par l'excès même des catastrophes dont le poids l'ennoblit, la veuve de Napoléon III a désarmé l'envie, et quand elle traverse la ville où jadis elle régnait avec tant d'éclat, il y a entre tous les partis et dans tous les journaux comme un accord tacite, une trêve de Dieu, pour éviter de l'affliger. Longtemps les écrivains ont hésité à parler d'elle ; ils craignaient de troubler sa douleur. Mais aujourd'hui que le mouvement historique se porte vers le règne de Napoléon III, il est impossible que sa compagne échappe à l'histoire. L'Impératrice a joué un rôle trop actif, elle a exercé une trop grande influence pour qu'on puisse l'isoler de récits où elle tiendra nécessairement, et peut-être malgré elle, une place si importante. Aujourd'hui où la psychologie s'unit d'une manière intime à l'histoire et où les historiens, tout en respectant scrupuleusement la vérité, cherchent à donner à leurs récits l'animation et la séduction du roman, une figure telle que celle de l'impératrice Eugénie s'imposera aux investigations les plus approfondies et les plus consciencieuses. On étudiera, pour ainsi dire à la loupe, les moindres détails de son existence. On collectionnera ses portraits, ses lettres. On consignera ses moindres actions, ses moindres paroles. Elle excitera la même curiosité que Marie-Antoinette. On racontera les fêtes des Tuileries, de Fontainebleau et de Compiègne, comme celles de Versailles et du Petit-Trianon. De toutes les femmes qui ont joué un rôle dans la seconde moitié du dix-neuvième siècle, c'est, croyons-nous, l'impératrice Eugénie dont la postérité s'occupera le plus. Si l'Empire n'avait pas été renversé, elle aurait eu assurément moins de prestige. Qui aura le plus d'intérêt pour les générations futures ? Est-ce la mariée de Notre-Dame ? Est-ce la châtelaine des Tuileries ? Est-ce la femme intrépide qui, au moment où viennent d'éclater les bombes d'Orsini, gravit, pâle, mais impassible, le grand escalier de l'Opéra, s'appuyant d'un bras sur l'Empereur, et, de l'autre, relevant la traîne de sa robe ensanglantée ? Est-ce la souveraine, rivalisant avec les sœurs de charité, qui, au moment où elle sort de l'hôpital Saint-Antoine, où elle vient de visiter les cholériques, voit les femmes du peuple, admiratrices de son courage, se précipiter pour découper les volants de sa robe, et les garder comme des reliques ? Est-ce la Junon trônant, lors de l'Exposition de 1867, dans un Olympe d'empereurs et de rois ? Est-ce la magicienne couronnée, qui, comme une apparition féerique, préside aux pompes orientales des fêtes par lesquelles on célèbre l'ouverture du canal de

Suez ? Non, c'est la mère qui s'agenouille et prie au Zoulouland, à l'endroit même où son fils, après avoir lutté comme un jeune lion, a succombé. Ce que la postérité regardera de préférence sur la tête de l'impératrice Eugénie, ce n'est pas une couronne impériale, c'est une couronne d'épines.

Nous n'avons pas la prétention d'écrire une histoire définitive de la dernière femme des Tuileries. Pour accomplir une pareille tâche, il nous faudrait un talent que nous n'avons pas. Nous voulons seulement publier, relativement à la veuve de Napoléon III et à la société dont elle fut entourée, un modeste essai analogue à nos précédentes études sur les autres héroïnes du palais fatal, dont les ruines mêmes ont disparu. Nous avons jusqu'ici parlé des diverses dynasties qui ont régné sur la France, en nous efforçant de tenir la balance égale entre toutes, et nos appréciations sur les monarchies n'ont rien eu dont puisse s'offusquer la conscience des républicains. Notre seul mérite a été, croyons-nous, une impartialité complète, louant ce qui est bien, blâmant ce qui est mal. Cette sincérité absolue continuera à nous servir de règle. Au reste, dans une époque de contrôle et de publicité à outrance comme la nôtre, on ne pourrait être impunément partial. Les événements dont nous devrons parler sont trop près de nous pour qu'on puisse les défigurer. Ce que nous essaierons de faire, c'est, non point une apologie, mais une reproduction pour ainsi dire photographique des personnes et des choses. Le temps des courtisans est passé. Il n'y a plus qu'une seule puissance devant laquelle nous devons nous incliner tous tant que nous sommes : cette puissance, c'est la vérité.

Compiègne, 15 novembre 1895.

I

L'ENFANCE DE LOUIS-NAPOLÉON

Hortense de Beauharnais, dont le troisième fils fut l'empereur Napoléon III, était née à Paris le 10 avril 1783. Son père, le général vicomte Alexandre de Beauharnais, qui fut président de l'Assemblée Constituante et général en chef de l'armée du Rhin, avait été, malgré les gages donnés par lui aux idées libérales et à la Révolution, guillotiné, sous la Terreur, le 23 juillet 1794. La vicomtesse de Beauharnais, sa femme, née Tascher de la Pagerie, était en même temps incarcérée dans la prison des Carmes, et n'échappait à l'échafaud que par le supplice de Robespierre. Le 9 mars 1796 elle épousait le général Bonaparte, et les enfants de son premier mariage, Eugène et Hortense, étaient comblés des bienfaits de son second mari. Le 4 janvier 1802, Hortense épousait Louis Bonaparte, né à Ajaccio le 2 septembre 1778, troisième des frères du premier Consul. Elle mit au monde, le 10 octobre 1802, un fils, Napoléon-Charles, qui mourut à La Haye, en 1807 ; le 11 octobre 1804, un second fils, qui mourut en 1831, à Forli, lors de l'insurrection des Romagnes ; et le 20 avril 1808, un troisième, qui fut l'empereur Napoléon III.

Ce n'étaient pas les honneurs qui avaient manqué à Louis Bonaparte. Son tout-puissant frère aurait pu lui dire :

« *Je t'en avais comblé, je veux t'en accabler.* » Il l'avait nommé général de division, prince, connétable, commandant de la place de Paris, et l'avait chargé d'organiser une armée destinée à protéger le nord de la France, les chantiers d'Anvers et la Hollande. Louis s'était si bien acquitté de sa tâche qu'il avait été mis à l'ordre du jour dans un bulletin de la grande armée. Ce fut alors qu'il dit à son frère : « C'est assez de grandeurs et de gloire. Je ne formule plus qu'un vœu : vivre tranquille et retiré. » La réponse de l'Empereur fut de faire proclamer Louis roi de Hollande le 5 juin 1806, à Saint-Cloud. Le nouveau roi et la reine Hortense firent leur entrée solennelle à La Haye le 23 juin.

Malgré une destinée si éclatante, Hortense était loin d'être heureuse. Son union avec Louis Bonaparte n'avait été un mariage d'inclination, ni d'un côté, ni de l'autre. Il y avait entre les deux époux une incompatibilité d'humeur qui chaque jour s'accentua davantage. Cependant, la mort de leur fils aîné, le prince royal, enlevé par le croup le 4 mai 1807, leur causa une douleur qui fut entre eux l'origine d'un rapprochement momentané. Ils se rendirent alors à Cauterets. Leur réconciliation semblait complète, et l'on crut qu'elle serait définitive, quand on apprit une nouvelle grossesse de la reine. Il n'en fut pas ainsi. Cet événement fut précisément la source d'une mésintelligence entre les deux époux. Hortense voulut faire ses couches à Paris. Elle obtint cette autorisation de l'Empereur, malgré son mari qui retourna seul à La Haye, profondément froissé.

L'hôtel de la reine Hortense, à Paris, était situé dans une rue qui s'appelait alors rue Cerutti, et qui se nomme aujourd'hui rue Laffitte. Le numéro de l'hôtel est actuellement le 17. C'est là que le mercredi 20 avril 1808, à une heure du matin, naquit le futur empereur. Des salves d'artillerie annoncèrent la naissance du prince dans la vaste étendue de l'empire, depuis Hambourg jusqu'à Rome, depuis les Pyrénées jusqu'au Danube. Le nouveau-né fut ondoyé par le cardinal Fesch. Comme l'Empereur était absent, il ne reçut d'abord aucun prénom. Ce ne fut que le 2 juin qu'on lui donna ceux de Charles-Louis Napoléon. Un registre de famille, destiné aux enfants de la dynastie napoléonienne, avait été déposé au Sénat. C'était comme le grand livre des droits de succession impériale. Charles-Louis-Napoléon y fut inscrit. Le seul prince qui y figura, après lui, fut le roi de Rome.

Louis-Napoléon ne resta pas longtemps prince hollandais. Son père, le roi Louis, ne voulut pas accepter le rôle de préfet couronné. Il se brouilla avec l'Empereur, dont les exigences lui paraissaient incompatibles avec l'indépendance et la dignité de la nation hollandaise. Le 1er juillet 1810, il signa, à Harlem, son abdication en faveur de son fils aîné Napoléon-Louis, et, à défaut de celui-ci, en faveur de son second fils, Charles-Louis-Napoléon. L'acte était accompagné d'une proclamation aux Hollandais dans laquelle il disait : « Je n'oublierai jamais un peuple bon et vertueux comme vous ; ma dernière pensée, comme mon dernier soupir, seront pour votre bonheur. A présent que la malveillance et la calomnie ne pourront plus m'atteindre, du moins pour ce qui me regarde, j'ai le juste espoir que vous recevrez enfin la récompense de tous vos sacrifices et de votre courageuse persévérance et résignation. » Craignant qu'on ne cherchât à s'emparer de sa personne, le roi voulut que les deux actes ne fussent connus qu'après son départ, qui eut lieu le 2 juillet, à minuit. Il couvrit de ses larmes son fils aîné qu'il laissait à Harlem, et sortit secrètement de son pavillon, à pied, par le jardin, pour gagner sa voiture. A ce moment il fit une chute qui faillit l'empêcher de partir. Il n'emportait que dix mille florins en or et ses décorations en brillants. Il envoya un conseiller d'État hollandais à Plombières, où se trouvait alors la reine Hortense, pour la prier de prendre la régence au nom du prince royal. La reine n'eut pas le temps de déférer à cette invitation, car six jours après l'abdication du roi, l'Empereur rendit un décret qui annexait la Hollande à la France. Un de ses aides de camp, le général de Lauriston, alla chercher le prince royal et l'amena à Paris, où il fut remis entre les mains de sa mère.

Prenant des précautions pour n'être pas arrêté en route, par ordre de son frère, Louis chercha un refuge en Bohême et arriva le 9 juillet à Tœplitz. Quand il apprit que les droits de son fils avaient été méconnus, il adressa à toutes les cours une protestation. M. Decazes se rendit à Tœplitz pour l'engager, au nom de l'empereur Napoléon, à retourner en France. Le roi détrôné s'y refusa, et alla se réfugier à Gratz, en Styrie, où il resta jusqu'en 1813.

Le bonheur de reprendre auprès d'elle son fils aîné et de faire à Paris l'éducation de ses deux enfants fut pour Hortense un ample dédommagement de la perte d'une couronne. L'Empereur traitait les jeunes princes avec une grande bonté. Le 10 novembre 1810, le plus jeune, Louis-Napoléon, et les enfants de plusieurs grands personnages de l'Empire (prince de Neufchâtel, duc de Montebello, duc de Bassano, duc de Cadore, comte de Cessac, duc de Trévise, duc de Bellune, duc d'Abrantès, comte Dejean, comte de Beauharnais, comte Rampon, comte Daru, comte Duchâtel, comte Capulli, comte de Lauriston, comte Lemarrois, comte Defrance, comte de Turenne, comte de Lagrange, comte Gros, baron Curial, baron Colbert, baron Gobert et comte Becker) furent solennellement tenus sur les fonts baptismaux par l'Empereur et l'impératrice Marie-Louise, dans la chapelle du palais de Fontainebleau. On exécuta une nouvelle messe en musique de Lesueur. Mgr de La Roche, évêque de Versailles, officiait. En sortant de la chapelle, l'Empereur dit, faisant allusion à la situation intéressante de Marie-Louise : « Avant peu, Messieurs, nous aurons, je l'espère, un autre enfant à baptiser. » Le lendemain, il envoya à la reine Hortense un magnifique collier de perles fines, dont le fermoir était un saphir orné de brillants. Toutes les personnes de la maison de la reine qui avaient assisté à la cérémonie reçurent aussi de riches présents ; Louis-Napoléon passa des mains de sa nourrice Mme Bure, dans celles de sa gouvernante, Mme de Boubers et de Mlle Cochelet, lectrice de la reine. On lui donna pour précepteur l'abbé Bertrand, tandis que son frère aîné suivait les leçons du célèbre helléniste, M. Hase.

La naissance du roi de Rome ne changea rien aux sentiments de l'Empereur pour ses jeunes neveux. Leur mère les élevait bien, s'efforçant de leur persuader qu'ils n'étaient rien que parce qu'ils vaudraient eux-mêmes. Elle défendait qu'on leur donnât les qualifications de Monseigneur et d'Altesse Impériale. On les appelait souvent : « Mon petit Napoléon, mon petit Louis. » Après avoir interrogé ses fils sur ce qu'ils savaient déjà, Hortense passait en revue tout ce qu'ils avaient besoin de savoir encore pour se suffire à eux-mêmes et se créer des ressources qui pourraient assurer leur existence. Un jour qu'elle les tenait tous les deux sur ses genoux, elle leur dit :

« — Si tu ne possédais plus rien du tout, et que tu fusses seul au monde, que ferais-tu, Napoléon, pour te tirer d'affaire ?

— Je me ferais soldat, et je me battrais si bien qu'on me nommerait officier.

— Et toi, Louis, que ferais-tu pour gagner ta vie ?

— Moi, je vendrais des bouquets de violettes comme le petit garçon qui est à la porte des Tuileries, et auquel nous en achetons tous les jours. »

Le second Empereur a consigné les souvenirs des premières années de son enfance dans un fragment de mémoires que l'impératrice Eugénie a communiqué à M. Blanchard Jerrold, et que celui-ci a publié en anglais dans son intéressant ouvrage *The Life of Napoléon III,* auquel nous emprunterons de nombreux documents.

« Le premier de mes souvenirs, dit l'Empereur, remonte à mon baptême; j'ai été baptisé à l'âge de trois ans... Mon souvenir me reporte ensuite à la Malmaison. Je vois encore l'impératrice Joséphine dans son salon du rez-de-chaussée, m'entourant de ses caresses et flattant déjà mon amour-propre par le soin avec lequel elle faisait valoir mes bons mots. Car ma grand'mère me gâtait dans toute la force du mot, tandis que, au contraire, ma mère, dès ma plus tendre enfance, s'occupait à réprimer mes défauts et à développer mes qualités. Je me souviens qu'arrivés à la Malmaison, mon frère et moi, nous étions les maîtres de tout faire. L'Impératrice, qui aimait passionnément les plantes et les serres chaudes, nous permettait de couper les cannes à sucre pour les sucer, et toujours elle nous disait de demander tout ce que nous voudrions. Un jour qu'elle nous faisait cette même demande, la veille d'une fête, mon frère, plus âgé que moi de trois ans, et par conséquent plus sentimental, demanda une montre avec le portrait de notre mère. Mais moi, lorsque l'Impératrice me dit : — Louis, demande tout ce qui te fera le plus de plaisir, je lui demandai d'aller marcher dans la crotte avec les petits polissons. »

L'Empereur raconte ainsi la passion qu'il avait pour les choses militaires : « Comme tous les enfants, mais plus que tous les enfants peut-être, les soldats attiraient mes regards et étaient le sujet de toutes mes pensées. Quand, à la Malmaison, je pouvais m'échapper du salon, j'allais bien vite du côté du grand perron, où il y avait toujours deux grenadiers de la garde impériale qui montaient la garde. Le factionnaire, qui savait qui j'étais, me répondait en riant, et avec cordialité. Je lui disais, je m'en souviens : — Moi aussi, je sais faire l'exercice, j'ai un petit fusil. — Et le grenadier de me dire de le commander, et alors me voilà lui disant : — Présentez armes ! Portez armes ! Armes bras ! — Et le grenadier d'exécuter tous les mouvements pour me faire plaisir. On conçoit quel était mon ravissement. Voulant prouver ma reconnaissance, je courus vers un endroit où l'on nous avait donné des biscuits. J'en pris un, et je courus le mettre dans la main du grenadier, qui le prit en riant. »

Heureuse des progrès de ses enfants et de la bienveillance de l'Empereur, Hortense était alors satisfaite de son sort. Très à la mode, adulée par la haute société française et étrangère, elle menait une existence princière à Paris, où son hôtel de la rue Cerutti était le rendez-vous de toutes les sommités de la politique, des lettres et des arts. Elle peignait, elle chantait, elle composait de jolies romances. C'était une reine artiste aimable, gracieuse, séduisante, ayant des amis et des admirateurs dans tous les partis.

Pendant ce temps, le malheureux Louis, roi sans couronne, mari sans femme, père sans enfants, menait, dans son exil volontaire, l'existence la plus triste. Quand il eut connaissance du sénatus-consulte du 15 décembre 1810, qui constituait pour lui et ses enfants un apanage autour de sa terre de Saint-Leu, en dédommagement du trône de Hollande, il écrivit à la reine Hortense : « Ma douleur et mon malheur seraient à leur comble, si je pouvais accepter l'apanage honteux qu'on me destine... Je vous ordonne de refuser jusqu'à la moindre partie de ce don vil et douloureux. J'annule d'avance toutes les acceptations ou consentements que vous pourriez donner, soit pour vous, soit pour mes enfants. Toutes mes propriétés particulières sont à votre usage et à celui de mes enfants. Je vous autorise à vous en mettre en possession. Cela, joint à vos propres biens, vous suffira pour vivre en simple particulière ; reine, épouse, mère, sous tous les rapports, tout autre don vous offenserait, et je vous désavouerais en tout temps comme en tout lieu. »

Dès que la France fut malheureuse, Louis voulut la servir. Il écrivit à son frère, le 1ᵉʳ janvier 1813... « Je viens, Sire, offrir au pays dans lequel je suis né, à vous, à mon nom, le peu de santé qui me reste et tous les services dont je suis capable, pour peu que je puisse le faire avec honneur. » Cette offre ne fut pas acceptée. Voyant la guerre prête à éclater entre l'Autriche et la France, Louis ne voulut pas rester plus longtemps dans les États de l'empereur François, et le 10 août, il partit pour la Suisse. Avant de quitter Gratz, il écrivit une petite pièce de vers, où il disait :

> Adieu, florissante contrée,
> Où nul ne comprit tous mes maux,
> Mais où, l'âme triste, éplorée,
> J'ai souvent rêvé le repos....
> Confidents d'un cœur solitaire,
> Jeunes arbres, mes seuls amis,
> Puisse votre ombre hospitalière
> Mieux abriter d'autres proscrits !

Louis avait espéré un instant que son frère le renverrait en Hollande, où il inspirait encore de réelles sympathies. Mais Napoléon avait dit : « J'aime mieux que la Hollande retourne sous le pouvoir de la maison d'Orange que sous celui de mon frère. » Les alliés étant entrés en Suisse, Louis quitta ce pays, le 22 décembre 1813, et arriva le 1ᵉʳ janvier 1814 à Paris, où il descendit chez Madame Mère. Le 10 janvier, il put être admis auprès de l'Empereur, grâce à la médiation de l'impératrice Marie-Louise. L'entrevue fut froide. Les deux frères ne s'embrassèrent point. Louis vit une seconde fois Napoléon, la veille du départ de l'Empereur pour l'armée. Le 16 mars, il lui écrivit ces lignes prophétiques : « Si Votre Majesté ne signe pas la paix, qu'Elle soit bien convaincue que son gouvernement n'a guère plus de trois semaines d'existence. Il ne faut que du sang-froid et un peu de bon sens pour juger l'état des choses en ce moment. » Louis demeura à Paris, depuis le commencement de janvier jusqu'au 30 mars, jour où il suivit à Blois l'impératrice Marie-Louise à laquelle il avait donné inutilement le conseil de rester à Paris, même après l'entrée des alliés.

Hortense était une femme ardente, énergique, passionnée, dont toutes les choses militaires et chevaleresques faisaient battre le cœur. Lors de l'invasion, elle pensa, elle agit comme une vraei patriote, et, malgré leur extrême jeunesse, ses fils s'associèrent à ses émotions généreuses. Au premier bruit de l'entrée d'une armée ennemie sur le sol français, elle avait voulu leur faire comprendre combien ils devaient être sensibles à une pareille calamité. Après leur avoir peint le pays dévasté, les chaumières brûlées, les paysans sans nourriture, les enfants orphelins, elle leur demanda si, n'ayant pas l'âge de combattre, ils ne voulaient pas du moins partager avec les malheureux tout ce qu'ils possédaient. Les petits princes offrirent tout de suite leurs joujoux, leur argent, tout ce qu'ils avaient. M{::}^{lle} Cochelet, qui raconte cette anecdote, ajoute : « La reine accepta leur sacrifice, mais le fit porter sur une chose qui leur serait sensible tous les jours et leur rappellerait les malheurs du pays auxquels ils devaient s'identifier. Il fut convenu que tant que la guerre serait sur le territoire français, ils se priveraient de dessert. Le prince Napoléon me l'apprit avec une sorte d'orgueil ; il avait fait comprendre à son petit frère Louis, qui n'avait que six ans, que c'était les compter pour quelque chose que de les associer au malheur commun. »

Si Marie-Louise avait eu les sentiments et l'énergie d'Hortense, elle aurait sauvé sinon la cause de l'Empereur, au moins celle du roi de Rome. « Ma sœur, dit la reine à l'impératrice qui allait partir pour Blois, vous savez qu'en quittant Paris vous neutralisez la défense, et qu'ainsi vous perdez votre couronne ; je vois que vous en faites le sacrifice avec beaucoup de résignation. » Marie-Louise répondit : « Vous avez raison, ce n'est pas ma faute, mais le conseil l'a décidé ainsi. » Hortense s'écriait : « Je voudrais être la mère du roi de Rome ; je saurais par l'énergie que je montrerais en inspirer à tous. »

Elle s'indignait des défaillances de l'opinion publique, et disait avec amertume : « Une armée prendre si facilement une capitale, est-ce possible ? et avoir l'Empereur tout près d'ici ! Mais je me souviens que Madrid s'est maintenu quelques jours contre nos armées ; il y a mille exemples semblables, et nous sommes des Français ! »

C'était le 29 mars. L'ennemi approchait. Marie-Louise venait de quitter les Tuileries. Le roi Louis, apprenant que sa femme et ses enfants n'étaient pas encore partis, fit dire à la reine qu'elle oubliait donc que, Paris une fois pris, on pourrait s'emparer de ses fils comme d'otages. A neuf heures du soir, les voitures se mirent en route. La reine monta dans la première avec ses enfants ; la comtesse de Mailly, sous-gouvernante des princes, Mme Bure et le comte et la comtesse d'Arjuzon, montèrent dans la seconde ; Mlle Cochelet était dans la troisième, emportant avec elle toute la fortune de la reine, c'est-à-dire ses diamants. Comme les Cosaques avaient déjà été aperçus près de Paris, la reine, dans la crainte de les rencontrer, avait donné l'ordre à son courrier d'aller bien en avant des voitures, et de tirer un coup de pistolet en l'air s'il apercevait un ennemi. Ce signal devait faire retourner les voitures.

Hortense ne voulait pas désespérer encore. Elle s'imaginait que Napoléon allait apparaître comme un sauveur. C'est pour cela qu'elle ne s'éloignait que lentement et qu'elle voulut coucher au Petit-Trianon. Le lendemain, 30 mars, le maréchal Moncey et une poignée de braves faisaient une défense héroïque à la barrière Clichy.

Hortense, dans le jardin de Trianon, entendait distinctement tous les coups de canon qui se tiraient à Paris. Quand la bataille eut cessé et que la capitulation fut signée, la reine se décida à continuer sa route, la mort dans l'âme, et se rendit d'abord à Rambouillet, puis au château de Navarre, près d'Evreux, où elle rejoignit sa mère.

II

LA PREMIÈRE RESTAURATION

L'agonie de l'Empire vient de commencer. Les alliés sont maîtres de Paris. Napoléon est à Fontainebleau ; Marie-Louise et le roi de Rome sont à Blois ; Joséphine, Hortense et ses enfants au château de Navarre. Le Sénat a rappelé les Bourbons. L'Empereur a abdiqué le 6 avril pour lui et pour sa dynastie. Le 11, les puissances ont signé un traité qui confère à Napoléon la souveraineté de l'île d'Elbe, et accorde des avantages pécuniaires aux membres de sa famille, notamment une pension annuelle de quatre cent mille francs pour la reine Hortense et ses fils.

Hortense a parmi les alliés des protecteurs : le prince Léopold de Saxe-Cobourg, qui sera plus tard le roi des Belges Léopold Ier, le prince de Metternich et le comte de Nesselrode, qui ont été à Paris, l'un ambassadeur d'Autriche, l'autre premier secrétaire de l'ambassade de Russie, et qui alors étaient les habitués du salon de la reine. Cependant elle n'a rien fait pour obtenir les avantages que lui attribue le traité du 11 avril. De Navarre, elle avait adressé, le 9 avril, à Mlle Cochelet une lettre où elle disait : « Ma chère Louise, tout le monde m'écrit, ainsi que toi, pour me dire : que voulez-vous ? que demandez-vous ? A tous, je réponds : rien du tout. Que puis-je désirer ? Lorsqu'on a la force de prendre un grand parti et qu'on a pu envisager de sang-froid le voyage des Indes ou de l'Amérique, il est inutile de rien demander à personne... Réellement, je ne suis pas personnellement trop à plaindre, j'ai tant souffert au milieu des grandeurs ! Je vais peut-être connaître la tranquillité et la trouver préférable à tout ce brillant agité qui m'entourait. Je ne crois pas pouvoir rester en France ; le vif intérêt qu'on me montre pourrait par la suite donner de l'ombrage. Cette idée est accablante ; mais je ne veux causer d'inquiétude à personne. »

Ce qui troublait surtout la reine, c'était la crainte de lui voir enlever ses fils : « Ah ! j'espère qu'on ne me redemandera pas mes enfants, ajoutait-elle dans la même lettre, car c'est alors que je n'aurais plus de courage. Élevés par mes soins, ils se trouveront heureux dans toutes les positions. Je leur apprendrai à être dignes de la bonne et de la mauvaise fortune, et à mettre leur bonheur dans la satisfaction de soi-même. Cela vaut bien des couronnes. Ils se portent bien, voilà mon bonheur à moi ! »

Mlle Cochelet écrivit alors à la reine : « Je viens de voir encore M. de Nesselrode ; il s'est beaucoup informé de vous... Le prince Léopold loge dans la même maison que la comtesse Tascher ; il est sans cesse occupé de vous, de votre mère ; il n'est pas ingrat, lui ; il se souvient des bons procédés que vous avez eus toutes deux pour lui... Vos amis veulent absolument que vous vous rendiez à la Malmaison aussitôt que l'empereur Napoléon sera parti de Fontainebleau. On assure que l'empereur de Russie veut aller vous voir même à Navarre, si vous ne venez pas à la Malmaison. Ainsi vous ne pouvez l'éviter, et songez qu'il a entre ses mains l'avenir de vos enfants. »

Hortense répondit le 12 avril : « Ma chère Louise, tu es affligée de ma résolution ! Vous me taxez tous d'enfantillage ! Vous êtes injustes ! Le conseil du duc de Vicence peut être suivi par ma mère ; elle ira à la Malmaison, mais moi je *reste*, je ne dois pas séparer ma cause de celle de mes enfants. C'est eux, c'est leurs parents qui sont sacrifiés dans tout ce qui se fait ; je ne veux donc pas me rapprocher de ceux qui renversent leur destinée... Je ne doute pas que l'empereur de Russie ne soit excellent pour moi ; j'en ai entendu dire beaucoup de bien, même par l'empereur Napoléon ; mais si j'ai été autrefois curieuse de le connaître, dans ce moment je ne veux pas le voir ; n'est-ce pas notre vainqueur ?... Ma mère combat tous mes projets ; elle me dit avoir besoin de moi, mais je n'en irai pas moins près de celle qui doit être encore la plus malheureuse. »

Celle qui, aux yeux de la reine Hortense devait être la plus malheureuse, c'était l'impératrice Marie-Louise. Elle était alors à Rambouillet où elle attendait l'arrivée de son père, l'empereur d'Autriche. Hortense l'y rejoignit le 16 avril. L'accueil que fit l'impératrice des Français à l'ancienne reine de Hollande fut froid et embarrassé. Hortense s'aperçut tout de suite que Marie-Louise, quoique affligée, avait le cœur moins brisé que Joséphine : « J'ai pensé, a dit la reine, que j'étais encore plus nécessaire à ma mère qui partage si vivement les malheurs de l'Empereur ; et puisque au lieu de consoler l'impératrice Marie-Louise, je la gênais, je l'ai quittée. Son père allait arriver, je l'ai, en effet, rencontré en route, dans une petite calèche avec M. de Metternich. »

Le 20 avril, Napoleon, après avoir fait ses adieux à sa garde, quittait Fontainebleau pour se rendre à l'île d'Elbe. Au même moment, l'empereur Alexandre devenait, pour ainsi dire, le courtisan de l'impératrice Joséphine, à la

Malmaison. Hortense y rejoignit sa mère, et eut d'abord pour le Tsar une attitude réservée. M. de Nesselrode dit alors à Mlle Cochelet : « Votre reine, qui est si aimable ordinairement, ne l'a guère été, à ce qu'il paraît, avec notre souverain ; il en a été très peiné, lui qui a tant le désir de lui être utile, ainsi qu'au prince Eugène. Il a trouvé la reine très froide, très digne ; elle n'a rien répondu aux offres qu'il lui a faites pour ses enfants ; il est difficile qu'il l'oblige, si elle s'y refuse si obstinément. Quant à l'impératrice Joséphine, sa douceur, sa bonté, son abandon, l'ont charmé. »

L'empereur Alexandre avait, au plus haut degré, le désir de plaire aux personnes dont il faisait cas, mais il se défiait de celles qui se jetaient à sa tête. La froideur d'Hortense le piqua au jeu ; il retourna à la Malmaison, et son exquise courtoisie ne tarda pas à séduire la reine. « Je trouve, dit-elle, que l'empereur de Russie a une délicatesse de sentiments vraiment féminine ; il comprend toute notre position, même notre fierté et notre réserve vis-à-vis de lui, et il est impossible de ne pas lui en savoir gré. » Au grand désespoir de la société légitimiste, le Tsar témoignait pour Joséphine, Hortense et le prince Eugène une sorte d'enthousiasme. « Que m'importe le faubourg Saint-Germain, disait-il. Tant pis pour ces dames si elles n'ont pas fait ma conquête. Je trouve dans l'impératrice Joséphine et ses enfants tout ce qu'on admire et tout ce qui attache ; je me plais beaucoup plus avec eux, dans les douceurs d'une société intime, qu'avec des personnes qui sont comme des énergumènes, et qui, au lieu de jouir du triomphe que nous leur avons fait, ne pensent qu'à anéantir leurs ennemis, en commençant par ceux qui les ont protégées si longtemps ; elles sont fatigantes par leur exaspération. » Le Tsar voulut faire une visite à Hortense, dans l'hôtel de la reine, rue Cerutti. En le recevant, elle lui dit : « Vous trouvez mon appartement désert ; je n'ai plus personne pour vous recevoir en cérémonie. Mais qu'importe ? Croyez-vous que des antichambres remplies de livrées dorées fassent le bonheur de ceux qui viendront me voir maintenant ? » Alexandre dit alors à la reine : « J'étais pour la Régence, et surtout pour que l'on consultât le pays ; mais on s'est empressé, sans aucune garantie, d'appeler les Bourbons. Tant pis pour les Français, s'ils s'en trouvent mal ; ce sont eux qui l'auront voulu, et non pas moi. Je ferai toujours respecter votre famille... Si la Russie vous convenait, je serais trop heureux de vous offrir un palais; mais vous trouveriez le climat trop rigoureux pour votre santé délicate... Vous êtes si aimée en France ! Pourquoi n'y resteriez-vous pas. »

Le 14 mai, le Tsar, ayant voulu voir le château de Saint-Leu, y fut reçu par Joséphine et par Hortense. Il y vint sans cérémonie, dans une petite calèche, avec le comte Tchernischeff. Le 21, il visita la machine de Marly en compagnie d'Hortense et de ses enfants, et le soir il dîna à la Malmaison, avec Joséphine qui lui fit cadeau d'un beau camée, don du pape Pie VII. Le 23, il y revint dîner, en même temps que le roi de Prusse et ses deux fils (le futur Frédéric-Guillaume IV et le futur empereur Guillaume). Lorsqu'ils virent arriver les deux souverains, les enfants de la reine Hortense, habitués à voir toujours des rois de leur famille, demandèrent à leur gouvernante si Frédéric-Guillaume III et Alexandre étaient aussi leurs oncles, et s'ils devaient les appeler ainsi : « Non, dit la gouvernante, vous leur direz simplement : Sire. » La gouvernante ajouta : « Cet empereur de Russie, que vous voyez, est un ennemi généreux qui, dans votre malheur, veut vous être utile, ainsi qu'à votre maman. Sans lui, vous n'auriez plus rien au monde, et le sort de votre oncle l'Empereur serait encore bien plus malheureux. » Le prince Napoléon répliqua : « Ainsi, il faut donc que nous l'aimions, celui-là ? » — « Oui, certainement, reprit Mme de Boubers, car vous lui devez de la reconnaissance. » Le petit prince Louis avait écouté cette conversation sans rien dire. Peu de temps après, il s'avança sur la pointe des pieds près du Tsar, et, tout doucement, sans que personne s'en aperçut, il lui glissa une petite bague dans la main, puis s'enfuit à toutes jambes. Sa mère le rappela, et, comme elle lui demandait ce qu'il venait de faire, l'enfant répondit : « C'est mon oncle Eugène qui m'a fait cadeau de cette bague, et j'ai voulu la donner à l'empereur Alexandre, puisqu'il est bon pour maman. » Le Tsar mit la petite bague à sa montre et dit qu'il la porterait toujours. Si Napoléon III avait pensé plus souvent à ce souvenir de son enfance, peut-être la guerre de Crimée, ce malentendu héroïque mais funeste, n'aurait-elle pas eu lieu.

Le 28 mai, Alexandre revint à la Malmaison. Cette fois l'impératrice Joséphine ne put le recevoir. Elle souffrait d'une angine dont elle avait contracté le germe en se promenant le soir sur l'étang de Saint-Cucuphat. Le lendemain, jour de la Pentecôte, elle rendait le dernier soupir. Ses funérailles eurent lieu le 2 juin. Vingt-mille personnes suivirent le char jusqu'à l'église de Rueil où se fit l'inhumation. Le deuil était conduit par les fils de la reine Hortense. Le lendemain, Alexandre, qui s'était fait représenter aux obsèques de Joséphine, quittait Paris. Avant de partir, il avait obtenu de Louis XVIII que le domaine de Saint-Leu fut érigé en duché avec apanage, au profit d'Hortense et de ses enfants.

Pendant que sa femme avait été en coquetterie avec les puissances alliées, le roi Louis avait observé la plus noble attitude. Il ne s'était séparé de Marie-Louise qu'après qu'elle avait été entre les mains des étrangers, et s'était réfugié à Lausanne, sous le nom de comte de Saint-Leu, bien que les alliés lui eussent fait dire qu'il avait l'autorisation d'habiter la France. A la nouvelle que Louis XVIII, sans même l'en prévenir, avait érigé la terre de Saint-Leu en duché, il fit une protestation, par laquelle il déclarait officiellement renoncer à tous les avantages qui lui étaient faits par le traité de Fontainebleau du 11 avril 1814 ; il ajoutait qu'il y renonçait également pour ses enfants, que simple particulier depuis son abdication, ayant refusé toutes les offres et rejeté l'apanage qu'on avait voulu lui donner par le sénatus-consulte du 10 décembre 1810, il n'entendait conserver d'autres dépendances à sa propriété de Saint-Leu que celles qui y étaient en 1809 et qui seules lui appartenaient.

L'ancien roi de Hollande fut vivement affecté quand il apprit que sa femme avait demandé à Louis XVIII une audience pour le remercier et en avait reçu l'accueil le plus courtois. M. de Sémonville dit à Mlle Cochelet : « Vous savez la nouvelle ! Votre reine a tourné la tête au roi Louis XVIII ; il ne parle que d'elle, il est enchanté de son esprit, de son tact, de toutes ses manières, enfin on le plaisante au château. — Arrangez le divorce, lui dit-on dans sa famille, et épousez-la, puisque vous la trouvez si charmante. » La société du faubourg Saint-Germain blâmait beaucoup la sympathie de Louis XVIII pour Hortense et soutenait que son salon n'était qu'un foyer de conspirations incessantes contre les Bourbons. Hortense ne conspira pas personnellement, mais il est certain que, chez elle, les jeunes officiers bonapartistes à la mode, tels que les Lawœstine, les Flahaut, les La Bédoyère tenaient contre la Cour les plus violents propos, et ne se gênaient pas pour annoncer le prompt retour de Napoléon.

Le 31 décembre 1814, beaucoup de dames qui avaient été, au commencement de la soirée, aux Tuileries pour souhaiter la bonne année aux membres de la famille royale, se présentèrent ensuite chez la reine Hortense, comme si l'Empire était encore debout. Pendant le carnaval de 1815, le cortège du bœuf gras fit sa visite à l'ancienne reine de Hollande, de même que les années précédentes. Tout ce qu'il y avait de bonapartistes à Paris se réjouissait, chaque fois qu'on entendait parler d'Hortense.

Cependant la reine était alors en proie à de cruelles angoisses. Le roi Louis réclamait l'aîné de ses fils, consentant à laisser l'autre à la mère. Hortense ayant opposé à cette demande, d'ailleurs très juste, une fin de non-recevoir absolue, la cause allait être portée devant les tribunaux. Deux avocats célèbres, Tripier pour le mari, et Bonnet, pour la femme, plaidèrent devant le tribunal civil de la Seine. Le second, après avoir rappelé que par des lettres patentes, Louis XVIII avait octroyé le duché de Saint-Leu à l'ancienne reine de Hollande et à ses descendants, ajouta ces curieuses paroles : « Tout est terminé par l'insigne bienfait qui a trouvé des cœurs reconnaissants. Que pensez-vous donc de l'indiscrète réclamation qui tend à faire un étranger du jeune duc de Saint-Leu, à l'enlever à sa mère, à sa patrie, à son roi ! » Le tribunal ne se laissa point convaincre par cet argument et décida, le 7 mars 1815, que l'aîné des enfants serait rendu à son père dans un délai de trois mois. Mais au moment même où était prononcé ce jugement, Paris apprenait que Napoléon venait de débarquer en France. Cela pouvait changer les choses.

Les légitimistes poussèrent contre la reine des clameurs telles que, se voyant sur le point d'être traitée en suspecte et peut-être incarcérée, elle résolut de mettre en sûreté ses fils et les fit conduire secrètement chez une marchande du boulevard, tandis qu'elle se cachait elle-même dans une maison de la rue Duphot. Quelque chose lui disait qu'elle quitterait bientôt cet asile pour reparaître au palais des Tuileries, et que Napoléon n'avait pu adopter un parti comme celui qu'il venait de prendre sans avoir des chances sérieuses de succès. Malgré ses protestations d'amour du calme et de la paix, Hortense avait une âme ardente et avide d'émotions. Il ne lui déplaisait pas, avec son caractère aventureux et romanesque, d'assister à la terrible partie qui allait se jouer. L'espérance de revoir bientôt l'Empereur, pour qui elle avait un véritable culte, la ravissait. Elle se disait aussi que ce tout-puissant protecteur lui accorderait sans doute la grâce qu'elle désirait le plus au monde : l'autorisation de garder auprès d'elle ses deux fils, malgré le procès qu'elle venait de derdre.

III

LES CENT-JOURS

La reine Hortense n'était nullement dans le secret du retour de l'île d'Elbe. La nouvelle du débarquement de l'Empereur, au golfe Juan, l'étonna autant que les royalistes eux-mêmes. Ceux-ci n'en prétendirent pas moins qu'elle avait conspiré et témoignèrent contre elle un vif ressentiment. Dans les notes que Napoléon III a laissées sous le titre : *Souvenirs de ma Vie*, il a écrit à ce sujet : « Une grande irritation se manifesta parmi les royalistes et les gardes du corps contre ma mère et ses enfants. On répandit le bruit que nous devions être assassinés. Un soir, notre gouvernante vint nous prendre, et, suivis d'un valet de chambre, nous fit traverser le jardin de la maison de ma mère, qui était rue Cerutti, n° 8, et nous conduisit dans une petite chambre sur le boulevard, où nous devions rester cachés. C'était la première marque du revers de la fortune. Nous fuyions pour la première fois le toit paternel, et cependant notre jeune âge nous empêchait de comprendre la portée des événements ; nous nous réjouissions de ce changement de situation. »

Hortense, qui avait accepté de Louis XVIII le titre de duchesse de Saint-Leu, avec un apanage, et qui avait été traitée avec de grands égards par l'empereur Alexandre, se trouvait dans une position délicate vis-à-vis des deux souverains, comme vis-à-vis de Napoléon. Quelques années plus tard, elle dit à Mme Récamier : « Je n'appris le débarquement de l'Empereur que par la voix publique, et j'en éprouvai bien plus de chagrin que de joie. Je connaissais trop l'Empereur pour croire qu'il eût tenté une pareille entreprise sans avoir des raisons certaines d'en espérer le succès ; mais la perspective d'une guerre civile m'affligeait profondément, et j'étais persuadée qu'on ne pouvait y échapper. L'arrivée rapide de l'Empereur déconcerta toutes les prévisions ; en apprenant le départ du roi, en me le représentant vieux, infirme, forcé de quitter encore une fois sa patrie, je me sentis vivement touchée. L'idée qu'il pouvait en ce moment m'accuser d'ingratitude et de trahison m'était insupportable, et, malgré tous les inconvénients qu'une pareille démarche pouvait avoir pour moi, je lui écrivis pour me disculper de toute participation aux événements qui venaient de se passer. »

Hortense avait pu être royaliste, ou passer pour telle pendant toute la première Restauration, mais dès qu'elle se retrouva en présence de Napoléon Ier, son bienfaiteur, toute son ardeur impérialiste se réveilla, et ce fut avec enthousiasme que, dans la soirée du 20 mars 1815, elle vit le vainqueur de tant de batailles reprendre possession du château des Tuileries. Elle l'y attendait, avec la foule des fonctionnaires restés fidèles à l'Empire, dans les grands appartements éclairés, et fut témoin des applaudissements frénétiques, de la joie délirante, des transports passionnés avec lesquels on salua son retour.

M. Thiers a raconté que Napoléon fut affectueux pour tous les assistants, excepté pour Hortense, et qu'en l'apercevant il s'écria : « Vous à Paris, c'est vous seule que je n'aurais pas voulu y trouver. » L'historien cite en outre les paroles très sévères que Napoléon aurait ajoutées. D'après le récit fait par la reine à Mme Récamier, et que celle-ci a relaté dans ses *Souvenirs*, les choses ne se seraient point passées tout à fait comme le raconte M. Thiers. Ce n'est pas dans la soirée du 20 mars, mais le lendemain, que Napoléon aurait adressé de vifs reproches à sa belle-sœur. Cette version est la plus probable, car l'Empereur voulut sans doute lui épargner une admonestation publique.

3.

Voici, du reste, le récit fait par Hortense elle-même à Mme Récamier : « Au milieu du tumulte, je pus à peine aborder l'Empereur ; il m'accueillit froidement, ne me dit que quelques mots, et m'assigna une heure pour le lendemain. L'Empereur m'a toujours inspiré beaucoup de crainte, et le ton dont il me donna rendez-vous n'était pas fait pour me rassurer. Je m'y rendis cependant avec la contenance la plus calme qu'il me fut possible de prendre. Je fus introduite dans son cabinet. A peine nous étions laissés seuls, qu'il s'avança vers moi avec vivacité. — « Avez-vous donc si peu compris votre situation, me dit-il brusquement, que vous ayez pu renoncer à votre nom, au rang que vous teniez de moi, et accepter un titre donné par les Bourbons. Etait-ce là votre devoir ?

— « Mon devoir, Sire, repris-je en rassemblant tout mon courage pour lui répondre, était de penser à l'avenir de mes enfants, puisque l'abdication de Votre Majesté ne m'en laissait pas d'autre à remplir.

— Vos enfants ! s'écria l'Empereur, vos enfants n'étaient-ils pas mes neveux avant d'être vos fils ! L'avez-vous oublié ? Vous croyez-vous le droit de les faire déchoir du rang qui leur appartenait ? — Et, comme je le regardais tout éperdue : — Vous n'avez donc pas lu le Code ? ajouta-t-il avec une colère croissante. — J'avouai mon ignorance, en me rappelant tout bas com bien il eut autrefois trouvé mauvais qu'aucune femme, et surtout celles de sa famille, osassent afficher des connaissances en législation.

— Alors il m'expliqua avec volubilité l'article de la loi qui défend de changer l'état des mineurs et de faire en leur nom aucune renonciation. Tout en parlant, il arpentait à grands pas son cabinet, dont la fenêtre était ouverte aux premiers rayons d'un beau soleil de printemps. Je le suivais, en m'efforçant de lui faire entendre que, ne connaissant pas les lois, je n'avais pensé qu'à l'intérêt de mes enfants, et pris conseil que de mon cœur. L'Empereur s'arrêta tout à coup. et, se tournant brusquement vers moi : — Alors il aurait dû vous dire, Madame, que quand on a partagé les prospérités d'une famille, il faut savoir en subir les adversités. — A ces dernières paroles, je fondis en larmes. »

Au même moment, une bruyante clameur retentit. Napoléon se rapprocha de la croisée. La foule qui remplissait le jardin des Tuileries l'acclamait; et Hortense essuya ses yeux.

La colère de l'Empereur s'était adoucie. « Je suis un bon père, dit-il à **sa belle-fille,** » et il l'embrassa.

Avant cette réconciliation avec Napoléon, dont la colère avait été plutôt feinte que réelle, Hortense écrivit à son frère, le prince Eugène de Beauharnais : « Mon cher Eugène, un enthousiasme dont tu n'as aucune idée ramène l'Empereur en France. Il m'a reçue très froidement. Je pense qu'il désapprouve mon séjour ici. Il m'a dit qu'il comptait sur toi et qu'il t'avait écrit de Lyon. Mon Dieu ! pourvu que nous n'ayons pas la guerre ! Elle ne viendra pas, je l'espère, de l'empereur de Russie ; il la désapprouve tellement ! Ah ! parle-lui pour la paix, use de ton influence près de lui ; c'est un besoin pour l'humanité. J'espère que je vais bientôt te revoir. J'ai été obligée de me cacher pendant douze jours, parce qu'on avait fait courir mille bruits sur moi. Adieu, je suis morte de fatigue. » Cette lettre, ayant été interceptée, fut soumise au Congrès de Vienne. On voulut y voir la preuve d'une participation du prince Eugène au retour de l'île d'Elbe. Mais le Tsar prit la défense du prince, à qui le Congrès rendit la jouissance de ses dotations et biens personnels, en lui assignant pour résidence le château de Bayreuth. Eugène n'eut pas l'idée d'aller rejoindre Napoléon à Paris. Il resta en Bavière auprès de son beau-père, le roi Maximilien, tandis qu'Hortense faisait les honneurs des Tuileries, puis de l'Élysée, où Napoléon s'installa le 17 avril.

Une des causes qui contribuèrent à la joie causée à l'ancienne reine de Hollande par le retour de l'Empereur fut qu'il l'autorisa à garder auprès d'elle ses deux fils, malgré le jugement qui venait de la condamner à rendre l'aîné au roi Louis. Celui-ci s'était réfugié à Rome le 24 septembre 1814, et y avait reçu du pape Pie VII le meilleur accueil. Pendant les Cent-Jours, il songea un instant à rentrer en France, mais à des conditions que son frère n'accepta point. Napoléon a dit sur le rocher de Sainte-Hélène : « A mon retour de l'île d'Elbe, Louis m'écrivit une longue lettre de Rome, et m'envoya une ambassade ; c'était son traité, disait-il, ses conditions pour revenir auprès de moi. Je répondis que je n'étais nullement dans le cas de faire des traités avec lui, que, s'il revenait, il était mon frère, il serait bien reçu.

« Croirait-on qu'une de ses conditions était qu'il aurait la liberté de divorcer avec Hortense. Je maltraitai fort le négociateur, pour avoir osé se charger d'une telle absurdité, avoir pu croire qu'une pareille chose fût négociable. Nos statuts de famille le défendaient formellement, faisais-je rappeler à Louis ; la politique, la morale et l'opinion ne s'y opposaient pas moins encore, lui faisais-je dire, l'assurant de plus qu'à cause de tous ces titres réunis, si ses enfants venaient, par lui, à perdre leur état, je m'intéresserais bien plus à eux qu'à lui-même, bien qu'il fût mon frère. »

Pendant toute la durée des Cent-Jours la reine Hortense, qui avait recouvré son ancienne faveur auprès de Napoléon, exerça une influence réelle. Ce fut par son intermédiaire que la duchesse douairière d'Orléans, mère de Louis-Philippe, et la duchesse de Bourbon, tante de ce prince et mère du duc d'Enghien, obtinrent l'autorisation de rester en France et reçurent une pension de l'Empereur. Napoléon traitait Hortense comme un tendre père traite sa fille. Il la protégeait elle et ses enfants. La présence des deux princes le consolait un peu de l'absence du roi de Rome.

La reine, accompagnée de ses deux fils, assista, le 1er juin 1815, à la solennité du Champ de mai, où Napoléon et sa cour apparurent pour la dernière fois dans toute la splendeur des pompes impériales, et où le souverain, que la fortune allait trahir, debout, sur la première marche d'une estrade pyramidale, s'écria : « Soldats de la garde nationale de l'Empire, soldats des troupes de terre et de mer, je vous confie l'aigle impériale aux couleurs nationales. Vous jurez de le défendre au prix de votre sang contre les ennemis de la patrie. Vous jurez de mourir tous plutôt que de souffrir que les étrangers viennent dicter la loi à la patrie. » Dans la soirée du 11 juin, Hortense conduisit ses fils à l'Élysée, dire adieu à leur oncle, qui allait partir pour la fatale campagne, dont l'issue devait être Waterloo. La reine était encore là, le lendemain, à trois heures et demie du matin, quand Napoléon quitta l'Élysée, te dit à la femme du général Bertrand, avant de monter en voiture : « Il faut espérer, madame Bertrand, que nous n'aurons pas bientôt à regretter l'île d'Elbe. » Neuf jours après, le 21 juin, Napoléon revenait vaincu à l'Élysée. Il y retrouva Hortense. Le lendemain, elle assistait à l'agonie de l'Empire, au drame de la seconde abdication.

« Dans l'après-midi, a écrit Mlle Cochelet, la reine Hortense se rendit à l'Élysée ; j'eus l'honneur de l'y accompagner, et je restai dans le salon de service, pendant que Sa Majesté était chez l'Empereur. Je la vis bientôt se promener dans les jardins avec Madame Mère, tandis que l'Empereur, à quelques pas plus loin, causait avec son frère Lucien. Tout à coup, des cris de : Vive l'Empereur ! nous firent tous accourir aux fenêtres. La foule, exaspérée par l'abdication, entourait le palais et les jardins, en demandant l'Empereur à grands cris ; et, lorsqu'ils l'avaient aperçu se promenant, plusieurs hommes avaient escaladé les murs pour s'élancer vers lui ; ils s'étaient précipités à ses pieds, et, avec cet accent pénétrant qui part de l'âme, ils l'avaient supplié de ne pas les abandonner, de renoncer à ce projet d'abdication qui les désespérait, et de se mettre à leur tête pour aller repousser l'ennemi. » Tout ce dévouement était stérile. Napoléon, terrassé par la fatalité, ne pouvait plus rien.

Hortense rentra chez elle, le cœur brisé. En voiture, elle dit à Mlle Cochelet : « L'Empereur m'a demandé si la Malmaison m'appartenait ; je lui ai répondu qu'elle était à mon frère, mais que c'était la même chose. Alors il m'a dit qu'il désirait s'y rendre et qu'il me priait de l'y accompagner.

— Et vous avez consenti, Madame ?

— Certainement, je suis trop heureuse de pouvoir lui témoigner ma reconnaissance pour tout ce qu'il a fait pour moi !

— Mais, Madame, réfléchissez au danger des circonstances où nous sommes ; il y en a sûrement beaucoup pour vous à vous identifier ainsi au sort de l'Empereur.

— C'est une raison de plus pour que je n'hésite pas à m'y associer ! Je m'en fais un devoir, et plus l'Empereur court de périls, plus je suis heureuse de lui témoigner tout mon dévouement. »

Hortense, après avoir mis ses deux fils en lieu sûr, chez Mme Tessier, qui demeurait sur le boulevard Montmartre, se rendit à la Malmaison pour y recevoir l'Empereur. Il y arriva le dimanche 25 juin, vers une heure de l'après-midi, et y resta jusqu'au 29, à cinq heures du soir. Ce séjour, première station de son calvaire, fut pour le vaincu de Waterloo un supplice. Louis XVI n'avait été ni plus indécis, ni plus troublé, ni plus anéanti. Hortense assista à toutes les angoisses de l'homme du destin, expiant par des tortures morales ses longs triomphes.

Madame Mère fut la dernière personne de la famille impériale qui vint prendre congé de Napoléon. Leur séparation fut une scène antique, une scène digne de Plutarque. Au moment du départ, ils échangèrent ces simples paroles : Adieu, mon fils ! — Ma mère, adieu ! Au même moment, Hortense supplia l'Empereur d'accepter un collier de diamants, qui serait peut-être la dernière ressource de l'homme qui avait distribué tant de trésors. Napoléon refusa, mais comme Hortense insistait en pleurant, l'Empereur finit par la laisser glisser le collier dans la poche de sa redingote. Talma, en uniforme de garde national, assistait aux adieux du héros et de sa famille. Jamais, dans les œuvres qu'il interprétait, le grand tragédien n'avait vu de scène plus pathétique. Sous le règne de Napoléon III, on plaça, dans une cour de la Malmaison, un aigle de bronze sur un piédestal avec une inscription commémorative, à l'endroit même où Napoléon monta en voiture, partant pour ne plus revenir.

Louis-Napoléon n'était qu'un enfant de sept ans, quand se déroula sous ses yeux le drame des Cent-Jours. Mais les spectacles auxquels il assista pendant cette période si courte et si tragique devaient laisser dans sa jeune imagination une empreinte ineffaçable. Il avait vu les dernières lueurs du soleil impérial, soleil couchant, mais encore magnifique. Il avait reçu les caresses de son oncle. Il avait vu la joie, puis les larmes de sa mère. Associé aux pompes éblouissantes de la solennité du Champ de Mai, puis réfugié dans le logis d'une marchande, il s'était déjà habitué aux vicissitudes du sort. Sur la terre étrangère, où toute sa famille allait être poursuivie par les soupçons et la malveillance des grandes puissances européennes, il pouvait dire, comme le Louis XVII de Victor Hugo :

> Et pourtant, écoutez, bien loin dans ma mémoire,
> J'ai d'heureux souvenirs avant ces jours d'effroi,
> J'entendais en dormant des bruits confus de gloire,
> Et des peuples joyeux veillaient autour de moi.

La grande figure de l'empereur Napoléon devait être éternellement gravée dans l'esprit de cet enfant proscrit et malheureux, dont l'existence était destinée à connaître toutes les extrémités de la bonne et de la mauvaise fortune. Il allait commencer un exil qui ne devait finir que trente-trois ans plus tard, après avoir été interrompu seulement par six années de captivité.

IV

LES PREMIÈRES ANNÉES D'EXIL

Hortense et ses enfants ne pouvaient rester en France. L'empereur Alexandre ne les protégeait plus. Ils quittèrent Paris le 17 juillet 1815, à neuf heures du soir. La reine monta dans sa voiture avec ses fils. Son écuyer, M. de Marmold et le comte de Voyna, aide-de-camp du général autrichien prince de Schwarzenberg, chargé de veiller sur les fugitifs, suivaient dans une berline. On coucha au château de Bercy, chez M. de Nicolaï, qui fit aux exilés le plus respectueux accueil, et l'on se dirigea vers la Suisse. A Dijon, la reine fut l'objet d'une manifestation hostile. Des officiers de la garde royale voulurent l'empêcher de continuer sa route et la faire prisonnière. Il fallut toute l'énergie de M. de Voyna pour déjouer cette brutale tentative. A Dôle, une manifestation contraire se produisit. La population, qui était bonapartiste, voyant un officier autrichien auprès de la reine, s'imagina qu'elle était captive, et qu'il fallait la délivrer. Hortense elle-même dut détromper la foule. Enfin elle arriva à Genève avec ses enfants et descendit dans une modeste auberge, l'hôtel du Sécheron. Comme elle était partie pour la Suisse avec des passe-ports signés par les ambassadeurs de toutes les grandes puissances, elle se croyait en sûreté à Genève. Mais le lendemain de son arrivée, le gouverneur de cette ville lui signifia, malgré les protestations de M. de Voyna, qu'elle devait s'éloigner. Ne sachant où trouver un asile, elle disait en souriant à l'officier autrichien : « Jetez-moi dans le lac, car il faut bien que je sois quelque part. » Après avoir quitté Genève, elle se rendit à Aix-en-Savoie, qui appartenait encore pour quelques jours à la France, et où elle avait fait plusieurs séjours au temps des splendeurs de l'Empire. Elle y était très aimée. On se souvenait des aumônes qu'elle avait répandues et de l'hôpital qu'elle avait fondé. Hortense était encore à Aix quand elle éprouva une des plus grandes douleurs de sa vie. Elle fut forcée de se séparer de son fils aîné et d'obéir, ainsi, à la revendication, d'ailleurs très légitime de son époux. Se fondant sur le procès qu'il avait gagné à Paris, et dont Napoléon, en revenant de l'île d'Elbe, avait empêché les effets,

Louis, réfugié à Rome, envoya le baron de Zuite en Savoie pour chercher le jeune prince Napoléon. Ce prince et son frère ne s'étaient pas quittés un seul jour depuis 1810, et avaient l'un pour l'autre la plus profonde tendresse. Leur chagrin ne fut pas moins vif que celui de leur mère. « Je ne savais, a écrit Mlle Cochelet, comment calmer le chagrin de mon cher prince Louis et le distraire de son isolement. Cet aimable enfant était d'un caractère doux, timide et renfermé ; il parlait peu ; mais son esprit à la fois vif, réfléchi, pénétrant, s'exprimait par des mots heureux, pleins de raison et de finesse, que j'aimais à recueillir et à répéter. Il fut si affligé du départ de son frère, qu'il en tomba malade et eut une jaunisse qui heureusement fut sans danger. La reine devint si gravement malade, que je faillis en perdre la tête. Elle avait, plusieurs fois par jour, des syncopes qui m'alarmaient au dernier point ; elle ne se ranimait un peu que pour rester dans un état d'affaissement dont rien ne pouvait la sortir. »

Quelques jours après, les ministres des cours alliées autorisaient Hortense et son second fils à séjourner en Suisse. Signé Castelreagh, Hardenberg, Humboldt, Weissenberg, Rasoumosky, Metternich, Capo d'Istria, le procès-verbal de leur conférence du 21 octobre 1815 était ainsi conçu : « La demande de Mme la duchesse de Saint-Leu (les puissances ne donnaient plus que ce nom à la reine Hortense) étant conforme à la résolution d'après laquelle les ministres sont convenus, dans leur séance du 27 août, d'autoriser son séjour en Suisse, sous la surveillance des missions des quatre Cours, ainsi que de la légation de Sa Majesté très chrétienne, et le ministère français ayant fait connaître qu'il ne trouvait pas d'inconvénient à ce qu'elle se fixât dans le canton de Saint-Gall, il a été arrêté que les envoyés respectifs des quatre Cours près la Confédération helvétique seraient chargés d'inviter ce gouvernement à permettre que Mme la duchesse de Saint-Leu et son fils, ainsi que leur suite, s'établissent dans le canton de Saint-Gall, sous l'engagement de ne pas en sortir. »

Hortense et son fils quittèrent Aix-en-Savoie le 28 novembre, et arrivèrent le soir, près de Genève, dans le domaine de Prégny, qui appartenait à la reine. Le 30. ils étaient à Lausanne. Le 1er décembre, ils couchaient à Payerne. Le 6, ils arrivèrent à Zurich. Le froid, la neige, la lenteur de la marche, le mauvais état des auberges, tout contribuait à rendre plus pénible la pérégrination des exilés.

La reine venait d'obtenir une nouvelle décision des Cours alliées qui l'autorisaient, en attendant qu'elle pût s'installer dans le canton de Saint-Gall, à séjourner tout près de la Suisse, à Constance, dans le grand-duché de Bade. Hortense et son fils y arrivèrent le 7 décembre. A moitié morte de froid et de fatigue, la reine eut toutes les peines du monde à gravir le petit escalier en colimaçon qui conduisait à l'appartement de la misérable auberge où elle descendit.

Le souverain du grand-duché de Bade, Charles-Louis-Frédéric, avait pour femme une proche parente et une amie intime de la reine Hortense, la grande-duchesse Stéphanie, fille du comte Claude de Beauharnais, sénateur sous l'Empire, pair de France sous la Restauration. Mais comme Française, comme cousine germaine de la reine Hortense, comme fille adoptive de Napoléon, la grande-duchesse Stéphanie était suspecte aux alliés, qui auraient voulu que son mari la répudiât. Malgré toute sa bonne volonté, elle ne put témoigner ostensiblement son affection à sa cousine. « Prenez patience, lui écrivait-t-elle, tenez-vous bien tranquille, et peut-être au printemps les choses s'arrangeront-elles à la satisfaction de tout le monde, d'ici là les passions seront calmées et bien des choses oubliées. »

Hortense loua une maison plus que modeste située sur la langue de terre qui se rapproche de Constance à l'endroit où le lac se retrécit près du Rhin. Elle y mit un piano et quelques meubles venus de Paris. « Enfin, s'écria t-elle, j'ai un *petit chez moi.* » Peu de jours après, quelques anciens conventionnels, qui avaient reçu l'ordre de quitter Berne, passèrent par

Constance, presque tous infirmes et dénués de toute ressource. Hortense les secourut dans leur détresse. Ses revers de fortune ne l'empêchaient pas de faire le bien.

La reine avait à peine pris possession de sa nouvelle demeure qu'elle y reçut une visite dont elle fut profondément touchée, celle de la princesse de Hohenzollern-Sigmaringen. Née princesse de Salm-Kirbourg, cette femme d'un très grand cœur avait épousé, toute jeune, le souverain de la petite principauté indépendante de Hohenzollern-Sigmaringen, située sur le Danube, à quatre-vingt kilomètres de Stuttgard. Dans sa jeunesse elle avait beaucoup vécu à Paris, chez son frère, qui avait fait bâtir, sur le bord de la Seine, le joli hôtel de Salm (actuellement hôtel de la Légion d'honneur). Très liée avec le vicomte et la vicomtesse de Beauharnais, elle avait, lors de leur incarcération sous la Terreur, donné les soins les plus touchants à leurs enfants Eugène et Hortense. Napoléon, à l'époque de sa grande puissance en Allemagne, crut témoigner son intérêt au prince et à la princesse de Hohenzollern-Sigmaringen, en faisant épouser à leur fils une nièce de Murat. Quand elle était enfant, Hortense avait trouvé dans la princesse une protectrice. Exilée, elle retrouva dans cette femme généreuse une amie. Le voisinage de Sigmaringen fut pour quelque chose dans le désir que la reine Hortense manifestait de se fixer à Constance.

Elle éprouva un vif plaisir à y recevoir la princesse, et lui rendit sa visite à Sigmaringen, où elle fut accueillie comme si elle eût été encore sur le trône.

Rappelons, en passant, que du mariage d'un Hohenzollern-Sigmaringen avec une nièce de Murat, naquit le prince Antoine, qui, ayant épousé en 1834 une fille du grand-duc de Bade et de la grande-duchesse, née de Beauharnais, fut le père du roi actuel de Roumanie et de ce prince Léopold, dont la candidature au trône d'Espagne fut, en 1870, le prétexte, sinon la cause de la guerre franco-allemande. Quand le général Prim avait imaginé cette candidature, il s'était figuré qu'en raison de lien de famille et de souvenirs de jeunesse elle serait agréée par Napoléon III. Hélas ! il n'en fut pas ainsi.

Mais revenons à l'année 1816 et à la ville de Constance. Hortense y reçut, pendant la semaine sainte, son frère le prince Eugène, venu de Munich où il était traité avec la plus grande générosité par son beau-père, le roi de Bavière. Le frère et la sœur passèrent ensemble huit jours qui furent pour tous deux pleins de charme.

Peu de temps après, la reine, accompagnée de Louis-Napoléon, rendit au prince Eugène sa visite. Le prince était alors en Bavière, près du lac de Wurmsee, dans une jolie habitation que son beau-père lui avait prêtée, à Berg.

Eugène et sa femme la princesse Auguste reçurent Hortense avec effusion. Ils avaient auprès d'eux leurs cinq enfants : Joséphine, née en 1807 (qui épousa en 1823 le prince royal de Suède, plus tard roi sous le nom d'Oscar II) ; Eugénie, née en 1808 (mariée en 1826 à Frédéric prince de Hohenzollern-Hechingen) ; Auguste, né en 1810 (qui épousa en 1835 dona Maria, reine de Portugal, et mourut deux mois après son mariage) ; Amélie, née en 1812 (mariée en 1829 à l'empereur du Brésil don Pedro Ier) ; Théodelinde, née en 1814 (mariée en 1841 au comte Guillaume de Wurtemberg). Au moment de la visite d'Hortense à son frère, le second fils du prince, Maximilien, n'était pas encore né. Il vint au monde l'année suivante. (C'est lui qui épousa en 1839 la grande-duchesse Marie de Russie, fille de l'empereur Nicolas, et fut le père des duc de Leuchtenberg actuels).

Eugène était heureux de montrer à sa sœur ses enfants qui tous étaient superbes. En lui apportant la plus jeune, la petite Théodelinde : « Voilà la tienne, lui dit-il, je trouve qu'elle te ressemble d'une manière étonnante quand tu étais enfant, et je disire bien vivement qu'elle te ressemble en tout. » Louis-Napoléon fut d'abord intimidé à la vue de tant de visages inconnus, mais il ne tarda pas à se rassurer, et fut charmé de jouer avec son petit cousin et ses petites cousines.

Après un court séjour à Berg, Hortense

retourna à Constance. Les études de Louis-Napoléon commencèrent sérieusement. Les arts d'agrément lui étaient enseignés par sa mère ; les autres choses lui étaient enseignées par son précepteur, l'abbé Bertrand, auquel fut adjoint M. Lebas, fils d'un conventionnel. Le petit prince montrait de bonnes dispositions : amour du travail, douceur, charité. Pendant ses récréations, il jouait avec quelques enfants du voisinage, notamment avec le fils du meunier du pont du Rhin, et se laissait parfois entraîner hors de l'enceinte du jardin. Un jour il revint en manches de chemise, marchant pieds nus, dans la boue et la neige. Comme on lui demandait pourquoi il se trouvait en pareil état, il raconta qu'il avait rencontré une famille misérable, et que, n'ayant pas d'argent à lui donner, il avait chaussé avec ses souliers l'un des enfants et habillé l'autre avec sa redingote.

Ce fut en cette année 1816 que la reine Hortense commença ses Mémoires, qu'elle a achevés, mais dont un seul fragment a paru, celui qui comprend les années 1830 et 1831. Ce fragment offre un vif intérêt. Les Mémoires sont entre les mains de l'impératrice Eugénie. Il serait bien à désirer qu'ils fussent intégralement publiés.

En 1817, la grande-duchesse de Bade avait exprimé le désir d'aller voir sa cousine. Ce projet effraya la diplomatie qui contraignit le grand-duc à ne plus donner asile dans ses États à l'exilée.

Hortense ne savait pas où reposer sa tête. Depuis que Napoléon n'était plus là pour la protéger, elle pouvait s'appliquer à elle-même ces vers de son ami le poète Arnault :

> De ta tige détachée
> Pauvre feuille desséchée,
> Où vas-tu ? — Je n'en sais rien,
> L'orage a brisé le chêne,
> Qui seul était mon soutien.
> De son inconstante haleine
> Le Zéphyr ou l'Aquilon
> Depuis ce jours me promène
> De la montagne à la plaine
> Et de la plaine au vallon.
> Je vais où le vent me mène
> Sans me plaindre et sans crier.
> Je vais où va toute chose,
> Où vont la feuille de rose
> Et la feuille de laurier.

Apprenant la détresse de la reine, les magistrats du canton suisse de Thurgovie, canton le plus voisin de Constance, lui firent dire que si elle voulait se fixer dans leur pays, elle y serait soutenue par les autorités et par le peuple. Ce canton, comme tous ceux de formation nouvelle, était démocratique, et ne craignait ni les Bourbons, ni leurs alliés. Très reconnaissante de l'offre hospitalière qui lui était faite, Hortense, le 10 février 1817, acheta, au prix de 30,000 florins, le petit château d'Arenenberg, dans le canton de Thurgovie. Mais cette résidence exigeait, pour être habitable, de nombreuses réparations, et la reine ne put s'y installer qu'en 1819.

De son côté le prince Eugène, dès qu'il avait su que sa sœur ne pouvait plus rester à Constance, l'avait suppliée de venir auprès de lui en Bavière. La reine avait tellement peur d'être un embarras pour lui qu'elle refusa d'abord et ne se décida qu'après avoir acquis la certitude que le roi Maximilien s'associait au désir d'Eugène. Elle résolut donc de se rendre non point à Munich où sa présence aurait pu être une gêne pour la cour, mais à Augsbourg, ville située à cinquante-sept kilomètres de Munich, et où elle pourrait recevoir souvent la visite de son frère. Elle quitta Constance, avec son fils, le 6 mai 1817, et se fixa à Augsbourg. Il y avait là une excellente université où Louis-Napoléon fit ses études en allemand pendant plus de quatre années. Il y fit aussi sa première communion. Son père lui écrivit le 9 avril 1821 : « J'ai reçu ta lettre du 13 mars, mon cher enfant. Je remercie ta maman, ton gouverneur et l'abbé de t'avoir préparé à remplir le premier devoir solennel que te présente la religion. Je te donne ma bénédiction de tout mon cœur. Je prie Dieu qu'il te forme un cœur pur et reconnaissant envers lui, qui est l'auteur de tout bien, qu'il te donne les lumières nécessaires pour remplir tous les devoirs que peuvent t'imposer ton pays et tes parents, et pour pouvoir discerner toujours le bien d'avec le mal. Adieu, cher ami, je t'embrasse de tout mon cœur, et je te renouvelle, dans cette occasion

solennelle, la bénédiction paternelle que je te donne par la pensée, chaque matin et chaque soir, et toutes les fois que mon imagination se porte sur toi. Ton affectionnné père, Louis. »
C'est aussi à Augsbourg que le jeune prince reçut le sacrement de la confirmation, qui lui fut administrée par l'évêque de la ville, en présence du prince Eugène.

Louis-Napoléon était encore à Augsbourg quand il apprit la mort de l'Empereur à Sainte-Hélène. A cette nouvelle, il écrivit à sa mère une lettre (publiée pour la première fois, en anglais, par M. Blanchard Jerrold; en français, par M. G. Duval), dans laquelle il disait à la date du 24 juillet 1821 : « Ma chère maman, le jour approche où je vous reverrai, où je pourrai vous témoigner mon attachement, où je tâcherai de vous consoler de ce malheureux événement. Cette mort m'a fait, comme vous pouvez le croire, une très grande peine, et elle est agrandie encore en pensant à la douleur que causera cette triste nouvelle à toute ma famille; heureusement il est dans un monde meilleur que le nôtre, d'où il jouit paisiblement de ses bonnes actions... Quand je fais mal, si je pense à ce *grand homme* il me semble sentir en moi une ombre qui me dit de me rendre digne du nom de *Napoléon*... Vous devez bien penser les consolations que M. Lebas me prodigue dans cette circonstance. Pendant les trois jours qui ont suivi cette triste nouvelle, il m'a donné congé. Heureusement, je suis jeune, et je parais souvent avoir oublié ce malheur, mais si cependant ma gaieté habituelle revient quelquefois, cela n'empêche pas que mon cœur ne soit triste et que je n'aie une haine éternelle contre les Anglais. » L'esprit du jeune prince était déjà pour ainsi dire hanté par l'ombre de Napoléon, mais sa haine contre les Anglais ne devait pas être aussi durable que son culte pour leur prisonnier.

V

ROME

La reine Hortense, après s'être installée en 1819 au château d'Arenenberg, prit l'habitude d'y résider toute l'année, à l'exception des mois d'hiver qu'elle passait soit à Genève, soit à Rome. En alternant ainsi entre la Suisse et la ville éternelle, elle entrait dans les vues de l'Empereur.

Dans sa *Lettre sur l'Histoire ae France*, adressée au prince Napoléon, fils du roi Jérôme, le duc d'Aumale a écrit : « Non, votre oncle n'avait pas pour la papauté cette aversion que vous lui supposez. Vous ne pouvez avoir oublié ces curieuses instructions qu'en 1821 le général Bertrand rapporta de Sainte-Hélène au roi Joseph. Napoléon, à son lit de mort, avait insisté pour que sa famille s'établît à Rome, et attachât à ses intérêts une théocratie puissante; elle ne tarderait pas à avoir un pape, des cardinaux. Quelques années de plus, le vœu de Napoléon eût pu être rempli; un de vos cousins aurait pu s'asseoir sur la chaire de Saint-Pierre, qui aurait été mieux défendue. »

Les instructions auxquelles faisait allusion le duc d'Aumale se trouvent consignées au Xe volume des *Mémoires du Roi Joseph* sous la rubrique : Extrait de la conversation de Napoléon le 21 avril 1821 : « L'Empereur, y est-il dit, a désiré que le grand maréchal dit à Madame Mère qu'elle ne pouvait mieux faire que de marier ses filles dans des familles romaines, que sa famille devait s'allier à toutes les familles princières, c'est-à-dire à celles qui avaient eu des papes, que l'alliance avec les Hercolani et les Gabrielli était bien entendue, qu'il avait fort désapprouvé le mariage avec le Suédois (une des filles de Lucien avait épousé un Suédois), que ses nièces pouvaient laver les pieds du pape, mais non ceux de la reine de Suède ou de tout autre. »

« L'Empereur ajoutait que les Bonaparte pouvaient aussi se marier entre eux, mais qu'ils ne devaient point se marier en France, à moins qu'il n'y ait un changement de gouvernement. »

Napoléon revint sur le même sujet le 24 avril 1821, c'est-à-dire onze jours avant sa mort. Il dit qu'en fait sa famille était d'origine romaine, qu'il y avait des Bonaparte à Rome en 1000; que c'était un Bonaparte qui avait écrit le sac de Rome par le connétable de Bourbon en lançant contre lui des imprécations. L'Empereur ajouta que son nom serait toujours populaire en Italie où il avait réveillé les souvenirs de la patrie. Sa conclusion était que sa famille ne pouvait s'établir que dans une théocratie comme Rome ou dans une République comme la Suisse, qui avait assez de force pour maintenir son indépendance. En se faisant oligarque de Berne ou d'un autre canton, on était indépendant, on ne devait rien à personne. Il fallait que Madame Mère comprit bien tout cela. Avec une vingtaine de mariages, les Bonaparte pourraient s'emparer de Rome et de la Suisse. Lucien devait faire ses fils cardinaux le plus tôt possible.

Lucien n'avait pas attendu la chute de l'Empire pour se fixer à Rome. Pie VII, qui lui témoignait une grande bienveillance, lui conféra le 2 septembre 1814 un titre de prince romain, celui de prince de Canino. Madame Mère trouva également un refuge dans les Etats du Pape. Elle y arriva avec son frère, le cardinal Fesch, au moment même où Pie VII y faisait sa rentrée triomphale, après la captivité de Fontainebleau. Le Saint-Père leur dit : « Vous serez les bienvenus à Rome, qui a toujours été la patrie des grands exilés. » Madame Mère était allée rejoindre Napoléon à l'île d'Elbe, et, pendant les Cent-Jours, à Paris. Quand son fils fut parti pour Sainte-Hélène, elle retourna à Rome, où elle arriva le 15 août 1815. Elle écrivit alors au cardinal Consalvi, secrétaire d'Etat : « Je suis vraiment la mère de toutes les douleurs, et la seule consolation qui me soit donnée est de savoir que le Saint-Père oublie le passé, pour se souvenir seulement des bontés témoignées par lui à tous les membres de ma famille. Nous ne trouvons d'appui que dans le gouvernement pontifical, et notre gratitude est grande pour un pareil bienfait. » Elle s'installa au palais Falconiere, rue Julia, à l'angle du Corso et de la place de Venise. Le cardinal Fesch y occupa le second étage. Cette résidence devint le centre de réunion de la famille Bonaparte pour ceux de ses membres qui ne furent point exilés ailleurs. Lucien, Louis et Jérôme y vinrent tour à tour. Ils y avaient été précédés par Elisa et par Pauline.

Mme Récamier a donné de curieux détails sur le séjour que fit Hortense à Rome en 1824. Elle y arriva avec ses deux fils, au mois de février. L'amie de M. de Châteaubriand et l'ancienne souveraine de Hollande ne s'étaient pas vues depuis les Cent-Jours. A leur grande surprise, elles se rencontrèrent dans l'église de Saint-Pierre où elles priaient l'une à côté de l'autre. Me Récamier était très liée avec l'ambassadeur de France, le duc de Laval-Montmorency, et la politique empêchait les deux femmes de se faire des visites. Mais elles se donnèrent rendez-vous au Colisée. Elles s'y trouvèrent à l'heure dite et allèrent s'asseoir sur les degrés de la croix au milieu de l'amphithéâtre. Ecoutons Mme Récamier : « La nuit était venue, une nuit d'Italie ; la lune montait doucement dans les airs, derrière les arcades couvertes du Colisée ; le vent du soir résonnait dans les galeries désertes. Près de moi était cette femme, ruine vivante elle-même d'une si étonnante fortune. Une émotion confuse et indéfinissable me forçait au silence. La reine aussi semblait absorbée dans ses réflexions. «Que d'événements n'a-t-il pas fallu, dit-elle enfin, en se tournant vers moi, pour nous réunir ici ! événements dont j'ai souvent été le jouet ou la victime, sans les avoir prévus ou provoqués ! »

Quelques jours après, il y avait un bal masqué chez le banquier Torlonia. Hortense et Mme Récamier convinrent d'y porter le même costume : un domino de satin blanc tout garni de dentelles ; la seule différence consistait en ce que Mme Récamier aurait une guirlande de roses, et la reine un bouquet des mêmes fleurs. L'une et l'autre garderaient leur masque pendant toute la soirée. Mme Récamier fit son entrée au bras de l'ambassadeur de France, tandis qu'Hortense était accompagnée par Jérôme Bonaparte, l'ancien roi de Westphalie. Les deux femmes imaginèrent alors un petit complot mondain. Elles trouvèrent le moyen d'échanger furtivement leur guirlande et leur bouquet. L'ambassadeur de Louis XVIII fit sa cour à Hortense, la prenant pour Mme Récamier, et l'ancienne reine de Hollande se vit bientôt entourée de tous les représentants des puissances étrangères, tandis que Mme Récamier avait auprès d'elle tous les Bonaparte qui se trouvaient à Rome. « Cependant, a-t-elle dit, cette ruse, dont on avait fini par se douter, avait mis le trouble dans les sociétés respectives. Le bruit s'était répandu dans le bal que la reine Hortense et moi portions le même déguisement, et l'embarras de ceux qui nous abordaient l'une et l'autre, tant qu'ils n'avaient pas constaté notre identité, prolongea quelque temps le plaisir que nous prîmes à cette plaisanterie. Tout le monde, du reste, s'y prêta de bonne grâce, à l'exception de la princesse de Lieven que la politique n'abandonne jamais, même au bal, et qui trouva fort mauvais qu'on l'eût compromise avec une Bonaparte. »

Peu après, Mme Récamier recevait cette lettre de la reine Hortense : « Vendredi matin. — Ma chère Madame, il semble qu'il soit attaché à ma destinée de ne pouvoir jouir de quelque plaisir, distraction ou intérêt, que la douleur me soit toujours là. J'ai reçu des nouvelles de mon frère ; il a été souffrant, on m'assure bien qu'il était mieux au départ de la lettre, mais mon inquiétude est extrême... J'espère que Dieu ne me privera pas du seul ami qui me reste, de l'homme le meilleur et le plus loyal qui existe... Je ne puis aller me promener avec vous aujourd'hui ; cependant je serais heureuse de vous voir, si vous vouliez venir me rejoindre à Saint-Pierre. Je sais que vous ne craignez pas ceux qui souffrent, et vous devez leur porter bonheur. Vous désirer à présent, c'est assez vous prouver mes sentiments pour vous. »

Hortense n'eut pas le temps d'arriver à Munich avant la mort de son frère, qui expira le 21 février 1824, dans sa quarante-troisième année. La fin de sa vie avait été tranquille. Réfugié en Bavière, auprès du roi son beau-père, il y était entouré de l'affection universelle. En 1823 il avait marié sa fille Joséphine au prince royal de Suède, depuis roi sous le nom d'Oscar III.

Hortense retourna à Arenenberg très affligée. Elle écrivit alors à Mme Récamier : « Cette vie si remplie de troubles n'agite plus ceux qu'on regrette. Je n'ai que des larmes, et sans doute il est heureux !... Je suis à présent dans ma retraite. La nature est superbe. Malgré le beau ciel de l'Italie, j'ai encore trouvé Arenenberg bien beau ; mais il faut toujours que des regrets me suivent ; c'est sans doute ma destinée. L'année dernière, je m'y étais trouvée si satisfaite ! J'étais toute fière de ne rien regretter, de ne rien désirer dans ce monde. J'avais un bon frère, de bons enfants. Aujourd'hui combien j'ai besoin de me répéter qu'il me reste encore des liens auxquels je suis nécessaire!... Adieu, ne m'oubliez pas tout à fait; croyez que votre amitié m'a fait du bien. Vous savez ce que c'est qu'une voix amie qui vous vient de la patrie dans le malheur et l'isolement. Veuillez me répéter que je suis injuste, si je me plains trop de la destinée, et qu'il me reste encore des amis. »

Louis-Napoléon était profondément affligé de la mort d'un oncle qui avait été pour lui un second père. Il reprit tristement en Suisse le cours de ses études. L'année 1825 ne fut marquée pour lui par aucun incident. L'année suivante naissait la femme dont il devait être l'époux.

VI

LA NAISSANCE DE L'IMPÉRATRICE

Le 5 mai 1826, cinq ans jour pour jour après la mort de l'empereur Napoléon Ier à Sainte-Hélène, venait au monde, à Grenade, l'enfant destinée à être la femme de l'empereur Napoléon III. Sur la façade de la maison où elle naquit, rue de Gratia, n° 12, la municipalité de la ville a mis, en 1867, une plaque de marbre avec une inscription en l'honneur de « l'Impératrice des Français, sa noble compatriote ».

La « calle de Gratia » est une des rues aristocratiques de la ville. Les hôtels s'y succèdent, à peu près tous bâtis sur le même modèle. La façade extérieure est généralement très simple, agrémentée, toutefois, de balcons en fer forgé, assez bien ouvragés dans le style Louis XV. L'Andalousie a conservé, du temps de la domination des Maures, l'habitude de réserver le luxe pour l'intérieur des habitations. Dès que l'on a franchi la porte, l'impression un peu sévère se modifie. C'est le *patio* qui apparaît avec ses gracieuses colonnades de marbre, entourant le bassin central où l'eau coule au milieu des fleurs, et dont tous les angles sont occupés par des bancs droits à longs dossiers de bois s'évasant par le haut en forme d'écu frappé des armoiries de la famille et des alliances. Sur ce *patio*, résidence d'été, où la température est maintenue toujours fraîche par un ingénieux système d'aération, s'ouvrent les portes des chambres et des boudoirs. Les appartements de réception sont au premier étage. Telle est encore aujourd'hui, à Grenade, la demeure des Guzman, où l'impératrice Eugénie vit le jour.

Dans son acte de naissance et son acte de baptême la future souveraine est désignée sous le nom de Marie-Eugénie-Ignace-Augustine, fille de Don Cipriano Guzman Palafox y Porto-Carrero, comte de Teba, marquis d'Ardalès, grand d'Espagne, et de Maria-Manuela de Kirpatrick y Grivegnée, comtesse de Teba, marquise d'Ardalès.

Au moment de la naissance de l'Impératrice, son père s'appelait le comte de Teba. Il ne porta le titre de comte de Montijo, appartenant à son frère aîné chef de la famille, qu'après la mort de ce dernier. Les souvenirs les plus illustres se rattachent à cette maison dont l'origine remonte beaucoup plus haut que l'institution de la grandeur. Elle compte parmi ses ancêtres Alphonse Perez de Guzman, ce héros dont les paysans espagnols redisent encore les exploits; Gonzalve de Cordoue, surnommé le grand capitaine; Antoine de Leve, le plus habile des généraux de Charles-Quint.

Don Alphonse Perez de Guzman, né à Valladolid en 1278, mort en 1320, a laissé une réputation légendaire. Il était gouverneur de Tarifa, au nom du roi de Castille Sanche IV, quand cette place fut assiégée par l'infant don Juan, révolté contre le roi son frère. Don Juan, qui avait fait prisonnier un fils de Guzman, menaça le père d'égorger le fils sous les murs de la forteresse s'il ne consentait pas à la livrer. Pour toute réponse, Guzman jeta un coutelas dans le fossé des remparts. L'enfant fut égorgé, mais les assiégeants, forcés de lever le siège, battirent en retraite. C'est en mémoire de cette loyauté stoïque, immortalisée par les vers de Lope de Vega, que les Guzman ont pris la noble devise : *Mon roi plus que mon sang.*

Le comte de Montijo et son frère cadet le comte de Teba, père de l'Impératrice, se distinguèrent tous deux en Espagne dans les premières années de ce siècle, mais ils suivirent des lignes de conduite opposées. L'un fut l'adversaire de la France, l'autre son partisan. Au mois de mars

1808, quand la foule voulut empêcher par la force Charles IV de quitter Aranjuez, le comte de Montijo fut au premier rang parmi ceux qui mettaient obstacle au départ. M. Thiers a écrit à ce sujet, dans son *Histoire du Consulat et de l'Empire* : « L'affluence à Aranjuez devenait extrême, et déjà les visages les plus sinistres et les plus étranges commençaient à y paraître. Un personnage singulier, persécuté à la Cour, ayant, avec la naissance et la fortune d'un grand seigneur, l'art et le goût de remuer les masses populaires, était au milieu de cette foule, prêt à donner le signal de l'insurrection. » Le comte de Montijo, oncle de l'Impératrice, se prononça très énergiquement contre l'invasion française. Il fut un des principaux chefs du soulèvement dans le royaume de Valence, et combattit contre les troupes du maréchal Moncey.

A la différence de M. Thiers qui s'est exprimé en termes un peu dédaigneux au sujet de ce comte de Montijo, M. Auguste Filon en a fait un très grand éloge, dans sa belle étude sur Mérimée : « Au début du siècle, a-t-il dit, le comte de Montijo avait failli changer le sort de la monarchie espagnole et arracher sa patrie à la plus humiliante des tyrannies. Il tenait des conspirateurs d'autrefois par l'audace, des grands révolutionnaires modernes par l'ampleur des vues. Il entra dans le palais d'Aranjuez à la tête d'une petite troupe résolue, et, pendant quelques heures, tint sous sa main le roi, la reine et le favori Godoi. Mais rien ne bougea dans la nation, pas une voix ne répondit à son appel. On traita de fou Eugenio de Montijo, parce qu'il avait échoué; il eût été un héros s'il avait réussi. Son frère Cyprien (don Cyprien Guzman Palafox y Porto-Carrero, comte de Teba, père de l'Impératrice) offrit son épée à Napoléon.

Le comte de Teba, nature ardente, s'était passionné pour la gloire du vainqueur d'Austerlitz, en qui il croyait voir le régénérateur de l'Espagne. Il se distingua parmi ceux que ses compatriotes appelaient les *afrancesados*, et servit glorieusement sous les drapeaux de la France. A la bataille de Salamanque, appelée aussi bataille des Arapiles, il perdit un œil et eut une jambe fracassée par un boulet de canon. Colonel d'artillerie en 1814, il fut encore blessé aux Buttes-Chaumont, où il commandait les élèves de l'École Polytechnique. La France envahie ne fut défendue par aucun Français plus vaillamment que par cet Espagnol. Les derniers coups de canon qui retardèrent d'un jour l'entrée des alliés dans Paris, ce fut lui qui les tira, et, comme l'a dit M. Auguste Filon, « c'est au milieu de cette fumée qu'on aime à entrevoir ce beau et pâle visage ennobli plutôt que défiguré par la terrible blessure qui l'avait privé d'un de ses yeux, ce soldat philosophe, au cerveau hanté par des rêves confus de délivrance et de progrès et qui, jusqu'au bout, porta fièrement sa disgrâce. »

Hostile à la politique réactionnaire du roi Ferdinand VII, le comte de Teba ne retourna pas tout de suite en Espagne. Ce fut à Paris en 1814 et 1815 qu'il commença à faire la cour à une charmante jeune fille dont il ambitionnait la main. Il la rencontrait chez M. et Mme Mathieu de Lesseps qui demeuraient alors rue Saint-Florentin, n° 17. Cette jeune fille, née à Malaga, s'appelait Maria-Manuela de Kirpatrick. Sa généalogie est clairement établie dans des notes laissées par son cousin germain, Ferdinand de Lesseps, l'illustre créateur du canal de Suez.

Maria-Manuela de Kirpatrick, qui épousa le comte de Teba, plus tard comte de Montijo, et fut la mère de l'impératrice Eugénie, descendait d'une des plus anciennes et des plus considérables familles des Pays-Bas, la famille de Grivegnée, dont les membres habitaient Liège et furent plusieurs fois honorés de l'échevinage.

Henri de Grivegnée, né à Liège le 2 juin 1784, s'établit à Malaga, où il épousa une Espagnole, dona Antonia de Gallegos. De ce mariage, il eut deux filles, Françoise et Catherine.

Françoise de Grivegnée épousa, à la fin du dix-huitième siècle, le baron Guillaume de Kirpatrick de Closeburn, né à Dumfries (Écosse), et appartenant à une illustre famille dont le chef fut créé baron par Alexandre II, roi d'Écosse, en 1227. Le dévouement de Guillaume de Kirpatrick à la cause des Stuarts le força de quitter l'Angleterre pour échapper aux persécutions. Il émigra aux États-Unis à l'époque de la proclamation de leur indépendance et fut nommé, par le nouveau gouvernement, consul à Malaga.

À cette époque, Mathieu de Lesseps résidait à Cadix, en qualité de chargé d'affaires spécial de la République française dans cette ville. Il épousa la seconde fille d'Henri de Grivegnée et d'Antonia de Gallegos, Catherine de Grivegnée (née le 11 juin 1774, morte le 21 janvier 1853, à la veille du mariage de sa petite-nièce avec l'empereur Napoléon III). Mathieu de Lesseps, préfet et comte de l'Empire, mourut consul général de France à Tunis, en 1832. De son mariage avec Catherine de Grivegnée naquirent Théodore (directeur des consulats, puis sénateur sous le second Empire); Adèle (qui épousa le docteur Cabarrus, fils de Mme Tallien); Ferdinand (le créateur du canal de Suez); et Jules (qui représentait le bey de Tunis à Paris).

Le baron de Kirpatrick et M. Mathieu de Lesseps devinrent amis en Espagne et se retrouvèrent en France. Maria-Manuela de Kirpatrick, élevée dans une maison d'éducation à Paris, sortait chez sa tante Mme Mathieu de Lesseps, et, comme nous l'avons déjà dit, c'est là qu'elle fit la connaissance du comte de Teba. Le comte et la jeune fille, revenus en Espagne presque à la même époque, se marièrent à Grenade le 15 décembre. De ce mariage naquirent, le 29 janvier 1825, Françoise (la duchesse d'Albe), et le 5 mai 1826, Eugénie (l'Impératrice).

Maria-Manuela de Kirkpatrick, comtesse de Teba, puis de Montijo (mère de la duchesse d'Albe et de l'Impératrice des Français), avait une sœur, Henriette de Kirkpatrick, qui épousa le comte François de Cabarrus, fils de l'ancien ministre des finances du roi d'Espagne Charles III, et frère de Thérézia Cabarrus, la femme célèbre qui fut successivement la marquise de Fontenay, Mme Tallien et la princesse de Chimay.

Le petit tableau suivant résume la généalogie de l'impératrice Eugénie et son degré de parenté avec M. Ferdinand de Lesseps.

Henri de GRIVEGNÉE, marié à Antonia de GALLEGOS.

Françoise de GRIVEGNÉE mariée au baron de Kirkpatrick	Catherine de GRIVEGNÉE mariée à Mathieu de Lesseps
Manuela, comtesse de Montijo	Ferdinand de Lesseps

L'impératrice Eugénie

Ainsi donc, la comtesse de Montijo et Ferdinand de Lesseps, enfants de deux sœurs, étaient cousins germains, et l'auteur du percement de l'isthme de Suez se trouvait être l'oncle à la mode de Bretagne de la souveraine des Français. Ce fut là une des causes qui firent que l'Impératrice porta un si vif intérêt à l'une des plus grandes entreprises du siècle, et présida elle-même l'inauguration du canal au milieu de splendeurs magiques.

VII

1830

Pendant que naissait à Malaga l'enfant destinée à être un jour impératrice, Louis-Napoléon, qui avait quitté l'université d'Augsbourg, continuait ses études en Suisse. Il suivit les cours d'artillerie et de génie à l'école de Thun, dans le canton de Berne, sous la direction du brave colonel (depuis général) Dufour, ancien officier dans l'armée de Napoléon. Pendant les grandes manœuvres, le jeune prince faisait dix à douze lieues par jour, à pied, le sac au dos, et couchait sous la tente au pied des glaciers.

Au commencement de 1829, Louis-Napoléon voulut s'enrôler sous le drapeau russe, pour guerroyer contre les Turcs. Le 19 janvier, il écrivit à son père cette lettre, publiée pour la première fois par M. Fernand Giraudeau dans son beau livre *Napoléon III intime* : « Mon cher papa, j'ai pris un grand parti que, j'espère, vous ne désapprouverez pas; il est trop beau et trop noble. Permettez que je vous le dise, à vous que j'aime de tout mon cœur, et qu'avant tout je demande votre permission. Je désire, au delà de toute expression, faire, au printemps prochain, la campagne contre les Turcs, étant comme volontaire dans l'armée russe. Maman, à qui j'en ai parlé, a beaucoup balancé, mais sentant combien cela pouvait m'être utile, elle a consenti entièrement. L'empereur serait, d'après ce que maman a pu juger par ses relations avec lui, très bien pour moi; je serais sans doute dans son état-major. Maman choisirait, pour m'accompagner, un ancien militaire. Enfin, je ferais quelque chose de digne de vous ! Si vous consentez, tout ira à merveille, et maman s'occupera de faire les démarches auprès de l'empereur. Ah ! mon cher papa, pensez que vous n'aviez pas encore mon âge et que déjà vous vous étiez couvert de gloire ! En faisant cette campagne comme volontaire (ce qui ne m'engage à rien), j'aurais l'avantage de m'instruire parfaitement, de montrer au monde le courage que j'ai reçu de vous, en naissant, et de m'attirer par là l'intérêt général. Ma tante, la grande-duchesse de Bade, à laquelle j'en avais parlé il y a quelques mois, m'avait bien engagé à vous demander la permission, disant que c'était une action bien digne de quelqu'un qui est votre fils. Enfin, mon cher papa, répondez-moi, je vous en prie, le plus tôt possible. Pensez que je désire tellement faire cette campagne que si vous ne me donniez pas votre consentement et votre bénédiction avant de partir, je mourrais de chagrin. Adieu, mon cher papa, je vous en prie encore, au nom de ce que vous avez de plus cher, permettez-moi de me rendre digne de votre nom. »

Le roi Louis répondit :

« Je me doutais bien que les grandes victoires des Russes sur les barbares musulmans éveilleraient ton ardeur guerrière. Mais tu as tant d'esprit et d'heureuses qualités qu'un peu de réflexion te calmera entièrement... La guerre, hors le cas de légitime défense, c'est-à-dire si elle n'est pas faite pour le salut de sa patrie et la défense de ses foyers, n'est qu'une barbarie, qu'une férocité, qui ne se distingue de celle des sauvages et des bêtes féroces que par plus d'art, de fausseté et de futilité dans son but... En voilà assez sur ce chapitre. Je ne veux conclure de tout ceci que ce que je t'ai dit souvent : *Qu'on ne doit faire la guerre que pour son pays.* »

Louis-Napoléon, désolé, se soumit à la volonté de son père. Le 3 mars 1830, il lui adressait une lettre qui se terminait ainsi :

« Adieu, mon cher papa, croyez à mon sincère attachement; je vous en ai donné une véritable preuve, en renonçant à mon projet; car si je ne vous avais pas tant aimé, je n'aurais pas pu résister au désir de l'accomplir, même contre votre volonté. »

Il lui écrivait le 21 avril : « J'ai aujourd'hui vingt et un ans ; je suis majeur ; mais je n'y vois qu'une raison de plus pour toujours vous obéir, et, suivant vos conseils, me rendre digne de vous. Je ne puis mieux employer cette journée qu'en écrivant à mon cher père pour l'assurer de nouveau de mon sincère attachement et de ma tendre reconnaissance. »

Cependant, le jeune prince, avide d'action et travaillé par l'ardente ambition de se distinguer d'une manière ou d'une autre, rongeait son frein, et attendait avec une impatience fébrile l'occasion de se montrer. Au mois de juillet, il s'imagina que cette occasion était venue.

La révolution de 1830 fut la revanche du drapeau tricolore contre le drapeau blanc, et le résultat de l'alliance contractée pendant toute la durée de la Restauration entre les républicains et les impérialistes. Elle eut pour origine ce qu'on pourrait appeler la politique des chansons de Béranger.

Dans un très curieux opuscule intitulé : « *Napoléon Ier depuis sa mort* », M. Ernest Legouvé a écrit : « *Requiescat in pace* » — ils reposent en paix — ne s'applique pas à tous les morts. Il y en a qui sont plus actifs que les vivants. Bien peu d'hommes d'Etat, placés à la tête de notre gouvernement depuis soixante ans, ont été plus mêlés à nos affaires quand ils étaient dans ce monde, que Napoléon depuis qu'il n'y est plus... Cette ombre rentra dans la vie active ; ce mort devint un chef de parti. Les libéraux l'enrôlèrent dans leurs rangs. En réalité, rien de plus absurde que cet amalgame de bonapartisme et de libéralisme. Mais les masses n'y regardent pas de si près, ni les jeunes gens non plus ; nous tous, garçons de dix-huit à vingt ans, nous étions à la fois enragés bonapartistes et enragés libéraux. Quant aux chefs politiques, leur enthousiasme était calculé ; l'alliance avec Napoléon leur apportait deux auxiliaires puissants : le peuple et l'armée. Ils firent donc de son nom une arme de guerre contre les Bourbons ; si bien que, quand les ordonnances de Juillet précipitèrent toute la population sur Paris à l'attaque de la monarchie, on put dire qu'à la tête des assaillants se trouvait le captif de Sainte-Hélène : Napoléon est un des combattants de Juillet. »

Instructeurs des conscrits de l'émeute, pendant les trois journées, les vétérans de l'Empire firent le coup de feu contre leurs anciens compagnons d'armes qui étaient en grand nombre dans les rangs de la garde royale. Les hommes qui allaient fonder à leur insu le trône de Louis-Philippe croyaient combattre pour le roi de Rome.

Lisez la pièce de vers de Victor Hugo qui a pour titre : « *Dicté après Juillet 1830.* » C'est une sorte de cantate napoléonienne. Que dit le poète aux vainqueurs des trois journées ?

> Trois jours vous ont suffi pour briser vos entraves
> Vous êtes les aînés d'une race de braves
>   Vous êtes les fils des géants.
> C'est pour vous qu'ils traçaient avec des funérailles
> Ce cercle triomphal de plaines de batailles,
> Chemin victorieux, prodigieux travail,
> Qui, de France parti pour enserrer la terre,
> En passant par Moscou, Cadix, Rome et le Caire,
>   Va de Jemmape à Montmirail.
>
> Vous êtes les enfants des belliqueux lycées!
> Là vous applaudissiez nos victoires passées.
> Tous vos jeux s'ombrageaient des plis d'un étendard.
> Souvent Napoléon, plein de grandes pensées,
> Passant les bras croisés dans vos lignes pressées,
>   Aimanta vos fronts d'un regard:
>
> Aigle qu'ils devaient suivre! Aigle de notre armée,
> Dont la plume sanglante en cent lieux est semée,
> Dont le tonnerre un soir s'éteignit dans les flots,
> Toi, qui les a couvés dans l'aire paternelle,
> Regarde, et sois joyeuse, et crie, et bats de l'aile,
>   Mère, tes aiglons sont éclos!

Si la légende napoléonienne passionnait à ce degré des hommes qui personnellement n'avaient aucun intérêt à la développer, on comprend aisément quel effet elle devait produire sur l'âme ardente de jeunes gens qui étaient les neveux de l'Empereur et qui portaient son nom. Faite au nom du drapeau tricolore, la révolution de Juillet remplit de joie et d'enthousiasme les deux fils de Louis Bonaparte. « Cette révolution, a écrit leur mère, trouva l'aîné de mes fils en Toscane, au milieu de ses inventions pour l'industrie qui, faute de mieux, l'occupaient depuis son mariage, et le plus jeune en Suisse, à l'école militaire de Thun, où il suivait les cours d'artillerie et du génie. Tous deux semblèrent renaître au bruit des événements de Paris. Quoique séparés, leurs impressions furent les mêmes : vifs regrets de n'avoir pas pu combattre avec les Parisiens, enthousiasme pour leur héroïque conduite, et légitime espoir de servir cette belle France qu'ils chérissaient tant. Ils me disaient : — Elle est enfin libre ! L'exil est fini, la patrie est ouverte ; n'importe comment, nous la servirons ! — Voilà ce qui remplissait toutes leurs lettres. J'étais bien loin de partager leurs espérances. »

La reine Hortense reçut beaucoup de lettres à cette époque. Les unes disaient : « Arrivez, nous sommes libres enfin, et nous allons vous revoir ! — Les autres : — Nous avons combattu en songeant à votre cause. » Son fils Louis-Napoléon lui écrivait, le 12 août : « Le drapeau tricolore flotte en France ! Heureux ceux qui ont pu les premiers lui rendre son ancien éclat ! » Et le 14 : « J'espère qu'après ces événements on nous permettra de jouir des droits de citoyens français. Que je serai heureux de voir des soldats avec la cocarde tricolore ! » La reine Hortense avait plus d'expérience que ses enfants. Leurs illusions lui faisaient de la peine. Ce n'est pas aux combattants de Juillet que la révolution devait profiter. Le *sic vos non vobis* recevait son application.

Au moment même où Napoléon semblait être à Paris l'objet d'un enthousiasme universel, et où sa mémoire avait non seulement des fanatiques, mais des dévots, sa famille continuait à être proscrite en vertu de l'article 4 de la loi du 12 janvier 1816, article ainsi conçu : « Les ascendants et descendants de Napoléon Buonaparte, ses oncles et ses tantes, ses neveux et ses nièces, ses frères, leurs femmes et leurs descendants, ses sœurs et leurs maris, sont exclus du royaume à perpétuité, et sont tenus d'en sortir dans le délai d'un mois sous la peine portée par l'article 9 du Code pénal. » Cette même loi du 12 janvier 1816 avait proscrit également une catégorie de régicides. L'article 7 était le suivant : « Ceux des régicides qui, au mépris d'une clémence presque sans bornes, ont voté pour l'acte additionnel ou accepté des fonctions ou emplois de l'usurpateur, et qui par là se sont déclarés ennemis irréconciliables de la France et du gouvernement légitime, sont exclus à perpétuité du royaume ; ils ne peuvent y jouir d'aucun droit civil, y posséder aucuns biens, titres, ni pensions à eux concédés à titre gratuit. »

Le 2 septembre 1830, la Chambre des députés s'occupa de la loi du 12 janvier 1816. Elle fit cesser la proscription pour les régicides, elle la maintint pour tous les membres de la famille Bonaparte. L'article 7, celui qui exilait les régicides, fut abrogé, et l'article 4, celui qui proscrivait les Bonaparte, fit l'objet d'une stipulation ainsi conçue : « Il n'est pas dérogé aux dispositions contenues dans l'article 4 de la loi précitée. » Il ne s'éleva pas une seule voix pour défendre la famille des Napoléon. Le nom de l'Empereur ne fut pas même prononcé.

Aucune loi de proscription n'avait encore été rendue contre Charles X et sa famille. (Les Bourbons de la branche aînée ne furent proscrits que par la loi du 10 avril 1832.) En 1830, les seuls exilés étaient les Bonaparte, et pourquoi les bannissait-on ? Parce qu'ils étaient les parents de ce Napoléon que la France saluait comme un demi-dieu ? Tous ses maréchaux, tous ses généraux se voyaient accablés d'honneurs, et ses parents étaient proscrits ! Une telle anomalie blessa au cœur la reine Hortense. Elle ne formula aucune plainte publique. Mais dans des lettres confidentielles elle exhala toute sa tristesse : « Je viens de lire, écrivait-elle, une loi qui m'étonne autant qu'elle m'afflige. Comment ! dans ce moment d'enthousiasme et de liberté, la France ne devait-elle pas ouvrir les bras à tous ses enfants, à ceux qui, depuis quinze ans, partageaient avec elle tant d'abaissement et de souffrance ? Au lieu de cela on renouvelle, pour une seule famille, un acte de proscription. Quels sont ses crimes? N'est-ce pas l'étranger qui l'avait chassée? N'est-ce pas la France qu'elle avait servie? Craindre cette famille, c'est lui faire un honneur qu'elle repousse. Son chef n'existe plus. S'il a donné une grandeur et une gloire qu'on accepte enfin, faut-il repousser tout ce qui lui a appartenu, au lieu d'acquitter une dette sacrée, en exécutant le traité fait par lui pour sa famille? » Hortense ajoutait en parlant des parents de Napoléon : « Les voilà encore, avec leurs malheurs, sans protection et en butte à toutes les vexations dont les gouvernements se plaisaient à les accabler. Que puis-je dire à mes enfants, moi qui ne cherche qu'à modérer leur jeunesse, à entretenir en eux l'amour de la patrie et de la justice? Je ne puis plus que leur apprendre que les hommes sont ingrats et égoïstes, mais qu'il faut encore les aimer, et qu'il est plus doux d'avoir à leur pardonner qu'à les faire souffrir.

« Adieu, vous avez désiré de mes nouvelles, vous voyez que l'impression du moment est pénible. Je ne comptais pas aller à Paris; loin de là, je m'arrangeais pour mon voyage d'Italie. Mais la vue de cette loi qui nous expulse à jamais de cette France qu'on aime tant, où l'on espérait encore aller mourir, est venue renouveler toutes mes douleurs. Cette proscription prononcée dans des temps malheureux était triste sans doute; mais c'était par des ennemis. Renouvelée par ceux qu'on croyait des amis, cela frappe droit au cœur. »

L'ancienne reine de Hollande s'exprimait ainsi dans une autre lettre : « Plus que personne j'ai été affligée de cette loi sévère ; mais j'ai dû me résigner parce que, Française avant tout, je ne pouvais supposer à mes chers compatriotes, libres enfin, une ingratitude qui est loin de leur caractère. J'ai appris qu'il avait fallu de fortes raisons pour nous éloigner encore. Notre exil, dit-on, paraît nécessaire au bonheur de la patrie, à sa tranquillité présente; il ne doit être que momentané ; comment ne pas y souscrire quand la gloire de la France fut toujours notre premier intérêt ? Je vous conseille donc, monsieur, de la peindre dans vos chants, heureuse et libre, cette France régénérée; mais de ne pas y ajouter une plainte sur ce qui nous regarde. Vous l'attristeriez, et vos vers, à en juger par ceux que je reçois, sont trop bien pour ne pas faire un effet qui ne serait pas en harmonie avec notre résignation. »

La reine Hortense, et surtout ses fils, n'en avaient pas moins l'âme ulcérée.

Au mois d'octobre, la Chambre des députés examina plusieurs pétitions qui lui demandaient d'intervenir pour faire transporter les cendres de Napoléon sous la colonne Vendôme. La Chambre passa à l'ordre du jour. Le surlendemain, Victor Hugo écrivait son ode à la Colonne.

Voici quelques-unes des strophes les plus enflammées du barde napoléonien :

> Oh ! quand par un beau jour sur la place Vendôme,
> Homme dont tout un peuple adorait le fantôme,
>   Tu vins grave et serein,
> Et que tu découvris ton œuvre magnifique
> Tranquille, et contenant d'un geste pacifique
>   Tes quatre aigles d'airain...
> Oh ! qui t'eût dit alors, à ce faîte sublime,
> Tandis que tu rêvais sur le trophée opime
>   Un avenir si beau,
> Qu'un jour à cet affront il te faudrait descendre
> Que trois cents avocats oseraient à ta cendre
>   Chicaner ce tombeau.

>   Ainsi cent villes assiégées
>   Memphis, Milan, Cadix, Berlin,
>   Soixante batailles rangées,
>   L'univers d'un seul homme plein ;
>   N'avoir rien laissé dans le monde,
>   Dans la tombe la plus profonde,
>   Qu'il n'ait dompté, qu'il n'ait atteint ;
>   Avoir, dans sa course guerrière,
>   Ravi le Kremlin au czar Pierre,
>   L'Escurial à Charles-Quint ;

>   Ainsi ce souvenir qui pèse
>   Sur nos ennemis effarés ;
>   Ainsi dans une cage anglaise
>   Tant de pleurs amers dévorés ;
>   Cette incomparable fortune,
>   Cette gloire aux rois importune,
>   Ce nom si grand, si vite acquis.
>   Sceptre unique, exil solitaire,
>   Ne valent pas six pieds de terre
>   Sous les canons qu'il a conquis !

L'écho de ces dithyrambes passionnés arrivait

à l'oreille des enfants de la reine Hortense et les faisait tressaillir au fond de leur exil. Fanatisés par leur culte pour la mémoire de leur oncle, exaltés par la lecture des *Victoires et Conquêtes*, par le *Mémorial de Sainte-Hélène*, par tous les récits de l'épopée impériale, avides d'action et d'émotion, ils se croyaient nés pour les aventures audacieuses, pour la guerre, pour la gloire, pour l'affranchissement des nations asservies; ils étaient emportés par la fougue de la jeunesse, et dévorés par l'ambition de jouer un rôle. Désespérant de pouvoir encore se montrer en France, ils allaient essayer de se montrer en Italie.

VIII

LE MOUVEMENT ITALIEN

Le mouvement italien de 1831 eut pour origine la révolution française de 1830. Un souffle de libéralisme agitait les esprits de chaque côté des Alpes, et les nationalités, opprimées par les traités de 1815, aspiraient à la délivrance. Les deux fils de Louis Bonaparte regardèrent l'Italie comme un champ merveilleux ouvert à leur activité. Ils allaient s'y jeter tête baissée, dans des aventures qui plaisaient à leur imagination ardente et romanesque.

M. Fernand Giraudeau en a fait la remarque : « Pour comprendre une aussi téméraire entreprise, un pareil élan d'enthousiasme irréfléchi, il faut se reporter à cette époque si différente de la nôtre. Ah ! oui, Gambetta eut bien raison de le dire : — Les temps héroïques sont passés. —

Mais vers 1830 c'étaient leurs beaux jours. Moins raisonnables, moins pratiques qu'aujourd'hui, les jeunes gens se passionnaient pour les nations plus ou moins opprimées: ceux-ci pour la Grèce, où avaient couru bien des Français, où le prince Paul Bonaparte, second fils de Lucien, était allé mourir; ceux-là pour la Pologne, d'autres enfin pour l'Italie, où plusieurs de nos compatriotes avaient risqué leur vie. » Les deux fils de l'ancien roi de Hollande se considéraient, d'ailleurs, comme Italiens presque autant que Français. Leur famille n'était-elle pas d'origine italienne, et leur oncle n'avait-il pas été à la fois empereur des Français et roi d'Italie ?

Ce que les deux princes désiraient, c'était non pas la suppression du pouvoir pontifical, mais sa transformation en un régime libéral et moderne, analogue à celui que Pie IX, quelques années plus tard, devait essayer d'inaugurer. Leur objectif était une papauté réformatrice et anti-autrichienne, se mettant à la tête des idées d'émancipation. Tel aurait été aussi l'idéal de la reine Hortense, qui écrivait en 1831 : « Si le pape était homme à faire les concessions convenables, il serait demain le chef de toute l'Italie. Il dicterait peut-être encore des lois en Europe, et rendrait à la religion, alliée à la liberté, la splendeur qu'elle avait autrefois. »

Il y a lieu, d'autre part, de rappeler que le parti révolutionnaire n'était pas seul à regarder comme nécessaires les réformes dans les États pontificaux. Telle était également, l'opinion de Louis-Philippe et de son gouvernement. Les instructions adressées, le 6 mars 1831, par le général Sébastiani, ministre des affaires étrangères, au comte de Sainte-Aulaire, ambassadeur de France à Rome, contenaient le passage suivant : « Pendant près de vingt ans, les Légations soustraites à l'autorité pontificale se virent soumises à un gouvernement fondé sur les grandes bases de la civilisation moderne ; la prospérité publique et les lumières y firent de rapides progrès. Le Congrès de Vienne les replaça sous la domination romaine. Une politique éclairée eût tenu compte de la situation où elles s'étaient trouvées pendant un espace de temps aussi considérable, et, par un sage ménagement, leur eût accordé des institutions aussi rapprochées que possible de celles qu'elles venaient de perdre. Bien loin de là, on ne leur rendit pas même les privilèges dont elles avaient joui jusqu'en 1797. Les funestes effets d'une telle erreur ne tardèrent pas à se faire sentir. Contenus jusqu'à un certain point tant que le cardinal Consalvi tint d'une main ferme les rênes de l'État, ils éclatèrent sous l'administration débile de son successeur. La misère, le mécontentement universel, aidant l'action des sociétés secrètes, enfantèrent des conspirations et des troubles. Une police malhabile et inquisitoriale, des emprisonnements arbitraires, des procédures multipliées et sans résultat, tel est le spectacle que les Légations présentèrent pendant plusieurs années, et il n'est pas hors de propos de remarquer qu'en 1828 le gouvernement français, dans les instructions données à M. de Châteaubriand, signalait déjà en termes énergiques les dangers d'un système aussi funeste. »

Sur un terrain ainsi préparé, la moindre étincelle suffisait pour allumer un incendie, et une grande effervescence existait déjà, à l'état latent, dans les esprits, lorsque la reine Hortense, au mois d'octobre 1830, quitta le château d'Arenenberg avec son second fils, Louis-Napoléon, pour se rendre à Rome. En route, elle s'arrêta à Florence, où elle passa quinze jours. Elle n'y rencontra point son mari, alors à Rome auprès de Madame-Mère. Mais elle y trouva son fils aîné, Napoléon, né le 17 octobre 1804, et marié à sa cousine germaine, la princesse Charlotte Bonaparte, seconde fille de l'ancien roi d'Espagne, Joseph. Le prince Napoléon venait d'entrer dans sa vingt-huitième année. Sa mère en a fait le portrait suivant : « Il était remarquablement beau et bon, rempli d'intelligence, de feu et du besoin de dépenser ses facultés pour le bonheur des autres... Il avait adopté ces maximes : — Qu'il faut être homme avant d'être prince ; que l'élévation du rang n'est qu'une obligation de plus envers ses semblables, et que l'infortune noblement supportée rehausse toutes nos nobles qualités. — Les malheurs sans nombre de sa famille avaient encore été la meilleure des leçons. Aussi, sans préjugés, sans regrets des avantages qu'il devait à sa naissance, mettant seulement à honneur d'être utile à l'humanité, il était républicain par caractère, ne faisait aucun cas des prérogatives qu'il avait perdues, et croyait devoir son assistance à tout ce qui souffrait. » Ce prince vivait, à Florence, auprès de son père, dont il était la consolation, et, très attaché à sa jeune femme, il menait une existence paisible, s'occupant d'industrie, puisqu'il n'avait pas le droit de s'occuper de politique. Lui et son frère ne se sentaient jamais si heureux que lorsqu'ils étaient l'un auprès de l'autre.

La reine Hortense et le prince Louis partirent de Florence pour Rome le 15 novembre 1830. Son fils aîné les escorta à cheval jusqu'à la seconde poste. Il était rayonnant de joie et de santé. Mais laissons la parole à sa mère : « Ce cœur si simple, si noble, si tendre, ne devait-il donc battre que si peu de temps pour le bonheur de l'humanité! Je l'embrassai à plusieurs reprises; j'avais de la peine à le quitter; j'avais peur de tous les événements, mais que j'étais loin d'imaginer le plus funeste de tous!

« Arrivée à Bolsena, j'appris par un courrier que mon mari avait dû coucher à Viterbe. Mon fils Louis voulut partir sur un cheval de poste pour aller au-devant de son père et passer quelques heures avec lui. Nos voitures se rencontrèrent vers le milieu du jour. Il me rendit mon fils, et me témoigna ses craintes sur les idées politiques que ses enfants manifestaient, et son désir qu'ils restassent étrangers à tout événement. Dans sa tendresse inquiète il aurait voulu, comme moi, le garder aussi pour lui seul; il ne consentit à me rendre son fils Louis qu'à condition que je le lui renverrais un mois ou deux avant mon passage à Florence. »

La reine Hortense était depuis quelques jours à Rome avec Louis-Napoléon, quand le pape Pie VIII mourut (30 novembre 1830). « Il était aimé et respecté, a-t-elle dit; s'il eût vécu, on serait sans doute resté tranquille. L'interrègne parut un moment favorable à une jeunesse pleine d'ardeur pour secouer le joug d'un gouvernement qui n'offrait aucun but à son activité, puisque toute carrière, à Rome, hors celle de l'Église, lui est interdite. » Pendant cet interrègne, le cardinal Fesch apprit que le gouvernement désirait voir le prince Louis-Napoléon s'éloigner de Rome. Le cardinal ayant demandé les raisons d'une pareille mesure, on ne put lui en donner aucune, sinon qu'un jeune homme du nom de Bonaparte, portant sur son cheval une chabraque tricolore, fixait trop l'attention et deviendrait dangereux au gouvernement dans un moment de désordre. Cinquante hommes de police entourèrent le palais que le jeune prince habitait et le conduisirent à la frontière.

Dès lors, la reine Hortense eut le pressentiment que ses deux fils allaient se mêler au mouvement italien. Elle leur écrivit de Rome, le 8 janvier, pour les en dissuader, expliquant dans sa lettre les motifs qui rendaient tout succès impossible. « L'Italie, disait-elle, ne peut rien sans la France ; il faut qu'elle attende aussi avec patience que la France ait démêlé elle-même ses propres affaires. Toute imprudence est nuisible aux deux causes, car une levée de boucliers sans résultat anéantit pour bien longtemps les forces et les hommes d'un parti pour relever l'autre à ses dépens ; et l'on méprise celui qui tombe. » Les deux princes répondirent qu'ils approuvaient les conclusions de leur mère, et la reine fut pour quelque temps rassurée.

Cependant, le cardinal Capellari était élu pape le 2 février 1831, et prenait le nom de Grégoire XVI. Trois jours après, le mouvement insurrectionnel éclatait à Bologne. Il se propagea rapidement, et la reine Hortense ne recevant pas de nouvelles de ses fils, commença à craindre sérieusement qu'ils n'eussent été rejoindre les insurgés. Elle quitta Rome très inquiète, et se rendit en toute hâte à Florence. « Même à la porte de la ville, a-t-elle dit, j'espérais encore voir venir à cheval, comme à l'ordinaire, mes enfants au-devant de moi ; mais c'est en vain.

J'arrive à l'auberge, je puis à peine descendre de voiture, mes jambes tremblaient sous moi. Je parle d'eux, on ne sait que m'en dire, on les croit chez leur père. Je n'ai pas encore perdu tout espoir. M. de Bressieux court chez mon mari. Ce moment d'incertitude est affreux. Il revient enfin, et c'est pour me porter le coup le plus cruel. Ils sont partis ! »

Un instant après, un domestique laissé à Florence par Louis-Napoléon apportait une lettre de lui à sa mère : « Votre affection nous comprendra, disait le prince; nous avons pris des engagements, nous ne pouvons y manquer, et le nom que nous portons nous oblige à secourir les peuples malheureux qui nous appellent. Faites que je passe aux yeux de ma belle-sœur pour avoir entraîné son mari, qui souffre de lui avoir caché une action de sa vie. »

Menotti, ce patriote modénais qui, après la défaite de l'insurrection, devait être livré au supplice, était venu à Florence dire aux deux fils de Louis Bonaparte : « L'Italie a besoin de vous, » et les deux princes avaient répondu à cet appel. Leur père, leur mère, leur oncle Jérôme allaient tout faire pour les décider à revenir. Mais il était trop tard. Les deux jeunes gens se croyaient engagés d'honneur. Plus l'entreprise paraissait périlleuse, plus elle les séduisait.

IX

L'INSURRECTION DE LA ROMAGNE

Trois jours après l'élection de Grégoire XVI, le mouvement qualifié de constitutionnel a éclaté dans les Romagnes. Le 5 février 1831, les couleurs de l'ancien royaume d'Italie, rouge, blanc et vert, ont été arborées à Bologne, et un gouvernement provisoire y a été constitué. Il se compose de personnages marquants de la noblesse, parmi lesquels le comte Marescalchi et le comte Pepoli, alliés de la famille Bonaparte. Les troupes pontificales ont évacué la ville sans aucune résistance. Le pro-légat, Mgr Clavelli, s'est retiré à Florence. A Forli, le même jour, le pro-légat, Mgr Gazzoli, fait publier un avis par lequel il annonce que, cédant au vœu unanime de la population et voulant prévenir de graves désordres, il s'est résolu à confier les rênes du gouvernement à un comité composé du gonfalonier et de soixante personnes. A Ravenne, le 6 février, le pro-légat Mgr Zacchini, jeune prélat d'un mérite reconnu, fait appeler les notabilités de la ville et crée lui-même une commission provisoire de gouvernement. Le même jour à Rimini on arbore la cocarde aux trois couleurs italiennes. Le gouvernement pontifical ne prend aucune mesure pour arrêter les progrès de l'insurrection.

Le marquis de La Tour-Maubourg, ambassadeur de France à Rome, écrit, le 12 février, au ministre des affaires étrangères du roi Louis-Philippe : « L'esprit d'insurrection s'étend rapidement dans les Etats du Pape. La province d'Urbin et Pesaro a établi son gouvernement provisoire. Les nouvelles autorités se sont hâtées de proclamer respect à la religion, au clergé, aux personnes et aux propriétés ; abolition de l'impôt sur la mouture; réforme de la législation. » L'ambassadeur ajoute dans une nouvelle dépêche, à la date du 15 février : « Je ne vois point quels moyens peut employer le Saint-Siège pour rétablir sa domination sur les provinces qu'il vient de perdre. La force, il n'en a point; la conciliation, il ne saurait l'essayer sans prendre le parti d'accueillir les demandes du peuple. On ne doit point s'attendre à le voir entrer dans ce système, et il faut convenir qu'il y a en quelque sorte incompatibilité entre la forme du gouvernement sacerdotal tel qu'il existe à Rome et les institutions que demanderaient sans doute les insurgés. Le pouvoir, tous les emplois au moyen desquels il s'exerce, sont entre les mains des princes de l'Eglise; le conseil supérieur est composé de cardinaux; des prélats sont les gouverneurs de la capitale et des principales villes ; le ministre de la guerre lui-même est un prélat. De tels moyens ne pourraient subsister dans l'établissement d'un gouvernement où régnerait une ombre de liberté. Faire quelques changements adaptés au siècle, ne fussent-ils que faibles et en petit nombre, ce serait préparer la ruine de l'édifice; aussi n'en conçoit-on pas même la pensée. On n'imagine point que le souverain pontife puisse dispenser son autorité autrement que par des mains consacrées aux autels. Ne pouvant employer la force, ne voulant cependant rien céder, quels moyens restera-t-il au Saint-Siège pour recouvrer ses provinces? Aucun, si ce n'est l'appui de l'Autriche. »

Les deux fils de Louis Bonaparte ont quitté Florence, à l'insu de leur père, et ont été se ranger sous le drapeau italien. Les constitutionnels, — c'est le nom que se donnent les insurgés, — sont fiers de compter dans leurs rangs deux neveux de l'empereur Napoléon ; ils leur font un accueil enthousiaste. Le prince Louis écrit à la reine Hortense, le 12 février : « Ma chère maman, nous sommes dans la joie de nous trouver au milieu de gens qui nous traitent avec la plus grande affabilité et qui sont enivrés de patriotisme... Envoyez-nous autant d'argent que vous pourrez ; ce n'est pas le temps de penser aux économies. J'espère, ma chère maman, que vous ne serez pas en peine de nous et que vous tâcherez d'apaiser notre père, qui doit être très fâché contre nous. » A la lettre de son jeune frère, le prince Napoléon ajoute ces quelques lignes : « Ma chère maman, ne vous tourmentez pas pour nous. Nous sommes très bien et en sûreté. Je serais bien content si ma séparation d'avec Charlotte, la première et, j'espère, la dernière, ne m'attristait horriblement. Cela ne sera pas long, voilà ce qui me console. »

Les deux princes étaient pleins d'illusion. Le futur Napoléon III surtout éprouvait une sorte d'ivresse. Il écrivait à sa mère, le 26 février : « Voilà la première fois que je m'aperçois que je vis. Avant je ne faisais que végéter. Notre position est des plus honorables et des plus belles. L'enthousiasme est très grand... Notre seul chagrin est de vous avoir inquiétée. » Le rêve allait avoir un bien cruel réveil.

La résolution prise par les deux frères avait jeté toute la famille Bonaparte dans une véritable consternation. Leur père, habitué à une soumission absolue de leur part, ne concevait pas qui avait pu les entraîner à lui désobéir. Il leur envoyait courrier sur courrier, ordre sur ordre de revenir à l'instant. Leur oncle Jérôme, l'ancien roi de Westphalie, leur fit des remontrances plus énergiques encore. Il leur adressa, de Rome, cette lettre datée du 25 février : « Mes chers neveux, c'est avec le plus profond chagrin que j'ai appris qu'envisageant mal votre position et celle de toute votre famille, vous vous êtes laissé entraîner au milieu du mouvement. Que dirait l'Empereur s'il pouvait voir ses neveux, destinés à être un jour le soutien de sa dynastie, payer l'asile que le Saint-Père accorde à toute sa famille en s'armant contre ce même souverain ?... Songez, mes chers neveux, au chagrin, à l'affliction de votre père, de votre mère, de votre respectable grand'mère, si vous persistiez dans une démarche où un moment d'enthousiasme a pu vous entraîner, mais que la raison comme la politique vous font une loi d'abandonner. Je vous en conjure, écoutez la voix d'un vieux soldat, d'un oncle qui vous aime comme ses propres enfants, et qui ne vous conseillerait pas une démarche contraire à l'honneur et à votre caractère d'homme. »

Cette lettre fut portée aux deux princes par le baron Stœlting, ancien officier attaché à la maison du roi Jérôme. Il les trouva entourés de toute la jeunesse des villes et des campagnes, qui leur obéissait, et organisant la défense depuis Foligno jusqu'à Civita-Castellana, avec l'espérance de prendre cette dernière ville, d'y délivrer les prisonniers d'Etat enfermés dans les cachots depuis huit ans, puis de marcher sur Rome.

M. de Stœlting (malgré la mission que le roi Jérôme lui avait donnée), comprit tout de suite que rien au monde ne pourrait décider les princes à abandonner la cause qu'ils venaient d'embrasser avec tant d'ardeur. Il écrivit de Terni à la reine Hortense : « J'ai dû me persuader que les ordres que j'avais reçus étaient *inexécutables*, que les princes ne pouvaient reculer, et que l'idée même leur répugne, à cause du rôle généreux qu'ils croient devoir remplir. Ce rôle est celui de médiateurs, de conciliateurs, de conservateurs de la religion et du bon ordre. » M. de Stœlting retourna à Rome, porteur d'une lettre par laquelle le prince Napoléon soumettait au Pape, en termes respectueux, les vœux de la jeunesse des Romagnes.

Cependant la diplomatie européenne s'inquiétait de la présence des princes dans les rangs de la petite armée constitutionnelle. Le représentant de la France à Rome écrivait à son gouvernement, le 26 février : « On annonce que les deux fils de M. le duc de Saint-Leu (c'est le titre sous lequel on désignait l'ancien roi de Hollande) sont à la tête des insurgés à Spolète. Mme de Saint-Leu a quitté Rome depuis huit jours, prévoyant cette détermination. Le pape est douloureusement affecté d'une conduite de laquelle il espérait que le souvenir de l'hospitalité reçue dans ses Etats, pendant nombre d'années, aurait détourné ces jeunes gens. » Et le 27 février : « Le secrétaire d'Etat m'a confirmé la présence des fils de Louis Bonaparte aux avant-postes du corps insurgé vers Civita-Castellana. Il a ajouté que cette trahison ranimait contre les Français l'exaspération qui s'était un peu calmée. » La reine Hortense eut, au même moment, connaissance d'une lettre dans laquelle un diplomate disait : « Ces jeunes gens qui se croient toujours princes impériaux, s'ils étaient pris, verraient bien ce qu'ils sont réellement, à la façon dont on les traiterait. »

Les deux princes, si confiants, si heureux au début de l'entreprise, avaient bien vite subi des déceptions cruelles. Les insurgés, menacés de l'arrivée d'une armée autrichienne, n'avaient plus d'espoir que dans la France, qui, d'après eux, opposerait à l'Autriche le principe de non-intervention. Leur chef, le général Armandi, s'imagina que la présence de deux Bonaparte dans les rangs des constitutionnels indisposerait le roi Louis-Philippe et empêcherait son gouvernement d'agir en faveur de la cause italienne. Grandes furent l'indignation et la surprise des princes quand ils reçurent de leurs compagnons d'armes l'ordre de se retirer à Ancône. Louis-Napoléon écrivit à sa mère le 1er mars : « Vraiment je n'y comprends rien. Vous devez savoir ce que nous sommes, ce que nous voulons... L'ordre vient de nous arriver de retourner à

Ancône. On dit que cet ordre est parti de Florence. Ainsi on veut nous faire passer pour poltrons... Qu'on ne nous envoie pas d'argent, nous saurons nous en passer, en vivant à la ration, et au lieu d'être volontaires, nous serons sous les ordres du premier venu... Nous avons fait ce que nous devions faire, et nous ne reculerons jamais. » Et le 5 mars : « Les intrigues de mon oncle Jérôme et de papa ont tant fait que nous avons été obligés de quitter l'armée. C'est Armandi qui en est la cause. Il a prêté foi aux assurances que lui donnaient nos parents que, si nous restions avec l'armée, nous dérangerions le système de non-intervention. » A cette lettre de son frère, le prince Napoléon ajoute un mot de sa main : « Ayez la complaisance de dire à papa que s'il nous faisait partir de ce pays-ci, nous ne le ferions que pour aller en Pologne. »

Les angoisses de la reine Hortense étaient à leur comble. Le roi Jérôme et le cardinal Fesch mandaient de Rome que si les princes étaient pris par les Autrichiens ils étaient perdus. Perdus ! ce mot faisait tressaillir la malheureuse mère. Comme elle l'a raconté dans ses Mémoires, elle se disait : « L'armée autrichienne va entrer. Ces pauvres Italiens, sans armes, seront battus, et je dois me trouver devant le champ de bataille pour sauver des vaincus qui me sont si chers ! » Alors elle était prête à se livrer au désespoir. Elle se jetait à genoux : « O mon Dieu ! s'écriait-elle, qu'ils me reviennent en vie, je n'en demande pas davantage. » Les princes obéissant, la mort dans l'âme, avaient quitté leur commandement, et s'étaient rendus à Ancône. De là, ils avaient été à Bologne, voulant encore servir comme volontaires. Leur mère courut à leur rencontre dans l'espoir de les arracher aux Autrichiens qui avançaient, et de les soustraire à la prison, peut-être même au supplice. Elle partit de Florence le 10 mars, après s'être procuré un passeport sous le nom d'une dame anglaise se rendant avec ses deux fils à Londres par la France. C'est le même jour que les Autrichiens devaient entrer sur le territoire papal. La reine Hortense, si elle voulait sauver ses fils, n'avait pas un moment à perdre.

Voilà la mère infortunée qui entreprend son douloureux voyage. « Comment vais-je retrouver mes enfants, se disait-elle ? Blessés peut-être ! Ah ! je me résigne à voir un blessé ; je le coucherai dans cette voiture, je pourrai encore le soigner, et je bénirai Dieu !... » Mais quand sa pensée va plus loin, un froid mortel la saisit, ses idées deviennent confuses, elle sent que peut-être elle va perdre l'usage de ses facultés et de son courage. Elle arrive à Pérouse. On y est encore plein d'illusions. On s'imagine que la France s'opposera à l'intervention autrichienne. La reine poursuit sa route. A la première poste après Foligno, elle rencontre une voiture. Un homme en descend : « Le prince Napoléon, dit-il, est malade. Il a la rougeole. Il vous demande. » A ces mots : « Il vous demande », la pauvre mère tressaille. « Il est donc bien mal, s'écrie-t-elle. » Puis elle se dit : « J'ai été trop malheureuse. Non ! cela n'est pas possible ! Le ciel est juste. Ce serait trop ! Non ! il ne mourra pas ! Il me sera rendu. » La figure de tous ceux qui l'entourent lui annonce une catastrophe. A chaque poste elle entend la foule dire : « Napoléon mort ! Napoléon mort ! » Et cependant elle doute encore de son malheur. Elle entre à Pesaro. On la porte presque inanimée sur un lit. Son second fils apparaît. Il se jette dans ses bras, et, fondant en larmes : « J'ai perdu mon frère, s'écrie-t-il, j'ai perdu mon meilleur ami. Sans vous je serais mort aussi de douleur sur son corps que je ne voulais pas quitter. » C'est le 17 mars, à Forli, que le prince Napoléon, atteint par la rougeole, a succombé. La ville entière a assisté à son enterrement, et a témoigné des regrets unanimes d'une fin si prématurée. Le lendemain, elle tombait au pouvoir de l'armée autrichienne. Il ne reste plus à la reine Hortense qu'un seul fils. Pour le sauver, elle va faire des miracles.

X

ANCÔNE

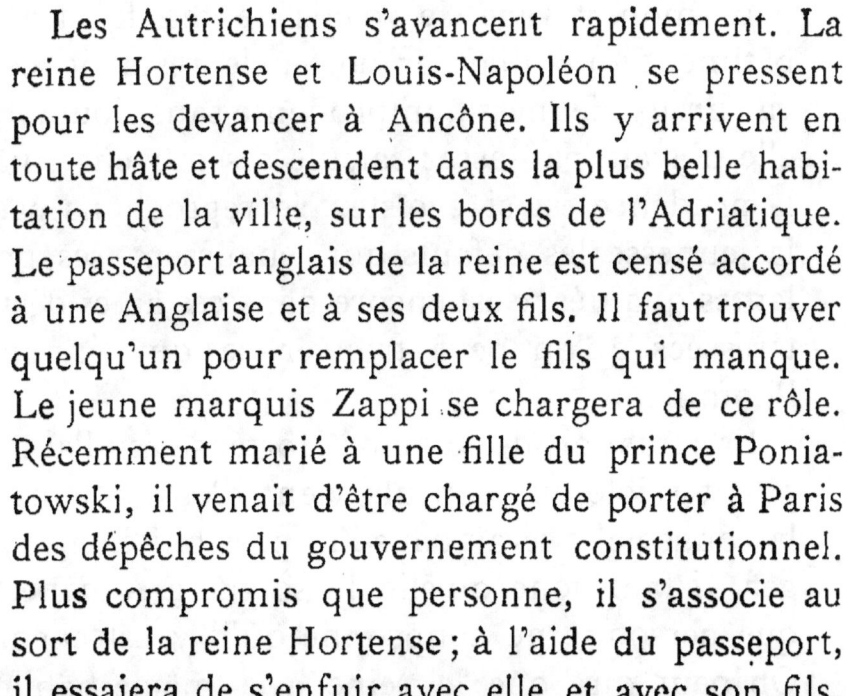

Les Autrichiens s'avancent rapidement. La reine Hortense et Louis-Napoléon se pressent pour les devancer à Ancône. Ils y arrivent en toute hâte et descendent dans la plus belle habitation de la ville, sur les bords de l'Adriatique. Le passeport anglais de la reine est censé accordé à une Anglaise et à ses deux fils. Il faut trouver quelqu'un pour remplacer le fils qui manque. Le jeune marquis Zappi se chargera de ce rôle. Récemment marié à une fille du prince Poniatowski, il venait d'être chargé de porter à Paris des dépêches du gouvernement constitutionnel. Plus compromis que personne, il s'associe au sort de la reine Hortense ; à l'aide du passeport, il essaiera de s'enfuir avec elle et avec son fils.

Ancône est rempli d'insurgés qui vont tenter

de s'embarquer avant la venue des Autrichiens, mais qui auront, en tout cas, bien de la peine à échapper à leur flottille, qui est déjà dans l'Adriatique. Deux bâtiments mouillés au port sont la seule ressource des insurgés.

« Le croirait-on ? a dit la reine Hortense, le prix des places s'éleva en raison du besoin que tant d'infortunés en avaient, et la plupart de ces jeunes gens qui avaient abandonné pour la liberté : fortune, famille et tous les plaisirs de la vie, ne pouvaient payer leur passage. Beaucoup s'adressèrent à moi, et je fus assez heureuse pour pouvoir leur être utile. Je donnai tout ce que j'avais, ne réservant que ce qu'il me fallait pour mon voyage. Je voyais de ma fenêtre ce bâtiment qui allait emporter le reste de cette valeureuse jeunesse, imprudente sans doute, car elle n'avait pas assez calculé ses moyens; mais la prudence est si égoïste. Ne reprochons pas à la jeunesse les défauts qui rehaussent ses brillantes qualités; c'est encore dans ces âmes désintéressées qu'on peut trouver ce qui ennoblit l'homme. »

La situation de la reine Hortense est d'autant plus terrible que son fils vient d'être atteint de la rougeole et serait dans l'impossibilité de voyager. Il faut donc qu'elle le soigne à Ancône, et que personne ne soupçonne qu'il y est encore. On peut dire que la reine a la même habileté que son fils pour le mystère et la conspiration.

7.

Ce qu'elle va mettre de ruses et d'adresse pour le soustraire à toutes les investigations et l'arracher à des périls qui auraient découragé tant d'autres femmes, est inimaginable. Il faudra qu'elle même soit intrépide et que ses domestiques fassent preuve d'un dévouement et d'une intelligence vraiment rares pour que le plan de son évasion ne soit pas impraticable.

Ancône a capitulé le 26 mars. Les Autrichiens y entreront le lendemain. Quel est le stratagème qu'invente la reine Hortense ? Elle parvient à faire croire à tout le monde que son fils vient de quitter Ancône et qu'il s'est embarqué dans la nuit du 26 au 27 pour Corfou. Les domestiques, ayant l'air de porter des bagages, ont trompé les curieux sur ce prétendu embarquement. Le vice-consul de France à Ancône a été lui-même dupe d'une ruse si habilement préparée. Il a écrit le 27 mars à l'ambassadeur de France près le Saint-Siège : « Un navire Jessieu est parti cette nuit pour Corfou, avec trente-neuf individus des plus compromis, entre autres le fils de Louis Bonaparte, l'autre étant mort à Forli. La mère est encore ici. »

Le 27, les troupes autrichiennes font leur entrée dans Ancône. La maison occupée par la reine Hortense étant la plus belle de la ville, on y loge le lieutenant-général baron Geppert, commandant en chef, et son état-major ; la reine ne se réserve que peu de chambres. « Une dou ble porte fermée, a-t-elle dit, me séparait du général, dont j'aurais pu entendre les conversations, tant nous étions rapprochés, et de l'autre côté les soldats demeuraient dans mon antichambre avec mes domestiques. »

Situation éminemment critique, un véritable épisode de roman ! C'est la reine elle-même qui nous racontera ses angoisses : « La maladie de mon fils suivait son cours. Ma surveillance n'en devenait que plus active. La moindre chose pouvait nous trahir. S'il toussait, j'étais obligée de lui fermer la bouche. Je l'empêchais de parler, une voix d'homme était si facile à entendre par tout ce qui nous entourait. » Une simple cloison sépare de ses ennemis le futur Napoléon III. Le général autrichien ne croit guère avoir auprès de lui l'homme qui, en 1859, prendra la revanche de 1831.

Cependant la santé de Louis-Napoléon s'améliore. Le médecin, qui est dans le secret et fait semblant de venir pour la reine Hortense soi-disant malade, assure que le prince va pouvoir enfin se mettre en route. Sa mère reçoit alors le général Geppert, homme courtois et bien élevé, qui se montre très déférent pour elle. Elle lui dit qu'elle a l'intention de quitter Ancône et d'aller s'embarquer à Livourne pour Malte, où son fils venant de Corfou la rejoindra. Elle demande en même temps au général de lui donner un laissez-passer, où son nom ne sera pas indiqué. Le général adhère à ce désir. La reine partira le jour de Pâques, et, comme elle tient à entendre la messe dans la célèbre église de Notre-Dame de Lorette (située à vingt et un kilomètres d'Ancône), elle dit qu'elle partira de très bonne heure, avant le lever du soleil.

Le jeune marquis Zappi, qui lorsque la reine Hortense se servira de son passeport anglais, jouera le rôle d'un de ses fils, se fera d'abord passer pour un domestique. Il prend une livrée et Louis-Napoléon en prend une autre. Il est quatre heures du matin. La reine Hortense, suivie de ses deux prétendus domestiques, traverse l'antichambre, au milieu des Autrichiens qui dorment. Les deux voitures de poste sont au bas de l'escalier. Le prince Louis-Napoléon monte sur le siège de celle où entre sa mère, et le marquis Zappi derrière celle où se trouve la femme de chambre. On arrive ainsi à Lorette, où l'on entend la messe, pendant que les chevaux de poste sont changés. On se remet en route sans difficulté, grâce au laissez-passer signé du général. A Macerata, une personne reconnaît le prince, mais garde le silence. On traverse Foligno, Pérouse, et l'on arrive en Toscane. Le danger y est peut-être encore plus grand que dans les États Romains, parce que le prince y est plus connu, et que dans chaque auberge, à chaque relais de poste, sur chaque route, on rencontre des gens qui pourraient le reconnaître. Lui et le marquis Zappi ont quitté leurs livrées. Ils se font passer, non plus pour des domestiques, mais pour les fils de la soi-disant dame anglaise, qui a un passeport pour l'Italie, la France et l'Angleterre. Au milieu d'inquiétudes incessantes on passe par Sienne, par Pise, par Lucques. On s'arrête un instant à Seravezza, cet endroit pittoresque où le prince Napoléon se plaisait à séjourner pendant l'été. « Il y avait été si bien reçu, a dit sa mère! Il y aimait tant tout le monde! C'est là qu'il faisait bâtir une petite maison de campagne et une papeterie. C'est là qu'il faisait travailler du marbre, qu'il dessinait tous ces sites ravissants. Enfin le peu de bonheur qu'il avait pu avoir dans sa trop courte vie, c'est là qu'il l'avait éprouvé. »

Un des endroits les plus dangereux à franchir, c'est une dépendance du duché de Modène, car nulle part la réaction n'était aussi cruelle, aussi sanglante, et c'est là que si Louis-Napoléon eût été arrêté, sa situation aurait été le plus terrible. Le faux passeport sauva les fugitifs. « Et cependant, a dit la reine, il était bien hardi de nous faire tous passer pour des Anglais, quand pas un seul de nous, hors mon fils, n'en parlait la langue, et encore son accent français était-il facile à reconnaître. Nous en fîmes bientôt l'expérience. Une calèche s'arrête en face de nous; un homme en sort, s'avance près de ma voiture, y voit deux dames, et court à l'autre. Il croit s'adresser à des compatriotes, et, en anglais, il demande où se trouve le ministre Taylor, pour lequel il a des dépêches pressées. Mon fils lui répond dans la même langue sur ce qu'il désire. Il remercie en disant : — Je vous demande pardon, je me suis trompé ; je vous avais pris pour des Anglais. — Nous entrons enfin à Massa. Nous voyons toute la troupe sous les armes, on attend à l'instant le duc. Il quittait Modène au moment où l'on mettait en jugement tous les révoltés qui étaient en son pouvoir. Mon fils se rappela avec douleur ce Menotti, Italien si patriote, si énergique, si généreux envers le duc, et qui reçut la mort de celui dont il avait été le sauveur. » Cependant les fugitifs traversèrent sans encombre les États de ce terrible duc, arrivèrent à Gênes où le consul anglais visa leur passeport, gagnèrent Nice, et entrèrent par Antibes sur cette terre de France, où, bien que victimes d'une loi de proscription, ils allaient essayer de trouver un refuge.

C'en était fait, et pour bien des années, du mouvement libéral italien. L'Autriche triomphait, et la diplomatie n'avait point de pitié pour les vaincus. Le comte de Sainte-Aulaire, ambassadeur de France à Rome, écrivait le 30 mars 1831 à son gouvernement : « La révolution italienne est morte honteusement ; il y aurait mauvaise grâce à en porter le deuil. Ce serait donner crédit aux calomniateurs qui nous accusent de l'avoir excitée. Il n'y a pas moyen de nous dissimuler que des excitations imprudentes et coupables sont parties de France, et qu'il faudra beaucoup d'efforts pour en repousser la solidarité. Je me trouve moins bien placé pour obtenir des concessions libérales et pour solliciter des ménagements en faveur des rebelles. Je regarderai cependant toujours comme un devoir de porter secours à ceux dont la vie serait menacée. Je donne en ce sens des instructions à notre brick de Civita-Vecchia. A des insinuations qui m'ont été faites pour savoir si nous refuserions asile à des proscrits, j'ai répondu avec réserve, de façon cependant à faire comprendre que nous ne voulons pas la mort des pécheurs. D'autres insinuations encore m'ont été faites, et celles-là je les ai repoussées plus durement. Elles m'autorisent à vous dire que le bonapartisme était au fond de tout ceci, et non pas seulement par le concours des membres de la famille qui se sont déclarés. »

La veille, le roi Jérôme avait écrit à la duchesse de Rovigo : « Les constitutionnels sont exaspérés contre la France qui les a sacrifiés, à ce qu'ils disent. »

Il est certain que les libéraux italiens, trompés par certains discours prononcés à la Chambre des députés français, ainsi que par le langage des journaux de Paris, s'étaient imaginé que la

France proclamerait le principe de non intervention et empêcherait les Autrichiens de pénétrer dans le cœur de la péninsule.

Louis-Napoléon Bonaparte était au nombre des vaincus, mais les événements auxquels il venait de prendre une part si malheureuse devaient avoir sur ses destinées futures une très grande influence, et l'on peut dire que les victoires de Magenta et de Solferino étaient en germe dans la défaite des insurgés de la Romagne.

XI

LE PASSAGE EN FRANCE

La reine Hortense était partie de France en 1815 comme proscrite. Elle y revenait en 1831 proscrite encore. Une inexorable fatalité la poursuivait dans cette patrie qu'elle aimait tant, et où elle avait eu de si beaux jours. Louis-Napoléon n'était âgé que de sept ans au moment où il avait quitté son pays. Il y rentrait, jeune homme de vingt-trois ans, déjà mûri par le malheur et par l'exil, mais, au milieu des catastrophes, et malgré de cruelles déceptions, croyant à son étoile, et respirant avec ivresse l'air natal. Il ne pouvait cependant, comme sa mère, pénétrer en France que sous un nom d'emprunt. Il n'avait pas le droit de se dire Français, et sa seule protection, son passeport anglais, il la devait à la nation qui avait enchaîné son oncle, comme un second Prométhée, sur le rocher de Sainte-Hélène.

La mère et le fils firent la route d'Antibes à Paris sans que personne les reconnût. Ils s'arrêtèrent quelques instants à Fontainebleau, mélancolique et poétique séjour évoquant le souvenir de tant de grandeurs évanouies. C'est là qu'au lendemain du traité de Tilsitt l'Empereur, entré vivant dans une lumière d'apothéose, avait donné des fêtes spendides. C'est dans la chapelle du palais qu'il avait tenu Louis-Napoléon sur les fonts baptismaux. Le visage couvert par un voile épais, Hortense voulut parcourir les appartements où elle avait brillé, dans tout l'éclat de sa jeunesse et de sa beauté. Elle médita devant la table où l'Empereur, expiant ses triomphes par les angoisses les plus terribles, avait été contraint de signer son abdication, et resta silencieuse dans la cour où il avait fait ses adieux à sa garde.

« Quelques domestiques du château, a dit la reine Hortense, étaient encore les mêmes. Quoique persuadée que je devais être bien changée depuis tant d'années, j'avais la précaution de tenir mon voile noir toujours baissé. J'entendais si souvent répéter mon nom à propos des divers appartements que j'avais habités, qu'il était évident qu'on était resté fidèle au souvenir de notre temps. Je retrouvais tout comme je l'avais laissé.

« Le seul changement qui me frappa fut le jardin anglais, planté par nous, et qui était devenu si grand et si magnifique qu'il me fit faire un soupir en pensant à la longueur du temps qui m'avait séparé de la patrie. »

Voilà Hortense arrivée, avec Louis-Napoléon, à la barrière de Paris, le 24 avril 1831 : « Je mettais une sorte d'amour-propre, dira-t-elle encore, à montrer par son beau côté cette capitale à mon fils qui devait à peine s'en souvenir. Je dis au postillon de me mener par le boulevard jusqu'à la rue de la Paix et de s'arrêter au premier hôtel venu. Je repassais par le même chemin où seize ans auparavant (17 juillet 1815), escortée d'un officier autrichien, je quittai le soir cette ville d'où les alliés m'expulsaient en toute hâte. » Le postillon arrêta la voiture rue de la Paix, devant l'hôtel qui portait le nom du pays où Hortense avait régné, l'hôtel de Hollande. Elle s'y installa avec son fils. Par la fenêtre, ils voyaient d'un côté le boulevard, de l'autre la place et la colonne Vendôme. Le moment de leur arrivée à Paris coïncidait avec l'ordonnance royale du 8 avril 1831, par laquelle Louis-Philippe avait décidé que la statue du vainqueur d'Austerlitz serait rétablie sur le sommet de la colonne.

Dans la France d'alors, Napoléon était passé à l'état de demi-dieu. Il avait non seulement des admirateurs, mais des adorateurs. On encensait, on idolâtrait sa mémoire, et les sphères officielles elles-mêmes partageaient, ou faisaient semblant de partager cet engouement extraordinaire. « C'était partout, a dit M. Thureau-Dangin, une efflorescence du Napoléonisme... La littérature grande et petite cherchait là son inspiration, et Victor Hugo menait le chœur nombreux et bruyant de l'impérialisme politique, pendant que Barbier demeurait à peu près seul à protester contre *l'idole*. Il n'était pas de théâtre où l'on ne mît en scène Napoléon à tous les âges et dans toutes les postures. Qui se fût promené dans Paris à cette époque, en regardant aux vitrines des marchands de gravures ou de statuettes, en feuilletant les brochures, en écoutant les chansons populaires ou les harangues de carrefour, eût pu supposer que la révolution de 1830 venait de restaurer la dynastie impériale. » Et cependant, la famille de l'homme ainsi divinisé par la foule, était non seulement proscrite, mais dépouillée. Par le traité du 11 avril 1814, Napoléon avait abandonné tout ce qu'il possédait et rendu à la France les diamants de la couronne, à la condition qu'une pension serait payée à lui et à sa famille. Ce traité, signé par Talleyrand, au nom de Louis XVIII, toutes les puissances le garantirent, et cependant on ne se contenta point de le laisser sans exécution, toute la fortune des membres de la famille impériale fut confisquée. Et ce n'était pas seulement leur fortune qu'on leur arrachait, Louis-Napoléon n'avait pas même le droit de se faire connaître en France et d'y porter son nom. Telles furent les réflexions amères que la reine Hortense et son fils se firent en entrant dans Paris. Personne n'y soupçonna leur arrivée. On les croyait à Malte.

La reine ne fit pas connaître tout de suite sa présence au gouvernement. Ce fut le colonel comte Frantz d'Houdetot, aide de camp du roi Louis-Philippe, qui en fut le premier informé. Cet officier était venu à l'hôtel de Hollande sur la demande de mademoiselle Masuyer. Il croyait n'y trouver que cette demoiselle. Grande fut sa surprise quand il fut devant la reine Hortense. Elle lui exprima le désir d'être reçue par le roi, et il lui promit d'appuyer cette demande.

Le colonel d'Houdetot revint le lendemain. Le roi s'était récrié sur l'imprudence de la voyageuse et avait dit qu'il lui était absolument impossible de la recevoir. Souverain constitutionnel, il avait même dû prévenir le président du Conseil, M. Casimir Périer, qui se rendrait à l'hôtel de Hollande. Il s'y rendit en effet, et l'ancienne reine lui parla ainsi : « J'ai été obligée de passer par la France; je veux que vous ne l'appreniez que par moi. Si par la suite ce voyage est su, vous ne me supposerez pas d'autre désir que celui de sauver mon fils... Je sais bien que j'ai transgressé une loi; j'en ai pesé toutes les chances; vous avez le droit de me faire arrêter, ce serait juste. » Le président du Conseil répondit : « Juste, non; légal, oui. » Le lendemain soir, le colonel d'Houdetot vint chercher Hortense pour la conduire chez le roi.

Louis-Philippe n'avait pas encore établi sa résidence aux Tuileries. C'est au Palais-Roya que l'entrevue mystérieuse eut lieu. La situation, de part et d'autre, était délicate. La mère et la tante du roi avaient été les obligées de la reine Hortense qui, pendant les Cent-Jours, leur avait fait accorder l'autorisation de rester en France et une pension de l'Empereur. Louis-Philippe ne se dissimulait pas que les bonapartistes lui avaient été et lui étaient encore utiles, et que sans l'évocation des gloires impériales, sans la résurrection du drapeau tricolore, l'établissement de son trône eût été impossible. Plus d'un souvenir était un lien de sympathie entre lui et la reine Hortense. Le général de Beauharnais, père de la reine, avait été l'ami du roi des Français, quand le roi des Français s'appelait le duc de Chartres. Louis-Philippe avait aussi de l'amitié pour la grande-duchesse Stéphanie de Bade, qui était une Beauharnais. Une grande partie des hommes politiques, des maréchaux, des généraux qui entouraient le nouveau monarque, avaient été les courtisans de la reine Hortense, cette princesse si séduisante et si aimable. Louis-Philippe n'aurait sans doute pas demandé mieux que de la laisser vivre tranquillement à Paris, en compagnie de son fils. Mais pour cela il aurait fallu que le jeune prince renonçât à ses rêves, à ses espérances, à sa foi, et rien n'était plus loin de sa pensée qu'une telle abdication. Malgré un échange de paroles courtoises, l'accord était donc impossible.

Hortense arrive secrètement au Palais Royal, par un petit escalier. Ce n'est pas dans les appartements du roi qu'elle est reçue, c'est dans une modeste chambre qui est celle du colonel d'Houdetot. Le mobilier consiste en un lit, une table et deux chaises. Hortense et la reine Marie-Amélie devaient s'asseoir sur le lit, Louis-Philippe et sa sœur, madame Adélaïde, sur les deux chaises. Le colonel d'Houdetot se tenait appuyé contre la porte pour empêcher toute entrée indiscrète. Au dire de la reine Hortense, Louis-Philippe fut poli, gracieux même. « Le temps n'est pas loin, dit-il, où il n'y aura plus d'exilés; je n'en veux aucun sous mon règne... Je sais que vous avez des réclamations pécuniair s à exercer, et que vous en avez vainement appelé à tous les ministères précédents. Ecrivez-moi une note de tout ce qui vous est dû, et que vous enverrez à moi seul. Je m'entends en affaires, et je vous offre d'être votre fondé de pouvoirs. » Hortense était touchée d'un si aimable accueil. « Il est impossible, a-t-elle dit, d'avoir mis plus de grâce à tout ce qu'il me disait, et cet air de bonhomie que je trouvais en lui, et qui me rappelait jusqu'à un certain point les traits de cet excellent vieux roi de Bavière, de cet ancien et constant ami de mon frère et de moi, me disposait à la confiance. » Hortense avoua que son fils était avec elle à Paris. « Je m'en étais douté, reprit Louis-Philippe ; mais je vous recommande de ne laisser soupçonner à personne votre arrivée ; je l'ai cachée à tous mes ministres, excepté au président du Conseil, et je tiens à ce que tout le monde ignore votre passage. » L'ancienne reine de Hollande donna sa parole qu'elle ne se ferait pas connaître. La reine Marie-Amélie et madame Adélaïde produisirent sur elle la meilleure impression. « Je me sentais si malheureuse, a-t-elle dit, que leurs consolations me firent du bien. Aurais-je jamais pu essayer de leur faire du mal ? » On se quitta donc dans des termes non seulement polis, mais affectueux.

En revenant du Palais-Royal, la reine Hortense trouva son fils malade avec une forte fièvre. Se faisant toujours passer à l'hôtel de Hollande pour une Française mariée à un Anglais, elle envoya chercher un médecin qu'elle n'avait jamais vu, et auquel elle eut grand soin de ne pas faire connaître son véritable nom. Elle reçut plusieurs fois la visite de M. Casimir Périer qui lui offrit des avances d'argent, qu'elle refusa. Une parole prononcée par lui dissipa tout à coup les illusions d'Hortense en lui démontrant l'incompatibilité qui existait entre la situation de son fils et celle de Louis-Philippe. « D'après ce que nous venons d'arrêter pour vous, dit le prédent du Conseil à l'ancienne reine de Hollande, on s'habituera petit à petit à vous voir en France ainsi que votre fils. Quant à vous personnellement, l'assentiment général serait donné à l'instant pour vous en ouvrir les portes; quant à votre fils, son nom serait un obstacle; et si, plus tard, il acceptait du service, il faudrait qu'il quittât son nom. Nous sommes obligés de ménager les étrangers; nous avons tant de partis en France que la guerre nous perdrait. » En relatant ce langage de M. Casimir Périer, Hortense a ajouté : « Il me fut impossible d'exprimer ce que je ressentis alors. Comment! ce beau nom dont la France devait se parer, il fallait le cacher, le dissimuler comme s'il était honteux. Et pourquoi? Parce qu'il rappelait la gloire de la France et l'humiliation de l'étranger. » Louis-Napoléon, un peu malgré sa mère, avait écrit au roi une lettre très respectueuse pour lui demander de servir dans l'armée française; mais l'idée qu'il n'y porterait pas son nom, ce nom qu'il regardait comme un talisman, ne lui était pas même venue à l'esprit. Quand sa mère lui raconta ce que M. Casimir Périer venait de dire : « Quitter mon nom! s'écria-t-il avec véhémence. Qui oserait me faire une pareille proposition! Ne pensons plus à rien de tout cela, retournons dans notre retraite. Ah! vous aviez raison, ma mère! »

Cependant l'anniversaire de la mort de l'Empereur approchait. Une manifestation bonapartiste se préparait pour le 5 mai ; dix ans auparavant le prisonnier de Sainte-Hélène avait rendu le dernier soupir. Le gouvernement se montrait inquiet. Etant donné le caractère de Louis-Napoléon très porté aux agissements secrets, on pouvait croire qu'il s'était mis en relation avec les chefs républicains. Le langage de M. Casimir Périer l'avait littéralement exaspéré, alors que toutes les tendances de son esprit le disposaient déjà à s'associer à la double opposition bonapartiste et républicaine qui attaquait si violemment la monarchie de Juillet. Après ce qu'il venait de faire en Italie, il passait pour un conspirateur et un homme d'action. Les appréhensions de Louis-Philippe pouvaient donc facilement se comprendre. Le 5 mai, dès le matin, Louis-Napoléon vit, de ses fenêtres, le défilé des gens qui allaient porter des fleurs au pied de la colonne et couronner de bouquets les aigles. On prétendit qu'on l'avait aperçu, mêlé à la foule des manifestants.

Le même jour, le colonel d'Houdetot se présentait à l'hôtel de Hollande : « Madame, dit-il à la reine Hortense, il faut partir à l'instant ; vous ne pouvez demeurer plus longtemps ici ; j'ai ordre de vous le dire ; à moins qu'il n'y ait positivement risque pour la vie de votre fils, il faut partir. » Hortense ne fit aucune récrimination. Le lendemain, elle et son fils allèrent coucher à Chantilly, d'où ils partirent pour l'Angleterre. La haute société leur y fit le plus cordial accueil. Ils virent lady Holland, qui avait eu tant de délicates attentions pour le captif de Sainte-Hélène, et assistèrent à un déjeûner donné, en leur honneur, par la duchesse de Bedford. Le 1er août, ils reçurent du prince de Talleyrand, alors ambassadeur de France à Londres, un passeport les autorisant à retourner en Suisse et à traverser de nouveau le territoire français. Ils s'embarquèrent le 7 août pour Calais. Hortense ne voulut point repasser par Paris, qui était alors agité. Elle craignait l'exaltation de son fils, qui lui avait dit : « Si nous allons à Paris, et si je vois sabrer le peuple devant moi, certainement je ne résisterai pas à aller me mettre de son côté. » Elle se borna à visiter avec lui les environs de la capitale : Morfontaine, ancienne propriété du roi Joseph ; Saint-Denis, où l'Empereur avait cru que seraient les tombeaux des Bonaparte ; Rueil, où l'impératrice Joséphine était inhumée dans une modeste église. « Quel sentiment douloureux m'oppressa, a dit la fille de Joséphine, quand la triste pensée me vint que de tout ce qu'elle avait aimé, je restais seule avec mon fils, isolée et obligée de fuir le lieu même où elle reposait. »

Le sort de la malheureuse reine inspira à Mlle Delphine Gay (plus tard Mme Émile de Girardin), cette pièce de vers mise en musique par M. de Beauplan :

Soldats, gardiens du sol français,
Vous qui veillez sur la colline,
De nos remparts livrez l'accès,
Laissez passer la pèlerine.

Les accents de sa douce voix,
Que nos échos ont retenue
Et ce luth que chanta Dunois
Vous annoncent sa bienvenue.

Sans peine on la reconnaîtra
A sa pieuse rêverie,
Aux larmes qu'elle répandra
Aux noms de France et de Patrie.

Son front couvert d'un voile blanc
N'a rien gardé de la couronne ;
On ne devine son haut rang
Qu'aux nobles présents qu'elle donne.

Elle ne vient pas sur ces bords
Réclamer un riche partage ;
Des souvenirs sont ses trésors
Et la gloire est son héritage.

Elle voudrait de quelques fleurs
Parer la tombe maternelle,
Car elle est jalouse des pleurs
Que d'autres y versent pour elle.

Soldats, gardiens du sol français,
Vous qui veillez sur la colline,
De nos remparts livrez l'accès,
Laissez passer la pèlerine.

Hortense s'arrêta devant la grille du château de la Malmaison, qui lui rappelait des souvenirs si doux et des souvenirs si douloureux. Il lui fut interdit d'en dépasser le seuil.

Le mère et le fils continuèrent leur route à travers la France. A la fin du mois d'août, ils se retrouvèrent sur le sol hospitalier de la Suisse, dans cet asile d'Arenenberg, où ils revenaient après tant de chagrin et tant d'angoisses. La nature, cette grande consolatrice, allait assoupir la douleur d'Hortense. L'exilée entendait l'écho de la voix d'un de ses poètes favoris, Lamartine :

Tes jours sombres et courts comme les jours d'automne,
Déclinent comme l'ombre au penchant des coteaux ;
L'amitié te trahit, la pitié t'abandonne,
Et seule tu descends le sentier des tombeaux.

Mais la nature est là qui t'invite et qui t'aime ;
Plonge-toi dans son sein qu'elle t'ouvre toujours ;
Quand tout change pour toi, la nature est la même,
Et le même soleil se lève sur tes jours.

XII

ARENENBERG

Le château d'Arenenberg, situé en Suisse à quinze kilomètres de Frauenfeld, chef-lieu du canton de Thurgovie, est bâti sur le versant d'une colline qui domine le lac de Constance. Des plantations habilement ménagées étendent leur ombrage, tout en laissant apercevoir, d'espace en espace, des points de vue pittoresques. D'un côté, l'on découvre la petite ville de Reicheneau, avec ses vignes et ses chalets qui se reflètent dans les eaux du lac. D'un autre côté l'on contemple le Rhin qui se précipite au bas des cascades de Schaffouse, pour entourer d'une ceinture bleue un riant paysage. Plus loin, on aperçoit les contours vaporeux de la Forêt-Noire, les tours et les clochers de la ville de Constance.

Les abords du château sont très escarpés. Au

sortir d'Ermatingen, joli hameau qui se trouve dans une ondulation de la côte, un chemin en forme de rampe se détache de la route. Il conduit à un pont jeté sur un étroit ravin. On franchit ce pont où des vases remplis d'hortensias garnissent les balustres, et l'on arrive dans le parc, puis au château. Au milieu des plates-bandes fleuries, des eaux jaillissantes, des massifs de verdure, il apparaît avec ses deux étages, sur la crête d'où le regard embrasse d'immenses et lointains horizons. L'architecture est simple mais gracieuse, sans tourelles, sans hautes murailles, sans créneaux; c'est une résidence toute moderne, qui n'a rien de féodal.

La salle à manger, les salons de réception, la salle de billard, la bibliothèque, le cabinet de travail de la reine Hortense étaient au rez-de-chaussée. Dans le salon précédant la bibliothèque on admirait le grand portrait de l'impératrice Joséphine par Prudhon, cette toile pleine de charme et de mélancolie où le peintre a représenté la souveraine étendue sur un banc de gazon dans la pénombre d'un bosquet. Les pièces suivantes étaient ornées par des portraits de Napoléon et des membres de sa famille, par le buste de lord Byron, l'un des auteurs favoris de la reine, par une statue en marbre blanc de l'Impératrice, une des plus belles œuvres de Bosio.

C'est là que la reine Hortense recevait les visites d'un petit groupe de courtisans du malheur et de l'exil : la princesse de la Moskowa, veuve du maréchal Ney, M. Vieillard, M. et Mme Parquin, M. Mocquard, Mme Salvage de Faverolles, qui, après avoir été une légitimiste exaltée, s'était attachée, avec le même entraînement, à la châtelaine d'Arenenberg, Casimir Delavigne, dont M. Ernest Legouvé a dit dans son charmant livre, *Soixante ans de Souvenirs* : « Casimir Delavigne était alors le dieu de la jeunesse. Le triomphe des *Vêpres Siciliennes*, l'éclatant succès des *Comédiens*, la popularité des *Messéniennes*, lui mettaient sur le front, pour nous rhétoriciens, la triple couronne de poète tragique, de poète comique et poète lyrique. Nous savions qu'à la première représentation des *Vêpres Siciliennes* l'enthousiasme du parterre fut tel qu'on applaudit pendant tout l'intervalle qui séparait le quatrième acte du cinquième. Cela nous avait tourné la tête. Nous reconnaissions Casimir Delavigne à un titre encore supérieur. Il avait chanté la Grèce, la Liberté, la France, il était le poète national. Nous admirions beaucoup Lamartine, mais Lamartine était royaliste ; Lamartine avait attaqué Bonaparte. Le vers célèbre :

Rien d'humain ne battait sous son épaisse armure

nous semblait un blasphème, car nous étions tous alors enragés libéraux et enragés bonapartistes. »

Au mois d'août 1832, la reine Hortense et son

fils reçurent en même temps deux visites qui les touchèrent beaucoup, celle de M. de Châteaubriand et celle de Mme Récamier. Le jeune prince n'avait rien négligé pour se ménager la sympathie de l'illustre écrivain. Il lui avait écrit le 4 mai précédent : « Vous êtes le seul défenseur redoutable de la vieille royauté, vous la rendriez nationale, si l'on pouvait croire qu'elle pensât comme vous. Ainsi, pour la faire valoir, il ne suffit pas de vous déclarer de son parti, mais bien de prouver qu'elle est du vôtre. » Constatant, comme il l'a dit lui-même, que jamais les Bourbons ne lui avaient écrit de lettres pareilles, M. de Châteaubriand avait répondu : « On est toujours mal à l'aise pour répondre à des éloges ; quand celui qui les donne avec autant d'esprit que de convenance est, de plus, dans une condition sociale à laquelle se rattachent des souvenirs hors de pair, l'embarras redouble. J'aurais été heureux de vous remercier de vive voix de votre obligeante lettre. Nous aurions parlé d'une grande gloire et de l'amour de la France, deux choses qui vous touchent de près. » Le terrain était donc bien préparé pour un rapprochement entre l'ancienne reine de Hollande et l'auteur de la brochure *Buonaparte et les Bourbons*, ce pamphlet sanglant qui avait valu à Louis XVIII plus qu'une armée.

La reine Hortense avait un don de séduction irrésistible. Elle charma le grand écrivain. La mère et le fils rivalisèrent d'amabilité pour lui et d'admiration pour sa gloire. Aussi a-t-il mentionné sa visite dans ses *Mémoires d'outre-tombe*, et l'a-t-il fait en termes flatteurs pour la châtelaine et pour le prince : « Le 29 août 1832, j'allai dîner à Arenenberg. Là, après avoir été outrageusement calomniée, la reine Hortense est venue se percher sur un rocher... En étrangers, il y avait Mme Récamier, M. Vieillard et moi. Mme la duchesse de Saint-Leu (c'était le nom que portait alors la reine Hortense) se tirant fort bien de sa position difficile de reine et de demoiselle de Beauharnais... Le prince Louis habite un pavillon à part, où j'ai vu des armes, des cartes topographiques et stratégiques, choses qui faisaient, comme par hasard, penser au sang du conquérant, sans le nommer ; le prince Louis est un jeune homme studieux, instruit, plein d'honneur, et naturellement grave. »

Le moment où M. de Châteaubriand faisait sa visite à Arenenberg était précisément l'époque où Louis-Napoléon commençait à avoir les visées impériales qui devinrent bientôt son idée fixe. Tant qu'avait vécu son cousin, le duc de Reichstadt, considéré par lui comme son souverain légitime, la pensée d'aspirer au trône ne lui était pas venue. En apprenant la maladie de l'ancien roi de Rome, il avait écrit au jeune et infortuné prince, le 12 juillet 1832 : « Si vous connaissiez tout l'attachement que nous vous portons et jusqu'où va notre dévouement, vous concevriez notre douleur de ne pas avoir de relations directes avec celui que nous avons été élevés à chérir comme parent et à honorer comme fils de l'empereur Napoléon. Ah! si la présence d'un neveu de votre père pouvait vous faire quelque bien, si les soins d'un ami qui porte le même nom que vous pouvaient soulager un peu vos souffrances, ce serait le comble de mes vœux que de pouvoir être utile en quelque chose à celui qui est l'objet de toute mon affection. J'espère que ma lettre tombera entre les mains de personnes compatissantes, qui auront pitié de mon chagrin, et qui n'empêcheront pas que des vœux pour votre rétablissement et l'expression d'un tendre attachement arrivent jusqu'à vous. » Cette lettre avait été interceptée, et le duc de Reichstadt, dont Louis-Napoléon n'aurait jamais songé à être le compétiteur pour le trône, était mort à Schœnbrunn le 22 juillet 1832. A partir de ce jour, Louis-Napoléon, qui savait que son père et ses oncles ne voulaient pas revendiquer l'Empire, se considéra comme l'héritier légitime de Napoléon Ier. M. de Châteaubriand et Mme Récamier furent frappés du soin que la reine Hortense, malgré toutes ses protestations de renoncement aux grandeurs humaines, mettait, ainsi que toutes les personnes de sa maison, à traiter son fils en souverain ; il passait partout le premier. Il fit cadeau à

Mme Récamier d'une sépia faite par lui et représentant une vue du lac de Constance, avec un pâtre adossé à un arbre et jouant de la flûte en gardant son troupeau. Mais déjà il songeait à toute autre chose qu'à des bergeries.

Avant de chercher à conquérir la France, le prince s'appliquait à se concilier la Suisse. Ayant reçu, en 1832, du canton de Thurgovie, le droit de bourgeoisie communale, il avait répondu : « Je suis heureux que de nouveaux liens me rattachent à un pays qui, depuis seize ans, nous a donné une hospitalité si bienveillante. Croyez que dans toutes les circonstances de ma vie, comme Français et comme Bonaparte, je serai fier d'être citoyen d'un État libre. Ma mère me charge de vous dire combien elle a été touchée de l'intérêt que vous me témoignez. » En 1833, il publiait ses « *Considérations politiques et militaires sur la Suisse* », et il disait dans la préface : « Si, en parlant de la Suisse, je n'ai pu m'empêcher de songer souvent à la France, j'espère qu'on me pardonnera mes digressions, car l'intérêt que m'inspire un peuple libre ne peut qu'augmenter mon amour pour mon pays. »

La reine Hortense témoignait à son fils une tendresse qui était de l'idolâtrie : « Quelle nature généreuse ! écrivait-elle à cette époque. Quel bon et digne jeune homme ! Je l'admirerais si je n'étais sa mère, et je suis fière de l'être. Je jouis autant de la noblesse de son caractère que je souffre de ne pouvoir donner à sa vie plus de douceur. Il était né pour de belles choses. » Le 25 août 1833, jour de la Saint-Louis, fête du prince, sa mère donna une soirée à laquelle furent invitées plusieurs dames de Constance. On tira une loterie, le lot principal était une aquarelle faite par la reine. On dansa, on soupa gaiement. Pendant quelques instants, le prince avait oublié les chagrins de l'exil.

En 1834, après un hiver studieusement employé, Louis-Napoléon partit pour Thoune, où l'appelait son service militaire. Le lendemain, 12 avril, sa mère recevait de lui ce billet : « Il suffit que je m'éloigne quelques jours de vous pour que je désire tout de suite m'en rapprocher de nouveau. » Et, deux jours après : « Il me faut plus de courage pour vous quitter que pour affronter un danger. »

A la même époque, on prononça le nom du prince comme celui d'un candidat à la main de la reine de Portugal, dona Maria, et des amis lui dirent que, le trône de Lisbonne lui servant de marchepied, il passerait peut-être du Tage à la Seine. « Le chemin est trop détourné, répondit-il, j'aime mieux la ligne droite. » Et il fit paraître dans les journaux une rectification ainsi conçue : « Quelque flatteuse que puisse être pour moi la conjecture d'une alliance avec une jeune et vertueuse reine, j'estime de mon devoir d'opposer un démenti d'autant plus énergique que rien, de mon côté, n'a pu autoriser une semblable erreur. Convaincu que le grand nom que je porte ne sera pas toujours une cause d'exil, j'attendrai patiemment dans un pays libre et hospitalier que le peuple rappelle au milieu de lui ceux qui ont été bannis par douze cent mille étrangers. L'attente du jour où il me sera permis de servir la France en qualité de citoyen et de soldat soutient mon cœur, et vaut mieux, à mon avis, que tous les trônes du monde. »

Louis-Napoléon ne fut pas prince-époux à Lisbonne, mais il obtint un grade dans l'armée suisse. « Chère mère, écrivait-il à la reine Hortense, le 13 juillet 1834, je viens de recevoir du gouvernement de Berne le brevet de capitaine d'artillerie honoraire. Cette manière flatteuse de répondre à ma demande me fait d'autant plus de plaisir qu'elle me prouve que mon nom ne trouvera de sympathie que là où règne la démocratie. Hier, j'étais à me promener à pied sur la route de Zurich, lorsque a passé un chariot rempli de tireurs bernois. Dès qu'ils m'ont vu ils se sont mis à crier : Vive Napoléon ! Ces démonstrations amicales sont autant de consolations pour un proscrit comme moi. » Cependant personne encore n'avait foi dans l'étoile de ce proscrit, et l'on peut dire qu'il n'avait d'autre partisan que lui-même.

Aucun parti bonapartiste n'existait en 1834. Le prince en avait fait l'aveu dans cette lettre adressée d'Arenenberg à M. Vieillard, le 18 février : « Voyez l'empereur Napoléon, le plus grand homme des temps modernes, si le peuple en masse lui conserve un tendre souvenir et des sentiments de reconnaissance, il n'a néanmoins pas pu réussir à conserver un parti à sa famille. Chose désolante ! Bertrand, que la bouche mourante de Napoléon qualifiait du nom d'ami, lui la victime de l'île d'Elbe et de l'île de Sainte-Hélène, accuse les mânes de son Empereur d'une ambition démesurée. Soult, soldat de l'Empire, se lève pour flétrir les restes de cette époque glorieuse... Ah ! vous avez bien raison, ce n'est pas dans les salons dorés, ni dans les réunions des gens timorés, mais dans la rue que sont nos amis. » En 1835, le futur empereur sentait très bien ce qu'il y avait encore de vague et d'indécis dans ses aspirations. Il écrivait le 30 janvier : « Je sais que je suis beaucoup par mon nom, rien encore par moi-même ; aristocrate par naissance, démocrate par nature et par opinion, taxé d'ambitions personnelles dès que je fais un pas hors de ma sphère accoutumée, taxé d'apathie et d'indifférence si je reste tranquille dans mon coin, enfin inspirant les mêmes craintes, à cause de l'influence de mon nom, et aux libéraux et aux absolutistes, je n'ai d'amis politiques que parmi ceux qui, habitués aux jeux de la fortune, pensent que parmi les chances possibles de l'avenir, je puis devenir un en-cas utile. » Ainsi donc, à cette époque, l'étoile de Louis-Napoléon n'était encore qu'une nébuleuse, et, malgré tout son fatalisme, il devait, à certaines heures, douter de lui-même, et se répéter ce qu'il écrivit, le 29 avril 1835, à propos de la mort du duc de Leuchtenberg, son cousin, fils du prince Eugène de Beauharnais et mari de la reine de Portugal. « Les jeunes gens de la famille des Bonaparte meurent tous dans l'exil comme les rejetons d'un arbre qu'on a transporté dans un climat étranger; mourir jeune, c'est souvent un bonheur; mais mourir avant d'avoir vécu, mourir dans son lit, de maladie, sans gloire, c'est affreux. » Comme toutes les imaginations ardentes, le proscrit d'Arenenberg avait des alternatives de mélancolie et d'extase. Tantôt il redoutait une mort précoce sur la terre étrangère, tantôt il se voyait, suivant ses propres expressions, « s'élever assez haut pour qu'un des rayons mourants du soleil de Sainte-Hélène puisse l'éclairer, » et il s'imaginait qu'il allait être conduit au palais des Tuileries par l'ombre de Napoléon.

A la fin de 1835 et au commencement de 1836, le prince fut un instant distrait de ses projets ambitieux par des idées matrimoniales. On songeait à lui faire épouser sa cousine germaine, la princesse Mathilde, fille de Jérôme Bonaparte l'ancien roi de Westphalie. Née à Trieste, le 27 mai 1820, la charmante jeune fille était dans sa seizième année, et sa rare beauté, sa haute intelligence, son amabilité, son goût pour la littérature et pour les arts la rendaient déjà très séduisante. Louis-Napoléon la vit à Lausanne, où elle se trouvait avec son père, et déclara qu'il serait heureux de l'avoir pour femme. La reine Hortense désirait beaucoup cette union, et le roi Louis n'y était pas opposé. La demande en mariage fut ajournée par un grand deuil, la mort de Madame Mère. Louis-Napoléon lors de ses séjours à Rome la voyait très souvent, et cette femme « digne de tous les respects, » — c'est l'expression de l'Empereur, — lui inspirait une affection et une vénération profondes. Il lui avait écrit le 1er juin 1835 : « Ma chère grand'maman, je ne veux pas quitter Genève sans me rappeler à votre souvenir et me recommander à vos bontés. La lettre que vous avez écrite dernièrement à ma mère m'a fait un bien grand plaisir. Vous y parliez de moi avec tant d'affection que les larmes me roulaient dans les yeux après cette lecture. Vous devez penser quelle douce impression je dois ressentir de la bénédiction de la mère de l'Empereur, moi qui vénère l'Empereur comme un dieu, et qui porte le culte le plus sacré à sa mémoire... Adieu, ma chère grand'maman, soyez persuadée que personne plus que moi ne comprend tous les devoirs que m'impose le grand nom que j'ai l'honneur de porter, et que ma seule et unique ambition est de m'en montrer constamment digne. » Madame Mère mourut à Rome, le 2 février 1836, à l'âge de quatre-vingt-six ans. Louis-Napoléon écrivait le 14 : « Ce n'est pas seulement comme petit-fils que je verse des larmes sur sa mort. C'est aussi en pensant qu'elle était mère de l'Empereur que je déplore cette perte irréparable... Une seule idée me console, c'est de penser que si elle me voit du haut des cieux et qu'elle lise dans mon cœur, elle y verra tant d'attachement pour mes parents, tant de vénération pour sa mémoire et celle de l'Empereur, enfin, j'ose le dire, tant d'amour du bien, qu'elle dira : — J'ai un petit-fils digne de porter le grand nom que son père lui a laissé intact. »

La princesse Mathilde était alors doublement en deuil. Elle avait perdu, le 29 novembre 1835, sa mère la reine Catherine, princesse de Wurtemberg, qui témoigna à un époux détrôné et proscrit un dévouement admirable, et dont Napoléon a dit, sur le rocher de Sainte-Hélène : « Par sa noble conduite, en 1814 et 1815, cette princesse s'est inscrite de ses propres mains dans l'histoire. »

Au commencement de 1836, le projet de mariage entre Louis-Napoléon et sa cousine était non pas abandonné mais simplement ajourné. Tout de suite après la mort de Madame Mère, le prince Napoléon, frère de la princesse Mathilde, vint passer quelque temps à Arenenberg, où son cousin, qui lui témoignait beaucoup d'affection, lui donna des leçons de mathématiques.

Le deuil de la famille Bonaparte rendait alors très triste le séjour d'Arenenberg. L'hiver y est glacial, et, par les mauvais jours, les montagnes voisines, à demi cachées par les nuages, ont un aspect d'une mélancolie indicible. Louis-Napoléon voyait avec chagrin les négociations relatives à son mariage traîner en longueur, et sa nature généreuse, détachée de tout souci pécuniaire, ne pouvait comprendre les questions d'intérêt dont se préoccupaient son père et son oncle. Il se trouvait alors dans un état d'agitation et d'incertitude que révèle cette lettre adressée par lui à la veuve de son frère : « Ma chère Charlotte, je voudrais bien te revoir. Je voudrais bien pouvoir me promener avec toi dans les boutiques de Regent-Street. Je voudrais bien être à Florence; je voudrais bien serrer dans ma main les doigts de ma cousine ou la poignée d'un sabre. Et de tous ces vœux lequel sera exaucé ? Probablement aucun. » Il est vraisemblable que si le mariage avec la princesse Mathilde eût été alors décidé, le prince n'aurait pas fait l'expédition de Strasbourg. Mais, voyant que ses rêves de bonheur domestique ne se réalisaient pas, il se rejeta violemment dans ses téméraires projets d'ambition. Malgré l'extrême tendresse qu'il avait pour sa mère, il lui cacha, avec une dissimulation étonnante, le secret de son entreprise. La reine Hortense croyait son fils exclusivement occupé a terminer un manuel d'artillerie, et vivait avec lui dans une retraite profonde. « Pendant que vous êtes occupés des grands événements de ce monde, écrivait-elle alors à des amis de Paris, nous passons tranquillement notre vie à n'avoir d'émotions que celles du bateau à vapeur quand il passe, et de discussion que sur la position d'un piquet plus ou moins bien placé pour tracer une route. Mon Dieu ! n'est-ce pas là le bonheur ! C'est au moins un bien doux repos après tant d'orages. »

Le prince faisait semblant de partager la philosophie de sa mère, au moment même où il préparait un complot insensé à force d'être audacieux. Il agissait sous la pression d'une sorte de fatalité mystérieuse et irrésistible qui le poussait vers les abîmes. Le 24 octobre 1836, il annonça tranquillement à sa mère que le lendemain, de très bonne heure, il quitterait Arenenberg pour aller chasser pendant quelques jours dans la principauté d'Echingen. En lui disant adieu, le soir, il pensait que peut-être il l'embrassait pour la dernière fois. Mais il avait déjà, à cette époque, un tel empire sur lui-même et une telle puissance de dissimulation que lui, si tendre fils, ne laissa voir aucune trace d'émotion sur son impassible visage.

XIII

STRASBOURG

En composant le deuxième acte du *Prophète*, Scribe et Meyerbeer ont dû songer à Louis-Napoléon. Jean de Leyde allant embrasser sa mère endormie fait penser au jeune prince quittant Arenenberg sans avoir fait connaître ses projets à la reine Hortense et sans lui avoir dit adieu. Comme le prophète, Louis-Napoléon a écouté des hommes qui murmuraient : « Et la vengeance ! Et l'espérance ! » Comme le prophète, il a eu une vision, et une voix intérieure, voix secrète, mystérieuse, lui a dit : Tu régneras !

Laissons le prince lui-même raconter ce qu'il éprouva en partant : « Vous savez, a-t-il écrit, quel est le prétexte que je donnai à mon départ d'Arenenberg ; mais ce que vous ne savez pas, c'est ce qui se passait alors dans mon cœur.

Fort de ma conviction qui me faisait envisager la cause napoléonienne comme la seule cause nationale en France, comme la seule cause civilisatrice en Europe, fier de la noblesse et de la pureté de mes intentions, j'étais bien décidé à relever l'aigle impériale ou à tomber victime de ma foi politique.

« Je partis, faisant dans ma voiture le même chemin que j'avais suivi, il y a trois mois, pour me rendre à Unkirck et à Baden ; tout était de même autour de moi ; mais quelle différence dans les impressions qui m'animaient ! J'étais alors gai et serein comme le jour qui m'éclairait ; aujourd'hui, triste et rêveur, mon esprit avait pris la teinte de l'air brumeux et froid qui m'entourait. On me demandera ce qui me forçait d'abandonner une existence heureuse pour courir tous les risques d'une entreprise hasardeuse. Je répondrai qu'une voix secrète m'entraînait, et que, pour rien au monde, je n'aurais voulu remettre à une autre époque une tentative qui me semblait présenter tant de chances de succès. »

Cependant, ces chances de succès n'existaient guère que dans l'imagination du prince. Il avait gagné à sa cause le colonel Vaudrey, commandant le 4e régiment d'artillerie à Strasbourg, le commandant Parquin, chef d'escadrons de la garde municipale, en congé, et quelques jeunes officiers auxquels il promit honneurs et argent. Ainsi que l'a dit M. Thureau-Dangin : « c'était avec ces seuls moyens qu'un jeune homme de vingt-huit ans, inconnu, sans passé, se flattait de renverser une monarchie en pleine sécurité et prospérité, et de s'emparer de la France qui non seulement ne l'avait pas appelé, mais ne pensait pas à lui. » Citons aussi ce passage des Mémoires de M. Guizot : « Le prince Louis était inconnu en France, et de l'armée et du peuple ; personne ne l'avait vu ; il n'avait jamais rien fait ; quelques écrits sur l'art militaire, des *Rêveries Politiques,* un *Projet de Constitution* et les éloges de quelques journaux démocratiques. n'étaient pas des titres bien puissants à la faveur publique et au gouvernement de la France. Il avait son nom, mais son nom fût demeuré stérile sans une force cachée et toute personnelle ; il avait foi en lui-même et dans sa destinée. »

Ce qui domine dans le complot de Strasbourg, c'est le fanatisme d'un sectaire. Au point de vue psychologique, il n'y a peut-être pas de document plus saisissant que le récit envoyé par le prince lui-même à sa mère. Ces pages sont écrites dans le style d'un illuminé. Aucun commentaire sur les dispositions d'esprit et le caractère du futur empereur ne pourrait présenter autant d'intérêt qu'une pareille autobiographie. C'est à la fois comme le chapitre d'un livre d'histoire et comme l'épisode d'un poème. Rédigé en pleine mer, au bruit des flots, sous l'équateur, ce récit étrange, passionné. ressemble au prologue d'un drame où se rencontreront les contrastes les plus imprévus et les vicissitudes les plus bizarres.

Le 27 octobre 1836, Louis-Napoléon arrivait à Lahr, petite ville badoise, où il attendait des nouvelles ; l'essieu de sa calèche s'étant cassé, il dut rester un jour dans la ville. Le 28, au matin, il retournait sur ses pas, traversait Fribourg, Neubrisach et Colmar. A onze heures du soir, il arrivait à Strasbourg, où il descendait dans une petite chambre retenue pour lui, rue de la Fontaine. Le lendemain 29, il voyait le colonel Vaudrey auquel il soumettait le plan d'opérations. Le complot devait être mis à exécution le 30, et les conjurés se réuniraient le soir même dans deux chambres au rez-de-chaussée d'une maison située rue des Orphelins.

« Le 29, à onze heures du soir, dit encore le prince, un de mes amis vint me chercher, rue de la Fontaine, pour me conduire au rendez-vous général. Nous traversâmes ensemble toute la ville ; un beau clair de lune éclairait les rues ; je prenais ce beau temps pour un favorable augure pour le lendemain ; je regardais avec attention les endroits par où je passais ; le silence qui y régnait faisait impression sur moi ; par quoi ce silence sera-t-il remplacé demain ? »

L'aventureux conspirateur pouvait dire comme Victor Hugo :

> Oh! demain, c'est la grande chose,
> De quoi demain sera-t-il fait ?
> L'homme aujourd'hui sème la cause,
> Demain Dieu fait mûrir l'effet.

Son tempérament de joueur se complaisait dans les risques auxquels il allait s'exposer. Son imagination s'exaltait. Il croyait obéir à un devoir impérieux. En se rendant de la rue de la Fontaine à la rue des Orphelins, il disait à son compagnon : « C'est surtout pour empêcher les troubles qui accompagnent souvent les mouvements populaires que j'ai voulu faire la révolution par l'armée. Mais quelle confiance, quelle profonde conviction il faut avoir de la noblesse d'une cause, pour affronter, non les dangers que nous allons courir, mais l'opinion publique qui nous déchirera, qui nous accablera de reproches si nous ne réussissons pas! Et cependant je prends Dieu à témoin que ce n'est pas pour satisfaire à une ambition personnelle, mais parce que je crois avoir une mission à remplir, que je risque ce qui m'est plus cher que la vie, l'estime de mes concitoyens. »

Arrivé à la maison de la rue des Orphelins, le prince y trouva les conjurés : M. de Persigny, les commandants Parquin et de Bruc, les lieutenants Laity et de Quérelles, le comte de Gricourt. Il les remercia de leur dévouement, et ajouta qu'à partir de cette heure eux et lui partageraient ensemble la bonne comme la mauvaise fortune. On apporta une aigle ; c'était celle qui avait appartenu au 7ᵉ régiment de ligne ; l'aigle de Labédoyère, s'écria-t-on, et chacun la pressa avec émotion sur son cœur.

Ecoutons le récit du prince : « La nuit nous parut bien longue, je la passai à écrire mes proclamations que je n'avais pas voulu faire imprimer d'avance, de peur d'indiscrétion. Il était convenu que nous resterions dans cette maison jusqu'à ce que le colonel Vaudrey me fit prévenir de me rendre à la caserne. Nous comptions les heures, les minutes, les secondes ; six heures du matin était le moment indiqué. Qu'il est difficile d'exprimer ce qu'on éprouve dans de semblables circonstances ; en une seconde on vit plus que dans dix années ; car vivre c'est faire usage de nos organes, de nos sens, de nos facultés, de toutes les parties de nous-même qui nous donnent le sentiment de notre existence, et dans ces moments critiques, nos facultés, nos organes, nos sens, exaltés au plus haut degré, sont concentrés sur un seul point ; c'est l'heure qui doit décider de toute notre destinée ; on est fort quand on peut se dire : Demain je serai le libérateur de ma patrie ou je serai mort. » Vaincre ou mourir, telle avait été sa devise, et cependant le destin n'allait lui accorder ni la victoire, ni la mort. Plein d'illusions étranges, il s'imaginait que son entreprise serait une nouvelle édition du retour de l'île d'Elbe, et qu'il n'aurait qu'à paraître pour pouvoir s'écrier comme César : *Veni, vidi, vici.* Après un pareil rêve, terrible devait être le réveil.

Le quartier du 4ᵉ régiment d'artillerie, commandé par le colonel Vaudrey, se nommait le quartier d'Austerlitz. Ce nom était aux yeux du prince un bon présage. « Enfin, dit-il, six heures sonnèrent! Jamais les sons d'une horloge ne retentirent si violemment dans mon cœur ; mais un instant après la trompette du quartier d'Austerlitz vint encore en accélérer les battements. Le grand moment approchait. »

On vient prévenir le prince que le colonel Vaudrey l'attend. Il se précipite dans la rue ayant à ses côtés M. Parquin, en uniforme de général de brigade, et un chef de bataillon portant l'aigle en main. Lui-même a un uniforme d'artillerie avec un chapeau d'officier d'état-major.

Le régiment est rangé en bataille dans la cour du quartier. Le colonel Vaudrey tire son sabre et s'écrie : « Soldats du 4ᵉ régiment d'artillerie ! une grande révolution s'accomplit en ce moment ; vous voyez ici, devant vous, le neveu de l'empereur Napoléon ; il vient pour reconquérir les droits du peuple ; le peuple et l'armée peuvent compter sur lui. C'est autour de lui que doit venir se grouper tout ce qui aime la gloire et la liberté de la France. Soldats, vous sentirez, comme votre chef, toute la grandeur de l'entreprise que vous allez tenter, toute la sainteté de

la cause que vous allez défendre. Soldats ! le neveu de l'Empereur peut-il compter sur vous ? »
On répond par des cris de Vive Napoléon ! Vive l'Empereur ! Le prince prend alors la parole :
« Résolu à vaincre ou à mourir pour la cause du peuple Français, c'est à vous les premiers que j'ai voulu me présenter, parce qu'entre vous et moi il existe de grands souvenirs ; c'est dans votre régiment que l'empereur Napoléon, mon oncle, servit comme capitaine ; c'est avec vous qu'il s'est illustré au siège de Toulon, et c'est encore votre brave régiment qui lui ouvrit les portes de Grenoble au retour de l'île d'Elbe. Soldats ! de nouvelles destinées vous sont réservées. A vous la gloire de commencer une grande entreprise ; à vous l'honneur de saluer les premiers l'aigle d'Austerlitz et de Wagram. » Louis-Napoléon saisit alors l'aigle que porte M. de Quérelles, et, la présentant aux soldats : « Voici, s'écrie-t-il, le symbole de la gloire française, destiné à devenir aussi l'emblème de la liberté ! Pendant quinze ans, il a conduit nos pères à la victoire ; il a brillé sur tous les champs de bataille ; il a traversé toutes les capitales de l'Europe. Soldats ! ne vous rallierez-vous pas à ce noble étendard que je confie à votre honneur et à votre courage ? Ne marcherez-vous pas avec moi contre les traîtres et les oppresseurs de la patrie, au cri de Vive la France ! Vive la liberté ! » Les artilleurs acclament le prince. On se met en mar-

che, musique en tête. Un peloton se rend chez l'imprimeur pour faire publier les proclamations, un autre chez le préfet pour l'arrêter ; six autres reçoivent diverses missions ; le prince, ne disposant que d'une partie de ses forces, arrive chez le général Voirol, commandant la division militaire : « Général, lui dit-il, je viens vers vous en ami ; je serais désolé de relever notre vieux drapeau tricolore sans un brave militaire comme vous ; la garnison est pour moi ; décidez-vous et suivez-moi. » Le général répondit: « Prince, on vous a trompé, et je vais à l'instant vous le prouver. » Alors, Louis-Napoléon s'éloigna, en laissant un piquet pour garder le général. Puis il se remit en marche et entra, par une petite ruelle, dans la caserne Finckmatt, occupée par le 46ᵉ régiment d'infanterie de ligne. Un échec complet l'y attendait. Le lieutenant-colonel Talandier repoussa toutes les tentatives. Le colonel Paillot et les autres officiers arrivèrent et entraînèrent les soldats contre le prince. On se jeta sur lui, on déchira ses vêtements, on lui arracha ses insignes, et on le conduisit prisonnier dans le corps de garde. — « Prince, lui dit alors un de ses complices, le commandant Parquin, nous serons fusillés, mais nous mourrons bien. — « Oui, répondit Louis-Napoléon, nous avons échoué dans une belle et noble entreprise. » On le transporta ensuite à la prison neuve : « Me voilà donc entre quatre murs, dit-il, avec des fenêtres à barreaux, dans le séjour des criminels. Ah! ceux qui savent ce que c'est que de passer tout à coup de l'excès du bonheur, que procurent les plus nobles illusions, à l'excès de la misère, qui ne laisse plus d'espoir, et de franchir cet immense intervalle sans avoir un moment pour s'y préparer, comprendront ce qui se passait dans mon cœur. »

Les conjurés se revirent au greffe. Comme les fanatiques, ils ne se repentaient pas de leur folle entreprise. « Prince, dit M. de Quérelles, malgré notre défaite, je suis encore fier de ce que j'ai fait. » Louis-Napoléon subit un interrogatoire avec un calme imperturbable.

« Qu'est-ce qui vous a poussé à agir comme vous l'avez fait?

— Mes opinions politiques, et mon désir de revoir ma patrie, dont l'invasion étrangère m'avait privé. En 1830, jai demandé à être traité en simple citoyen; on m'a traité en prétendant; eh! bien, je me suis conduit en prétendant.

— Vous vouliez établir un gouvernement militaire?

— Je voulais établir un gouvernement fondé sur l'élection populaire.

— Qu'auriez-vous fait, vainqueur?

— J'aurais assemblé un Congrès national. »

Louis-Napoléon ajouta que, seul ayant tout organisé, seul ayant entraîné ses complices, seul aussi il devait assumer sur sa tête toute la responsabilité.

Après l'interrogatoire, on reconduisit le prince en prison. « Je me jetai, dit-il, sur un lit qu'on m'avait préparé, et, malgré mes tourments, le sommeil, qui adoucit les peines en donnant du relâche aux douleurs de l'âme, vint calmer mes sens ; le repos ne fuit pas le malheur ; il n'y a que le remords qui n'en laisse pas. Mais comme le réveil fut affreux ! Je croyais avoir eu un horrible cauchemar ; le sort des personnes compromises était ce qui me donnait le plus de douleur et d'inquiétude. »

Le soir du 10 novembre, on vint prévenir le prince qu'il allait être transféré dans une autre prison ; il sortit et trouva le général Voirol et le préfet qui l'emmenèrent dans leur voiture, sans lui dire où ils le conduisaient. Arrivé dans l'hôtel de la préfecture, il vit deux chaises de poste attelées ; on le fit monter dans l'une avec deux officiers de gendarmerie ; quatre sous-officiers montèrent dans l'autre. Le 12, à deux heures du matin, les deux voitures arrivaient à Paris. Le prince y passait deux heures à la préfecture de police, dans une salle dont nous reparlerons plus tard. A quatre heures du matin, il repartait sous bonne escorte, et, dans la nuit du 13 au 14 novembre, il arrivait à la citadelle de Port-Louis, près Lorient, où il resta quelques jours avant de s'embarquer pour les États-Unis.

La reine Hortense était accourue en France, sous un nom supposé, pour demander la grâce de son fils. Ses démarches étaient inutiles, car le Gouvernement avait déjà pris la résolution d'envoyer le prince sur une frégate de l'Etat à New-York où il serait libre.

Il paraît que dans son complot, Louis-Napoléon avait eu, outre des complicités véritables, des demi-complicités. Certains hommes s'étaient, dit-on, arrangés de manière à ne pas se compromettre, en cas d'échec, et à se faire valoir en cas de succès. Si le prince avait entraîné à sa suite la garnison de Strasbourg et marché avec elle sur Paris, il aurait probablement été rejoint en route par bien des officiers et des soldats. Mais, pour cela, il fallait réussir au début, et, quoi qu'on en ait dit plus tard, la chose était à peu près impossible. Pour opérer un prodige comme le retour de l'île d'Elbe, il fallait avoir remporté d'innombrables victoires, et le neveu de l'Empereur n'en avait remporté aucune. Il se fit les mêmes illusions que s'était faites la duchesse de Berry. Son entreprise, comme celle de la mère du duc de Bordeaux, fut surtout une affaire d'imagination.

« Le Gouvernement, a dit M. Guizot, estime que le neveu de Napoléon ne devait, pas plus que la belle-fille de Charles X, être livré aux tribunaux ; dans un tel procès, tout lui semblait à redouter : l'humiliation d'un prince, comme la mise en scène d'un prétendant, la rigueur d'une condamnation, comme le scandale d'un acquittement. Donc, pas de poursuite judiciaire. Le souvenir de Blaye était trop présent pour qu'on ne sentît pas l'embarras d'une détention arbitraire. » Par une anomalie étrange, les complices du prince furent poursuivis, tandis que lui, l'auteur principal du complot, ne l'était pas. Lui-même fut étonné de la clémence du roi ; mais tout en reconnaissant la générosité du gouvernement à son égard, il exprimait dans une lettre adressée à M. Odilon Barrot, le 14 novembre, le regret de ne pouvoir partager le sort des autres conjurés. Il faisait, dans la même lettre, cet aveu : « Nous étions loin de penser à une grâce, en cas de non-réussite. »

En résumé, l'échauffourée de Strasbourg n'avait produit d'autre sensation en France et à l'étranger que celle d'une profonde surprise. C'est ce que constate aussi le comte de Sainte-Aulaire, dans ses Mémoires inédits : « Les prétentions du prince Louis étaient un sujet de risée ; je n'ai jamais rencontré personne qui prît la peine de les discuter. » L'échec avait été absolu ; on le croyait irrémédiable. Personne ne s'avisait de penser que pour le vaincu de Strasbourg l'heure de la revanche pourrait sonner.

XIV

L'ENFANCE DE L'IMPÉRATRICE

Nous avons dit que le 12 novembre 1836, Louis-Napoléon était arrivé à Paris, et qu'il avait passé deux heures à la préfecture de police dans une salle dont nous reparlerions plus tard. Cette pièce où le préfet, M. Gabriel Delessert, le reçut avec une politesse parfaite, c'était la grande salle à manger de la préfecture. Dans cette même salle, les enfants du préfet, Cécile et Édouard, venaient presque chaque matin, sous la direction d'un sous-officier du bataillon des sapeurs-pompiers nommé M. Delestrée, prendre des leçons de gymnastique avec deux toutes jeunes filles espagnoles, dont l'aînée devait être un jour la duchesse d'Albe, et la cadette l'impératrice des Français. On offrit au prince une collation. Il ne prit que quelques biscuits et un verre de champagne. A quatre heures du matin, il repartait sous bonne escorte, ne se doutant guère que, sur sa route de proscrit, il s'était arrêté quelques instants dans une pièce où venait presque chaque jour la jeune enfant destinée à monter avec lui sur le trône de France.

Quand seize ans plus tard, aux Tuileries, Napoléon III annonça aux grands corps de l'État son mariage, il dit que sa fiancée était « une femme d'une naissance élevée, Française par le cœur, par l'éducation ». Ainsi que M. Fernand Giraudeau l'a fait observer, beaucoup de personnes crurent alors que Napoléon III, en parlant ainsi, exagérait un peu, pour rendre plus sympathique aux Français leur nouvelle souveraine. Rien cependant n'était plus exact. Nous avons déjà signalé la vaillance que le père de l'impératrice Eugénie avait déployée, comme colonel, dans l'armée de Napoléon. Aucun Français n'avait témoigné à la France plus de dévouement que ce grand seigneur espagnol. Il éleva ses filles dans un sentiment de respect et d'admiration pour la mémoire de l'Empereur. A Madrid, sa maison de la calle del Sordo était du haut en bas remplie de souvenirs napoléoniens. La future souveraine fut, d'ailleurs, initiée à la légende impériale par les récits de deux merveilleux conteurs, Prosper Mérimée, l'auteur de la *Chronique du règne de Charles IX*, et Stendhal (Henri Beyle), l'auteur de la *Char-*

teuse de Parme. Dès sa plus tendre enfance, son imagination romanesque fut frappée par l'éblouissante conversation de ces deux hommes qui racontaient si bien les gloires de l'épopée.

Ce fut en 1830 que M. Mérimée vit pour la première fois le père de l'Impératrice. Celui-ci qui ne prit le titre de comte de Montijo qu'à la mort de son frère aîné, en 1834, s'appelait alors Don Cipriano Guzman Palafox y Porto-Carrero, comte de Teba. Mérimée voyageait en Espagne, quand il fit sa connaissance dans une diligence. Ils furent tout de suite amis, et, bientôt après, le brillant écrivain français, présenté à la comtesse de Teba, devint à Madrid l'un des hôtes les plus assidus de la calle del Sordo. Dans le livre remarquable qu'il a consacré à Prosper Mérimée, M. Auguste Filon a rappelé ce souvenir, et a fait un juste éloge du colonel Porto-Carrero. C'est le nom que portait le père de l'Impératrice quand il était colonel d'artillerie dans l'armée française. « A la défense de Paris, en 1814, a dit M. Filon, il commandait les élèves de notre École polytechnique, et les dernières volées de canon, qui, du haut des buttes Montmartre, retardèrent d'un jour notre honte, c'est le colonel Porto-Carrero qui les tira. C'est au milieu de cette fumée qu'on aime à entrevoir ce beau et pâle visage ennobli plutôt que défiguré par la terrible blessure qui l'avait privé d'un de ses yeux, ce soldat philosophe, au cerveau hanté par des rêves confus de délivrance et de progrès, disgracié pour avoir trop aimé la liberté et la France, et qui, jusqu'au bout, porta fièrement sa disgrâce. » L'impératrice Eugénie plaça dans ses appartements aux Tuileries une miniature de son père. Il y était représenté avec un bandeau de soie noire traversant le visage à l'endroit où il avait perdu un œil, par suite d'une blessure reçue au service de la France. La ressemblance avec sa fille n'en était pas moins frappante : mêmes traits nobles et fiers, même teint éclatant, mêmes cheveux d'or.

Mérimée éprouva une sincère affection pour le comte et pour la comtesse de Teba. « La comtesse, a dit M. Filon, avait dans les veines du sang écossais et du sang wallon. Elle étonna et enchanta Mérimée par sa grâce, l'activité de son esprit, la vivacité de sa parole, l'étendue de ses connaissances. Elle savait à fond l'histoire de l'Espagne, de ses anciens rois, de sa langue et de ses monuments. — Vous souvenez-vous, écrivait-il plus tard, des belles histoires que vous me contiez, en 1830, dans la calle del Sordo, sur l'Alhambra et la Generalife ? — Pour compléter l'attrait de cette maison, il faut se représenter deux petites filles de cinq et quatre ans, Paca et Eugenia, jouant autour de la robe de leur mère. Eugenia, la filleule de son oncle le comte de Montijo, née à Grenade, dans un jardin, au milieu d'un tremblement de terre, frappait par son regard pensif, étonné, mélancolique, regard prédestiné que Paris a vu plus tard dans les yeux de son fils. On eût dit qu'elle n'était pas encore remise de son étrange entrée dans la vie, ou que ses vagues rêveries enfantines fussent traversées par des coups de théâtre. Mais qui eût pu songer à tout cela, lorsque le jeune visiteur de la calle del Sordo caressait les cheveux d'or de la petite Eugenia, tandis que sa mère contait les légendes des rois Maures, les exploits du Campeader ou du Boelo, les souvenirs de Pélage et de Don Pèdre ? »

Le comte de Teba, qui avant la mort de son frère aîné, le comte de Montijo, avait peu de fortune, donnait à ses filles une éducation simple, modeste et sévère. Devenu en 1834 l'héritier du titre et de la fortune de son frère, le nouveau comte de Montijo ne modifia point ses habitudes. Il voulut que ses filles continuassent à être élevées comme si elles avaient dû être pauvres, et qu'elles s'endurcissent aux privations et à la fatigue.

La même année, des troubles graves éclataient en Espagne. Le 29 juillet, le général de Castellane, qui commandait alors à Perpignan, vit arriver dans cette ville la comtesse de Montijo avec ses deux filles et son jeune fils Paco, qui mourut en bas âge. Beaucoup de familles espagnoles, fuyant la guerre civile et le choléra, cherchaient un refuge en France. Le comte de

Montijo, sénateur depuis la mort de son frère, était resté à Madrid, mais il avait ordonné à sa femme et à ses enfants de traverser les Pyrénées. Le général de Castellane trouva la comtesse intelligente et belle.

Mme de Montijo se rendit ensuite à Paris. Elle s'y lia intimement avec la famille de Laborde. Homme du monde accompli et savant distingué, membre de l'académie des Inscriptions et Belles-Lettres, membre de l'académie des Sciences morales et politiques, le comte Alexandre de Laborde et la comtesse avaient trois charmantes filles mariées, l'une à M. Gabriel Delessert, préfet de police, l'autre à M. Édouard Bocher, la troisième à M. Odier. Parmi les hôtes assidus de leur maison, figuraient Mérimée et Henri Beyle (Stendhal). Le premier fut très heureux de retrouver à Paris la belle comtesse de Montijo. C'est elle qui lui raconta l'anecdote dont il fit le sujet de *Carmen*, et c'est elle qui, plus tard, lui suggéra *Don Pèdre*. Il aimait beaucoup les filles de la comtesse, les conduisait à la promenade, corrigeait leurs thèmes français et leur donnait des leçons d'écriture et de style.

M. Henri Beyle fréquentait également le salon de la comtesse de Montijo, et contait aux petites Paca et Eugenia des histoires de Napoléon qui faisaient leur bonheur. Mais laissons encore la parole à M. Filon, qui nous donne ces détails :

« Les soirs où venait M. Beyle, m'a dit plu

sieurs fois l'Impératrice, étaient des soirs à part. Nous les attendions avec impatience, parce qu'on nous couchait plus tard ces jours-là. Et ses histoires nous amusaient tant ! » L'ancien précepteur de l'infortuné prince impérial ajoute : « Imaginez les deux petites filles assises chacune sur un genou de Beyle, et buvant ses paroles ; lui, déployant épisode par épisode ce prodigieux drame dont il avait été le témoin, à peu près comme il a raconté la bataille de Waterloo dans la *Chartreuse de Parme*, avec cette sincérité de touche, ce don du détail suggestif qui rendait les choses vivantes, présentes et toutes proches. Au milieu de ces récits de gloire et de misère, où les défaites égalent en grandeur les triomphes, l'homme de Marengo et de la Moskowa, le héros au petit chapeau et à la redingote grise, faisait de brusques apparitions éblouissantes. Beyle, pour le rendre visible aux yeux comme à l'esprit, donnait aux deux enfants des images, L'Impératrice conserve encore une bataille d'Austerlitz donnée par son ami. »

En 1837, la future souveraine entra, avec sa sœur, au couvent du Sacré-Cœur de la rue de Varenne, à Paris, où elle fit sa première communion. Elle y était désignée sous un de ses noms patronymiques : Palafox. Eugénie Palafox, comme on l'appelait alors, était une jeune fille gaie, charmante, très aimée des religieuses et des élèves. Quelques années plus tard, quand elle fut fiancée au souverain de la France, sa première pensée fut d'aller faire une visite au couvent où s'était passée une heureuse année de son enfance. Elle voulut tout revoir, les salles d'études, le réfectoire, le dortoir et surtout la chapelle, où elle avait prié Dieu avec tant de ferveur. Elle reconnut une vieille religieuse qui occupait un des emplois les plus modestes du couvent et l'embrassa avec effusion.

Nous venons de jeter un coup d'œil sur l'enfance de l'impératrice Eugénie. Revenons à Napoléon. Nous l'avons laissé à la citadelle de Port-Louis, près la rade de Lorient, où il allait s'embarquer pour les États-Unis.

XV

L'« ANDROMÈDE »

Louis-Napoléon, avant de s'embarquer pour l'Amérique, resta dix jours prisonnier à Port-Louis. Les vents étaient toujours contraires, et empêchaient de sortir du port la frégate l'*Andromède* sur laquelle le prince devait faire la traversée. Avant de s'éloigner des rives de France, il écrivit à un ami la lettre suivante : « Je pars le cœur déchiré de n'avoir pu partager le sort de mes compagnons d'infortune, j'aurais voulu être traité comme eux. Mon entreprise ayant échoué, mes intentions ayant été ignorées, mon sort ayant été, malgré moi, différent de celui des hommes dont j'avais compromis l'existence, je passerai aux yeux de tout le monde pour un fou, un ambitieux et un lâche. Je saurai supporter ce nouvel exil avec résignation ; mais ce qui me désespère, c'est de laisser dans les fers des hommes auxquels le dévouement à la cause impériale a été si fatal. J'aurais voulu être la seule victime. »

« P.-S. — Il est faux que j'aie eu la moindre relation intime avec Mme Gordon. Il est faux que j'aie cherché à emprunter de l'argent; il est faux qu'on m'ait demandé le serment de ne plus revenir en Europe. »

Le 21 novembre 1836, un bateau à vapeur remorqua l'*Andromède,* et M. Villemain, sous-préfet de Lorient, vint dire au prince qu'il allait partir. Les ponts-levis de la citadelle s'abaissèrent. Le prisonnier sortit, accompagné du sous-préfet, du commandant de place et de l'officier de gendarmerie de Lorient, enfin des deux officiers et des sous-officiers qui l'avaient amené. Tous montèrent dans des canots pour rejoindre la frégate qui attendait le prince. Au moment où il allait y monter, il dit à M. Villemain : « Je ne pourrai revenir en France que lorsque le lion de Waterloo ne sera plus debout sur la frontière. » Le sous-préfet lui ayant alors demandé s'il trouverait, en arrivant aux États-Unis, quelques ressources, « aucune, répondit Louis-Napoléon. » « Eh! bien, mon prince, répliqua M. Villemain, le Roi m'a chargé de vous remettre quinze mille francs qui sont en or dans cette petite cassette. » Louis-Napoléon accepta. Il salua avec cordialité les personnes qui l'avaient accompagné, puis la traversée commença, et le prince vit le rivage français disparaître devant lui.

Les quinze premiers jours furent très pénibles. On était sans cesse ballotté par la tempête et les vents contraires, qui jetèrent la frégate jusqu'à la Manche. Impossible de faire un pas à bord sans se tenir à tout ce qui vous tombait sous la main. Cependant le prince ne se plaignait pas. Il se sentait même heureux d'être retenu quelques moments encore près de sa patrie. « Si la terre natale m'était contraire, a-t-il écrit, les vents me semblaient favorables. Ils ne voulaient pas me pousser loin des rivages français. »

Pendant dix-sept jours on resta dans le golfe de Gascogne.

Au 32ᵉ degré de latitude, le commandant de l'*Andromède* ouvrit des ordres cachetés, écrits de la main du ministre de la Marine, qui lui enjoignaient de conduire le prince dans la rade de Rio-Janeiro, de ne l'y pas débarquer, d'empêcher toute espèce de communication avec lui, et, après avoir fait les approvisionnements nécessaires, de l'amener à New-York. La frégate était destinée à aller dans les mers du Sud, où elle devait rester en station pendant deux ans. Le changement d'itinéraire allait lui faire faire trois mille lieues de plus, car de New-York elle serait obligée de revenir à Rio, en longeant beaucoup à l'est pour attraper les vents alisés. Le mystère qui entoura la détermination du gouvernement et l'inconvénient qui résultait pour l'*Andromède* d'un si long détour, prouvaient que la mesure avait été ordonnée uniquement pour empêcher le prince de communiquer avec ses amis avant la fin de leur procès.

Cependant Louis-Napoléon, toujours impassible, ne faisait entendre aucun murmure. Il se montrait touché des égards que lui témoignait le commandant, M. Henri de Villeneuve, capitaine de vaisseau, « excellent homme, franc et loyal comme un vieux marin ». Lorsqu'en 1851 M. de Villeneuve reçut la croix de commandeur de la Légion d'honneur, un journal rappela qu'en 1836, à bord de l'*Andromède*, cet officier avait donné à Louis-Napoléon une partie de sa garde-robe. Le prince lui avait dit alors : « Je suis bien pauvre et bien malheureux ; mais souvenez-vous que celui que vous obligez sera un jour empereur des Français. »

Captif sur un navire qu'il qualifiait lui-même de « patrie flottante », le neveu de Napoléon continuait, malgré ses cruelles déceptions, à avoir foi dans son étoile, mais il était obligé de reconnaître que cette étoile était, pour le moment, cachée par des ténèbres bien épaisses ; à certaines heures, il lui fallait une singulière possession de lui-même pour ne pas laisser voir la mélancolie profonde qui pénétrait son âme. Le 14 décembre 1836, en vue des Canaries, il écrivit à la reine Hortense : « Ma chère Maman. Chaque homme porte en lui un monde, composé de tout ce qu'il a vu et aimé et où il rentre sans cesse, alors même qu'il penserait au monde étranger ; j'ignore alors ce qui est le plus douloureux, de se souvenir des malheurs qui vous ont frappé, ou du temps heureux qui n'est plus.

« Nous avons traversé l'hiver, et nous sommes de nouveau en été ; les vents alisés ont succédé aux tempêtes, ce qui me permet de rester la plupart du temps sur le pont. Assis sur la dunette, je réfléchis à ce qui m'est arrivé, et je pense à vous et à Arenenberg. Les situations dépendent des affections qu'on y porte ; il y a deux mois, je demandais à ne plus revenir en Suisse ; actuellement, si je me laissais aller à mes impressions, je n'aurais d'autre désir que de me retrouver dans ma petite chambre, dans ce beau pays où il me semble que je devrais être si heureux. Hélas ! quand on a une âme qui sent fortement, on est destiné à passer les jours dans l'accablement de son inaction ou dans les convulsions des situations douloureuses. »

Avec sa mère, le prince n'essayait pas de se contraindre. Se rappelant son chagrin de n'avoir pu obtenir la main de sa cousine la princesse Mathilde, il ajoutait dans la même lettre : « Lorsque je revenais, il y a quelques mois, de reconduire Mathilde, en rentrant dans le parc, j'ai trouvé un arbre rompu par l'orage, et je me suis dit à moi-même : — Notre mariage sera rompu par le sort... — Ce que je supposais vaguement s'est réalisé. Ai-je donc épuisé, en 1836, toute la part de bonheur qui m'était échue ? »

Cette lettre, pleine d'une rêverie mélancolique, se terminait ainsi : « Ne m'accusez pas de faiblesse si je me laisse aller à vous rendre compte de toutes mes impressions. On peut regretter ce que l'on a perdu sans se repentir de ce qu'on a fait. Nos sensations ne sont pas, d'ailleurs, assez indépendantes des causes intérieures pour que nos idées ne se modifient pas toujours un peu, suivant les objets qui nous environnent; la clarté du soleil ou la direction du vent ont une grande influence sur notre état moral. Lorsqu'il fait beau comme aujourd'hui, que la mer est calme comme le lac de Constance, quand nous nous y promenions le soir, que la lune — la même lune nous éclaire de la même lueur bleuâtre — que l'atmosphère, enfin, est aussi douce qu'au mois d'août en Europe, alors je suis plus triste qu'à l'ordinaire : tous les souvenirs, gais ou pénibles, viennent tomber avec le même poids sur ma poitrine ; le beau temps dilate le cœur et le rend plus impressionnable, tandis que le mauvais temps le resserre ; il n'y a que les passions qui soient au-dessus des intempéries des saisons. »

Louis-Napoléon, presque toujours triste, n'était jamais découragé. L'ardeur de sa foi politique le ranimait et le soutenait. Ce n'était pas seulement un rêveur, c'était un fanatique. Son idolâtrie pour la mémoire de l'homme d'Austerlitz entretenait son âme dans un état de perpétuelle extase. Il écrivait au colonel Vaudrey : « Pendant deux mois, entre les tropiques, sous le vent de Sainte-Hélène, hélas ! je n'ai pu apercevoir la roche historique; mais il me semblait toujours que les airs me rapportaient les dernières paroles que l'Empereur mourant adressait à ses compagnons d'infortune : « J'ai sanctionné tous les principes de la Révolution, je les ai infusés dans mes lois, dans mes actes; il n'y en a pas un seul que je n'aie consacré; malheureusement les circonstances étaient graves..... La France me juge avec indulgence; elle me tient compte de mes intentions, elle chérit mon nom, mes victoires; imitez-la, soyez fidèles aux opinions que nous avons défendues, à la gloire que nous avons acquise; il n'y a, hors de là, que honte et confusion. »

Par sa douceur et par son extrême politesse, le prince avait séduit les officiers et les matelots. « En le voyant au milieu de nous, a dit l'un d'eux, on l'eût plutôt pris pour un amiral à son bord que pour un déporté. » Il dînait à la table du commandant, qui était pour lui plein de prévenances et lui avait cédé la chambre sur l'arrière du bâtiment. Le 28 décembre, on passa la ligne, et le commandant le dispensa du baptême. Le jour de l'an, le prince reçut la visite de tous les officiers, et il écrivit cette lettre à sa mère :

« Le 1er janvier 1837.

« Ma chère maman, c'est aujourd'hui le premier jour de l'an ; je suis à quinze cents lieues de vous, dans un autre hémisphère ; heureusement la pensée parcourt tout cet espace en moins d'une seconde. Je suis près de vous, je vous exprime tous mes regrets de tous les tourments que je vous ai occasionnés ; je vous renouvelle l'expression de ma tendresse et de ma reconnaissance.

« Le matin, les officiers sont venus en corps me souhaiter la bonne année. J'ai été sensible à cette attention de leur part. A quatre heures et demie nous étions à table ; comme nous sommes à 17 degrés de longitude plus ouest que Constance, il était en même temps sept heures à Arenenberg ; vous étiez probablement à dîner ; j'ai bu en pensée à votre santé ; vous en avez peut-être fait autant pour moi ; du moins je me suis plu à le roire dans ce moment-là. J'ai songé aussi à mes compagnons d'infortune ; hélas ! je songe toujours à eux ! J'ai pensé qu'ils étaient plus malheureux que moi, et cette pensée m'a rendu bien plus malheureux qu'eux. »

Le 5 janvier, nouvelle lettre du prince à sa mère : « Nous avons eu hier un grain qui est venu fondre sur nous avec une violence extrême.

Si les voiles n'eussent pas été déchirées par le vent, la frégate aurait pu être en danger ; il y a eu un mât cassé ; la pluie tombait si impétueusement que la mer en était toute blanche. Aujourd'hui, le ciel est aussi beau qu'à l'ordinaire, les avaries sont réparées, le mauvais temps est déjà oublié ; que n'en est-il de même des orages de la vie ! — A propos de frégate, le commandant m'a dit que la frégate qui portait votre nom est actuellement dans la mer du Sud et s'appelle la *Flore*. »

Le 10 janvier, l'*Andromède* entrait dans la rade de la capitale du Brésil, et le prince écrivait à sa mère : « Nous venons d'arriver à Rio-Janeiro ; le coup d'œil de la rade est superbe ; demain j'en ferai un dessin. J'espère que cette lettre pourra vous parvenir bientôt. Ne pensez pas à venir me rejoindre ; je ne sais pas encore où je me fixerai ; peut-être trouverai-je plus de chances à habiter l'Amérique du Sud ; le travail auquel l'incertitude de mon sort m'obligera à me livrer pour me créer une position sera la seule consolation que je puisse goûter. Adieu, ma mère, un souvenir à vos vieux serviteurs et à nos amis de la Thurgovie et de Constance. Je me porte bien. Votre tendre et respectueux fils. »

Après une courte relâche dans la rade de Rio, et sans que le prince eût eu la permission de débarquer, l'*Andromède* continua son voyage vers les États-Unis et arriva à Norfolk le

30 mars 1837. Louis-Napoléon mit le pied sur le sol américain. Il était libre.

Et cependant il ne pensa qu'au drapeau et aux compatriotes dont il se séparait. « Voyez la bizarrerie des sentiments humains, écrivit-il au colonel Vaudrey. Dans ma malheureuse entreprise, deux fois seulement mes larmes ont trahi ma douleur, c'est lorsque, entraîné loin de vous, je sus que je ne serais pas là pour partager votre sort, et lorsque, quittant ma frégate, j'allais recouvrer ma liberté. »

XVI

NEW-YORK

Au moment même où il mettait le pied sur le sol des États-Unis, Louis-Napoléon apprit une nouvelle qui le combla de joie. Ses complices dans l'affaire de Strasbourg avaient été acquittés par le jury de cette ville le 18 janvier 1837. Des manifestations enthousiastes s'étaient produites dans toutes les parties de la salle, quand le verdict avait été rendu. On criait : « Vive le jury ! vive l'Alsace ! » Les accusés, mis en liberté, montèrent en voiture, suivis par le peuple qui les acclamait. Strasbourg avait pris un air de fête, et la garnison elle-même s'était associée à la satisfaction populaire.

Le prince quitta tout de suite Norfolk et se rendit à New-York où, le jour de son arrivée, il dîna chez le général Watson Webb avec le général Scott et quelques sénateurs et hommes d'État. Il venait de recevoir, en entrant dans la grande ville américaine, des lettres qui furent pour lui une très précieuse consolation. Elles lui étaient adressées par le roi Louis et par la reine Hortense. Il répondit ainsi à celle du roi Louis :

« New-York, le 10 avril 1837.

« Mon cher père,

« Après avoir passé quatre mois et demi en mer, j'ai enfin débarqué à Norfolk le 30 mars. Arrivé ici, j'y ai trouvé une lettre qui me transmettait votre bénédiction. C'était tout ce que je pouvais trouver ici qui fût le plus doux à mon cœur. J'ai reçu ici bien des lettres, et dans mon malheur je m'estime heureux de rencontrer tant de personnes qui me montrent un attachement si réel. J'ai été malheureux, mais croyez que je n'ai rien fait de contraire à l'honneur ni à la dignité du nom que je porte. »

Les lettres de la reine Hortense s'étaient accumulées depuis plusieurs mois à New-York, la reine ignorant le long détour qu'avait fait l'*Andromède*. Sa correspondance fut un baume pour l'âme de l'exilé. Le cœur d'une mère est un asile où les déshérités du sort trouvent d'ineffables consolations. Hortense était loin d'avoir approuvé l'audacieuse entreprise du prince. Il la lui avait soigneusement cachée, sachant que si elle avait été instruite d'un tel projet, elle aurait tout fait pour l'en dissuader. Mais voyant son fils malheureux et abandonné par presque toute la famille Bonaparte, elle ne voulut pas lui écrire une seule ligne dont il eût lieu de s'affliger. Heureuse de savoir qu'il serait rejoint à New-York par son fidèle serviteur, Charles Thélin, et par son meilleur ami, un Milanais, M. Arese, elle ne transmettait que des paroles d'encouragement et de tendresse à ce fils bien-aimé, que la fortune avait trahi. Louis-Napoléon lut et relut avec émotion ces lettres qui faisaient renaître son âme à l'espérance.

Dans la première, datée du 18 décembre 1836, la reine Hortense disait : « Arese est à chercher ses passeports pour aller te rejoindre. Il te dira la désolation du pays. La pauvre princesse de Hohenzollern est venue me voir. Joséphine aussi. C'est une douleur maternelle que celle de la pauvre princesse, en pensant qu'elle ne te verra plus. Jamais je n'ai reçu autant de preuves d'intérêt, et pourtant j'ai été plus malheureuse. Car tu vis et je n'en demande pas davantage. Je n'ose me croire à plaindre, puisque nous pouvons nous revoir. »

Voici plusieurs extraits des autres lettres : « 26 décembre. Charles Thélin te dira que tous les prisonniers sont bien, et remplis d'espérances. J'ai encore envoyé cent louis dernièrement pour aider à leur dépense. Si on les acquitte, le colonel Vaudrey viendra chez moi, et je le garderai jusqu'à ce que tu trouves une place pour lui en Amérique, et je donnerai une pension de mille francs à chacun de ses enfants. »

26 décembre : « Une chose qui m'a fait plaisir, c'est que Napoléon a été bien, et j'ai deviné qu'il avait tenu tête à tes oncles dans le mal qu'ils disaient de toi..... Cette vilaine année va finir. Il me tarde d'être en 1837 ! »

3 janvier 1837 : « J'ai écrit à ton oncle Joseph que j'espérais le voir bientôt ; et je ne suis pas censée me douter de sa grande colère. Ta chère famille imite en cela le monde de me croire toujours des idées d'ambition. Comme on me connaît bien ! J'ai un tel dégoût des hommes et des choses de ce monde que tu ne croirais pas que je me félicite que ton entreprise ait tourné si mal. Tu vas vivre tranquille, sans danger, et si tu avais réussi, tu vivrais au milieu des passions les plus misérables. Tout ce qui entoure la grandeur est autant de vautours qui vous regardent comme leur proie... Dans le malheur au moins, ils vous abandonnent et vous tournent le dos ; on vit seul, on est plus heureux. »

De New-York, le prince écrivit à sa mère, le 20 avril 1837 : « Me voici donc enfin arrivé sur la terre ferme !... J'ai appris, en débarquant, la nouvelle de l'acquittement de mes amis. Vous comprenez quelle joie j'en ai ressentie, car pendant quatre mois et demi que je suis resté sans nouvelles, la crainte d'apprendre leur condamnation était pour moi un cauchemar de tous les instants. En quittant la frégate où flottait le drapeau tricolore, où l'on m'avait montré tant d'intérêt, j'ai répandu des larmes comme si je quittais une seconde fois ma patrie. »

Le lendemain, 21 avril, il adressa une longue lettre à son oncle le roi Joseph, pour faire l'apologie de sa conduite et se plaindre de ce qu'il considérait comme l'injustice de sa famille à son égard. La lettre commençait ainsi : « Mon cher oncle, en arrivant aux États-Unis, j'espérais y trouver une lettre de vous. Je vous avouerai que j'ai été vivement peiné d'apprendre que vous étiez indisposé contre moi ; j'en ai même été étonné, connaissant votre jugement et votre cœur. Oui, mon oncle, il faut que vous ayez été étrangement induit en erreur sur mon compte pour repousser comme ennemis les hommes qui se sont dévoués pour la cause de l'Empire.

« Si, vainqueur à Strasbourg (et il s'en est fallu de bien peu), je m'étais acheminé sur Paris, entraînant après moi les populations fascinées par le souvenir de l'Empire, et qu'arrivant dans la capitale en « prétendant », je me sois emparé du pouvoir légal, oh ! alors, il y aurait eu prudence d'ami à désavouer ma conduite et à rompre avec moi ! Mais quoi ! je tente une de ces entreprises hardies qui seules pouvaient rétablir ce que vingt ans de paix ont fait oublier, je m'y jette en faisant le sacrifice de ma vie, persuadé que ma mort même serait utile à notre cause, j'échappe, contre ma volonté, aux baïonnettes et à l'échafaud, et, arrivé au port, je ne trouve, de la part de ma famille, que mépris et dédain. »

La conclusion de cette lettre était formulée en ces termes : « Je vous connais trop, mon cher oncle, pour douter de votre cœur et pour ne pas espérer que vous reviendrez à des sentiments plus justes à mon égard et à l'égard de ceux qui se sont compromis pour notre cause. Quant à moi, ma ligne de conduite sera toujours la même. La sympathie dont tant de personnes m'ont donné les preuves, ma conscience qui ne me reproche rien, enfin la persuasion que si l'Empereur me voit là-haut du ciel, il sera content de moi, sont autant de dédommagements pour tous les déboires et toutes les injustices que j'ai éprouvées. Mon entreprise a avorté, cela est vrai, mais elle a annoncé à la France que la famille de l'Empereur n'était pas encore morte, qu'elle comptait encore des amis dévoués, enfin que ses prétentions ne se bornaient pas à réclamer du Gouvernement quelques deniers, mais à établir en faveur du peuple ce que les étrangers et les Bourbons avaient détruit. Voilà ce que j'ai fait. Est-ce à vous de m'en vouloir ? »

Le 30 avril, Louis-Napoléon développait le même essai de justification personnelle dans une longue lettre adressée à son ami M. Vieillard.

11.

Nous en citerons quelques extraits : « Je faisais, par un coup de main, en un jour, l'ouvrage de dix années peut-être ; réussissant, j'épargnais à la France les luttes, les troubles, les désordres d'un bouleversement qui arrivera, je crois, tôt ou tard... Ma position était claire, nette, partant facile... Faisant une révolution avec quinze personnes, si j'arrivais à Paris, je ne devais ma réussite qu'au peuple et non à un parti ; arrivant en vainqueur, je déposais, de plein gré, mon épée sur l'autel de la patrie... Mais, en entrant en France, je n'ai pas pensé au rôle que me ferait une défaite ; je comptais, en cas de malheur, sur mes proclamations comme testament, et sur la mort comme un bienfait. »

A New-York, aussi bien qu'en Europe, Louis-Napoléon était toujours hanté par la même vision impériale, mais il ajournait à une époque indéfinie la réalisation de son rêve. La légation française n'avait nullement à se préoccuper de l'attitude du prince. M. Pageot, chargé d'affaires de France à Washington, s'était contenté d'annoncer à son gouvernement la nouvelle du débarquement, par ces lignes que n'accompagnait aucun commentaire : « La frégate l'*Andromède*, ayant à son bord le prince Louis Bonaparte, est arrivée jeudi dernier de Rio-Janeiro à Norfolk, après une traversée de cinquante-huit jours. » La présence du futur empereur sur le sol américain semblait un fait sans importance. A cette époque, il ne conspirait pas. Il avait trouvé à New-York deux de ses cousins, Achille et Lucien Murat, qui y vivaient de la manière la plus simple. Le premier remplissait un emploi dans la direction des postes. Le second avait épousé une Américaine, miss Carolina-Georgina Fraser, qui dirigeait une institution de jeunes filles. Louis-Napoléon avait aussi rencontré à New-York plusieurs Français bonapartistes, le lieutenant Lecomte, qui avait suivi le roi Joseph en 1815, les frères Peugnier, jadis compromis dans la conspiration de Belfort. Mais le prince, en Amérique, ne songeait à organiser aucun complot. Il vivait surtout dans la société de quelques familles américaines où il était accueilli de la manière la plus hospitalière. On le considérait comme un gentleman plein de douceur et de réserve. Une des personnes qu'il voyait le plus souvent, le révérend E. Stewart, beau-frère du général Scott, a écrit dans un livre intitulé *Vindication* : « Si j'avais noté chacune des paroles de Louis-Napoléon, et si je les reproduisais aujourd'hui que ses visions se sont réalisées, on verrait que la plupart d'entre elles furent aussi prophétiques que celles qu'on a prêtées au prisonnier de Sainte-Hélène. Quand le prince parlait de sa mère, sa voix devenait aussi douce que celle d'une femme. »

La jeune civilisation de la grande république américaine et la prodigieuse rapidité de ses progrès intéressaient au plus haut degré Louis-Napoléon. Il avait l'intention de rester une année entière aux États-Unis et d'en étudier les institutions dans un long voyage dont il réglait déjà l'itinéraire avec le rév. E. Stewart. Il dînait chez ce dernier, le 3 juin, quand il reçut une lettre qui modifia tous ses projets. Il avait à peine lu les premières lignes qu'il s'écria : « Ma mère est malade ! Il faut que je la voie ! Au lieu de faire le tour des États-Unis, je prendrai le premier bateau pour l'Angleterre. Je m'adresserai, s'il le faut, afin d'obtenir un passeport pour le continent, à tous les consulats existant dans Londres, et, s'ils me le refusent, eh ! bien, je continuerai ma route malgré eux. »

Avant de s'éloigner, le prince écrivit au président des États-Unis, le 6 juin, une lettre en anglais dont voici la traduction : « Monsieur le président, je ne veux pas quitter les États-Unis sans exprimer à Votre Excellence mon regret de n'avoir pu aller faire sa connaissance à Washington. Quoique porté par la fatalité en Amérique, j'espérais mettre à profit mon exil en étudiant ses grands hommes ; j'aurais voulu aussi étudier les mœurs et les institutions d'un peuple qui a fait plus de conquêtes par le commerce et l'industrie qu'en Europe nous n'en avons fait par les armes. J'espérais, sous l'égide de vos lois protectrices, voyager à travers une contrée qui a excité ma sympathie, depuis que son histoire et sa prospérité sont si intimement unies à la gloire française. Un devoir impérieux me rappelle sur le vieux monde. Ma mère est dangereusement malade, et nulle considération politique ne me retenant ici, je pars pour l'Angleterre, d'où j'essaierai de gagner la Suisse.

« C'est avec plaisir, monsieur le président, que j'entre dans ces détails avec vous, qui pourriez avoir ajouté foi à certaines suppositions calomniatrices me désignant comme ayant contracté des engagements avec le gouvernement français. Appréciant l'attitude des représentants d'une contrée libre, je serais heureux qu'on sût bien qu'avec le nom que je porte, il me serait impossible de m'écarter un instant du sentier que me tracent ma conscience, mon honneur et mon devoir. »

Le 12 juin 1837, Louis-Napoléon s'embarquait à New-York sur le paquebot *George-Washington*, qui mettait à la voile pour l'Angleterre.

XVII

QUELQUES JOURS A LONDRES

Pendant une traversée qui dura vingt-trois jours, Louis-Napoléon oubliait ses rêves politiques, Il n'avait plus qu'une idée fixe : revoir sa mère vivante. Il lui écrivit cette lettre la veille de son arrivée sur les côtes d'Angleterre :

« 9 juillet, en mer.

« Ma chère maman, les nouvelles que j'a reçues de votre santé m'ont engagé à retourner le plus tôt possible en Europe. Le paquebot le plus prochain était le *George-Washington*. J'ai sur-le-champ retenu ma place... Je compte, dès mon arrivée à Londres, demander un passeport pour la Suisse au ministre de Prusse et réclamer la protection de son gouvernement pour y rester. J'espère qu'on me l'accordera ; mais si on était assez cruel pour me refuser d'aller vous soigner, vous, malade, comme je serais obligé de demeurer à Londres, ayez la bonté de m'y écrire en tous cas pour me donner de vos nouvelles. Vous concevez combien je suis impatient de savoir comment vous vous portez. Je n'ose croire encore au bonheur de vous revoir dans si peu de temps. Ah ! comme l'idée de monter la côte d'Arenenberg me fait déjà battre le cœur. Si le Ciel permet que dans quelques semaines je sois auprès de vous, je croirai que tout ce qui m'es arrivé est un rêve. »

Le prince, débarqué le lendemain à Liverpool, y mit cette lettre à la poste, et se rendit tout de suite à Londres, où il écrivit au roi Louis : « Mon cher père, quoique je sois encore bien loin de vous, cependant comme l'Océan ne nous sépare plus, il m'est doux de penser que je puis recevoir de vos nouvelles en peu de jours. Le jour de mon départ de New-York, j'ai reçu une lettre de vous qui m'a fait grand plaisir, car la tendresse d'un père et d'une mère vous consolent de bien des choses... Depuis sept mois que je suis parti d'Europe, j'en ai passé cinq sur mer. J'espérais ici voir mon oncle Joseph, mais à peine a-t-il appris mon arrivée qu'il est parti de Londres... Vous me dites que ma mère est un peu mieux, mais malgré cela sa maladie est bien grave. Vous me dites aussi que votre santé décline. Faut-il donc que j'aie de tous les côtés des sujets de douleur et de regrets? J'attends ici des passeports avec impatience. Si on me les refuse, je ne saurai que faire. Cependant le but de mon voyage est si légitime qu'il me paraît impossible qu'on y mette obstacle. »

Dans la même lettre, Louis-Napoléon peignait sous de sombres couleurs l'état de son âme : « Si vous saviez, mon cher père, combien je suis triste seul au milieu du tumulte de Londres, seul au milieu de parents qui me fuient ou d'ennemis qui me redoutent. Ma mère est mourante et je ne puis lui porter les consolations d'un fils; mon père est malade et je ne puis espérer d'aller le trouver. Qu'ai-je donc fait pour être le paria de l'Europe et de ma famille? J'ai promené un moment dans une ville française le drapeau d'Austerlitz, et je me suis offert en holocauste au souvenir du captif de Sainte-Hélène. Ah! oui, que vous blâmiez ma conduite, cela peut être, mais ne me refusez jamais votre tendresse. C'est, hélas! la seule chose qui me reste! »

Dès son arrivée à Londres, Louis-Napoléon essaya de faire demander un passeport pour la Suisse par l'intermédiaire de l'ambassadeur d'Autriche, le prince Esterhazy. Celui-ci n'eut rien de plus pressé que d'en informer l'ambassadeur de France, qui était alors le général comte Sébastiani, plus tard maréchal. Le 11 juillet, l'ambassadeur du roi Louis-Philippe écrivait au

comte Molé, ministre des Affaires étrangères :
« Louis Bonaparte est à Londres. Aucune
démarche de sa part ne m'avait donné encore
l'explication de sa présence dans ce pays-ci, et
j'allais me borner à vous en annoncer la nouvelle, lorsqu'un entretien que j'ai eu aujourd'hui
avec le prince Esterhazy m'a fourni l'information
que je désirais. Cet ambassadeur est venu me
faire part d'une visite qu'il avait reçue de lady
Dudley Stuart (fille de Lucien Bonaparte), dans
laquelle il avait été sollicité d'intervenir auprès
de moi. On voulait un passeport, ou bien, dans
le cas où je ne serais pas autorisé à le délivrer
immédiatement, obtenir au nom du gouvernement du Roi, et par mon entremise, la permission de traverser le territoire français pour se
rendre soit en Toscane, soit en Suisse. J'ai
répondu au prince Esterhazy que je ne me chargerais pas d'une telle demande, que je pourrais
trouver à propos d'instruire mon gouvernement
des projets de Louis Bonaparte, mais que je ne
croyais pas devoir me rendre son intermédiaire
auprès de Votre Excellence. J'ai ajouté qu'il ne
me semblait convenable pour aucun gouvernement de donner une preuve d'intérêt à ce personnage, en se mêlant de ses affaires. L'ambassadeur d'Autriche a complètement abondé dans
mon sens, et il fera part à lady Dudley de mon
refus, qu'il comprend et qu'il approuve. » .

Aussitôt qu'il eut appris la présence de Louis-

Napoléon sur le sol de l'Angleterre, le gouvernement français en conçut de l'inquiétude. Le comte Molé répondit ainsi, le 19 juillet, au général Sébastiani : « J'ai reçu la dépêche par laquelle vous me faites l'honneur de m'informer de l'arrivée à Londres de Louis Bonaparte et de l'étrange demande qui vous a été transmise de sa part. Je vous prie de ne rien négliger pour être exactement informé des démarches de ce jeune homme et de ses projets de voyage. Dans le cas où il quitterait l'Angleterre, vous voudriez bien m'avertir à l'instant par courrier et par le télégraphe de la direction qu'il aurait prise. »

L'ambassadeur répliqua par cette dépêche en date du 21 juillet : « J'ai reçu la lettre par laquelle Votre Excellence m'annonce avec quelle juste indignation le gouvernement du Roi a appris l'inconcevable demande de Louis Bonaparte. Je me suis immédiatement mis en rapport avec lord John Russel pour appeler la surveillance de la police de Londres sur les démarches de ce jeune homme, et j'ai reçu la promesse que l'ambassade du Roi serait informée de ce qui pourrait l'intéresser à cet égard. Je suis néanmoins obligé de faire remarquer à Votre Excellence que l'action de la police dans ce pays est insuffisante, et qu'il n'est que trop facile de s'y soustraire à toutes les investigations. Je crois que de Paris même l'on pourrait aviser à des moyens de surveillance que le gouvernement anglais, j'en suis sûr, seconderait de tout son zèle. Votre Excellence peut, en tous cas, compter sur le mien. »

Désespérant d'avoir un passeport de l'ambassade de France, le prince essaya d'en obtenir un de l'ambassade d'Autriche ou de la légation de Prusse. Mais le prince Esterhazy et le baron de Bulow lui opposèrent un refus absolu.

D'autre part, il recevait de sa mère la lettre suivante en date du 17 juillet : « Mon cher enfant, je suis bien heureuse de te savoir enfin de retour en Europe. C'est une consolation, car cette Amérique est au bout du monde ! Ici chacun se réjouit de te revoir, et le canton dit que tu es citoyen, et qu'une fois arrivé personne n'a le droit de te renvoyer. Il faut donc y venir ; mais personne ne te donnera de passeport en ton nom. Cela va être une affaire, et pourtant la France veut être bienveillante. M. Desportes m'a écrit de la part du général Gérard que le gouvernement trouverait tout simple que tu viennes soigner ta mère, et que l'on te laisserait tranquille, mais on ne te donnera aucune autorisation, parce qu'on voudra, en tout cas, conserver le moyen de te faire partir si tu effrayes. L'Autriche serait la plus bienveillante ; mais pour la Prusse, un visa est tout ce que tu dois demander. Je suis, au total, mieux, mais bien faible encore, et si je retrouve du sommeil, je ne retrouve pas d'appétit. Je ne marche pas encore.

On me porte pour prendre l'air. Enfin ton retour va me faire du bien, je l'espère. Je t'embrasse bien tendrement. Je ne veux pas écrire plus longtemps. »

Suivant le conseil de sa mère, le prince ne songea plus à obtenir un passeport en son nom. Il résolut de se servir d'un passeport délivré aux États-Unis à un nommé Robinson, et, après l'avoir fait viser par le consul de Suisse à Londres, il chercha à dépister la police anglaise et à quitter l'Angleterre à son insu. Il y réussit. M. de Bourqueney, chargé d'affaires de France, en l'absence du général Sébastiani, écrivait au comte Molé : « Londres, 31 juillet 1837, sept heures du soir. Sir F. Roe, chef de la police de Londres, vient m'annoncer qu'on a perdu les traces de Louis Bonaparte ; on le croit parti pour le continent. Samedi 29, il a quitté l'hôtel qu'il habitait. Ses bagages ont été transportés chez un sellier dont il avait acheté récemment une voiture. Des chevaux de poste ont été demandés par le domestique qui accompagnait les bagages, et la voiture chargée est partie de Londres. Pendant cette espèce de déménagement simulé, Louis Bonaparte annonçait son départ pour Richmond, et y a passé la nuit à l'auberge. Hier dimanche, il est revenu de Richmond en chaise de poste. Mais il s'est arrêté à la première barrière de Londres. Là, il est monté dans un omnibus. Depuis, on ne sait pas ce qu'il est devenu.

Sir F. Roe ne doute pas qu'il n'ait rejoint sa voiture à quelque distance de Londres... La police anglaise n'a pu me donner aucun renseignement sur le port qu'il a choisi pour s'embarquer. »

Le 3 août, le comte Molé écrivait à M. de Bourqueney : « J'ai lieu de penser par le contenu de vos dépêches, et aussi par les renseignements qui me viennent de la Cour de Bade, que Louis Bonaparte a maintenant quitté l'Angleterre. Je vous dirai, pour votre gouverne, que j'ai écrit à l'ambassadeur du roi en Suisse de patienter jusqu'à ce que la duchesse de Saint-Leu ait cessé de vivre, ou qu'elle ait échappé au danger imminent dans lequel tous les rapports qui m'arrivent s'accordent à la représenter. Le roi, duot la générosité est inépuisable, n'a pas voulu, malgré l'ingratitude et l'inconcevable conduite de Louis Bonaparte, que ce jeune homme soit arraché des bras de sa mère mourante. Mais lorsqu'il l'aura retrouvée ou perdue, nous ne souffrirons pas qu'il fasse de nouveau de la Suisse le foyer de ses intrigues, et nous demanderons catégoriquement au gouvernement de ce pays de se débarrasser d'un hôte si incommode et si dangereux. Je confie ces détails à votre prudence. Vous apprécierez ce qu'ils peuvent avoir de confidentiel. »

Le gouvernement français recevait les informations suivantes par une dépêche de M. de

Bacourt, ministre de France à Bade, en date du 10 août 1837 : « Louis-Napoléon est parti de Londres le 30 juillet, avec un passeport délivré sous le nom de Robinson. Il a débarqué à Rotterdam, et ensuite a remonté le Rhin par le bateau à vapeur ordinaire jusqu'à Manheim. De là il s'est dirigé par Hechingen vers Sigmaringen, et il y est arrivé le 4. Il a fait une visite à Mme la princesse de Hohenzollern-Sigmaringen, qui est la nièce de Murat. Elle est la seule personne avec laquelle il ait parlé à Sigmaringen, et elle a dit qu'elle l'avait trouvé très abattu et dégoûté des résultats de sa folle entreprise. »

La princesse de Hohenzollern se trompait; ce qui abattait Louis-Napoléon ce n'était pas son échec de Strasbourg, c'était la cuisante inquiétude que lui causait la santé de sa mère. Le 4 août, à dix heures du soir, il arrivait à Arenenberg, et se jetait dans les bras de cette mère bien-aimée.

XVIII

LA MORT DE LA REINE HORTENSE

La duchesse de Saint Leu c'est ainsi que depuis la chute de l'Empire on appelait la reine Hortense) attendait son fils avec l'impatience la plus vive. Depuis plusieurs mois sa santé était gravement atteinte, et les médecins, sans le lui avouer à elle-même, s'accordaient tous à regarder son état comme désespéré. Au printemps, on avait projeté de lui faire une opération très dangereuse. Elle avait alors écrit à son fils, le 3 avril 1837 : « Mon cher fils, on doit me faire une opération nécessaire. Si elle ne réussissait pas, je t'envoie, par cette lettre, ma bénédiction. Nous nous retrouverons, n'est-ce pas, dans un monde meilleur, où tu ne viendras me rejoindre que le plus tard possible ; et tu penseras qu'en quittant celui-ci je ne regrette que toi, que ta bonne tendresse, qui seule m'y a fait trouver quelque charme. Cela sera une consolation pour toi, mon cher ami, de penser que, par tes soins, tu as rendu ta mère heureuse autant qu'elle pouvait l'être.

« Pense qu'on a toujours un œil clairvoyant et bienveillant sur ce qu'on laisse ici-bas ; mais bien sûr on se retrouve. Crois à cette douce idée ; elle est trop nécessaire pour ne pas être vraie. Ce bon Arese, je lui donne aussi ma bénédiction, comme à un fils. Je te presse sur mon cœur, mon cher ami. Je suis bien calme, bien résignée, et j'espère encore que nous nous reverrons dans ce monde-ci. Que la volonté de Dieu soit faite, Ta tendre mère, Hortense. »

Cette lettre n'était pas partie, l'opération n'ayant pas eu lieu. Désespérant de pouvoir sauver la malade, les médecins avaient voulu lui épargner des souffrances inutiles. La reine avait alors écrit à son fils le 11 avril : « Mon cher enfant, je veux te donner de mes nouvelles moi-même. Je suis contente qu'on ait renoncé à me faire une opération, car c'était courir bien des risques. »

Depuis lors, l'état de santé de la reine n'avait fait que s'aggraver, et son fils s'était demandé avec angoisses si Dieu lui accorderait la grâce de la revoir vivante. Avec quelle émotion, dans la soirée du 4 août 1837, il remonta la côte d'Arenenberg, d'où il était parti le 25 octobre précédent pour sa funeste expédition de Strasbourg. C'est ce jour-là que, prétextant une partie de chasse, il avait quitté sa mère sans qu'elle soupçonnât rien de l'audacieuse entreprise qu'il risquait. Il s'en allait alors plein d'espérances, plein d'illusions, s'imaginant avec sa naïveté de jeune homme et sa confiance d'illuminé, qu'au bout de quelques jours sa mère le reverrait aux Tuileries, triomphant et maître de la France. Et voici qu'il revenait à Arenenberg vaincu, proscrit, humilié, raillé par le monde, abandonné, renié par presque tous les membres de sa famille. Mais sa mère lui restait. Plus elle le savait malheureux, plus elle l'aimait. Elle s'était juré à elle-même qu'elle ne lui dirait pas un mot de nature à l'attrister ou à le décourager; qu'elle le relèverait au contraire à ses propres yeux, qu'elle le maintiendrait dans cette foi en lui-même et en son étoile que, malgré tant de déceptions, il conservait encore. De toutes les preuves d'amour maternel qu'il avait reçues, c'était celle-là qui devait le plus le toucher. Son cœur battait bien fort en apercevant la Suisse, sa seconde patrie. Il rendait grâce à la Providence de se retrouver sur ce sol hospitalier. Enfin il allait revoir sa mère, mais hélas! la revoir changée, malade sur le seuil de la tombe, et à sa joie se mêlait une immense douleur. On devine avec quelle effusion le fils et la mère se jetèrent dans les bras l'un de l'autre.

Le prince trouva à Arenenberg trois fidèles partisans qui avaient pris part à l'affaire de Strasbourg, et que le jury d'Alsace avait acquittés, MM. de Quérelles, Parquin et de Gricourt. Parmi les hôtes de la reine Hortense, il y avait aussi M. Arese, le docteur Conneau, M. et Mme Vieillard. C'étaient les courtisans du malheur et de l'exil. Tous témoignaient à la reine et à son fils un dévouement absolu.

Louis-Napoléon était étroitement surveillé par le gouvernement français. Les représentants de Louis-Philippe en Suisse et dans le grand-duché de Bade avaient reçu l'ordre de ne rien négliger pour être au courant des moindres démarches du prince.

La grande-duchesse Stéphanie de Bade, qui était une Beauharnais, avait pour lui une grande affection et lui témoignait un vif intérêt. Mais, par cela même, elle excitait la défiance des puissances, et elle ne put empêcher que le territoire du grand-duché fût interdit au prince. Le ministre des Affaires étrangères du grand-duc écrivait au ministre de France, le 22 septembre : « J'ai la satisfaction de vous annoncer que le directeur du cercle de Constance vient de faire prévenir Louis Bonaparte que, dans les circonstances actuelles, on ne pourra plus lui permettre de séjourner dans le grand-duché de Bade, particulièrement à Constance, et que s'il ne se conformait pas à cette décision, il devrait s'attendre à des mesures ultérieures et n'attribuer qu'à lui-même les conséquences désagréables qui pourraient en résulter. »

Louis-Napoléon était un proscrit. On devait bientôt lui disputer l'asile que lui accordait la Suisse, et il savait bien que, dès que sa mère aurait rendu le dernier soupir, la diplomatie française ferait tout pour le chasser de sa seconde patrie.

La reine Hortense n'avait plus que quelques jours à vivre. Au mois de septembre, le beau temps étant revenu après de grandes pluies, une légère amélioration s'était produite dans l'état de la malade, et on avait pu la descendre deux heures par jour dans le jardin. Mais bientôt le ciel s'était de nouveau assombri. Les vents d'équinoxe commençaient à souffler. La reine souffrait beaucoup, mais sans jamais se plaindre. Mme Vieillard écrivait le 15 septembre : « Rien ne peut donner une idée d'une patience, d'une douceur aussi angéliques. Elle ne prend absolument que quelques grains de raisin et un peu d'eau rougie. Eh ! bien, lorsqu'on lui demande comment elle va, elle répond : — Pas mal, ça ira mieux. — Et souvent elle a à peine la force de le dire. » Et le 2 octobre : « La reine est au plus mal, demain probablement cette digne femme n'existera plus..... Elle ne dit que des paroles douces et bienveillantes..... Son pauvre fils ne quitte pas le chevet de son lit. La douleur du prince est profonde, mais calme et simple, comme tout chez lui, car il ne connaît pas l'affectation. »

La reine Hortense conserva jusque sur son lit de mort le charme et la séduction dont elle avait eu, toute sa vie, le secret. Elle ne s'aperçut de son état que peu d'heures avant son agonie, et, ne manifestant ni crainte, ni regrets, elle fit à tous les siens les plus touchants adieux. Dans la nuit du 4 au 5 octobre, elle appela son fils, lui donna sa bénédiction, et l'embrassa tendrement. Elle lui exprima ensuite toute sa satisfaction pour sa conduite privée et tout son amour maternel. Voyant ses larmes, elle lui recommanda le calme et le courage. Puis, en paroles entrecoupées, elle insista sur son affection pour ses compatriotes, qu'elle qualifia d'ingrats ; elle parla de ses souffrances de 1815, quand sa patrie fut envahie, et de la rudesse avec laquelle le gouvernement l'avait renvoyée de France, lorsqu'en 1836 elle était venue demander la grâce de son fils. Vers quatre heures du matin, elle fit appeler ses amis et ses serviteurs : « Êtes-vous tous là, leur dit-elle, et chacun ayant répondu : oui, elle reprit : « Adieu ! Adieu mes amis ! » Elle demanda au docteur Conneau de lui promettre de ne jamais quitter Louis-Napoléon, et l'on sait avec quel pieux dévouement le docteur a tenu sa promesse. D'une voix éteinte, la reine murmura ces paroles : « Mes amis, priez pour moi. Je n'ai jamais fait de mal à personne, et j'espère que

Dieu aura pitié de moi. Adieu, Louis ! » Son fils se jeta dans ses bras. Elle le pressa sur son cœur, et s'écria encore une fois : « Adieu ! Adieu ! » Alors, elle retomba épuisée, ses traits prirent une sérénité angélique, et ses paupières se fermèrent. Louis-Napoléon se pencha vers elle, et, d'une voix qu'il essayait en vain de rendre calme, il lui dit : « Ma mère, me reconnaissez-vous ? C'est votre fils, votre Louis ! ma mère. » La mourante fit un suprême effort pour parler et pour ouvrir les yeux, mais ses lèvres déjà froides et ses paupières paralysées ne purent répondre au cri de son fils que par un mouvement imperceptible. Un instant après, elle rendit le dernier soupir. Il était cinq heures et un quart du matin. L'agonie avait duré cinq heures.

Un journal suisse, l'*Helvétie*, publia ces lignes : « Il faut avoir été témoin d'une scène aussi déchirante pour sentir tout ce qu'il y avait d'affreux à voir la reine Hortense, jadis couronnée de tant d'honneurs et d'hommages, mourant aujourd'hui dans l'exil, entourée d'un petit nombre d'amis, dont aucun n'avait partagé ses jours heureux, et expirant dans les bras d'un fils qu'elle laisse sans patrie et sans soutien. »

Tous les habitants du château d'Arenenberg et des campagnes voisines considéraient la reine Hortense comme leur souveraine. Sa mort excita d'unanimes regrets. Ses funérailles eurent lieu le 11 octobre dans l'église du village d'Ermatingen. Une foule immense y assista. Dès le matin à Constance, tout ce qu'il avait été possible de se procurer en chevaux et en voitures avait été réquisitionné. Des barques chargées de monde sillonnaient le lac, bien que le temps fût contraire. La route de Schaffouse était encombrée, ainsi que les sentiers qui aboutissent à Ermatingen. Le cercueil, d'abord exposé dans la chapelle du château d'Arenenberg, fut porté à bras par huit hommes jusqu'à l'église d'Ermatingen. Derrière marchaient le prince Louis-Napoléon et le comte Tascher de la Pagerie, venu de Munich. Le clergé de la paroisse était suivi des ministres protestants, qui avaient voulu mêler leurs prières aux siennes, d'une députation de la Diète fédérale et de tous les habitants du pays. Le malheureux fils faisait peine à voir, quoiqu'il eût conservé toute la dignité de son maintien et assez de force sur lui-même pour ne pas laisser éclater ses sanglots. La cérémonie fut plus touchante encore que si elle s'était passée à Notre-Dame de Paris. La reine avait exprimé le vœu d'être transportée en France et placée dans le caveau où sa mère reposait à Rueil. En attendant de savoir si ce désir serait pris en considération par le gouvernement français, le corps fut déposé dans la chapelle du château d'Arenenberg.

La mort de la reine Hortense produisit de l'impression en France, où cette grande charmeuse avait laissé beaucoup d'amis, même parmi les adversaires les plus acharnés de l'Empire. Mme Émile de Girardin écrivait, le 13 octobre, dans ses « Lettres Parisiennes » du journal la *Presse* : « Être femme et mourir dans l'exil, n'est-ce pas un destin horrible? Pauvre reine Hortense! Quelle existence malheureuse que la sienne! Pour quelques jours brillants, que de jours orageux! Pour un peu de gloire, que de larmes! Et cependant quelle femme avait mieux mérité le bonheur! Elle avait reçu du ciel tous les dons qui font chérir la vie; elle était belle, gracieuse, aimée; elle possédait le charme, le secret de séduire, puissance involontaire que le trône ne donne pas, et que l'exil lui avait laissée ; elle était bonne et généreuse, voilà pour les jouissances du cœur ; elle était rêveuse et inspirée, voilà pour les délices de l'imagination ; elle était parée de tous les talents, voilà pour les plaisirs de l'orgueil. Que d'éléments heureux, que de trésors, quelle belle part la nature lui avait faite! Hélas! une couronne a tout gâté! Mourir loin de la France, après vingt ans d'exil, c'est cruel; comme elle a dû souffrir! Eh! mon Dieu! sa mère, dont le sort excite tant de pitié, eut une fin moins douloureuse; par bonheur, son mari, empereur, l'avait répudiée avant qu'on la détrônât, et sa tombe, à elle, elle est ici. »

Le testament de la reine Hortense était daté d'Arenenberg, le 3 avril 1837. Elle n'y oubliait aucune des personnes qui lui étaient chères. Elle léguait des souvenirs à ses nièces Joséphine, princesse royale de Suède ; Amélie, impératrice du Brésil ; Théodolinda, princesse de Leuchtenberg ; Mathilde, fille du roi Jérôme ; Marie, princesse de Bade. « Je laisse, disait-elle, à la princesse douairière de Hohenzollern-Sigmaringen, qui a toujours été pour moi une mère et une amie, deux colonnes en jaspe qui m'ont été données par le pape Pie VII... A ma belle-fille, la princesse Charlotte Napoléon, mes petits bracelets avec le portrait de mes deux fils et un bouquet de diamants... Je laisse à Mme Récamier, comme un souvenir des soins et de l'intérêt qu'elle m'a témoignés à Rome, dans le moment d'une de mes plus douloureuses pertes, un voile de dentelle. Je laisse au gouvernement du canton de Thurgovie, une pendule dorée que je désire qu'il place dans la salle du Grand-Conseil. Que ce souvenir lui rappelle le noble courage qu'il a mis à me conserver une tranquille hospitalité dans ce canton. » Beaucoup d'autres personnes recevaient aussi quelques objets ou quelques sommes.

Voici les dernières phrases du testament :

« Que mon mari donne un souvenir à ma mémoire, et qu'il sache que mon plus grand regret a été de ne pouvoir le rendre heureux.

« Je n'ai point de conseils politiques à donner à mon fils. Je sais qu'il connaît sa position et tous les devoirs que son nom lui impose.

« Je pardonne à tous les souverains, avec lesquels j'ai eu des relations d'amitié, la légèreté de leur jugement sur moi.

« Je pardonne à tous les ministres et chargés d'affaires des puissances, la fausseté des rapports qu'ils ont constamment faits sur moi.

« Je pardonne à quelques Français auxquels j'avais pu être utile la calomnie dont ils m'ont accablée pour s'acquitter; je pardonne à ceux qui l'ont crue sans examen, et j'espère vivre un peu dans le souvenir de mes chers compatriotes.

« Je remercie tous ceux qui m'entourent, ainsi que mes serviteurs, de leurs bons soins, et j'espère qu'ils n'oublieront pas ma mémoire. »

On retrouvait dans ce testament, avec la dignité de la reine et la bonté de la femme, l'amertume de la proscrite et la mélancolie de l'exilée.

XIX

UNE ANNÉE EN SUISSE

Le gouvernement français espérait que Louis Bonaparte retournerait en Amérique aussitôt après la mort de sa mère, et l'on prétendait que la reine elle-même lui avait donné ce conseil. C'était un bruit que le prince fit démentir en ces termes dans le journal l'*Helvétie* : « Il est absolument faux que la reine Hortense, à son dernier soupir, ait conseillé à son fils de retourner en Amérique. » Louis-Napoléon devait demeurer encore toute une année en Suisse.

L'ambassadeur de France à Berne était alors le fils aîné du maréchal Lannes, le duc de Montebello, qui fut plus tard l'ambassadeur de Napoléon III à Saint-Pétersbourg. Il écrivait, le 26 octobre, au comte Molé, ministre des Affaires étrangères : « Tout annonce de la part du prince

Louis la résolution de ne pas quitter la Suisse. La duchesse de Saint-Leu faisait construire à Gottlieben un château qu'elle destinait à son fils. Depuis sa mort, les travaux se poursuivent avec la même activité. Le prince paraît cependant s'attendre à des démarches de notre part pour l'éloigner de la Suisse. La défense qui lui a été faite de passer la frontière badoise en est regardée comme le prélude. Cette défense ne paraît pas fort rigoureusement observée, car je sais qu'il se rend très fréquemment à Constance. Les allées et venues des hôtes d'Arenenberg sont continuelles, et leur correspondance avec la France très active. » 15 décembre 1837 : « Je viens d'apprendre à l'instant que le colonel Vaudrey est à Arenenberg. On est sans inquiétude au château, et l'on se regarde comme assuré que le gouvernement de Thurgovie et toute la Suisse radicale se refuseront énergiquement à toute demande d'expulsion. » 16 janvier 1838 : « C'est le parti radical, c'est la presse qui se sont emparés de l'affaire. On nous porte déjà le défi d'oser la pousser plus loin. Dans cet état de choses, il ne reste plus au gouvernement du Roi qu'à faire une demande officielle dans des termes tels qu'il soit impossible de douter que nous la poursuivions jusqu'au bout ; et alors je crois pouvoir vous répondre du succès. » 19 janvier 1838 : « La presse suisse s'exprime sur le compte du prince Louis comme si l'affaire de

Strasbourg n'avait pas eu lieu, et s'élève avec indignation contre le gouvernement français, qui vient méchamment troubler ce *citoyen suisse, ce bourgeois thurgovien* dans sa solitude. »

La monarchie de Juillet concevait à l'égard de Louis-Napoléon des inquiétudes que l'avenir a justifiées, et se tenait au courant des moindres démarches du prince. Le duc de Montebello écrivait encore au comte Molé le 26 janvier 1838 : « Le jeune Bonaparte a quitté Arenenberg pour aller s'établir au château de Gottlieben, construit par la duchesse de Saint-Leu, et qu'il vient de faire achever et meubler avec soin. Il paraît certain qu'il a acheté le Wolfsberg, propriété de Parquin. Il vient de vendre pour quatre-vingt mille francs d'argenterie, vaisselle, etc. » La réunion de ses complices est maintenant complète. Persigny se trouve parmi eux. Il paraît même qu'il y est depuis longtemps, mais qu'il prend les précautions nécessaires pour que sa présence n'y soit pas connue. »

Quand le prince alla s'installer à Gottlieben, les populations du voisinage lui firent une réception qui suggéra à l'ambassadeur du roi Louis-Philippe les réflexions suivantes (dépêche au comte Molé, 8 février 1838) : « Les journaux radicaux rapportent que lorsque Louis Bonaparte a été prendre possession de sa nouvelle résidence de Gottlieben, il a trouvé un arc de triomphe dressé sur la route qu'il devait parcourir, et que la population l'a reçu au cri de *Vive Napoléon!* Ils font sonner ces honneurs rendus à un homme *qui s'est montré,* disent-ils, *si digne du grand nom qu'il porte, que la France n'a pas osé juger au grand jour, préférant couvrir sa faiblesse sous le manteau de la clémence.* Si je vous entretiens ainsi, monsieur le comte, du langage des journaux, c'est qu'ils ont ici plus d'importance qu'ailleurs, parce qu'ils sont presque partout les organes des hommes qui dirigent les gouvernements cantonaux. »

En vain le roi Louis engageait-il son fils à renoncer aux rêves d'ambition et de gloire. En vain lui écrivait-il : « Je te conjure désormais de mettre ton esprit en repos, et de tirer parti des facultés distinguées que le ciel t'a départies, non pour poursuivre des chimères, mais pour ne chercher dans la vie que ce qu'elle a de positif. » En vain le vieux roi, désabusé de toutes choses, faisait-il appel à la religion et à la philosophie pour ramener aux idées de prudence un jeune homme plein d'ardeur et de fougue. « Pour moi, ajoutait-il, j'ai été bien malheureux, et presque au désespoir quand je me suis vu abandonné de tous et de toutes, jusqu'au moment où je réfléchis que, malgré ce dénûment absolu, il me restait un recours qui pouvait me tenir lieu de tout ; et ce recours, c'est Dieu. En effet, que peut-on craindre quand on s'unit à un aussi puissant appui ? Je t'engage donc à faire comme moi, si tes malheurs et l'expérience hâtive que tu as t'ont assez dessillé les yeux. Abandonnons de grand cœur la politique et ce qu'on appelle les grandes affaires du monde à ceux qui sont obligés de s'en charger, ou qui sont assez aveugles pour les rechercher, et tâchons de tirer de cette courte existence quelque jouissance réelle. Mais sois sûr que le plus grand nombre, je dirai même presque toutes les jouissances que l'on recherche généralement sont fausses et trompeuses. » Rarement, un vieux pilote, retiré pour toujours sur le rivage, parvient à décourager un jeune navigateur, impatient de braver la tempête.

Louis-Napoléon cachait sous un calme trompeur des idées de plus en plus exaltées. Le duc de Montebello écrivait au comte Molé, le 5 avril 1838 : « Le prince Louis dit à qui veut l'entendre que, pour le moment, il n'y a encore rien à tenter en France, mais qu'au premier événement favorable, il fera valoir ses prétentions au trône. Parmi les chances que l'avenir lui réserve, il paraît compter surtout sur un changement de règne et sur une tentative légitimiste, sans compter l'imprévu qui est toujours à prévoir. Si ses projets prennent un caractère plus déterminé, j'espère être en mesure de vous en avertir à temps. Le prince se rend presque tous les soirs de Gottlieben à Constance. Il descend à l'hôtel de l'Aigle, et y donne à souper à quelques-unes de ses connaissances. »

Louis-Napoléon faisait tout ce qu'il pouvait pour se rendre populaire en Suisse. Presque tous les paysans du canton de Thurgovie avaient son portrait. Le 20 mai 1838, il assistait à un dîner militaire donné en son honneur dans une auberge de Kreuzlingen par une quarantaine d'officiers suisses. Le 23 juin, l'assemblée annuelle des tireurs du canton de Thurgovie avait lieu à Dissenhofen, et le prince était nommé président. Il prononçait alors en allemand une harangue dont voici la traduction :

« Tireurs et amis, il est de mon devoir de vous exprimer ma reconnaissance de ce que vous m'avez nommé président de notre association... Quelques mois se sont écoulés depuis qu'on a voulu exiger du peuple suisse qu'il expulsât un de ses citoyens, mais le peuple a répondu : nous le gardons ! (Tous les membres de l'Assemblée s'écrient : Oui ! oui ! nous le gardons !) Aussi n'ai-je jamais craint d'être abandonné par mes concitoyens. Car je plaçais une ferme confiance dans le sentiment de justice du peuple, et en vérité je ne me suis pas trompé, car, au lieu de me bannir, les Thurgoviens m'ont nommé membre de leur Grand Conseil. Cette distinction m'a vivement touché, mais je n'ai pas cru pouvoir l'accepter, prenant en considération l'intérêt même de ce pays qui me protège. J'ai voulu, il y a un an, me dévouer pour une grande cause, et mon dévouement a été considéré comme une ambition mesquine et personnelle. Si j'étais entré dans une assemblée politique de la Suisse, j'aurais eu le même sort ; on aurait mal interprété mes paroles, méconnu mes intentions, et je me serais vu, par conséquent, hors d'état de vous être utile, et peut-être aurais-je attiré par là des difficultés plus graves sur votre canton. Il était donc de mon devoir de refuser cette dignité. J'espère cependant que les citoyens de Dissenhofen ne m'en témoigneront pas moins toujours la même amitié, car je désire qu'ils reconnaissent le grand prix que j'attache à leur estime. Par cette raison, mes amis, portez avec moi un toast en l'honneur des habitants de Dissenhofen. Ils rendent hommage au malheur plutôt qu'à la puissance. Ils sont sans peur et indépendants : deux belles qualités pour un peuple libre. »

Le tir fédéral allait s'ouvrir à Saint-Gall. Le prince envoya à l'administration du tir un fusil de chasse incrusté d'or et d'argent, pour être donné en prix au tireur qui serait vainqueur à la cible appelée cible du patriotisme. Le 3 juillet 1838, Louis-Napoléon faisait solennellement son entrée au tir fédéral, à la tête des carabiniers thurgoviens. Le 8, il retournait à Gottlieben.

Au même moment, on s'occupait à Paris d'un des complices du prince dans l'affaire de Strasbourg, M. Armand Laity. Cet ancien officier d'artillerie avait fait paraître sous ce titre : *Relation historique des événements du 30 octobre*

1836, une brochure à laquelle Louis-Napoléon avait sans doute collaboré, et qui était une ardente apologie du complot avorté. Le gouvernement s'émut de cette publication comme d'un véritable danger. Le 21 juin 1838, l'auteur était arrêté et la brochure saisie. Le 28, la Cour des Pairs, réunie en chambre du conseil, rendait un arrêt d'accusation contre M. Laity, prévenu d'attentat contre la sûreté de l'Etat. Le 10 juillet, il était condamné à cinq années de détention et à dix mille francs d'amende. Tous les journaux de l'opposition critiquèrent ce jugement. On lisait dans le *National :* « Par une confusion de choses et de principes que la Restauration elle-même n'avait pas tenté de faire dans des circonstances plus graves, la brochure de M. Laity a été changée en attentat. Toute la presse d'aujourd'hui proteste contre cet arrêt. » Le 2 juillet, Louis-Napoléon avait adressé à son ancien complice une lettre où il disait : « Je suis sûr qu'avec votre noble caractère, vous souffrez avec résignation pour une cause populaire. On vous demandera où est le parti napoléonien ? Répondez : le parti n'est nulle part, et la cause est partout. Le parti n'est nulle part, parce que nos amis ne sont pas enrégimentés, mais la cause a des partisans partout, depuis l'atelier de l'ouvrier jusque dans le conseil du roi, depuis la caserne du soldat jusqu'au palais du maréchal... Dites qu'en vous autorisant à faire votre publication, mon but n'a pas été de troubler la tranquillité de la France, ni de remuer des passions mal éteintes, mais de me montrer à mes concitoyens tel que je suis, et non tel que la haine intéressée m'a dépeint. Mais, si un jour les partis renversaient le pouvoir actuel (l'exemple des cinquante dernières années nous permet cette supposition), et, si habitués qu'ils sont depuis vingt-trois ans à mépriser l'autorité, ils sapaient toutes les bases de l'édifice social, alors peut-être le nom de Napoléon serait-il une ancre de salut pour tout ce qu'il y a de généreux et de vraiment patriote en France. C'est pour ce motif que je tiens à ce que l'honneur de l'aigle du 30 octobre reste intact, malgré sa défaite, et qu'on ne prenne pas le neveu de l'Empereur pour un aventurier ordinaire. »

Le gouvernement français ne se contenta pas de faire condamner M. Laity par la Chambre des Pairs. Il réclama officiellement de la Suisse l'expulsion de Louis-Napoléon. Le 26 juillet, le comte Molé écrivait au duc de Montebello : « Le Roi a épuisé envers Louis Bonaparte sa clémence et sa bonté. Au lieu de le traduire après l'attentat de Strasbourg devant un tribunal qui en aurait fait justice, il l'a renvoyé en Amérique par égard pour le nom qu'il portait. En apprenant son retour à Arenenberg, le Roi s'arrêta devant la pensée d'une mère mourante, et à laquelle son fils veut rendre les derniers devoirs.

Enfin lorsque ce fils demanda que la France reçût les restes de sa mère, le Roi en donna la permission. Depuis ce moment, Louis Bonaparte n'a cessé de se glorifier de ses coupables projets et de ses tentatives passées. Toute sa conduite atteste ses continuels efforts pour en renouer les fils. Désormais le Roi doit mettre un terme à une générosité qui semble n'avoir d'autre effet que d'encourager l'audace et la folie de ceux-là même qu'elle avait épargnés. Ces considérations, monsieur le duc, sont de nature à frapper l'esprit du Vorort et à convaincre tous les honnêtes habitants de l'Helvétie. Au reçu de cette dépêche, vous voudrez donc bien porter à la connaissance du Vorort son contenu et lui remettre la note qui y est annexée. » Cette note, datée du 2 août, réclamait l'expulsion du prince.

M. Thirria, dans son remarquable ouvrage : *Napoléon III avant l'Empire,* a très bien résumé les phases du débat qui s'éleva alors entre les gouvernements français et suisse. Louis-Napoléon avait reçu en 1832 le droit de bourgeoisie honoraire dans le canton de Thurgovie. Les Suisses le considéraient comme leur concitoyen. Le gouvernement du roi Louis-Philippe soutenait, au contraire, que l'article 25 de la constitution du canton de Thurgovie dispose qu'un étranger ne peut devenir citoyen suisse qu'après avoir renoncé à la qualité de citoyen dans l'Etat étranger, et que Louis-Napoléon n'avait jamais renoncé à sa qualité de Français. Le prince répliquait (lettre du 20 août au Grand Conseil de Thurgovie) que la France ne le reconnaissait pas pour tel, puisqu'elle l'avait banni à perpétuité, lui et tous les membres de la famille impériale. Le comte Molé, ministre des Affaires étrangères du roi, s'irritait d'une pareille réponse, et il écrivait au duc de Montebello, le 1er septembre : « Cette déclaration vague et ambiguë a toute l'apparence d'un subterfuge, bien digne assurément de l'homme dont la conduite, après l'événement de Strasbourg, et lorsque le Roi venait d'épuiser à son égard les témoignages d'une clémence sans bornes, a prouvé que tout sentiment noble, toute inspiration généreuse lui étaient étrangers. » Le Grand Conseil de Thurgovie déclara, à l'unanimité, le 22 août, que la demande d'expulsion était inadmissible. Le 3 septembre, la Diète décida que les divers conseils cantonaux seraient consultés, et ajourna au 1er octobre la solution de l'affaire.

Le gouvernement français, exaspéré par cette attitude de la Suisse, réunit sur la frontière un corps d'armée dont le chef, le général Aymard, adressa, le 23 septembre, cet ordre du jour à ses troupes : « Bientôt nos turbulents voisins s'apercevront peut-être trop tard qu'au lieu de déclamations et d'injures il eût mieux valu satisfaire aux justes demandes de la France. » Trois jours auparavant, Louis-Napoléon avait adressé à

M. Anderwers, président du Petit Conseil de Thurgovie, une lettre où il disait : « La Suisse a montré depuis un mois, par ses protestations énergiques, et maintenant par les décisions des Grands Conseils qui se sont assemblés jusqu'ici, qu'elle était prête à faire les plus grands sacrifices pour maintenir sa dignité et son droit. Elle a su faire son devoir comme nation indépendante ; je saurai faire le mien et rester fidèle à la voie de l'honneur. On peut me persécuter, mais jamais m'avilir.

« Le gouvernement français ayant déclaré que le refus de la Diète d'obtempérer à sa demande serait le signal d'une conflagration, dont la Suisse pourrait être la victime, il ne me reste plus qu'à quitter un pays où ma présence est le sujet d'aussi injustes prétentions, où elle serait aussi le prétexte d'aussi grands malheurs.

« Je vous prie donc, monsieur le landamann, d'annoncer au directeur fédéral que je partirai dès que j'aurai obtenu des diverses puissances les passeports qui me sont nécessaires pour me rendre dans un lieu où je puisse trouver un asile assuré. »

La lettre se terminait ainsi : « J'espère que cette séparation ne sera pas éternelle, et qu'un jour viendra où je pourrai, sans compromettre les intérêts des deux nations qui doivent rester unies, retrouver l'asile où vingt ans de séjour et des droits acquis m'avaient créé une seconde patrie. Soyez, monsieur le landamann, l'interprète de mes sentiments de reconnaissance envers les Conseils. La pensée d'épargner des troubles à la Suisse peut seule adoucir les regrets que j'éprouve à la quitter. »

Paris suivait avec une grande attention les phases de cette curieuse affaire. Tous les journaux de l'opposition s'accordaient à blâmer le gouvernement du roi Louis-Philippe. On lisait dans le *Courrier Français* : « Jusqu'à présent le public considérait le prince Louis comme un insensé, le ministère en a presque fait un héros. » Dans le *Siècle* : « Nos ministres ont réussi à se couvrir de ridicule en offrant au jeune Bonaparte une occasion d'intéresser la France à sa destinée, occasion qu'il a saisie avec autant de générosité que d'à-propos. » Dans la *Gazette de France*, la feuille légitimiste : « Honneur à la Diète fédérale, au Grand Conseil de Thurgovie ! Honneur à M. Kern, qui a fait briller enfin aux regards des rois et des peuples la belle devise des Duguesclin et des Bayard, des Bonchamp, des Talmont et des La Rochejacquelein : *Fais ce que dois, advienne que pourra !* Honneur à la brave et généreuse nation helvétique qui proclame l'autorité du devoir et les droits sacrés de l'hospitalité ! »

Le gouvernement français attendait avec une extrême impatience le départ du prince. Le duc de Montebello écrivait au comte Molé, le 10 octobre : « D'après mes informations particulières, Louis Bonaparte ne compte point quitter la Suisse avant le 25 ; je regarde donc comme indispensable, pour obtenir promptement son départ, que les dispositions militaires soient maintenues. Les dépenses que chaque jour de retard entraîne pour la Suisse exerceront sur l'opinion la plus puissante de toutes les influences, et il est bon, dans l'intérêt de l'avenir, que la Suisse ne sorte point de cette affaire sans qu'il lui en coûte quelque chose. » Le comte Molé répondait le 13 octobre : « Je vous charge d'annoncer à M. le président du Vorort que nos troupes resteront dans leurs positions jusqu'à ce que Louis Bonaparte ait quitté la Suisse. » Le gouvernement français fut enfin rassuré. Un passeport délivré pour le prince par le ministre d'Angleterre, et revêtu du visa du ministre de Prusse, du ministre de Bade et du consul de Hollande, fut envoyé par le Directoire au gouvernement de Thurgovie, le 10 octobre. Quatre jours après Louis-Napoléon quittait la Suisse. Le duc de Montebello envoyait à M. Molé une lettre écrite par une personne qui avait accompagné le prince jusqu'à Constance.

Voici cette lettre : « Constance, 14 octobre 1838. Les amis du prince se sont réunis aujourd'hui à Arenenberg pour prendre congé de lui. Ils étaient au nombre de trente environ, tant d'Ermatingen que des endroits environnants. Le prince leur fit servir du vin, leur adressa quelques paroles d'espoir d'un prochain retour, et monta en voiture vers deux heures. Nous étions dans dix-huit à vingt petites calèches qui l'escortèrent. Il voyage dans deux voitures, l'une à quatre, l'autre à deux chevaux. Dans la première il est seul avec Persigny, dans la seconde se trouvent son médecin, le docteur Conneau, son valet de chambre Charles et deux autres domestiques. Persigny l'accompagne jusqu'à Londres. Toute l'après-midi, il était très ému et souvent versait des larmes. A cinq minutes de Constance, il fit arrêter, descendit de voiture, et tout le monde suivit son exemple. Tous ceux qui l'escortaient l'entourèrent ; il prononça encore quelques paroles de remerciement et d'espoir de se revoir bientôt, serra la main à chacun (nous étions près de quarante), remonta en voiture, et, s'achemina seul vers Constance où, au même instant que lui arrivait de Carlsruhe M. de Blittendorf, ministre des affaires étrangères de Bade. Ils ne se parlèrent pas. »

Arrivé à Constance à trois heures, le prince descendit à l'hôtel de l'Aigle et ne s'y arrêta que peu de temps. Il traversa l'Allemagne, puis la Hollande, et s'embarqua à Rotterdam pour l'Angleterre. Le 25 octobre il était à Londres. La *Gazette de France* faisait cette réflexion : « Nous voudrions bien savoir ce que le gouvernement gagne à ce que le prince Louis soit en Angleterre, au lieu d'être à Arenenberg. Londres est plus près de Paris qu'Arenenberg. » Et on lisait dans le *Morning Cronicle*, organe de lord Palmenton : « Une chose reste à savoir. Adressera-t-on à la Grande-Bretagne les notes menaçantes lancées contre les cantons helvétiques ? Le cas arrivant, la réponse de lord Melbourne serait bientôt faite. » Le gouvernement français n'avait pas résolu la question; il l'avait seulement déplacée.

XIX

DEUX ANNÉES EN ANGLETERRE

Le 26 octobre 1838, le général comte Sébastiani, ambassadeur de France en Angleterre, annonçait, sans aucun commentaire, la nouvelle suivante au comte Molé : « Le prince Louis Bonaparte est arrivé hier à Londres. Il est descendu, comme à son premier voyage, à Feuton's Hôtel. » Le prince allait rester en Angleterre près de deux années et n'en sortir que pour tenter son aventureuse expédition de Boulogne.

Louis-Napoléon était une nature essentiellement cosmopolite. Parlant l'italien, l'allemand, l'anglais aussi bien que s'il fût né en Italie, en Allemagne, ou en Angleterre ; il excellait à prendre les habitudes et à s'assimiler le caractère des habitants de chaque pays où les vicissitudes de son exil le conduisaient. Dans les Romagnes, en 1831, il avait pensé, parlé, agi comme un carbonaro. Dans les cantons allemands de la Suisse, il s'était montré comme un démocrate, un buveur de bière, un tireur du tir fédéral, un officier de l'artillerie helvétique et un bon bourgeois thurgovien. En Angleterre, il allait prendre les allures, les sentiments, le langage d'un gentleman, à la fois homme d'étude, homme de sport, homme de plaisir, fréquentant aussi bien les clubs élégants que les bibliothèques, aimant les chevaux, les courses, le théâtre, menant de front, comme beaucoup d'hommes d'Etat anglais, les occupations les plus contradictoires et se distinguant aussi bien dans les exercices de l'esprit que dans les exercices du corps; il allait essayer de séduire le *peerage* de Londres, comme il avait séduit les habitants du canton de Thurgovie.

Le prince s'installa dans une maison appartenant à lord Cardigan, Carlton-House, située sur une grande place entre Saint-James Park et Regent street, dans le voisinage des clubs *United Service*, *Athœneum* et *Travellers*. Il logea ensuite à Carlton-Gardens, dans une maison appartenant à lord Ripon. Le salon était orné de souvenirs historiques : Un buste de Napoléon par Canova, un portrait de l'impératrice Joséphine par Guérin, un autre de la reine Hortense, l'écharpe tricolore que le général Bo

naparte portait à la bataille des Pyramides;
l'anneau du couronnement que Pie VII mit au
doigt de l'Empereur pendant la cérémonie du
sacre, la bague que Napoléon passa au doigt de
Joséphine, lors de la même cérémonie, le talisman de Charlemagne, trouvé à Aix-la-Chapelle,
dans le tombeau du grand empereur Carlovin-
gien, et remis à Napoléon par le clergé de la cathédrale. Le prince avait auprès de lui une petite cour composée du colonel Vaudrey, de M. de
Persigny, de M. Bouffet de Montauban, ancien
colonel dans l'armée colombienne, et du docteur
Conneau. Son train de maison ne manquait pas
d'un certain luxe. Sur les panneaux de sa principale voiture figurait l'aigle impériale. Il avait
une paire de chevaux de trait, un cheval pour
son cab et deux chevaux de selle. Le *Court Cir-
cular*, le *Morning-Post*, le *Times* relataient minutieusement ses faits et gestes dans la haute
société. Il n'allait ni à la Cour, ni chez les ministres ; mais il était en relations suivies avec les
plus grands seigneurs et les plus grandes dames
de l'Angleterre. En 1839, il figurait dans le fameux tournoi organisé par le comte d'Eglington.
Le *Club de la Marine* lui ayant offert un dîner,
il disait à ses hôtes : « Je ne parle pas ici, messieurs, de vos triomphes guerriers ; car tous vos
souvenirs de gloire sont pour moi des sujets de
larmes ; mais je parle avec plaisir de la gloire
plus belle et plus durable que vous avez acquise

en portant la civilisation à mille peuples barbares et dans les régions les plus lointaines. » C'était ainsi qu'un Bonaparte trouvait le moyen de se rendre agréable aux Anglais.

Sous ses apparences de dandy, Louis Bonaparte cachait un conspirateur acharné. L'ambassade de France se doutait bien qu'il songeait à quelque nouvelle entreprise, mais elle ne se croyait pas en mesure de le surveiller efficacement. Le général Sébastiani écrivait au comte Molé, le 10 février 1839 : « Louis-Napoléon vient de louer à Londres l'hôtel du comte de Cardigan. Il me revient de plusieurs côtés que ses partisans s'agitent et entretiennent chez lui des illusions qu'il n'est que trop disposé à partager. J'ai déjà eu plus d'une fois l'occasion d'appeler l'attention de Votre Excellence sur l'impossibilité où je me trouve d'exercer à cet égard la moindre surveillance. M. le ministre de l'Intérieur jugera sans doute nécessaire d'en charger spécialement un agent de son département. » Quelques jours après l'échauffourée de Strasbourg, le prince avoua lui-même, lors de son interrogatoire devant la commission d'instruction de la Cour des pairs (19 août 1840), qu'il conspirait depuis un certain temps. « Il n'y a guère qu'un an ou dix-huit mois, dit le prévenu, que j'ai commencé d'entretenir en France des intelligences. Tant que j'ai cru que l'honneur me défendait de rien entreprendre contre le gouvernement, je suis resté tranquille, mais lorsqu'on m'a persécuté en Suisse, sous prétexte que je conspirais, j'ai recommencé à m'occuper de mes anciens projets. »

A Paris, les émissaires du prince essayaient de nouer des rapports entre lui et les républicains. M. Vieillard lui écrivait, le 8 janvier 1839 : « Vous savez sans doute, prince, que j'ai assisté, il y a quelque temps, à une entrevue avec quelques-uns des chefs du parti républicain. Vous savez ou vous devinez quel en était l'objet. Il s'agissait de leur faire accepter votre intervention et de leur démontrer que dans l'intérêt de la patrie, de la liberté, de l'égalité, il était utile, nécessaire même d'avoir un nom indiscutable, qui, forçant pour ainsi dire le suffrage universel, écartât par cela même immédiatement la concurrence funeste des ambitions subalternes et prévînt ainsi les dangers de l'anarchie ; je crois qu'ils sont convenus de ce point. Ils vous ont adopté, mais à une condition, c'est que vous reconnaîtrez que, quelle que soit la forme du gouvernement qui s'établisse, le chef en doit être responsable. »

Louis-Napoléon fit lui-même un long plaidoyer *pro domo sua*, en publiant à Londres, au commencement de 1840, un ouvrage qu'il avait composé sous ce titre : *Les Idées Napoléoniennes*. L'auteur considérait son livre comme l'évangile de l'empire démocratique, comme le testament de Napoléon Ier et le programme du règne de Napoléon III. On se demandait en le lisant si c'était le rêve d'un visionnaire ou l'œuvre d'un politique. La pensée et le style avaient quelque chose d'illuminé, de mystique comme les *Paroles d'un Croyant* de Lamennais. Aux yeux de Louis-Napoléon, le Bonapartisme n'était pas une opinion, c'était un culte. Le neveu de l'Empereur parlait de son oncle comme d'un être surnaturel. « Les grands hommes, disait-il, ont cela de commun avec la divinité qu'ils ne meurent jamais tout entiers. Leur esprit leur survit, et l'idée napoléonienne a jailli du tombeau de Sainte-Hélène, de même que la morale de l'Evangile s'est élevée triomphante malgré le supplice du Calvaire. La foi politique, comme la foi religieuse, a eu ses martyrs ; elle aura comme elle ses apôtres, comme elle son empire. »

D'après Louis Bonaparte, l'idée napoléonienne consistait à combiner les droits du peuple avec les principes d'autorité, à ne voir en France que des frères faciles à réconcilier, et dans les différentes nations de l'Europe que les membres d'une seule et grande famille. « L'idée Napoléonienne, disait-il, aplanit les montagnes, traverse les fleuves, facilite les communications, et oblige les peuples à se donner la main. Elle emploie tous les bras et toutes les intelligences. Elle va dans les chaumières, non pas tenant à la main les stériles déclarations des Droits de l'homme, mais avec les moyens nécessaires pour étancher la soif du pauvre, pour apaiser sa faim, et, de plus, elle a un récit de gloire pour éveiller son amour de la patrie. Humble sans bassesse, elle frappe à toutes les portes, reçoit les injures sans haine et sans rancune, et marche toujours sans s'arrêter, parce qu'elle sait que la lumière la devance, et que les peuples la suivent. Voulant surtout persuader et convaincre, elle prêche la concorde et la confiance, et en appelle plus volontiers à la raison qu'à la force. Mais si, poussée à bout par trop de persécutions, elle devenait le seul espoir des populations malheureuses et le dernier refuge de la gloire et de l'honneur du pays, alors, reprenant son casque et sa lance, et montant sur l'autel de la patrie, elle dirait au peuple, trompé par tant de ministres et d'orateurs, ce que saint Rémi disait au fier Sicambre : « Renverse tes faux dieux et tes images d'argile; brûle ce que tu as adoré jusqu'ici, et adore ce que tu as brûlé. »

L'ouvrage prenait parfois le ton du dithyrambe. L'auteur s'écriait: « France de Henri IV, de Louis XIV, de Carnot, de Napoléon, toi qui fus toujours pour l'occident de l'Europe la source du progrès, toi qui possèdes les deux soutiens des empires, le génie des arts pacifiques et le génie de la guerre, n'as-tu plus de mission à remplir ? Epuiseras-tu tes forces et ton énergie à lutter sans cesse avec tes propres enfants?

Non, telle ne peut être ta destinée. Bientôt viendra le jour où, pour te gouverner, il faudra comprendre que ton rôle est de mettre dans tous les traités ton épée de Brennus en faveur de la civilisation. »

Le programme développé dans les *Idées Napoléoniennes* se résumait en trois points : alliance de l'empire et de la démocratie, libre échange, principe des nationalités.

La conclusion était celle-ci : « Répétons-le en terminant, l'idée Napoléonienne n'est point une idée de guerre, mais une idée sociale, industrielle, commerciale, humanitaire. Si pour quelques hommes elle apparaît toujours entourée de la foudre des combats, c'est qu'elle fut en effet trop longtemps enveloppée par la fumée du canon et la poussière des batailles. Mais aujourd'hui les nuages se sont dissipés, et on entrevoit à travers la gloire des armes une gloire civile plus grande et plus durable.

« Que les mânes de l'Empereur reposent donc en paix. Sa mémoire grandit tous les jours. Chaque vague qui se brise sur le rocher de Sainte-Hélène apporte avec un souffle d'Europe, un hommage rendu à sa mémoire, un regret à ses cendres, et l'écho de Longwood répète sur son cercueil : Les peuples libres travaillent partout à refaire ton ouvrage. »

Peu de jours après les *Idées Napoléoniennes*, paraissait en Angleterre un autre ouvrage non signé, qui avait pour auteur M. de Persigny et pour titre : *Lettres de Londres, Visite au prince Louis.* Louis-Napoléon avait déjà des fanatiques. Au premier rang figurait M. de Persigny, à la fois rêveur et homme d'action, ayant des allures de conspirateur et des intuitions de voyant. Peu de personnages ont eu à un pareil degré l'esprit d'initiative et le don de prophétie. Les *Lettres de Londres* étaient une habile réclame. L'auteur faisait de Louis-Napoléon un portrait également flatteur au moral et au physique. Il s'extasiait sur « l'imposante fierté de ce profil romain, dont les lignes si pures et si graves, même si solennelles, sont comme le cachet des grandes destinées. » Et il ajoutait : « Ce qui excite surtout l'intérêt, c'est cette teinte indéfinissable de mélancolie et de méditation répandue sur toute sa personne, et qui révèle les nobles douleurs de l'exil. Les nuances sombres de sa physionomie indiquent une nature énergique ; sa contenance assurée, son regard à la fois vif et penseur, tout en lui montre une de ces natures exceptionnelles, une de ces âmes fortes qui se nourrissent de la préoccupation des grandes choses, et qui seules sont capables de les accomplir. Tous les hommes qui ont joué un grand rôle dans l'histoire ont eu, dans leur personne, de ces séductions secrètes et mystérieuses qui inspirent les dévouements, enchaînent les volontés et fascinent les masses. »

La propagande commençait à se dessiner simultanément à Paris et à Londres. Le prince vendait le château d'Arenenberg pour pouvoir subventionner, en 1839, deux journaux parisiens : le *Commerce*, dirigé par MM. Mocquard et Mauguin, et le *Capitole*, dont un des rédacteurs était M. Paul Merruan, qui fut sous le second Empire secrétaire général du baron Haussmann à la préfecture de la Seine. Cette dernière feuille eut pour fondateur M. de Crouy-Chanel, qui reçut du prince cent quarante mille francs, somme considérable pour la fortune modeste du prétendant, mais insuffisante pour faire vivre ce journal plus de six mois. Deux clubs bonarpartistes se fondaient à Paris : le *Club des Cotillons*, dont faisaient partie, entre autres femmes, Mmes de Salvage, de Faverolles, Regnault de Saint-Jean d'Angély, de Quérelles, Gordon ; et le *Club des Culottes de peau*, composé du général de Montholon, de MM. de Vaudoncourt, Voisin, Laborde, Bouffet de Montauban, Dumoulin, du général Piat, etc.

L'ambassade de France à Londres ne surveillait pas les menées du prince. M. Guizot, qui avait remplacé comme ambassadeur le général Sébastiani, se consacrait tout entier aux grandes spéculations diplomatiques de la question d'Orient. L'éminent homme d'Etat songeait plus à Méhémet-Ali qu'à Louis-Napoléon.

Cependant la France entière se passionnait

pour le prochain retour des cendres de l'Empereur. Le 12 mai 1840, le comte de Rémusat, ministre de l'Intérieur, avait, sans que rien eût fait prévoir une pareille communication, déposé à la Chambre des députés une demande de crédit d'un million pour ramener de Sainte-Hélène à Paris les cendres de Napoléon. Le 7 juillet, la frégate la *Belle-Poule*, sous les ordres d'un des fils de Lous-Philippe, le prince de Joinville, avait mis à la voile pour Sainte-Hélène. Jamais la mémoire du héros d'Austerlitz n'avait été l'objet de semblables hommages. Jamais la légende napoléonienne, propagée par l'auteur de l'*Histoire du Consulat et de l'Empire*, M. Thiers, alors président du Conseil des ministres, n'avait excité un pareil engouement. Le neveu de celui dont M. de Rémusat venait de dire : « Il fut empereur et roi, il fut le souverain légitime de notre pays, » crut que l'heure était venue de tenter un nouveau coup de main. Conspirateur émérite, il trouva le moyen de cacher ses projets non seulement à l'ambassade de France, mais encore au gouvernement anglais.

On lit dans une dépêche de l'ambassade (7 août 1840) : « Il faut avoir habité longtemps l'Angleterre pour se persuader qu'une entreprise comme celle de Louis-Napoléon puisse se préparer et s'accomplir dans le port de Londres sans qu'il en parvienne au gouvernement anglais la moindre connaissance officielle. C'est cependant la vérité, et ma conviction est que lord Normanby, je ne dirai pas sur un avertissement formel, mais sur un simple soupçon, n'eût pas perdu un moment pour informer le gouvernement français par l'entremise de son ambassade à Londres. L'ambassade elle-même a plusieurs fois averti le gouvernement du roi de son impuissance absolue à surveiller ici les complots des réfugiés de toute nuances. Mais elle croyait à la présence à Londres d'agents actifs et dévoués, chargés spécialement de s'attacher au prince. Un seul de ces agents s'était mis en rapport avec l'ambassade, et il transmettait, par elle, ses lettres au département de l'Intérieur. Hier, je tenais déjà dans la main la troisième édition du *Morning Post*, annonçant le débarquement à Boulogne, lorsqu'on m'a remis une lettre de cet agent pour le ministre de l'Intérieur. Elle commençait par ces mots : « Le prince Louis-« Napoléon a renoncé à toute espèce de tentative « de débarquement. » Je laisse à juger à Votre Excellence la valeur des informations que nous pouvions puiser à cette source, la seule qui nous fût ouverte. » Le prince avait loué, sous un prête-nom, à la Compagnie commerciale de la navigation à vapeur le bateau le *Château d'Edimbourg* (Edimburgh Castle), en prétextant une excursion sur les côtes d'Ecosse. Le 4 août, lui et ses complices s'embarquaient sur ce navire. Le 5, ils étaient devant Boulogne.

XX

BOULOGNE

Alexis de Tocqueville a écrit dans ses *Souvenirs*, à propos de Louis-Napoléon : « On peut dire, au demeurant, que ce fut sa folie, plus que sa raison, qui, grâce aux circonstances, fit son succès et sa force; car le monde est un étrange théâtre. Il s'y rencontre des moments où les plus mauvaises pièces sont celles qui réussissent le mieux. » Il est certain que l'échauffourée de Boulogne fut une mauvaise pièce, et que son échec fut absolu; mais peut-être, sans cette triste aventure, Louis Bonaparte n'aurait-il jamais été Napoléon III.

Le conspirateur de Strasbourg et de Boulogne était hanté non seulement par les visions de l'empire français, mais encore par celles de l'empire romain. Il se disait que Napoléon avait été un César, et que lui-même serait un Auguste. Ce passage des *Révolutions romaines* de Vertot, cité par M. de Persigny dans les *Lettres de Londres*, l'avait particulièrement frappé : « Le jeune neveu de César est à Apollonie, sur la côte d'Epire, où il achève ses études et ses exercices, et verse d'abondantes larmes sur la mort de son oncle. Il languit, proscrit loin de Rome, en proie à la douleur et aux regrets, mais son âme ardente aspire à venger la mémoire outragée de son oncle, et bientôt il révèle au monde, par un acte public, le but de son ambition. Ses parents, ses amis le supplient de rester en exil. Mais le jeune Octave repousse ces conseils pusillanimes ; il déclare qu'il aime mieux mourir mille fois plutôt que de renoncer au grand nom et à la gloire de César. Condamné par des lois iniques, il ne craint pas de braver ces lois et de partir pour Rome. Un jour, il arrive sur la côte de Brindes et débarque près de la petite ville de Lupia, sans autre escorte que ses serviteurs et quelques-uns de ses amis, mais soutenu par le grand nom de César, qui seul devait bientôt lui donner des légions et des armées entières. Et, en effet, à peine les officiers et les soldats de Brindes ont-ils appris que le neveu de leur ancien général est près de leurs murailles, qu'ils sortent en foule au-devant de lui, et, après lui avoir donné leur foi, l'introduisent dans la place dont ils le rendent maître. Ce premier succès n'est qu'éphémère ; il est bientôt suivi de peines et de tribulations, mais enfin c'est là et de cette manière que commence la grande destinée du neveu de César. » Le débarquement près de Boulogne sera l'imitation du débarquement près de Lupia, et Louis-Napoléon prendra pour son modèle Octave.

Les compagnons du prince pour l'expédition de Boulogne sont au nombre d'une soixantaine. Parmi eux figurent quelques anciens officiers, le colonel Vaudrey et le commandant Parquin, qui tous deux ont déjà pris part à l'affaire de Strasbourg, le colonel Voisin, le commandant de Mésonan, et le plus élevé en grade, le général de Montholon, compagnon de captivité de Napoléon à Sainte-Hélène. Citons aussi parmi les hommes qui prirent part à l'expédition M. de Persigny, le vicomte de Quérelles, M. Bataille, M. Bachon, le docteur Conneau, M. Bouffet de Montauban, M. Bure, frère de lait du prince. Joignez à ce petit groupe une trentaine de soldats libérés, qui ont été engagés en France, à titre de domestiques. Un fripier de Paris a vendu les uniformes. Le docteur Conneau a acheté une presse et imprimé de sa main les différentes proclamations, signées Napoléon, qui doivent être lancées en France. La première, adressée à l'armée, est ainsi conçue : « Soldats ! la France est faite pour commander, et elle obéit. Vous êtes l'élite du peuple, et on vous traite comme un vil troupeau. Vous avez recherché ce qu'étaient devenues les aigles d'Austerlitz et d'Iéna. Ces aigles, les voilà! Je vous les rapporte. Avec elles, vous aurez gloire, honneur, fortune. Soldats! la grande ombre de l'empereur Napoléon vous parle par ma voix. Soldats! aux armes! » Dans une autre proclamation, le prince dit au peuple français : « Banni de mon pays, si j'étais seulement malheureux, je ne me plaindrais pas; mais la gloire et l'honneur du pays sont exilés comme moi. Aujourd'hui, comme il y a trois ans, je viens me dévouer à la cause populaire. Un hasard m'a fait échouer à Strasbourg; le jury alsacien m'a prouvé que je ne m'étais pas trompé... Vous tous, classes laborieuses et pauvres, souvenez-vous que c'est parmi vous que Napoléon choisissait ses lieutenants, ses maréchaux, ses ministres, ses princes, ses amis... Français, je vois devant moi l'avenir brillant de la patrie. Je sens derrière moi l'ombre de l'Empereur qui me pousse en avant. »

Vient ensuite un décret qui porte que la dynastie des Bourbons d'Orléans a cessé de régner, que la Chambre des pairs et la Chambre des députés sont dissoutes, qu'un Congrès national sera convoqué dès l'arrivée du prince à Paris, que M. Thiers est nommé président du gouvernement provisoire et le maréchal Clausel commandant en chef des troupes assemblées à Paris; enfin, que tous les officiers, sous-officiers et soldats qui montreront énergiquement leur sympathie pour la cause nationale seront récompensés d'une manière éclatante au nom de la patrie.

Le 3 août 1840, tout le matériel a été transporté dans le port de Londres, à bord du bateau à vapeur le *Château d'Edimbourg* : argent, munitions, deux voitures, des caisses d'uniformes, des paniers de vin et de liqueurs, neuf chevaux et un aigle vivant. Le 4 août au matin, le prince s'est embarqué et a été chercher ses complices sur différents points ; la petite troupe s'était divisée pour ne pas éveiller l'attention des autorités anglaises. Le bateau ne s'est pas rendu directement à destination. Il a couru de longues bordées et c'est seulement le 6 août, après minuit, qu'il est venu mouiller à un quart de lieue de la côte, en face de Vimereux, petit port situé à environ quatre kilomètres au nord de Boulogne.

Le complot présente encore beaucoup moins de chances de succès que celui de Strasbourg. A Strasbourg, Louis Bonaparte pouvait au moins compter sur le chef d'un des régiments, le colonel Vaudrey. A Boulogne, il n'aura pour complice qu'un seul officier de la garnison, le lieutenant Aladenize, du 42e de ligne. Le prince s'imagine que ce lieutenant lui suffira pour entraîner tout le régiment, qu'il se rendra ensuite à Lille, que le général Magnan, commandant le département du Nord, le suivra, et que, partout acclamé sur son passage par les troupes et la population, il fera jusqu'à Paris une marche triomphale. Autant d'illusions qui vont être déçues aussi cruellement que rapidement. La partie est perdue, avant même d'avoir été commencée. Jamais l'avortement d'une entreprise n'aura été plus lamentable.

De deux à trois heures du matin, un canot se détache du navire et fait quatre voyages successifs pour amener à terre tout le personnel de l'expédition. Des douaniers surviennent. Malgré toutes les instances, toutes les promesses d'argent, ils refusent de se joindre aux conjurés. Ceux-ci continuent leur route et arrivent à Boulogne vers cinq heures du matin. Premier échec sur la place d'Alton, où un poste composé d'un sergent et de quatre hommes refuse, comme l'ont fait les douaniers, sa participation au complot. On arrive à la caserne du 42e de ligne. Secondé par le lieutenant Aladenize, le prince essaie de séduire les soldats. Des cris de : Vive l'Empereur ! retentissent. Mais le capitaine Puygelier s'écrie : « Soldats, on vous trompe. Vive le Roi ! » Et il parvient à refouler les conjurés en dehors de la caserne, dont il fait fermer les portes. Le prince et ses complices essaient alors de soulever le peuple, mais sans plus de succès. Après avoir tenté inutilement de pénétrer dans le château, ils se décident à se rendre à la colonne de la Grande-Armée, située à environ un kilomètre de la ville. On monte au sommet de cette colonne, et l'on y fait flotter le drapeau impérial. Mais un détachement du 42ᵉ de ligne apparaît et met les conjurés en fuite. Le prince veut se faire tuer, au pied même de la colonne; ses amis l'en empêchent et l'entraînent. La plupart des conjurés, poursuivis par la troupe et par la garde nationale, arrivent jusqu'au rivage et y sont arrêtés. Le prince et quelques-uns de ses complices se jettent à la mer dans l'espoir d'atteindre à la nage un canot. Mais les soldats et les gardes nationaux tirent presque à bout portant sur les nageurs. Le prince est atteint d'une balle qui se perd dans son uniforme. Le sieur Viengiki est grièvement blessé. Le colonel Voisin reçoit deux balles. Le capitaine d'Hunio se noie. Le sieur Faure est tué. Le lieutenant du port, M. Pollet, monte dans un canot avec cinq hommes et deux gendarmes et il s'empare du prince et des autres nageurs épuisés de fatigue, parmi lesquels M. de Persigny, le colonel Voisin, le docteur Conneau et M. de Mésonan. On débarque le prince, on le conduit en voiture au château, où il obtient l'autorisation de se coucher immédiatement. Tous les conjurés sont prisonniers. Il est huit heures du matin. L'échauffourée a duré environ trois heures. Le sous-préfet adresse au ministre de l'Intérieur cette dépêche : « Louis Bonaparte est arrêté. Il vient d'être transféré au château, où il sera bien gardé. La conduite de la population, de la garde nationale et de la troupe de ligne a été admirable. »

M. Guizot avait quitté Londres le 6 août, laissant la gérance de l'ambassade au baron de Bourqueney, qui devint, sous le règne de Napoléon III, ambassadeur à Vienne et second plénipotentiaire de France au Congrès de Paris. Celui-ci écrivait à M. Molé le 7 août : « Le grand événement de la journée d'hier est la nouvelle répandue du débarquement de Louis-Napoléon à Boulogne. Les rapports sont parvenus par un exprès au *Morning Post*, qui a publié une troisième édition. L'impression a d'abord été celle d'une incrédulité absolue dans la folie d'une semblable entreprise, et dans le monde, où j'ai cru devoir paraître le soir, ne fût-ce que pour afficher le plus profond mépris pour une aussi absurde tentative, je n'ai rencontré que des gens convaincus que la nouvelle était une pure spéculation de bourse. Cette nuit, les détails sont arrivés. » On avait fait courir le bruit qu'avant de quitter l'Angleterre le prince Louis avait vu lord Palmerston. Ce dernier fit démentir ce bruit par le journal ministériel le *Globe*. Il dit, en outre, à M. de Bourqueney : « Vous connaissez le laisser aller des habitudes officielles anglaises, et vous savez que nous eussions pu, moi et mes collègues, accorder un rendez-vous à Louis-Napoléon, nous rencontrer, par chance, en maison tierce, avoir enfin avec lui je ne sais quels rapports de hasard, ou de société. Eh bien ! il n'en est rien. *Je vous jure sur l'honneur* que nous n'avons pas aperçu la figure de Louis-Napoléon ou d'un seul des aventuriers qui l'entouraient. Il m'est démontré que la nouvelle d'une visite, faite ou reçue, a été imaginée d'ici et transmise aux journaux français, soit pour accréditer le mensonge d'un appui indirect, soit pour aigrir et compromettre les relations de nos deux gouvernements. » Le vaincu de Boulogne était renié par tous les hommes d'Etat, étrangers ou français.

M. Guizot raconte dans ses Mémoires qu'en arrivant, le 7 août, au château d'Eu, il trouva le Roi, M. Thiers et tout leur entourage à la fois très animés et très tranquilles sur tout ce qui venait de se passer. « Ils y voyaient, en même temps, l'explosion et la fin des menées bonapartistes ; on s'en étonnait et on s'en moquait. Quel bizarre spectacle, disait-on, Louis-Napoléon se jetant à la nage pour regagner un misérable canot au milieu des coups de fusil de la garde nationale de Boulogne, pendant que le fils du Roi et deux frégates françaises voguent à travers l'Océan pour aller chercher à Sainte-Hélène ce qui reste de l'empereur Napoléon ! »

A Paris, les journaux accueillirent l'aventure de Boulogne avec un dédaigneux mépris. Voici ce qu'on lisait, le 8 août, dans trois des principaux organes de l'opinion publique.

Le *Journal des Débats* : Ceci passe la comédie. On ne tue pas les fous, mais on les enferme.

Le *Constitutionnel* : Dans cette misérable affaire, l'odieux le dispute au ridicule. Louis Bonaparte aura la honte de n'être qu'un criminel grotesque.

La *Presse* : Le fils de l'ex-roi de Hollande n'a pas plus d'esprit que de cœur. Il n'est pas même un chef de parti, il n'en est que la méchante caricature.

Les journaux étrangers ne se montraient pas plus indulgents. Le correspondant du *Times* écrivait : « Je viens de voir Louis-Napoléon. Le pauvre diable est dans un triste état. Il a manqué de se noyer, et les balles l'ont serré de près. S'il en avait reçu une, c'eût été, après tout, la meilleure fin d'un aussi mauvais imbécile. » Seules les feuilles radicales de Paris, telles que le *National* et le journal de Louis Blanc, la *Revue du Progrès*, affectèrent de couvrir le vaincu de leur protection un peu hautaine.

Il y eut aussi une femme qui éleva la voix, non pour justifier le prince. mais pour plaider en sa faveur les circonstances atténuantes. Ce fut Mme Emile de Girardin. Elle écrivit dans une de ses *Lettres parisiennes* alors à la mode : « Malheureux proscrit! il veut conquérir la France pour avoir au moins le droit de la visiter, et n'avions-nous pas raison de dire : Ce n'est pas un trône qu'il demande, c'est une patrie. Mais cette France, qu'il ne pouvait connaître par elle-même, il croyait pouvoir la juger par ceux qui ont la prétention de la représenter et d'exprimer sa pensée ; il l'étudiait dans nos patriotiques journaux, et cette étude dangereuse a causé ses torts et ses malheurs. » Mme de Girardin concluait ainsi : « Eh ! quoi, tous les journaux de France ont crié pendant deux ans à cet exilé : — La France périt dans l'esclavage ; elle est ruinée, méprisée, déshonorée, désespérée, trahie, vendue, perdue ! — Et maintenant, ils osent le trouver coupable d'être venu à son secours ! Hélas ! ils ont raison, car en politique, c'est un crime que d'écouter deux fois des imposteurs. »

Le prince fut transféré de Boulogne au fort de Ham, où il arriva le 9 août. Le même jour, une ordonnance royale le déférait, lui et ses complices, à la juridiction de la Chambre des pairs. La plupart des journaux critiquaient cette décision et soutenaient que c'était le jury qui aurait dû être saisi de l'affaire. Mais on lisait dans le *Journal des Débats* : « Comme prétendant au trône, M. Louis Bonaparte est ridicule, nous le savons, ridicule aux yeux de tout le monde ; accusé, il ne serait pas impossible peut-être que le neveu de l'Empereur trouvât un second jury de Strasbourg ; c'est une chance, quelque peu probable qu'on la suppose, à laquelle le Gouvernement aurait été insensé et coupable de s'exposer. » Le prince, après être resté trois jours dans la citadelle de Ham, fut conduit à Paris, où il arriva dans la nuit du 12 au 13 août, et fut incarcéré à la Conciergerie.

XXI

LA CONCIERGERIE

Napoléon III donnait souvent ce conseil aux grands personnages étrangers qui voulaient visiter Paris : « Allez à la Conciergerie, leur disait il, c'est très intéressant. » Lui-même y avait été prisonnier, et il en avait conservé un ineffaçable souvenir. S'il y a, en effet, un endroit au monde fait pour inspirer des réflexions philosophiques sur les vicissitudes du sort et la cruauté du destin, c'est bien cet ancien palais de saint Louis, ce palais dont les souterrains avaient jadis servi de fondation à la haute tour quadrangulaire de qui relevaient tous les fiefs du royaume, et qui est devenu un lieu d'angoisse et de terreur. Depuis un siècle, le martyrologe de notre histoire est inscrit sur ses pierres fatales. Toutes les dynasties et tous les partis y ont eu leurs victimes. La branche aînée des Bourbons y a été représentée par Marie-Antoinette et Madame Elisabeth ; la branche cadette par Philippe-Egalité ; l'Empire par Louis-Napoléon ; la République par les Girondins, par Madame Roland, par Robespierre, par tant d'autres, républicains ou royalistes qui portèrent leur tête sur l'échafaud.

La situation de Louis-Napoléon à la Conciergerie était douloureuse. Quelle déception amère ! Quel écart entre le rêve et la réalité. Rêver une entrée triomphale aux Tuileries, et être amené prisonnier dans le cachot de Fieschi ! Rêver les acclamations, les fanfares, les hosannahs, les transports d'enthousiasme, et ne trouver que les invectives, les quolibets et les sarcasmes ! Si cuirassé qu'il fût contre les coups de la fortune, le captif eut grand peine à lutter contre le découragement. Dans cet homme d'action, audacieux entre tous, il y avait un côté mélancolique et poétique. André Chénier, prisonnier lui aussi à la Conciergerie, y avait composé ces vers peu de moments avant de partir pour l'échafaud :

> Comme un dernier rayon, comme un dernier zéphyre,
>   Anime la fin d'un beau jour,
> Au pied de l'échafaud, j'essaie encore ma lyre,
>   Peut-être est-ce bientôt mon tour ;
> Peut-être avant que l'heure en cercle promenée
>   Ait posé sur l'émail brillant,
> Dans les soixante pas où sa route est bornée,
>   Son pied sonore et vigilant,

Le sommeil du tombeau pressera ma paupière,
            Avant que de ses deux moitiés,
Le vers que je commence ait atteint la dernière.
            Peut-être en ces murs effrayés
Le messager de mort, noir recruteur des ombres.
            Escorté d'infâmes soldats,
Remplira de mon nom ces longs corridors sombres

Louis-Napoléon, dans les ténèbres de son cachot, songea à un poète, dont il savait par cœur les œuvres, Schiller, et, le 18 août 1840, il traduisit en français la célèbre pièce de vers qui a pour titre : l'*Idéal*.

Voici des fragments de cette traduction : « O temps heureux de ma jeunesse, veux-tu donc me quitter sans retour? Veux-tu t'enfuir sans pitié, avec tes joies et tes douleurs, avec tes sublimes illusions ? Rien ne peut-il donc t'arrêter dans ta fuite ? Tes flots vont-ils irrévocablement se perdre dans la nuit de l'éternité ? Les astres brillants, qui éclairaient mon entrée dans la vie, ont perdu leur éclat; l'idéal, qui gonflait mon cœur ivre d'espérance, s'est enfui. Elle est anéantie, cette douce croyance en des êtres créés par mon imagination ; ces rêves jadis si beaux, si divins, ils sont tombés en proie à la triste réalité ! »

Dans ce poème de Schiller que de choses faisaient penser aux chagrins et au désenchantement du prisonnier ! « Mon étroite poitrine se dilatait par un effort tout-puissant dans un cercle immense, et je voulais entrer dans la vie en paroles et en actions, par les illusions comme par le bruit. Comme il était grand ce monde, tant qu'il ne fut pas éclos à mes yeux ! Mais comme j'ai vu peu de choses s'épanouir ; et ce peu, comme il était petit et mesquin ! »

Le vaincu de Strasbourg et de Boulogne se reconnaissait dans ces lignes : « Avec quelle audace il s'élançait dans la vie, transporté par une noble ardeur, le jeune homme que le délire de ses rêves rendait heureux, et dont aucun souci n'avait encore arrêté la fougue ! Le vol altier des projets l'emportait jusqu'au sommet du firmament ; rien n'était trop loin, pour que dans son ivresse, il ne crût pouvoir l'atteindre. »

Le prisonnier de la Conciergerie s'écriait comme Schiller : « J'ai vu la couronne sacrée de la gloire flétrie sur des fronts vulgaires. Hélas ! le temps heureux de l'amour n'a eu qu'un trop court printemps, et ma route devient de plus en plus déserte. Le silence s'accrut, et c'est à peine si l'espoir jette encore une faible lueur sur mon obscur sentier. »

Louis-Napoléon eut une consolation. En le sachant si malheureux, son père, tout en le blâmant, lui envoya un témoignage de sympathie. Alors le prisonnier écrivit cette lettre : « A la Conciergerie, 6 septembre 1840. Mon cher père, Je ne vous ai pas encore écrit, parce que je craignais de vous affliger. Mais aujourd'hui que j'ai appris l'intérêt que vous m'avez témoigné, je viens vous en remercier, et vous demander votre bénédiction comme la seule chose à laquelle j'attache du prix maintenant. Dans mon malheur, ma plus douce consolation est d'espérer que vos pensées se tournent quelquefois vers moi. Je supporterai jusqu'au bout avec courage le sort qui m'attend, et, fier de la mission que je me suis imposée, je me montrerai toujours digne du nom que je porte et de votre affection. »

Quelques jours après, Louis-Napoléon, toujours dans sa prison, recevait une visite qui le toucha beaucoup. Mme Récamier, bien qu'elle n'eût gardé aucune relation personnelle avec le prince depuis le voyage qu'elle avait fait à Arenenberg en 1832, fut mandée de comparaître devant le juge d'instruction, à l'occasion de l'affaire de Boulogne, et subit un interrogatoire. Cela ne l'empêcha point de s'occuper du captif. Elle sollicita et obtint d'aller le voir. Le « permis de communiquer avec le prince Louis Bonaparte » portait la date du 12 septembre 1840. Il autorisait deux visites. Mme Récamier n'en fit qu'une. Le prince fut très sensible à l'intérêt que cette femme bonne et généreuse lui témoignait. Il l'en remercia vivement, et la reconduisit aussi loin que le permirent les factionnaires.

Le futur souverain de la France conservait, même à la Conciergerie, sa foi dans son étoile. L'idée de comparaître devant des hommes que son oncle avait comblés de bienfaits ne lui déplaisait pas. La feuille bonapartiste, le *Capitole*, disait : « Conçoit-on le neveu de l'Empereur assis sur la sellette en présence de deux cents créatures de l'Empire, à chacune desquelles il peut rappeler dix à douze serments prêtés à sa dynastie et autant de bienfaits reçus de la munificence napoléonienne ? Se figure-t-on, par exemple, le plus grand dignitaire de la pairie, M. Pasquier, rappelant l'illustre accusé à la foi du serment et aux droits de la reconnaissance ? M. Pasquier, l'auditeur du Conseil d'Etat, le maître des requêtes, le procureur général du sceau des titres, l'officier de la Légion d'honneur, le baron, le directeur des ponts et chaussées, le préfet de police de l'Empire ! » Le journal légitimiste, la *Gazette de France*, disait à son tour : « Les accusés seront donc condamnés par les maréchaux et les généraux qui, lors du retour de l'île d'Elbe, ont pris les armes pour une usurpation ! Leur arrêt sera donc signé par MM. Grouchy, Gérard, Soult !... Louis Bonaparte répondra que l'élection de Louis-Philippe a été faite par deux cent dix-neuf députés nommés par cent cinquante mille électeurs, tandis que l'empire héréditaire a eu pour lui quatre millions de suffrages... Lui dira-t-on qu'il n'y a point de sympathies dans le pays pour l'Empire ? Il vous montrera la colonne Vendôme, et le monument que M. Thiers fait élever aux Invalides, et toutes les images étalées dans nos rues... Lui objectera-t-on que, pour le pays, l'Empire n'a pas d'héritier ? Il nous répondra : Qu'en savez-vous ? »

Le 19 août 1840, une commission d'instruction nommée par la Chambre des pairs, et composée du chancelier Pasquier, du duc Decazes, du comte Portalis, du baron Girod de l'Ain, du maréchal Gérard et de M. Persil, s'était rendue à la Conciergerie et avait interrogé le prince et les autres accusés depuis midi jusqu'à cinq heures. Le 15 septembre, M. Persil, désigné comme rapporteur, soumit son travail à la Chambre des pairs, et, le 16, la haute assemblée rendit contre Louis Bonaparte et ses complices un arrêt de mise en accusation pour crime d'attentat à la sûreté de l'Etat. Le prince attendait impatiemment l'heure de paraître devant ses juges. A ses yeux, la sellette de l'accusé serait un piédestal du haut duquel il pourrait adresser *urbi et orbi* des paroles solennelles qui auraient du retentissement non seulement en France, mais dans le monde entier. Il passerait des ténèbres à la lumière.

XXII

LA COUR DES PAIRS

Les débats s'ouvrirent au palais du Luxembourg, siège de la Chambre des pairs, le 28 septembre 1840. Il n'y avait que très peu de curieux aux abords de l'édifice. Le public parisien se passionnait plus à ce moment pour le procès de Mme Lafargue que pour celui du neveu de l'Empereur.

Louis-Napoléon, en habit, gilet blanc, cravate noire, et portant la plaque de la Légion d'honneur, fit son entrée dans la salle, suivi de son défenseur, Me Berryer, le célèbre *leader* légitimiste. Après la lecture de l'acte d'accusation le prince demanda la parole, lut une assez longue déclaration dont voici le début : « Pour la première fois de ma vie, il m'est enfin permis d'élever la voix en France et de parler librement à des Français. Malgré les gardes qui m'entourent, malgré les accusations que je viens d'entendre, plein des souvenirs de mon enfance, en me trouvant dans ces murs du Sénat, au milieu de vous que je connais, messieurs, je ne peux pas croire que j'aie besoin de me justifier, ni que vous puissiez être mes juges. Une occasion solennelle m'est offerte d'expliquer à mes concitoyens ma conduite, mes intentions, mes projets, ce que je pense, ce que je veux. »

Le prince exposa ensuite la doctrine plébiscitaire : « Depuis cinquante ans que le principe de la souveraineté du peuple a été consacré en France par la plus puissante révolution qui se soit faite dans le monde, jamais la volonté nationale n'a été proclamée aussi solennellement, n'a été consacrée par des suffrages aussi nombreux et aussi libres que par l'adoption des constitutions de l'Empire. La nation n'a jamais révoqué ce grand acte de sa souveraineté, et l'Empereur l'a dit : —Tout ce qui a été fait sans elle est illégitime... — J'ai pensé que le vote de quatre millions de citoyens qui avaient élevé ma famille nous imposait le devoir de faire appel à la nation et d'interroger sa volonté... La nation eût répondu : république ou monarchie, empire ou royauté. De sa libre décision dépend la fin de nos maux, le terme de nos dissensions. »

L'accusé assumait sur lui seul la responsabilité de ce qu'il avait fait : « Quant à mon entreprise, disait-il, je n'ai point eu de complices. Seul j'ai tout résolu, personne n'a connu à l'avance ni mes projets, ni mes ressources, ni mes espérances. Si je suis coupable, c'est envers mes amis seuls. Toutefois, qu'ils ne m'accusent pas d'avoir abusé légèrement de courages et de dévouements comme les leurs. Ils comprendront les motifs d'honneur et de prudence qui ne me permettaient pas de révéler à eux-mêmes combien étaient étendues et puissantes mes raisons d'espérer un succès. »

La déclaration se terminait ainsi : « Un dernier mot, messieurs. Je représente un principe, une cause, une défaite : le principe, c'est la souveraineté du peuple ; la cause, celle de l'Empire ; la défaite, Waterloo. Le principe, vous l'avez reconnu ; la cause, vous l'avez servie ; la défaite, vous voulez la venger. Non, il n'y a pas de désaccord entre vous et moi, et je ne veux pas croire que je puisse être dévoué à porter la peine des défections d'autrui.

« Représentant d'une cause politique, je ne puis accepter comme juge de mes volontés et de mes actes une juridiction politique. Vos formes n'abusent personne. Dans la lutte qui s'ouvre il n'y a qu'un vainqueur et un vaincu. Si vous êtes les hommes du vainqueur, je n'ai pas de justice à attendre de vous, et je ne veux pas de votre générosité. »

Un des juges, le général de Ségur, a écrit dans ses Mémoires : « Ce discours, quand on le relira, fera quelque effet. Il en produisit peu sur l'auditoire : soit réprobation du fait qu'il tendait à justifier, soit désaccord entre l'attitude et les paroles, et parce qu'il fut froidement prononcé... Nous vîmes le prince singulièrement peu soucieux de l'effet qu'il produisait sur notre assemblée. J'ajouterai que, pendant les débats, sa physionomie nous sembla sans expression, son regard sans feu, son attitude simple, sans embarras, et d'une fermeté même assez digne, mais calme jusqu'à l'impassibilité, autre anomalie singulière, autre contraste inattendu avec l'impatiente témérité de ses coups de tête. »

L'accusé n'avait pas essayé de séduire ses juges. Se sentant condamné à l'avance, il s'était adressé, dans son discours, non pas à eux, mais à la France.

Les audiences du 28 et du 29 septembre, ainsi qu'une partie de celle du 30, furent consacrées aux interrogatoires et à l'audition des témoins. Le 30, le procureur général Frank-Carré, dans son réquisitoire, dit au prince : « L'épée d'Austerlitz est trop lourde pour vos mains débiles. Le nom de l'Empereur, sachez-le bien, appartient plus à la France qu'il ne vous appartient à vous. » Le même jour, Mᵉ Berryer prit la parole pour défendre Louis-Napoléon.

Le grand orateur légitimiste, toujours habile

dans l'art de concilier les exigences de sa situation personnelle avec celles des causes dont il était chargé, avait accepté volontiers le rôle d'avocat d'un Bonaparte, pour avoir une occasion de critiquer l'origine et les tendances du gouvernement de Louis-Philippe. Il cherchait à rendre ce gouvernement lui-même responsable de la propagande bonapartiste : « La tombe du héros, s'écria-t-il, on est allé l'ouvrir ! On est allé remuer ses cendres pour les transporter à Paris ! Est-ce que vous ne comprenez pas ce que de telles manifestations ont dû produire sur le jeune prince ? Le besoin de ranimer les souvenirs de l'Empire a été si grand que sous le règne d'un prince qui, dans d'autres temps, avait demandé à porter les armes contre les armées impériales et à combattre celui qu'il appelait l'usurpateur corse, le ministère a dit : — Il fut le légitime souverain de notre pays ; — et vous ne voulez pas que ce jeune homme se soit dit : « Le nom qu'on fait retentir, c'est à moi qu'il appartient. » L'avocat s'éleva ensuite avec violence contre ce que l'opposition d'alors appelait les défaillances de la politique extérieure du gouvernement, et voulut y chercher une circonstance atténuante, sinon une justification, en faveur de son client. Dans sa péroraison, il adressa cette apostrophe aux pairs de France : « Vous faites allusion à la faiblesse des moyens, à la pauvreté de l'entreprise, au ridicule de l'espérance du succès. Eh bien ! si le succès fait tout, la main sur la conscience, devant Dieu, dites : — S'il eût réussi, s'il eût triomphé, ce droit, je l'aurais nié, j'aurais refusé toute participation à ce pouvoir, je l'aurais méconnu, je l'aurais repoussé. — Moi, j'accepte cet arbitrage suprême, et quiconque d'entre vous, devant Dieu, devant le pays, me dira : — S'il eût réussi, je l'aurais nié, — celui-là, je l'accepte pour juge. »

Le 1er octobre, le lieutenant du 42e de ligne Aladenize fut défendu par Me Jules Favre. Comme son confrère légitimiste Berryer, l'avocat républicain critiqua amèrement la politique étrangère du gouvernement de Juillet : « Cette voûte, dit-il, retentit encore des mâles accents d'une voix puissante qui vous retraçait, hier, la complète pusillanimité d'un système indigne d'une grande nation... A ceux qui se préoccupent de la dignité du pays et de sa grandeur, à ceux qui voudraient que le nom français fût partout le plus puissant et le plus respecté comme il est le plus généreux, il est permis de s'affliger et de se reporter vers les époques de notre gloire. Ces sentiments, Messieurs les pairs, furent ceux d'Aladenize. Dans sa sphère modeste, il supportait impatiemment les misères du présent, et il appelait de tous ses vœux un avenir qui pût réaliser ses rêves de grandeur nationale. » Me Jules Favre représentait son client comme un combattant de Juillet désabusé, comme un patriote désespéré de ne pas voir encore la France planter son drapeau sur les bords du Rhin, et, faisant allusion aux menaces de guerre, il s'écriait dans sa péroraison : « Vous permettrez à Aladenize, lorsque le jour sera venu, de marcher sous les ordres de ces vétérans de la victoire que j'aperçois devant moi, et qui, au besoin, n'auraient pas oublié le chemin des capitales de l'Europe. »

La Cour des pairs rendit son verdict le 6 octobre. Louis-Napoléon fut condamné à l'emprisonnement perpétuel dans une forteresse située sur le territoire continental du royaume ; le lieutenant Aladenize, à la déportation ; le général de Montholon, MM. Parquin, Lombard, de Persigny, chacun à vingt ans de détention ; neuf autres accusés, à des peines variant depuis quinze années de détention jusqu'à deux ans d'emprisonnement. Le même jour, le prince adressa à M. Berryer une lettre où il lui disait : « J'ignore ce que le sort me réserve, j'ignore si je serai jamais dans le cas de vous prouver ma reconnaissance, j'ignore si vous voudrez en accepter des preuves ; mais, quelles que soient nos prétentions réciproques, en dehors de la politique et de ses désolantes obligations, nous pouvons toujours avoir de l'estime et de l'amitié l'un pour l'autre ; et je vous avoue que si mon procès ne devait avoir eu d'autres résultats que de m'attirer votre amitié, je croirais encore avoir immensément gagné, et je ne me plaindrais pas de mon sort. » Le lendemain, 7 octobre 1840, Louis-Napoléon était incarcéré dans le fort de Ham.

XXIII

LA FORTERESSE DE HAM

Ham est une ville de quatre mille âmes, située dans le département de la Somme. A droite, en arrivant de la ville, on voit apparaître une vaste forteresse dont l'origine remonte au VIIIe siècle, et dont le donjon fut construit par Louis de Luxembourg, connétable de Saint-Pol, sous le règne de Louis XI. La citadelle a la forme d'un grand carré flanqué de quatre tours rondes reliées ensemble par trois remparts. Il n'y a qu'une seule porte. Elle se trouve du côté de la ville, et l'on y pénètre par un pont-levis jeté sur un fossé desséché. Au sud et à l'est, les murs de la forteresse sont baignés par le canal de Saint-Quentin. Au milieu de l'enceinte s'élèvent deux constructions en briques, qui servent de casernes. A l'extrémité de l'une d'entre elles, en face de la porte de la forteresse et près de l'autre côté du rectangle, on a bâti une sorte de poste-caserne qui ressemble à ceux des fortifications de Paris. Toutes les fenêtres en sont grillées. C'est là qu'on enfermait les prisonniers d'Etat. C'est là que Louis-Napoléon sera incarcéré.

Le même bâtiment fut, depuis la fin du mois de décembre 1830 jusqu'à l'amnistie de 1836, la prison de quatre ministres de Charles X, signataires tous les quatre des ordonnances qui amenèrent la chute du trône : le prince de Polignac, le comte de Peyronnet, M. de Chantelauze et le comte de Guernon de Ranville. L'un d'eux, M. de Peyronnet, écrivait, le 28 août 1831, ces lignes reproduites par le journal la *Quotidienne* : « La prison de Ham est fort mal établie et d'ailleurs malsaine. Les brouillards l'enveloppent la moitié du jour. La promenade consiste en un bout de rempart d'une trentaine de toises, où deux personnes, sans plus, peuvent marcher de front. »

Louis-Napoléon, condamné à un emprisonnement perpétuel, arriva dans la forteresse de Ham, le 7 août 1840. Par une étrange coïncidence, c'était précisément le jour où la *Belle-Poule* commandée par un fils du roi Louis-Philippe, paraissait en vue de l'île de Sainte-Hélène, où elle allait chercher les cendres de l'empereur Napoléon pour les ramener triomphalement en France.

Ce n'était pas la première fois que Louis Bonaparte se trouvait prisonnier à Ham. Ainsi que nous l'avons déjà dit, il y avait été enfermé pendant quatre jours tout de suite après l'échauffourée de Boulogne. Il était arrivé le 8 août, entre minuit et une heure du matin, dans une voiture qu'escortaient des dragons, et par une nuit tellement obscure qu'il avait fallu éclairer au flambeau les postillons pour les faire atteindre la porte de la prison. Le général carliste Cabrera y était alors détenu. On l'avait fait descendre dans la pièce du rez-de-chaussée portant le n° 1, pour donner au prince les chambres du premier étage qui portaient les n°s 7 et 9. Dans son curieux ouvrage intitulé : *Louis-Napoléon prisonnier au fort de Ham*, M. Hachet-Stouplet a raconté qu'à ce moment le commandant de gendarmerie Lardenois, craignant que le prince ne cherchât à se tuer, lui défendit de se raser lui-même, et lui fit remettre un vieux couteau ébréché qui depuis longtemps ne coupait plus. Il proscrivit en même temps les livres, les plumes et les crayons. Cependant, même dans cette cruelle situation, Louis-Napoléon espérait encore. Il écrivit avec un charbon sur un des murs de sa chambre : « La cause napoléonienne est la cause des intérêts du peuple; c'est la cause européenne; tôt ou tard elle triomphera. » Et plus bas : « Parti d'Angleterre le 4 août. Arrivé devant Vimereux le 5 août. Débarqué à Boulogne le 6 août. A Boulogne, le 7 août. A Ham, le 8 août. »

Revenu dans la forteresse de Ham le 7 octobre, le prince y fut incarcéré dans les mêmes chambres qu'il avait déjà occupées. S'il était mal logé, il était bien gardé. Quatre cents hommes d'infanterie occupaient les casernes de la forteresse, et soixante factionnaires répandus de tous côtés observaient une consigne sévère. A Boulogne, parmi les officiers qui s'étaient fait le plus remarquer par leur fermeté contre le prince, figurait le commandant de la place, le capitaine Demarle. C'est pour cela qu'il fut choisi comme commandant du fort et de la ville de Ham. Il était chargé d'exercer la surveillance la plus rigoureuse sur les faits et gestes du prisonnier, et il en rendait compte minutieusement au ministre de l'Intérieur.

Les débuts de la captivité du prince furent très pénibles. Aucun compagnon n'avait été laissé auprès de lui. Mais cette rigueur ne tarda point à s'adoucir, et le gouvernement lui accorda la précieuse faveur d'avoir à ses côtés trois de ses amis les plus dévoués. Il fut rejoint dans sa prison par le docteur Conneau le 11 octobre 1840, par le général de Montholon le 16 du même mois, et par Charles Thélin le 25 mai suivant. Le général et le docteur avaient été condamnés l'un à vingt ans d'emprisonnement, l'autre à cinq, et Charles Thélin, le fidèle serviteur du prince, avait été acquitté. Tous trois sollicitèrent et obtinrent l'autorisation d'être incarcérés avec lui. Aucuns courtisans du malheur ne pouvaient lui être plus agréables.

Né en 1783, le général comte de Montholon appartenait à une ancienne famille militaire distinguée, il s'était signalé en Italie, à Austerlitz, à Iéna, à Friedland, à Wagram. Aide de camp de l'Empereur pendant les Cent-Jours, il l'accompagna à Sainte-Hélène. Le 30 avril 1821, comme après avoir beaucoup écrit sous la dictée de Napoléon, qui devait mourir cinq jours plus tard, il était épuisé, le général Bertrand lui proposa de le remplacer au chevet du malade, « Montholon me suffit, dit alors l'Empereur. C'est votre faute si je me suis accoutumé à ses soins qui sont ceux d'un fils. Aujourd'hui je n'en veux plus d'autres. C'est lui qui recevra mon dernier soupir; ce sera la récompense de ses services. » Le général de Montholon fut un des exécuteurs testamentaires de l'Empereur et le dépositaire de ses manuscrits. Revenu en Europe, il publia en 1823 les Mémoires pour servir à l'histoire de France sous Napoléon écrits sous sa dictée. Dévoué au neveu comme il l'était à l'oncle, il prononça devant la Cour des pairs ces paroles, pour se justifier d'avoir pris part à l'expédition de Boulogne : « J'ai reçu le dernier soupir de l'Empereur; je lui ai fermé les yeux, c'est assez expliquer ma conduite. »

Le docteur Conneau était profondément attaché à Louis-Napoléon. Après avoir été le secrétaire de l'ancien roi de Hollande, il avait fait à Florence ses études médicales. En 1831 il prit part à l'insurrection des Romagnes. De là il se rendit en France, d'où il écrivit au prince Louis pour demander des lettres de recommandation. Le prince lui répondit en l'invitant à venir à Arenenberg, où le docteur fut si bien accueilli par la reine Hortense qu'il ne voulut plus la quitter. Les lignes suivantes se trouvent dans le testament de la reine : « Je donne à M. le docteur Conneau vingt mille francs de gratification et une montre, comme souvenir de son dévouement à venir me soigner. Je désire beaucoup que mon fils puisse le garder. » — « Ce dernier vœu, Messieurs, dit Me Barillon, en défendant le docteur devant la Cour des pairs, a été religieusement observé ; car sur ce banc de douleur vous apercevez Conneau à côté du fils de sa bienfaitrice. » Blondel ne fut pas plus fidèle à Richard-Cœur-de-Lion que le docteur Conneau à Louis-Napoléon.

Quant à Charles Thélin, c'était le modèle des serviteurs. Au moment où il voyait le prince s'enfuir vers la plage de Boulogne, il avait fait tout ce qui était en son pouvoir pour le sauver et pour lui permettre de se rembarquer. Thélin aimait mille fois mieux la captivité avec son maître que la liberté sans lui. M. Capo de Feuillide a écrit : « Thélin s'honore depuis son enfance du titre et des fonctions de valet de chambre du prince; le prince l'élève à lui par le titre d'ami. »

Voici, d'après M. Hachet-Stouplet, comment furent installés, dans le bâtiment de la forteresse qui leur était réservée, Louis-Napoléon, le général de Montholon et le docteur Conneau :

Rez-de-chaussée.

Porte.
N° 1. Pièce servant de chapelle.
N° 2. Bureau du général de Montholon.
N° 3. Salle de bains.
N° 3. Chambre à coucher du général.
N°ˢ 5 et 6. Corps de garde.
Escalier.

Premier étage.

N° 7. Cabinet de travail du prince.
N° 8. Chambre à coucher du docteur Conneau.
N° 9. Chambre à coucher du prince.
N°ˢ 10 et 11. Pièces dont les portes étaient condamnées.
N° 12. Laboratoire.
Escalier.

Le sol des pièces était carrelé, très inégalement; il y avait des trous aux plafonds; les tentures étaient en lambeaux; les fenêtres fermaient mal.

Cependant le prince ne se plaignait pas de son

nouveau gîte. « Je suis maintenant installé, écrivait-il à Mme Salvage, le 16 octobre 1840 ; j'ai un bon lit, des rideaux blancs, une table ronde, une commode et six chaises. » Il avait, en outre, dans sa chambre, une petite glace de six centimètres sur dix, un poêle en faïence et deux tablettes en sapin, sur lesquelles étaient placés des objets de toilette, en argent, aux armes impériales.

La pièce portant le n° 7, qui servait à la fois au prince de cabinet de travail et de salon, avait pour mobilier un bureau en acajou, une vieille commode, un canapé, un fauteuil, quatre chaises de paille et un paravent que le prisonnier avait mis là pour se préserver des courants d'air. Il s'était amusé à décorer ce paravent avec des caricatures du *Charivari* soigneusement découpées. Peu à peu il ajouta à ce mobilier quelques gravures relatives à l'histoire de l'Empire, un portrait de sa mère, les bustes de Napoléon et de Joséphine par Charvet et un certain nombre de livres et de journaux, notamment une collection du *Moniteur* et cinquante volumes du *Journal des Débats*. Livres et journaux étaient placés sur des planches de bois blanc fixées au mur. Nous verrons plus tard l'usage que le prisonnier fit d'une de ces planches. Le comte de Rémusat, ministre de l'Intérieur, accorda un crédit de six cents francs pour faire quelques réparations absolument nécessaires, et l'on fixa à sept francs par tête la nourriture quotidienne des captifs. Leur cuisine était faite par le portier-consigne qui servait de cantinier. Le prince était vêtu soit d'une capote militaire avec un bonnet de police, soit d'une redingote bleue, avec un képi rouge garni de ganses d'or. Il se levait tous les matins à six heures, et travaillait jusqu'au déjeuner, c'est-à-dire jusqu'à dix heures. Il se promenait ensuite quelques instants sur les remparts, puis reprenait ses travaux jusqu'à l'heure du dîner. Le soir, il jouait au whist ou aux échecs avec le général de Montholon et le docteur Conneau. Tous les dimanches le curé de Ham venait lui dire la messe dans la pièce du rez-de-chaussée portant le n° 1, et qui servait de chapelle. Du haut de ses fenêtres garnies de barreaux et presque adossées aux remparts, dont le voisinage interceptait à la fois l'air du dehors et la lumière du jour, le prince apercevait une ligne de courtines au faîte desquelles on montait par des pentes gazonnées. Au milieu de la cour, il y avait, comme par une ironie du sort, un arbre de la liberté planté en 1793 par un membre de la Convention (Bourdon de l'Oise).

Louis-Napoléon se plaignit d'abord assez vivement du sort qui lui était fait. Il écrivait à M. Vieillard, le 22 mai 1841 : « Pendant les neuf mois que j'ai passés dans les mains du gouvernement français, je me suis patiemment soumis à ses indignes traitements en tous genres;

je ne veux pas cependant garder un plus long silence, qui semblerait une adhésion aux mesures oppressives dont je suis l'objet...

« Que le gouvernement agisse à mon égard comme un ennemi, qu'il me prive des moyens de lui nuire, je n'aurai pas me plaindre, mais sa conduite sera inconséquente s'il me traite comme un prisonnier ordinaire, moi, fils de roi, neveu d'un empereur et allié à tous les souverains de l'Europe.

« Durant les premiers mois de ma captivité, toute espèce de communication avec le dehors m'était interdite, et, au dedans, j'étais astreint à l'isolement le plus complet. Depuis que plusieurs personnes ont été autorisées à me voir, ces mesures restrictives d'intérieur ne peuvent plus avoir d'objet, et c'est cependant lorsqu'elles sont devenues inutiles qu'on affecte d'en augmenter la valeur. Tout ce qui sert à mon usage personnel, chaque jour, est soumis à l'examen le plus minutieux... Un tel système de terreur a été mis en œuvre dans la garnison et parmi les employés du château que nul n'ose lever les yeux sur moi, et qu'il faut à un homme beaucoup de courage pour être simplement poli. Comment en serait-il autrement, lorsqu'un regard est considéré comme un crime et que ceux qui voudraient adoucir ma position, sans manquer à leur devoir, sont dénoncés à l'autorité et menacés de perdre leur place ? Au milieu de cette France que le chef de ma famille a rendue si grande, je suis traité comme l'était un excommunié du XIIIe siècle... Par une foule de moyens trop longs à énumérer, il semble que l'on prenne à tâche de me faire sentir ma captivité à chaque minute du jour, et de faire retentir ce cri funèbre et incessant : *Malheur aux vaincus !* »

La conclusion de la lettre était celle-ci : « Le traitement que j'endure est donc à la fois injuste, illégal et inhumain. Si l'on croit arriver ainsi à me réduire, on se trompe. Ce n'est pas l'outrage, c'est la bienveillance qui subjugue les cœurs de ceux qui savent souffrir. »

De pareilles plaintes étaient exagérées. Si l'on se place au point de vue du gouvernement, on doit, en effet, reconnaître que les autorités de Ham prirent, non pas trop, mais trop peu de précautions contre le prisonnier. Avec une surveillance plus sévère son évasion eût été impossible. Il faut avouer que Louis-Napoléon fut traité avec ménagements. On laissa auprès de lui deux de ses meilleurs amis : le général de Montholon et le docteur Conneau, et un domestique d'un dévouement absolu, Charles Thélin. On permit à ce dernier de sortir de la forteresse, pour aller faire des courses dans la ville. Un grand nombre de personnes furent autorisées à faire des visites au prince : MM. Louis Blanc, Laity, Vieillard, Fouquier d'Hérouel, Degeorge, Calixte Souplet, Pauger, Capo de Feuillide,

Poggioli, le baron Larrey, lord Malmesbury, sir Robert Peel, lady Cramford, etc.

On permit au prisonnier de correspondre avec plusieurs journaux de province dans lesquels il publia un grand nombre d'articles politiques. On lui concéda, sur le rempart conduisant à la grande tour, un jardin d'une quarantaine de mètres, où il cultivait des fleurs. C'est à propos de ce jardin qu'il écrivait à M. Vieillard, le 20 février 1841 : « Ce qui m'occupe beaucoup maintenant, c'est le jardinage. J'ai pu, sur une courtine, labourer un petit espace de terre, et j'y plante force graines et arbustes. Ce plaisir, que je trouve à remuer quelques mètres cubes de terre, me fait penser que notre nature a bien des ressources et des consolations inconnues à ceux qui furent toujours heureux. Quand nous perdons un sens, la Providence a voulu que sa perte nous fût compensée par la perfection qu'acquièrent ceux qui nous restent. De même, celui qui a perdu sa liberté retrouve dans les murs de sa prison, au dedans de son étroite atmosphère, des sources de jouissance qu'il méprisait, lorsque, libre, il foulait indistinctement sous ses pieds les germes de peine comme les germes de bonheur. » Les habitants de Ham ne cessaient de faire demander au prince des bouquets de son jardin, et le prince se plaisait à leur en envoyer. C'est au sommet de ce jardin, qui touchait à la grande tour, et qui dominait la campagne, que le prince apercevait d'en haut les passants, et que lui-même était vu d'en bas par une foule de personnes qui s'intéressaient à son sort. C'est ainsi que presque tous les détachements de troupes qui traversaient la ville de Ham s'arrêtaient au pied de la forteresse pour contempler et pour saluer le prisonnier.

On permit aussi à Napoléon d'acheter un cheval et de faire un peu d'équitation dans l'intérieur de la cour. Il s'amusait à lancer au grand galop son cheval sur les glacis et à l'arrêter brusquement au sommet des remparts, sur le bord même du précipice, et la hardiesse du cavalier faisait l'admiration des promeneurs.

Louis-Napoléon distribuait de nombreuses aumônes aux indigents de Ham, et il était dans les meilleurs termes avec le curé de la ville, chargé de ses libéralités. M. Hachet-Souplet raconte qu'on se rappelle encore à Ham que le prince offrait souvent, le jeudi, des goûters aux enfants des pensions et les installait sous un énorme tilleul devenu légendaire. Il lui arriva de leur distribuer des médailles représentant des allégories patriotiques. Mais le recteur de l'Académie d'Amiens trouva cela mauvais; il vint à Ham, et tança vigoureusement les chefs d'institution qui avaient toléré l'accomplissement d'un pareil crime. On peut dire que, pendant sa captivité, le futur empereur développa tous les instincts de conspirateur qui étaient au fond de sa nature. Il s'attacha à séduire tous ceux avec qui il était en rapport, à commencer *par* le commandant de la forteresse. Par sa douceur, son affabilité, sa simplicité, son extrême politesse, il se fit des amis de ses geôliers eux-mêmes. Au dire de M. Fernand Giraudeau, les soldats chargés de le garder, et qui ne devaient ni lui parler, ni le saluer, ni se lever devant lui, s'ingéniaient à lui témoigner secrètement leur sympathie ; plusieurs lui firent même offrir de favoriser son évasion. Chaque semaine, on devait laver les guérites pour effacer les Vive Napoléon ! Vive l'Empereur ! qu'un crayon séditieux, mais anonyme, y écrivait pendant la nuit... Il fallait donc renouveler souvent la petite garnison du fort. On peut dire que le prisonnier prit plus de soin pour se concilier les sympathies de ses gardiens, des soldats et des habitants de la ville de Ham que pour s'emparer plus tard de toute la France.

Le général de Montholon avait obtenu la permission de faire loger auprès de lui sa femme dans la forteresse. C'est là que vint au monde leur fils, le comte de Montholon, actuellement ministre de France à Bruxelles. Celui-ci a recueilli dans l'héritage paternel plusieurs objets se rattachant à la captivité de Ham : une petite pendule en bronze, avec cadran doré, qui représente le Temps et sa faux, avec ces mots inscrits au canif sur le soubassement : Louis-Napoléon,

Ham 1841; deux petits chandeliers et deux petites coupes en bronze qui formaient la garniture de cheminée du prince; l'encrier dont il s'est servi en rédigeant toutes ses lettres et toutes ses œuvres, dans sa prison. Ce qui est plus curieux encore c'est une sépia qui représente la forteresse du côté de la porte d'entrée, et qui est signée « Napoléon L. B. 1840. » Ajoutons les croquis suivants faits par le général de Montholon, qui avait un joli talent de dessinateur : vue à vol d'oiseau de la forteresse (1842); bastion de la tour du connétable de Saint-Pol (le donjon); salon et chambre à coucher du prince; jardin créé et cultivé par lui; chambre à coucher du général; salon de sa femme. Ces dessins ne seraient-ils pas les meilleures illustrations d'une captivité dont elle reconstitue si exactement les décors ? Cette captivité, qui dura le même temps que celle de Sainte-Hélène, est assurément beaucoup moins pathétique, beaucoup moins poétique, mais elle a aussi son intérêt. Le prisonnier de Sainte-Hélène faisait de son rocher le piédestal d'une gloire gigantesque, il y résumait les souvenirs éblouissants de son passé. Le prisonnier de Ham faisait de sa prison un lieu de méditations et d'études, une université, comme il l'a dit lui-même, où il achevait silencieusement son éducation et préparait son avenir politique. La captivité de Sainte-Hélène est un épilogue, celle de Ham un prologue.

XXIV

LES LETTRES DE HAM

Louis-Napoléon écrivit beaucoup. Nous allons jeter un coup d'œil d'abord sur sa correspondance, puis sur les articles de journaux et les ouvrages qu'il publia pendant sa captivité. Le mot de Buffon : « Le style, c'est l'homme » s'applique très bien au prince, et sa correspondance fait comprendre son caractère, ses idées, ses espérances, ses illusions, son mélange de pensées pratiques et de rêves, de tristesse et d'exaltation concentrée.

En 1841, le prisonnier semblait résigné à son sort. Il écrivait à une grande dame anglaise le 13 janvier : « Ici je suis à ma place; avec le nom que je porte, il me faut l'ombre d'un cachot ou la lumière du pouvoir. » Et le 14 août : « Ma vie se passe ici d'une manière bien monotone, car les rigueurs de l'autorité sont toujours les mêmes; cependant je ne puis pas dire que je m'ennuie, parce que je me suis créé des occupations qui m'intéressent. J'écris des réflexions sur l'histoire d'Angleterre, et puis j'ai planté un petit jardin dans un coin de mon réduit... Je ne me plains nullement de la position que je me suis faite, et je m'y résigne complètement. »

Cette même note de résignation se retrouve dans la lettre adressée à M. Vieillard, le 17 décembre 1841 : « Voici bientôt l'année qui finit. Recevez mes vœux pour l'année 1842. Je vous souhaite, ainsi qu'à Mme Vieillard, tout ce qu'un ami souhaite à un ami. Quant à moi, ne me plaignez pas; je n'ai pas le droit d'accuser le sort; mes malheurs sont mon ouvrage, et les déplorer serait me révolter contre moi-même. »

Le prisonnier acceptait avec calme sa situation, mais il demeurait persuadé que sa prison était le vestibule du palais des Tuileries, et il mettait à poursuivre son plan une ténacité que rien ne décourageait. Voici ce qu'il écrivait à M. Vieillard, le 10 juin 1842 : « Vous me dites que je veux faire avancer ma cause par des effets puérils. Eh ! mon Dieu ! le succès dépend d'un nombre d'infiniment petits qui, à la fin seulement, parviennent à faire corps et à compter pour quelque chose. Si vous voyiez un homme abandonné, seul, dans une île déserte, vous lui diriez : — Ne tâchez pas de former avec des troncs d'arbre un esquif que la tempête fera sombrer, attendez que le hasard amène près de vous un navire libérateur. — Moi, je lui dirais : — Employez tous vos efforts à vous créer des instruments avec lesquels vous parviendrez à construire un navire. Cette occupation soutiendra votre moral, et vous aurez toujours un but devant vos yeux. Elle développera vos facultés par les objets que vous aurez à vaincre, elle prouvera, si vous réussissez, que vous êtes au-dessus de la destinée. Lorsque votre navire sera terminé, jetez-vous-y hardiment. Si vous parvenez à toucher le continent, vous ne devrez votre succès qu'à vous-même. Si vous succombez, eh bien, vous aurez trouvé une fin meilleure que si vous vous étiez laissé dévorer par les animaux sauvages ou par l'ennemi. Non, il n'y a rien de puéril dans des efforts, quelque faibles qu'ils soient, quand ils partent toujours du même mobile et qu'ils vont au même but. »

Dans cette curieuse lettre, le prince fait l'apologie de sa conduite depuis 1832. Il rappelle qu'à cette époque il écrivit une brochure sur la Suisse, pour gagner dans l'opinion de ceux avec lesquels il était obligé de vivre ; qu'il s'appliqua ensuite, pendant près de trois ans, à un ouvrage d'artillerie, afin d'acquérir par là quelques cœurs dans l'armée ; que cela lui permit de tenter l'entreprise de Strasbourg ; qu'il fit publier la brochure Laity, afin de donner au Gouvernement français un prétexte pour le faire renvoyer de Suisse ; que son expulsion lui rendait une indépendance morale, qu'il avait pour ainsi dire perdue par une mise en liberté forcée ; qu'à Londres il publia, contre l'avis de tous, les *Idées Napoléoniennes*, afin de formuler le programme de son parti, et de prouver qu'il n'était pas seulement un « hussard aventureux ; » que par les journaux il tenta de préparer les esprits à l'événement de Boulogne, mais que ce n'était pas l'affaire des rédacteurs, qui voulaient vivre de la polémique, et voilà tout, tandis que lui voulait s'en servir.

« Boulogne, ajoute le prince, fut une catastrophe épouvantable pour moi, mais enfin je m'en relève par cet intérêt qui s'attache toujours au malheur, et par cette élasticité inhérente à toutes les causes nationales qui, bien que compromises souvent par les événements, reprennent avec le temps leur première position ».

Conspirateur endurci, bien résolu à conspirer encore, il ne se repent d'aucune de ses entreprises et se félicite même de ses échecs :

« Mais enfin que reste-t-il de tous ces enchaînements de petits faits et de petites peines ? Une chose immense pour moi. En 1832, l'Empereur et son fils étaient morts. Il n'y avait plus d'héritiers de la cause impériale. La France n'en connaissait plus aucun. Quelques Bonaparte paraissaient, il est vrai, çà et là sur l'arrière-scène du monde, comme des corps sans vie, momies pétrifiées ou fantômes impondérables ; mais pour le peuple la lignée était rompue ; tous les Bonaparte étaient morts. Eh ! bien, j'ai rattaché le fil ; je me suis ressuscité de moi-même et avec mes propres forces, et je suis aujourd'hui, à vingt lieues de Paris, une épée de Damoclès pour le Gouvernement. »

Louis-Napoléon reproche à M. Vieillard d'être trop prudent, trop timoré. « Savez-vous, lui dit-il dans la même lettre, la différence qu'il y a entre vous et moi dans l'appréciation de certaines choses ? C'est que vous procédez avec méthode et calcul. Moi, j'ai la foi, cette foi qui vous fait tout supporter avec résignation, qui vous fait fouler aux pieds les joies domestiques, l'envie de tant de monde, cette foi enfin qui seule est capable de remuer les montagnes. »

Parlant ensuite de ses écrits politiques, le prince ajoute :

« J'admets sans peine qu'il y a des écrivains plus habiles que moi. Mais demandez à Bastide, à Louis Blanc, à George Sand, à tous enfin, s'ils ont jamais, en développant leurs idées politiques, touché assez leurs lecteurs pour leur arracher des larmes. Eh ! bien, je suis sûr que cela n'a jamais eu lieu, tandis que j'ai vu et en mille exemples que mes écrits ont produit ce résultat. Et pourquoi ? C'est que la cause napoléonienne va à l'âme ; elle émeut, elle réveille des souvenirs palpitants, et c'est toujours par le cœur qu'on remue les masses, jamais par la froide raison. En résumé, je vais commencer ma revue, et je vous compte comme mon premier abonné ». Journaliste par tempérament et par calcul, Louis-Napoléon, dans sa captivité, ne cessait de songer à la puissance de la presse et aux services qu'il en attendait.

Le prince eut, en 1844, avec un très honorable républicain, M. Peauger, une correspondance curieuse, que le fils de celui-ci, M. Marc Peauger, a publiée. Cette correspondance avait pour but l'achat ou la fondation de journaux parisiens ; elle montre la tactique dont Louis-Napoléon se servait pour essayer de se concilier les démocrates.

Il écrivait le 9 mars 1844 : « Elevé dans des sentiments démocratiques dès que j'eus atteint l'âge où l'on réfléchit, j'admirai le chef de ma famille non seulement comme grand capitaine, mais surtout comme le représentant glorieux de la Révolution française. Je ne vis alors que deux causes distinctes en Europe, celle qui avait vaincu le 14 juillet 1789 et celle qui triompha le 18 juin 1815... Aujourd'hui la question est la même pour moi ; je ne vois que des vaincus et des vainqueurs de Waterloo.

« Convaincu que le Gouvernement actuel ferait le malheur de la France, je me suis résolu à tout entreprendre pour le renverser, bien décidé à laisser ensuite le peuple entier choisir la forme de gouvernement qui lui conviendrait le mieux. Le rôle de libérateur suffisait à mon ambition, et je n'étais pas assez fou pour avoir la prétention de fonder une dynastie sur un sol jonché de tous les débris des dynasties passées. Aujourd'hui, je n'ai et ne peux avoir d'autre ambition que de recouvrer mes droits de citoyen français. Si cependant mes concitoyens croyaient que mon nom est un drapeau utile à opposer à l'Europe féodale, je serais heureux et fier de représenter le plus grand peuple du monde, et de faire mes efforts pour assurer sa prospérité. Mais ce sont des rêves bien éloignés de nous ; le Gouvernement triomphe par la division de ses ennemis, et tant que la division subsistera, il pourra impunément se jouer des grands intérêts de la patrie. »

Tout en cherchant à se rapprocher des républicains, le prince ne partageait pas l'admiration de certains d'entre eux pour les terroristes. Citons ce passage d'une de ses lettres à M. Peauger, en date du 8 septembre 1844. « En général, l'histoire peut absoudre le gouvernement absolu et terrible qui répand le sang des coupables, mais celui qui répand le sang innocent doit être flétri. Je ne puis m'empêcher de penser que si Robespierre eût vécu deux jours de plus, la tête de ma grand'mère, l'impératrice Joséphine, la meilleure des femmes, aurait roulé sur l'échafaud. On pourrait aussi prétendre que la Saint-Barthélemy a pu sauver l'unité française; cependant, qui oserait vanter Charles IX? Je ne partage nullement l'opinion que l'injustice et la cruauté aient jamais été de bons auxiliaires. Une action injuste produit tôt ou tard une réaction tout aussi injuste. »

Dans une autre lettre à M. Peauger (30 septembre 1844), Louis-Napoléon disait qu'un journal franchement napoléonien ne réussirait pas, car, d'après le prince, « il faut présenter un couteau par le manche et non par la lame »; il s'agissait de « fonder un journal d'extrême gauche, qui alliât aux idées démocratiques les souvenirs de l'Empire. » C'est pour cela qu'il avait écrit le 6 juin de la même année à M. Ledru-Rollin : « Je serais heureux d'avoir comme représentant un homme dont les convictions politiques se rapprochent si intimement des miennes. » Il se déclarait en communauté d'idées avec un fervent républicain, tel que M. Peauger. « Je me désespère souvent, lui disait-il dans une lettre du 3 février 1845, de ne plus avoir à ma disposition les ressources que je possédais autrefois, aujourd'hui que j'ai en vous un homme capable de les féconder. Ce qui m'a toujours manqué autrefois, ce sont les hommes ; aujourd'hui, ce sont les moyens. Mais je crois à la fatalité. Si mon corps a échappé miraculeusement à tous les dangers, si mon âme s'est soustraite à tant de causes de découragement, c'est que je suis appelé à faire quelque chose. »

Les lettres que nous venons de citer nous ont montré en Louis-Napoléon l'homme politique, le conspirateur, le publiciste. Celles qui vont suivre nous représentent le côté rêveur, mélancolique et poétique de son caractère. Elles furent adressées en 1844 par le prince à une Française, fille d'un ancien préfet de l'Empire, et habitant Florence, où elle voyait souvent le roi Louis. Elle avait écrit au prince une lettre dont il fut très touché, et qu'il reçut le 5 mai, jour anniversaire de la mort de l'empereur Napoléon. Voici sa réponse, datée du 6 mai 1844 :

« Madame, j'ai reçu hier la lettre que vous avez daigné m'écrire; comme la précédente, elle est venue au milieu des tristes souvenirs d'un triste anniversaire me ranimer à l'espérance, et me dire : Tout n'est pas fini, puisqu'il y a encore un cœur noble et élevé qui s'intéresse à toi! — Vous ne savez pas, vous ne pouvez pas comprendre l'effet que vos lettres ont fait sur moi; comment vous le décrire? J'aurai recours à une comparaison. Vous avez vu sans doute une belle gravure anglaise qui représente Notre-Seigneur marchant sur les flots, et ranimant d'un regard le courage d'un de ses apôtres prêt à disparaître dans l'abîme : — Marche, lui dit-il, la foi sauve. — Eh! bien, votre douce intervention au milieu de ma solitude produit le même effet, à votre voix, j'ai senti mon cœur se réchauffer, et l'atmosphère de ma prison, que l'indifférence des miens et l'inimitié rendent parfois si lourde, m'a semblé plus légère. Je me suis relevé; un rayon d'espoir a brillé dans mon âme, et je me suis senti transporté dans un autre monde. »

Louis-Napoléon tient d'ailleurs à bien établir que jamais le malheur n'est parvenu à le dompter et à briser sa force de caractère. « Ne croyez pas cependant, Madame, ajoute-t-il, que je sois découragé. Non, il y a en moi deux êtres, l'homme politique et l'homme privé; l'homme politique est et restera inébranlable; la haine, la calomnie, la captivité, ne lui arracheront pas une plainte, pas un soupir; mais l'homme privé à son tour est bien malheureux. » Abandonné de tout le monde, de ses anciens amis, de sa famille, de son père même, il se laisse aller souvent à ses souvenirs, à ses regrets; il se voit jeune encore enterré tout vivant; il voudrait sortir, agir, aimer, et tout lui est interdit, sinon la pensée; aussi use-t-il, abuse-t-il même de cette seule faculté qui lui reste.

L'homme sentimental se révèle tout entier dans ces lignes : « Je vous connais à peine, Madame, mais votre souvenir se lie avec celui de l'être que j'ai le plus aimé au monde, mon pauvre frère. Comment donc ne vous aimerais-je pas? Ensuite, quand tout le monde, excepté peut-être les soldats qui me gardent, me montre de l'indifférence, vous, vous venez guérir une de mes profondes blessures en me ramenant l'affection de mon père... Pourquoi ne pas croire à une secrète sympathie qui se communique à de grandes distances comme des fluides électriques? Je crois, moi, à tout ce que j'éprouve, et même à tout ce qui flatte et élève mon âme. Oui, je suis sûr que vous comprenez quels sont les sentiments qui ont guidé mes actions passées, et que vous rendez justice, sinon aux faits, du moins aux intentions. Le vulgaire ne voit, n'approuve que le succès; les esprits élevés scrutent surtout la moralité du but, et alors ils accordent souvent quelques larmes, quelques consolations au vaincu. » Le prince termine ainsi sa lettre : « Si vous ne me répondez pas, c'est que je vous aurai déplu, c'est que je me serai trompé; ce sera une nouvelle illusion que j'aurai perdue! Mais il n'en sera pas ainsi; vous avez le cœur trop généreux pour ne pas compatir aux maux permanents, aux joies passagères de ceux qui souffrent. »

Le 28 septembre suivant, le prince adressait à la même dame une lettre plus sentimentale encore : « Il paraît que souvent le bonheur, comme le malheur, est à notre porte sans que nous nous en doutions; vous avez été sur le point de venir me voir, dites-vous, et j'ignorais votre présence si près de moi, et votre intention, et votre sympathie pour moi. Mais, hélas! vous n'êtes pas venue, et le malheur seul est entré dans ma prison. J'espère que si une circonstancce semblable se présente jamais, vous n'écouterez plus les conseils de votre parent *tout-puissant* (M. Thiers). Croyez-moi, les tout-puissants n'ont pas de cœur. Il faut être entouré d'une auréole pour leur plaire; et ils n'étaient pas capables d'apprécier votre noble décision de vous faire, au moral, sœur de la charité. Vous voudriez m'envoyer de l'air que vous respirez; et certes, ce serait le plus beau cadeau que vous pourriez me faire; car, voyez-vous, bien que je ne vous connaisse qu'à peine, je vous aime tendrement. C'est stupide, direz-vous, et vous avez peut-être raison. Mais c'est ainsi. Votre figure, qui se perd dans le vague de mes souvenirs, est toujours présente à mes yeux. Je pense, je rêve à vous. Pourquoi? Ah! de grâce, ne m'adressez pas une question si prosaïque. Savons-nous donc pourquoi, le pourquoi de toutes nos sensations? Savez-vous pourquoi la colombe, qu'on a arrachée de son nid et transportée en pays lointain, retrouve au milieu des airs la route qui la ramène aux lieux de sa naissance? Savez-vous pourquoi, vous-même, vous vous sentez transportée par un sentiment de douce béatitude en voyant d'une montagne les riantes vallées et l'horizon qui se perd dans les vapeurs? Je comprends le bonheur presque comme vous; commander pour faire le bien, ou obéir à ce qu'on aime, voilà pour un homme la véritable félicité. » L'imagination du prisonnier s'exalte par ce rêve d'amour et de gloire. Puis, il redevient mélancolique, et son cœur s'attendrit :

« Que de fois, en errant sur les montagnes de la Suisse, et enthousiasmé du spectacle qui s'offrait à mes regards, n'ai-je pas éprouvé le désir d'avoir quelqu'un, ou plutôt quelqu'une, qui partageât mes impressions et s'identifiât à tout mon être ! Combien de fois au milieu de la foule de Londres ne me suis-je pas trouvé plus isolé que sur les rochers de la Suisse ! » Ce n'est plus seulement le poète, c'est l'amoureux qui parle : « Quand du haut des montagnes bleues qui entourent Florence, vous regarderez par un beau soleil couchant cette ville éparpillée dans toute la vallée de l'Arno, quand vous jetterez vos regards sur l'horizon, point qui nous charme toujours, parce qu'il est vague, indéfini, poétique comme notre avenir, alors pensez à moi, et songez qu'il y a une âme tendre, respectueuse et dévouée qui rompt ses entraves, traverse les Alpes et les Apennins, et vole près de vous toutes les fois que vous l'appelez par le souvenir. On raconte l'histoire de deux palmiers, dont l'un situé près de Tarente jetait au vent la poussière de ses fleurs, qui étaient transportées à l'autre palmier qui végétait sur les rivages de la Grèce ; et cette correspondance aérienne suffisait pour les vivifier, les soutenir, reverdir tous les ans leur feuillage desséché par le soleil. J'ai toujours ri de cette histoire; aujourd'hui, j'y ajoute foi, parce qu'elle me touche. »

Il y a dans cette correspondance un continuel mélange d'exaltation et de tristesse. Le prisonnier écrit à la même femme, le 15 février 1845 : « J'ai des moments de découragement si pénibles que je n'ai pas même alors la force d'écrire. Tant de causes de chagrin sont venues s'ajouter à mes malheurs! J'ai perdu ma fortune, mes amis; toutes celles que j'ai aimées se sont données à d'autres, et je reste seul ici sans d'autres sensations qu'une espérance vague et incertaine. » Le 13 mars suivant, nouvelle lettre passionnée : « Je déteste ces natures de juste milieu qui ne sont jamais ni gaies, ni tristes, parce qu'elles ne sentent rien vivement; elles végètent, elles ne vivent pas... Quoique je ne bouge pas, le monde tourne autour de moi, et je vous avoue qu'une des idées qui me tourmentent le plus est de penser que je ne vous reverrai peut-être jamais. »

Louis-Napoléon revit la femme à qui il adressait des lettres si sentimentales. Elle vint lui faire une visite dans sa prison, en août 1845. « Madame, lui écrivit-il le 2 octobre, il y a huit jours que j'avais le bonheur d'être avec vous. Votre apparition a été pour moi comme un heureux rêve, mais seulement comme un rêve; car votre visite a été si courte que j'ai eu à peine le temps de me remettre devant vous de l'émotion qu'elle avait produite sur moi, et lorsque j'étais redevenu assez calme pour en jouir, vous étiez déjà partie. »

Ce qui frappe surtout dans l'ensemble des lettres que nous venons de citer, c'est l'âme ardente de celui qui les écrivait. A voir sa figure impassible, son masque impénétrable, son imperturbable sang-froid, on ne se serait pas douté de toutes les passions qui agitaient en lui l'homme politique et l'homme privé. Son caractère était, sous l'apparence d'un glacier, un volcan.

XXV

LES ÉCRITS DU PRISONNIER

Napoléon III se plaisait à dire que la prison de Ham avait été son université. Il y acheva son éducation, il y étudia la science, l'histoire, l'économie politique, il s'y transforma en publiciste et même en journaliste. Les écrits du prisonnier sont très nombreux. Le 15 février 1840, jour du retour des cendres de Napoléon à Paris, il composait un dithyrambe en prose sous ce titre : *Aux mânes de l'Empereur* : « Sire, vous revenez dans votre capitale et le peuple en France salue votre retour ; mais moi, du fond de mon cachot, je ne puis apercevoir qu'un rayon du soleil qui éclaire vos funérailles !... Montholon, lui que vous aimez le plus parmi vos dévoués compagnons, vous a rendu les soins d'un fils, il est resté fidèle à votre pensée, à vos dernières volontés ; il m'a rapporté vos dernières paroles et il est en prison avec moi !

« Un vaisseau français, conduit par un noble jeune homme, est allé réclamer vos cendres ; mais c'est en vain que vous cherchiez sur le pont quelqu'un des vôtres : votre famille n'y était pas !...

« Le peuple se presse comme autrefois sur votre passage ; il vous salue de ses acclamations, comme si vous étiez vivant ; mais les grands du jour, tout en vous rendant hommage, disent tout bas : Dieu ! ne l'éveillez pas !...

« Sire, le 15 décembre est un grand jour pour la France et pour moi. Du milieu de votre somptueux cortège, dédaignant certains hommages, vous avez un instant jeté vos regards sur ma sombre demeure, et, vous souvenant des caresses que vous prodiguiez à mon enfance, vous m'avez dit : — Tu souffres pour moi, ami, je suis content de toi. »

En 1841, le prince écrivait sur l'histoire d'Angleterre une étude intitulée : *Fragments historiques, 1688 et 1830*. Dans la préface datée du 10 mai, il s'exprimait ainsi : « Pendant qu'à Paris on déifie les restes mortels de l'Empereur, moi, son neveu, je suis enterré vivant dans une étroite enceinte, mais je me ris de l'inconséquence des hommes, et je remercie le ciel de m'avoir donné comme refuge, après tant d'épreuves cruelles, une prison sur le sol français. Soutenu par une foi ardente et une conscience pure, je m'enveloppe dans mon malheur avec résignation, et je me console du présent, en voyant l'avenir de mes ennemis écrit en caractères ineffaçables dans l'histoire de tous les peuples. »

La conclusion de l'étude était celle-ci : « L'exemple des Stuarts prouve que l'appui étranger est toujours impuissant à sauver les gouvernements que la nation n'adopte pas. Et l'histoire d'Angleterre dit hautement aux rois : Marchez à la tête des idées de votre siècle, ces idées vous suivent et vous soutiennent. Marchez à leur suite, elles vous entraînent. Marchez contre elles, elles vous renversent. »

En août 1842, Louis-Napoléon publia une *Analyse de la question des Sucres*. En 1843, il rédigea un de ses plus curieux écrits. Cette étude, qui a pour titre : *De l'organisation militaire de la Prusse*, est une prophétie. « Il ne suffit plus maintenant, disait le prince, qu'une nation ait quelques centaines de chevaliers bardés de fer, ou quelques milliers de condottieri et de mercenaires pour maintenir son rang et son indépendance, il lui faut des millions d'hommes armés. La Prusse a 14,330,000 habitants; l'armée est de 145,000 hommes; la landwehr de 385,000. Ainsi la Prusse, dont la population est de moitié moins grande que celle de la France, peut, pour défendre son territoire, mettre sur pied 530,000 hommes exercés... Le système prussien résout le problème, et matériellement, et moralement ; car non seulement sous le rapport militaire cette organisation est avantageuse, mais encore sous le rapport philosophique, elle mérite d'être admirée, parce qu'elle détruit toute barrière entre le citoyen et le soldat, et qu'elle élève le sentiment de chaque homme en lui faisant comprendre que la défense de la patrie est son premier devoir. » Louis-Napoléon proposait pour la France une armée de 200,000 hommes et la création d'une réserve analogue à la landwehr prussienne. On arriverait, avec ce système, à un effectif de 1,200,000 hommes, en cas de danger. « La France, disait le prince en terminant, serait à l'abri de toute invasion. Elle pourrait défier l'univers et répéter avec plus de justesse ces mots des fiers Gaulois : — Si le ciel venait à tomber, nous le soutiendrions sur le fer de nos lances. » Il est vraiment bien regrettable que l'empereur Napoléon III n'ait pas cru pouvoir réaliser le programme militaire du prisonnier de Ham.

En 1842 et 1843, le prince fit insérer un grand nombre d'articles non signés dans deux journaux républicains, le *Progrès du Pas-de-Calais* et le *Guetteur* de Saint-Quentin, dont les rédacteurs en chef, MM. Frédéric Degeorges et Calixte Souplet, étaient des démocrates honnêtes et convaincus. Le premier de ces deux journaux fit cet aveu, dans son numéro du 23 octobre 1843 : « Ce n'est plus un secret et nous n'en avons jamais fait un mystère pour personne : depuis plus de quinze mois le prince Louis-Napoléon Bonaparte envoie de sa prison de Ham des articles au *Progrès du Pas-de-Calais*. » Ces articles, qui abordaient une foule de questions politiques et économiques, contenaient presque toujours des critiques acerbes contre le gouvernement de Juillet. Il finit par s'en émouvoir, et fit officieusement signifier par le parquet aux deux journaux que le brevet des imprimeurs leur serait retiré si la collaboration du prince continuait.

Ne pouvant plus poursuivre son rôle de journaliste, le prisonnier se décida à publier, en 1844, une brochure à sensation, qu'il intitula : *Extinction du paupérisme*. Il y a beaucoup de chimères dans cette œuvre, mais elle est très curieuse, parce que l'auteur y développe les principes du socialisme le plus avancé.

Dans l'avant-propos de sa brochure, Louis-Napoléon s'exprimait ainsi : « Répandre dans les classes ouvrières, qui sont les plus nombreuses, l'aisance, l'instruction, la morale, c'est extirper le paupérisme, sinon en entier du moins en grande partie. Ainsi proposer un moyen capable d'initier les masses à tous les bienfaits de la civilisation, c'est tarir les sources de l'ignorance, du vice, de la misère. Je crois donc pouvoir, sans trop de hardiesse, conserver à mon travail le titre d'*Extinction du paupérisme*. Je livre mes réflexions au public dans l'espoir que, développées et mises en pratique, elles pourront être utiles au soulagement de l'humanité. Il est naturel dans le malheur de songer à ceux qui souffrent. »

La thèse de l'auteur était celle-ci : « La classe ouvrière ne possède rien ; il faut la rendre propriétaire. Elle n'a de richesse que ses bras ; il faut donner à ces bras un emploi utile pour tous. Elle est comme un peuple d'ilotes au milieu d'un peuple de sybarites ; il faut lui donner une place dans la société, et attacher ses intérêts à ceux du sol. Enfin, elle est sans organisation, sans droits et sans avenir ; il faut lui donner des droits et un avenir, et la relever à ses propres yeux par l'association, l'éducation, la discipline. » La combinaison proposée pour arriver à ce but, c'est la création de colonies agricoles, rappelant le système des phalanstères.

« En France, disait le prince, il y a 9,190,000 hectares de terres incultes. Que les Chambres décrètent que toutes ces terres incultes appartiennent de droit à l'association ouvrière, sauf à payer annuellement aux propriétaires actuels ce que ceux-ci en retirent aujourd'hui ; qu'elles donnent à ces bras qui chôment ces terres qui chôment également, et ces deux capitaux improductifs renaîtront à la vie l'un par l'autre. Les colonies agricoles une fois créées, il faudrait instituer avec des prud'hommes une sorte de corps à tampon entre la classe ouvrière et la classe capitaliste… On prélèverait sur les bénéfices de chaque établissement une somme destinée à créer pour chaque ouvrier une masse individuelle. » Le prince ajoutait : « Que faut-il pour réaliser un semblable projet ? Une année de solde de l'armée, une dépense égale à celle qu'on emploie aux fortifications de Paris. Et cette avance rapportera, au bout de vingt ans, à la France un milliard, à la classe ouvrière huit cents millions, au fisc trente-sept millions ! Que le gouvernement mette à exécution cette idée, en la modifiant de tout ce que l'expérience des hommes versés dans ces matières compliquées peut lui fournir de renseignements utiles, de lumières nouvelles, qu'il prenne à cœur tous les grands intérêts nationaux, qu'il établisse le bien-être des masses sur des bases inébranlables, et il sera inébranlable lui-même. La pauvreté ne sera plus séditieuse, lorsque l'opulence ne sera plus oppressive. » La brochure se terminait par ces lignes : « Aujourd'hui, le but de tout gouvernement habile doit être de tendre par des efforts à ce qu'on puisse dire bientôt : « Le triomphe du christianisme a détruit l'esclavage ; le triomphe de la Révolution française a détruit le servage ; le triomphe des idées démocratiques a détruit le paupérisme. »

Le prisonnier de Ham est monté sur le trône, et le paupérisme n'a pas été éteint. Mais en 1844 ses théories socialistes furent accueillies avec une certaine sympathie dans le camp des démocrates, et la république de Salente que le prince prisonnier rêvait pour les ouvriers ne fut pas regardée par tout le monde comme une utopie. George Sand écrivit alors : « Parlez-nous souvent de délivrance et d'affranchissement, noble captif ! Le peuple est comme vous dans les fers. Le Napoléon d'aujourd'hui est celui qui personnifie les douleurs du peuple comme l'autre personnifiait ses gloires. »

XXVI

LA FIN DE LA CAPTIVITÉ

Louis-Napoléon avait écrit le 18 avril 1843 : « Si demain on ouvrait les portes de ma prison, si on venait m'offrir de changer ma position actuelle par l'exil, je refuserais une telle proposition, car ce serait à mes yeux une aggravation de la peine. Je préfère être captif sur le sol français que libre à l'étranger. » En 1845, le prisonnier ne pensait plus ainsi, et il sollicitait sa mise en liberté. Que s'était-il donc passé, et quelle était la cause de ce changement d'attitude ? La cause c'est que le roi Louis, très malade, exprimait le vœu de voir son fils avant de mourir, et l'appelait auprès de lui à Florence.

Louis-Napoléon avait toujours eu pour son père une vénération profonde. Le vieux roi ne lui avait ménagé ni les paroles sévères, ni les remontrances. Il lui avait constamment reproché de se repaître de chimères, et il avait blâmé de la manière la plus énergique les échauffourées de Strasbourg et de Boulogne. Mais le jeune prince n'en était pas moins resté fidèle à ses devoirs de piété filiale. La froideur de son père était un chagrin dont il ne pouvait se consoler. L'ancien roi de Hollande ayant quelquefois insinué qu'il entrait un calcul d'intérêt dans les démonstrations de tendresse de son fils, celui-ci avait repoussé avec indignation un soupçon contre lequel tout son caractère protestait. Il écrivait à sa correspondante de Florence, le 6 mai 1844 : « Moi, agir par intérêt ! Mon Dieu, aujourd'hui que j'ai dépensé presque toute ma fortune pour soutenir dans le malheur les hommes dont j'ai compromis la fortune, je donnerais toute mon existence pour une caresse de mon père. Qu'il donne à Pierre ou à Paul toute sa fortune, que m'importe, je travaillerai pour vivre ; mais qu'il me rende son affection ; je ne m'en suis jamais montré indigne, et j'ai besoin d'affection. Il y a beaucoup d'hommes qui vivent très bien avec le cœur vide et l'estomac plein ; pour moi, il faut que j'aie le cœur plein, peu m'importe l'estomac. »

Le prince était dans cette disposition d'esprit quand il reçut de son père une lettre en date du 18 août 1845, qui eut de l'influence sur sa destinée. Le vieux roi s'exprimait ainsi :

« Mon cher fils, tu te tromperais étrangement

si tu croyais que je suis indifférent à ta position, à tes souffrances. Je ne puis pas oublier sans doute que c'est de gaieté de cœur que tu t'es placé dans cette fâcheuse position, mais je souffre de tes souffrances, et cela est d'autant plus pénible pour moi que j'avais mis l'espoir de quelque soulagement dans ton bonheur, bonheur qui est indépendant de toutes les glorioles de la vie. Les peines morales m'ont réduit au point de ne plus pouvoir me tenir debout, et même me lever de ma chaise sans aide, et cependant je n'ai personne qui puisse m'aider. Je ne puis même plus écrire, et tu verras par ma signature comment je puis signer. Je fais quelques démarches pour toi, mais il n'est que trop probable qu'elles seront inutiles comme toutes celles qu'on a faites jusqu'ici. »

Le roi Louis avait envoyé de Florence à Paris M. Poggioli pour y invoquer les bons offices de MM. de Montalivet, Decazes et Molé, dans l'espérance que le gouvernement du roi Louis-Philippe permettrait au prisonnier de Ham de se rendre auprès de son père. En apprenant cela, et en recevant la lettre du 18 août, Louis-Napoléon fut vivement ému. Il répondit ainsi : « Fort de Ham, 19 septembre 1845. — Mon cher père, j'ai éprouvé hier la première joie réelle que j'aie ressentie depuis cinq ans en recevant la lettre amicale que vous avez bien voulu m'écrire. M. Poggioli a pu parvenir jusqu'à moi, et enfin j'ai pu causer avec quelqu'un qui nous est entièrement dévoué, et qui vous a vu il n'y a pas longtemps. Combien je suis heureux de savoir que vous me conservez toujours votre tendresse!... Je suis bien de votre avis, mon père; plus j'avance en âge, plus j'aperçois le vide autour de moi, et plus je puis me convaincre que le seul bonheur dans ce monde consiste dans l'affection réciproque des êtres créés pour s'aimer. Ce qui m'a le plus touché, le plus remué, c'est le désir que vous manifestez de me revoir. Ce désir est pour moi un ordre, et dorénavant je ferai tout ce qui dépendra de moi pour rendre possible cette réunion que je vous remercie de désirer... Avant-hier encore, j'étais décidé à ne rien faire au monde pour quitter ma prison. Car où aller? Que faire, encore seul en pays étranger, loin des siens? Autant valait le tombeau dans sa patrie. Mais aujourd'hui, un nouvel espoir luit sur mon horizon un nouveau but s'offre à mes efforts; c'est d'aller vous entourer de mes soins, et de vous prouver que si, depuis quinze ans, il a passé bien des choses à travers ma tête et mon cœur, rien n'a pu en déraciner la piété filiale, base première de toutes les vertus. J'ai bien souffert. Les souffrances ont abattu mes illusions, ont dissipé mes rêves, mais heureusement elles n'ont point affaibli les facultés de l'âme, ces facultés qui vous permettent de comprendre et d'aimer tout ce qui est bien. »

Les démarches du roi Louis étant restées sans résultat, son fils résolut de s'adresser lui-même au Gouvernement. Il écrivit le 25 décembre au comte Duchâtel, ministre de l'Intérieur : « Je viens, Monsieur le ministre, vous déclarer que si le Gouvernement français consent à me permettre d'aller à Florence remplir un devoir sacré, je m'engage *sur l'honneur* à revenir me constituer prisonnier dès que le Gouvernement m'en témoignera le désir. » Le prince fit plus encore. Le 14 janvier 1846, il adressa au Roi lui-même une lettre ainsi conçue :

« Sire, ce n'est pas sans une vive émotion que je viens demander à Votre Majesté, comme un bienfait, la permission de quitter, même momentanément, la France, moi qui ai trouvé depuis cinq ans, dans l'air de la patrie, un ample dédommagement aux tourments de la captivité ; mais aujourd'hui mon père malade et infirme réclame mes soins ; il s'est adressé, pour obtenir ma liberté, à des personnes connues par leur dévouement à Votre Majesté ; il est de mon devoir de faire, de mon côté, tout ce qui dépend de moi pour aller auprès de lui.

« Le Conseil des ministres n'ayant pas cru qu'il fût de sa compétence d'accepter la demande que j'avais faite d'aller à Florence, en m'engageant à revenir me constituer prisonnier dès que le Gouvernement m'en témoignerait le désir, je viens, Sire, avec confiance, faire appel aux sentiments d'humanité de Votre Majesté, et renouveler ma demande en la soumettant, Sire, à votre haute et généreuse intervention.

« Votre Majesté, j'en suis convaincu, appréciera comme elle le mérite une démarche qui engage d'avance ma reconnaissance, et, touchée de la position isolée sur la terre étrangère d'un homme qui mérita sur le trône l'estime de l'Europe, elle exaucera les vœux de mon père et les miens propres.

« Je prie, Sire, Votre Majesté, de recevoir l'expression de mon profond respect. »

Cette lettre fut transmise au Roi par le général prince de la Moskowa, fils aîné de l'illustre maréchal et pair de France. Le Conseil des ministres estima qu'elle n'était pas suffisante, et que la clémence du roi ne pourrait s'exercer que si le prince demandait formellement sa grâce. Or, ce mot de grâce, il était irrévocablement résolu à ne pas le prononcer. M. Odilon Barrot, qui s'intéressait beaucoup au prisonnier, lui envoya un projet de lettre pour M. Duchâtel, et l'engagea vivement à le signer.

Le prince répondit à M. Odilon Barrot le 2 février 1846 : « Je ne crois pas pouvoir mettre mon nom au bas de la lettre dont vous m'avez envoyé le modèle. Si je signais, je demanderais réellement grâce sans oser l'avouer, je me cacherais derrière la demande de mon père comme un poltron qui s'abrite derrière un arbre pour éviter le boulet. Je trouve cette situation peu digne de moi. Si je croyais honorable et convenable d'invoquer purement et simplement la clémence royale, j'écrirais au Roi : — Sire, je demande grâce. — Mais telle n'est pas mon intention. Je souffre, mais tous les jours je me dis : Je suis en France, j'ai gardé mon honneur intact; je vis sans joies, mais aussi sans remords, et tous les soirs je m'endors satisfait... Mon devoir est de ne pas souscrire à une demande de grâce déguisée en piété filiale... Je n'avancerai pas d'une ligne. Le chemin de l'honneur est étroit et mouvant; il n'y a qu'un travers de main entre la terre ferme et l'abîme... J'attends avec calme la décision du Roi, de cet homme qui a comme moi traversé trente années de malheurs... Du reste, je m'en remets à la destinée, et je m'enveloppe d'avance dans ma résignation. »

Sur les instigations de M. Vieillard, qui était alors député du département de la Manche, plusieurs autres députés témoignèrent de l'intérêt au prince. Une trentaine se réunirent dans un des bureaux pour y examiner sa situation et rechercher les moyens de lui être utile. Parmi eux se trouvaient MM. Dupont (de l'Eure), Berryer, Garnier-Pagès, Marie, Odilon et Ferdinand Barrot. On se sépara sans avoir pris aucune résolution. Mais, à l'issue de cette réunion, M. Dupont (de l'Eure) dit : « Qu'Odilon Barrot aille trouver le Roi, non comme chef de l'opposition, mais comme homme privé; qu'il invoque la situation du père, âgé, infirme, isolé, et la compare à celle du roi, père aussi, mais environné d'une nombreuse famille. » M. Odilon Barrot, ayant accepté de faire cette démarche officieuse, se rendit le lendemain aux Tuileries, et, avec son éloquence habituelle, plaida la cause du prisonnier auprès du Roi. D'après ce qu'il a raconté lui-même dans ses Mémoires, il chercha à persuader au souverain qu'il était d'une bonne politique pour lui de faire cesser une captivité qui, si elle se prolongeait indéfiniment, pourrait attirer l'attention sur le prisonnier, qu'il était préférable d'écraser de nouveau ce jeune ambitieux sous le poids de la générosité royale; que la circonstance de la mort prochaine du roi Louis était favorable, et que la grâce paraîtrait accordée plutôt au père qu'au fils.

Louis-Philippe répondit que son gouvernement ne pouvait accepter comme une garantie sérieuse l'engagement du prince de se reconstituer prisonnier, ne devait lui accorder la liberté que s'il reconnaissait explicitement devoir sa grâce à la générosité royale. Le souverain ajouta qu'au surplus la question était devenue une affaire d'Etat, qui ne pouvait se décider sans une délibération du Conseil des ministres. Comme M. Odilon Barrot s'écriait : « Ah! Sire, vous me renvoyez aux ministres; il n'y a plus d'espoir! — Pardon, pardon! » reprit le roi, et la conversation se termina courtoisement, mais sans résultat. Un des pairs d'Angleterre, lord Londonderry, fit des démarches qui ne furent pas plus fructueuses. En vain, il déclara au nom de Louis-Napoléon que si les portes du fort de Ham s'ouvraient devant le prince, celui-ci s'engageait à partir pour l'Amérique après avoir passé près de son père une seule année en Italie.

Quand Louis-Napoléon eut acquis la conviction que toutes ses démarches échoueraient, puisqu'il était fermement résolu à ne jamais prononcer le mot de grâce, il prit une décision que lui-même, dans une lettre adressée à M. Degeorge, a qualifiée ainsi : « Le désir de revoir encore mon père sur cette terre m'a fait tenter l'entreprise la plus audacieuse que j'aie jamais tentée, et pour laquelle il m'a fallu plus de résolution et de courage qu'à Strasbourg et Boulogne, car j'étais résolu à ne pas supporter le ridicule qui s'attache à celui qu'on arrête sous un déguisement, et un échec n'eût pas été supportable. » Dans l'histoire des évasions célèbres, il n'y en a pas qui soit plus étonnante que celle du prisonnier de Ham.

Le prisonnier ne confia son projet qu'à deux personnes : son valet de chambre Charles Thélin et le docteur Conneau. Le docteur avait poussé si loin le dévouement que lorsqu'il fut amnistié en 1844 il demanda comme une faveur de rester en prison auprès du prince, et qu'il écrivit le 28 novembre : « Je déclare avoir élu mon domicile dans la prison de Ham et me soumettre à toutes les conditions que l'autorité a cru devoir m'imposer. » Quant à Charles Thélin, il était bien résolu à ne jamais quitter son maître, et comme sa captivité était purement volontaire, puisqu'il n'avait été l'objet d'aucune condamnation, il était traité d'une manière spéciale, et on l'autorisait à sortir quelquefois de la forteresse pour aller faire des courses dans la ville. La fuite du prince, sans cette permission accordée à son domestique, aurait été absolument impossible. Ce fut en effet Thélin qui alla acheter à Ham les vêtements dont son maître se servit pour se déguiser et qui prépara au dehors le plan de l'évasion.

Quant au général de Montholon, le prisonnier se garda bien de le prévenir. Le général avait blâmé l'expédition de Boulogne, dont il n'eut connaissance qu'au moment même où le navire qui portait les conspirateurs était sur le point d'aborder à Vimereux. Le prince savait très bien que le général blâmerait non moins énergiquement ce qui paraissait être une chimère, une folie. Mais l'invraisemblable est quelquefois le vrai. L'histoire a des surprises plus grandes encore que le roman.

Lorsque Louis-Napoléon communiqua mystérieusement son projet au docteur Conneau, celui-ci fit tous ses efforts pour l'en dissuader. L'échec semblait inévitable, et l'on se demande même comment un homme fut assez téméraire pour tenter pareille entreprise. Si l'on jette les yeux sur un plan de la forteresse de Ham, on trouve que la manière dont le prisonnier parvint à en sortir, sans s'être ménagé la connivence d'aucun geôlier, d'aucun soldat, est un miracle. Des circonstances fortuites dont Louis-Napoléon profita avec une audace et un sang-froid inouïs purent seules rendre ce miracle possible.

La prison du prince, gardée par trois geôliers, dont deux étaient toujours en faction, était située à côté de la caserne, près du donjon, au fond de la cour. Pour pouvoir sortir par l'unique porte de la forteresse, il fallait donc d'abord passer devant les deux geôliers, traverser la cour dans toute sa longueur, passer sous les fenêtres du commandant qui logeait près du pont-levis, franchir le guichet, où se trouvaient un soldat de planton, un sergent, un portier-consigne, une sentinelle et enfin un poste de trente hommes. Que le prince eût l'idée de s'en aller seul, en plein jour, devant tout le monde, c'était là une éventualité tellement bizarre, tellement inconcevable, que les geôliers les plus soupçonneux ne l'auraient pas envisagée comme admissible. Le prisonnier lui-même n'y aurait jamais songé sans une circonstance toute spéciale. Au moment où il prépara son projet, on avait mis à la disposition du commandant de la forteresse une somme de six cents francs pour faire exécuter dans le logement du prince et dans l'escalier y conduisant quelques réparations indispensables. Il y eut dès lors un va-et-vient continuel d'ouvriers dans la cour. Louis-Napoléon remarqua qu'on les examinait soigneusement à l'entrée, mais beaucoup moins à la sortie. Ce fut pour lui un trait de lumière. Il prit l'étrange résolution de se déguiser en ouvrier, et de sortir du fort en plein jour.

XXVII

L'ÉVASION

Louis-Napoléon a fixé son évasion au 25 mai. Le 26 les ouvriers auront terminé leurs travaux. Mais le 25 ils seront encore là au complet, et le commandant de la forteresse, un peu indisposé depuis quelque temps, se lèvera plus tard que de coutume. Il y a là deux circonstances qu'il faut se hâter de mettre à profit. Le 24, quand le prince avait dit bonsoir au général et à madame de Montholon, il les avait embrassés avec une émotion qui avait failli le trahir. Mais ni le général, ni sa femme ne se doutaient de ce qui se préparait.

Le 25, l'abbé Tirmache, curé de Ham (qui sera sous le second Empire évêque et aumônier des Tuileries), devait dire la messe à la forteresse dans la pièce du rez-de-chaussée qui servait de chapelle. De très bon matin, le prince lui écrit et lui fait porter cette lettre : « Monsieur le doyen, je voudrais bien que vous eussiez la bonté de remettre à demain ou après-demain la messe que vous vouliez célébrer aujourd'hui au château, car, m'étant levé avec de vives douleurs, je suis obligé de prendre un bain pour les calmer. »

Il est six heures et demie du matin. Les ouvriers sont déjà à l'ouvrage et travaillent à refaire les peintures dans l'escalier. Au même moment le prince achève de se déguiser. On retrouvera dans les papiers des Tuileries, après la révolution du 4 septembre, la facture des effets qui servirent à ce déguisement. Elle s'élève à la somme de vingt-cinq francs. C'est tout un costume d'ouvrier. Le prisonnier passe sur sa redingote une blouse bleue salie avec du plâtre; il met sur sa tête une perruque noire à longs cheveux et une casquette usée avec de la pierre ponce ; il chausse des sabots qui le grandissent, il se brunit le visage, et, pour se rendre tout à fait méconnaissable, il se coupe les moustaches. Le futur empereur a maintenant l'air d'un véritable maçon.

« Moi-même, dira plus tard le docteur Conneau, je l'aurais rencontré que je n'aurais pas reconnu le prince dans un ouvrier ainsi accoutré. » Sous ses vêtements, le prisonnier place un portefeuille contenant deux lettres, l'une de l'Empereur son oncle, l'autre de sa grand'mère l'impératrice Joséphine, lettres dont il ne se sépare jamais, car il les regarde comme des talismans. C'est une grave imprudence, car si le fugitif venait à être arrêté en route, ces lettres-là suffiraient pour le faire reconnaître. Mais qu'importe ? Superstitieux et fataliste, le captif s'abandonne à sa destinée.

Son déguisement une fois achevé, Louis-Napoléon met entre ses dents une pipe, et place sur son épaule une longue planche en bois blanc. Cette planche est un rayon de sa bibliothèque, et la lettre N y est inscrite. C'est l'initiale du nom de Napoléon ; le prince s'imagine que cela lui portera bonheur. Comme lui-même le dira plus tard, cette planche-là va devenir *sa planche de salut*.

Voilà le moment de partir. Mais les ouvriers sont toujours dans l'escalier, où ils travaillent, et si le prince passe devant eux, ils se demanderont quel est ce camarade qu'ils ne reconnaissent pas. Comment les éloigner ? Charles Thélin les appelle, et leur offre à boire. Ils acceptent; ils entrent dans une pièce du rez-de-chaussée, et vident plusieurs bouteilles. Thélin les quitte pour un instant, monte précipitamment dans la chambre de son maître, et lui dit que le moment de partir est venu. Mais les deux gardiens, nommés Dupin et Issali, sont en faction à la porte, comment tromper leur vigilance ? Thélin, qui est redescendu, cause avec eux et leur dit que le prince s'est trouvé assez sérieusement indisposé pendant la nuit.

Au même moment. Louis-Napoléon sort de sa chambre. Dans l'escalier il se trouve en présence d'un ouvrier, et il a un moment de recul. Le docteur Conneau le pousse, en lui disant tout bas. « Allez donc. » Voilà le prince au bas de l'escalier, nez à nez avec l'un des gardiens. Il lui met la planche devant la figure, et il passe. Romanesque et avide d'émotions, malgré son apparence flegmatique, il éprouve une âpre satisfaction à braver la fortune et à se dire : Si l'évasion échoue, je ne survivrai pas au ridicule, mais si elle réussit, je deviendrai le maître de la France.

Le voilà maintenant dans la cour qu'il est obligé de traverser dans toute sa longueur. Il tient toujours la planche devant les factionnaires et les autres personnes qu'il rencontre. En passant devant la première sentinelle, il laisse tomber sa pipe, il s'arrête un instant pour en ramasser les morceaux, puis se remet à marcher. Il se trouve alors face à face avec l'officier de garde, mais celui-ci, qui est en train de lire une lettre, ne le remarque pas. Le prince passe sous les fenêtres du commandant. à côté de l'unique porte de la forteresse. Jusqu'à présent personne ne l'a reconnu. Mais en sera-t-il de même au guichet ? Les soldats du poste paraissent étonnés de la mise du faux maçon. Le tambour se retourne plusieurs fois. Cependant, les plantons de garde ouvrent la porte, et voilà le fugitif en dehors de la forteresse. Mais à peine en est-il sorti qu'il rencontre deux ouvriers qui viennent à sa rencontre, et le regardent avec attention. Il met alors sa planche de leur côté, mais il craint de ne pouvoir leur échapper, quand les ouvriers disent : « C'est Bertrand ! » Il est sauvé.

Charles Thélin est parti peu de temps après son maître, en ayant soin de dire qu'il ne rentrera que tard, pour que la prolongation de son absence n'éveille pas de soupçons. Il court à Ham chercher le cabriolet qu'il a retenu la veille chez le loueur Fontaine, et dans lequel il doit monter pour aller retrouver sur la route de Saint-Quentin le prince qui, en attendant, fait le chemin à pied.

En sortant de la forteresse, Louis-Napoléon a suivi le rempart jusqu'à la porte appelée porte de Saint-Quentin, et a pris le faubourg de Saint-Sulpice, puis la grande route. Il a passé devant le cimetière de Ham, et il a rendu grâce au ciel. Le 6 juin suivant, il écrira à M. Vieillard : « Quand, à une demi-lieue de Ham, je me trouvai sur la route, en attendant Charles, en face de la croix du cimetière, je tombai à genoux devant la croix, et je remerciai Dieu... Ah ! n'en riez pas ! Il y a des instincts plus forts que tous les raisonnements philosophiques. » Le prince abandonne la planche dont il s'est servi avec succès. Il la jette sur la route devant le cimetière de Ham, puis, s'asseyant sur le rebord d'un fossé, il compte les minutes et se demande quand arrivera Thélin. Il voit enfin une voiture qui s'avance. C'est le cabriolet dans lequel il s'empresse de monter avec son fidèle serviteur. En moins d'une heure ils atteignent Saint-Quentin.

A l'entrée de la ville, le prince descend de voiture, cache dans un fossé, à la droite de la route, ses vêtements d'ouvrier, et fait à pied le tour de la ville *extra muros,* tandis que Thélin va chercher une autre voiture. Le maître et le domestique conviennent qu'ils se retrouveront sur la route de Valenciennes. C'est en effet ce qui a lieu. Tous deux montent dans la voiture prise à Saint-Quentin. Vers trois heures de l'après-midi ils arrivent à Valenciennes où ils descendent à la gare du chemin de fer, et où, pendant deux heures qui leur paraissent bien longues, ils attendent le train partant pour Bruxelles. Un instant, le prince croit qu'il est découvert, qu'il va échouer au port. Thélin s'entend appeler à haute voix par son nom. Qui donc lui parle ainsi? C'est un ancien gendarme de Ham, devenu employé du chemin de fer. Cet individu demande des nouvelles du prince et entreprend une longue conversation. Mais les alarmes se dissipent. Louis-Napoléon n'a pas été reconnu. Il monte en wagon avec Thélin, et franchit la frontière sans être inquiété. Le gouvernement du roi Louis-Philippe n'a plus de prise sur lui.

Peu de jours après, le captif évadé écrira à un républicain, rédacteur en chef du *Progrès du Pas-de-Calais* : « Mon cher Degeorge, si j'ai éprouvé un vif sentiment de joie lorsque je me sentis hors de la forteresse, j'éprouvai une bien triste impression en passant la frontière. Il fallait, pour me décider à quitter la France, la certitude que jamais le Gouvernement ne me mettrait en liberté, si je ne consentais pas à me déshonorer, il fallait enfin que j'y fusse poussé par le désir de tenter tous les moyens pour consoler mon père dans sa vieillesse... Quoique libre, je me sens bien malheureux... Si vous le pouvez, tâchez d'être utile à mon bon Conneau. »

Voyons maintenant ce qui se passe à la forteresse de Ham, dans la soirée du 25 mai. Pendant toute la journée, le docteur Conneau a eu presque autant d'émotions que le fugitif lui-même. Il est essentiel que plusieurs heures se passent sans qu'on ait soupçonné son départ. Car, si l'on pouvait s'en douter, on enverrait par le télégraphe des ordres aux autorités de Saint-Quentin et de Valenciennes pour le faire arrêter. Ce qu'il faut avant tout, c'est gagner du temps et empêcher de pénétrer dans la chambre vide. Le docteur a mis dans le lit une sorte de mannequin formé par un manteau et un foulard. Il dit que le prince, très souffrant, s'est purgé dans la matinée, puis s'est recouché, qu'il dort, après une nuit d'insomnie, et qu'on doit respecter son sommeil.

Le commandant Demarle ne commence à avoir de vagues soupçons que vers le soir. Il dit au docteur Conneau, à sept heures : « Si le prince est souffrant, faites votre rapport. On n'a pas vu le prince de la journée. Voilà trois fois que je viens. Je veux le voir. » Et il s'approche de la porte qui conduit à la chambre à coucher. Au moment où le commandant entr'ouvre cette porte, on entend un roulement de tambour. « Cela va réveiller le prince », s'écrie alors le commandant. Je crois qu'il s'est retourné dans son lit. » M. Demarle entre dans la chambre, s'approche du mannequin qu'il prend pour Louis-Napoléon, et dit : « Il me semble que je ne l'entends pas respirer. » Puis un instant après, s'apercevant qu'il n'y a dans le lit qu'un mannequin : « Que signifie cela, s'écrie-t-il, suis-je l'objet d'une mystification ? Où est le prince ?

— Mon Dieu, répond le docteur, il est inutile de vous le cacher plus longtemps, le prince est parti.

— Parti ! Comment ? Où ?

— Vous m'excuserez, mais cela est mon secret, j'ai fait mon devoir, faites le vôtre et cherchez.

— Mais, au moins, dites-moi à quelle heure.

— A sept heures ce matin.

— C'est bien, Monsieur, rentrez dans votre prison. »

En apprenant au même moment que Louis-Napoléon avait quitté la forteresse sans lui dire adieu, le général de Montholon, son compagnon de captivité depuis près de six ans, fut non seulement surpris, mais très froissé. On lui remit de la part du prince cette lettre de consolation : « Mon cher général, vous serez bien étonné de la décision que je viens de prendre, et encore plus que, l'ayant prise, je ne vous aie pas prévenu d'avance. Mais je crois qu'il valait mieux pour vous vous laisser ignorer mes projets qui ne datent que de peu de jours ; et puis j'ai la conviction que mon évasion ne peut qu'être avantageuse à vous et aux autres amis que je laisserai en prison. Le gouvernement ne vous retient qu'à cause de moi, et lorsqu'il verra que je ne compte nullement user contre lui de ma liberté, il ouvrira, je l'espère, les portes de toutes les prisons... Croyez, général, que je regrette bien de ne pas avoir été vous serrer la main avant de partir ; mais cela m'eût été impossible, mon émotion eût trahi mon secret que je voulais garder... Je vous écrirai dès que je serai arrivé en lieu de sûreté. Adieu, mon cher général, recevez l'assurance de mon amitié. » Quelques semaines après, le général de Montholon, gracié par le roi Louis-Philippe, était mis en liberté.

Le 9 juillet, le commandant Demarle, le docteur Conneau et les deux gardiens Dupin et Issali comparaissaient devant le tribunal correctionnel de Péronne, comme prévenus de complicité dans l'évasion du prince. Le jugement fut rendu le lendemain. Le tribunal acquitta le commandant et les deux gardiens. Charles Thélin fut condamné par contumace à six mois d'emprisonnement, et le docteur Conneau à trois mois. Comme l'a dit M. Fernand Giraudeau, le docteur en eût subi volontiers dix fois plus pour sauver son prince, et jamais on ne vit condamné plus allègre.

En France, on aime l'audace, et les prisonniers politiques qui réussissent à s'échapper intéressent toujours le public. Les mêmes gens qui avaient tourné en ridicule l'échauffourée de Boulogne applaudirent une évasion invraisemblable à force d'être hardie. Les opposants de tous les partis s'amusèrent du tour qui venait d'être joué par un prince déguisé en maçon. C'était comme un roman qui excitait l'attention générale, mais dont personne encore n'aurait pu deviner les chapitres suivants.

XXVIII

LA MORT DU ROI LOUIS

Louis-Napoléon s'était évadé de la forteresse de Ham le matin du lundi 25 mai 1846. Huit heures après il était en Belgique, et douze heures plus tard en Angleterre. Au moment où il arrivait à Londres, il se croisa dans la rue avec lord Malmesbury, qui se promenait à cheval. Lord Malmesbury rencontra le soir à dîner un des attachés de l'ambassade de France. « L'avez-vous vu. dit-il ? Qui donc ? Louis-Napoléon ; il vient d'arriver à Londres. » — Le jeune diplomate quitta tout de suite la table, et s'empressa d'aller annoncer la nouvelle à son chef, le comte de Sainte-Aulaire.

La première pensée du prisonnier devenu libre fut pour son père. Il lui écrivit de Londres le 27 mai : « Mon cher père, le désir de pouvoir vous revoir m'a fait tenter ce que je n'aurais jamais fait sans cela. J'ai trompé la surveillance de quatre cents hommes, et je suis arrivé sain et sauf à Londres. Là, j'ai des amis puissants. Je vais les employer pour tâcher de pouvoir aller près de vous. Faites, je vous prie, mon cher père, tout ce que vous pourrez pour que je puisse bientôt vous rejoindre. Mon adresse est : Comte d'Arenenberg, Brunswick hôtel, Jermyn street, London. »

En même temps, le prince adressa la lettre suivante à l'ambassadeur du roi Louis-Philippe : « Monsieur, je considère comme un devoir de vous informer de mon évasion du fort de Ham et de mon arrivée sur le sol hospitalier de l'Angleterre. J'ai supporté six ans de captivité sans me plaindre, parce que je voulais prouver, par ma résignation, que j'étais digne d'un meilleur sort. Mais mon père, âgé et infirme, ayant désiré me revoir encore sur cette terre, j'ai demandé au Gouvernement français la permission d'aller à Florence, l'assurant de mes intentions pacifiques, et lui offrant toutes les garanties que l'honneur me permettait de donner. Le Gouvernement a été inexorable. Je suis parti. Aujourd'hui que je suis libre, je viens, Monsieur, vous donner l'assurance formelle que si j'ai quitté ma prison, ce n'est point pour m'occuper de politique, ni pour tenter de troubler le repos dont jouit l'Europe, mais uniquement pour remplir un devoir sacré. »

La piété filiale du prince lui avait fait accomplir quelque chose qui tenait du miracle. Lui-même était surpris du succès de son évasion, et en remerciait la Providence. Il écrivait à M. Vieillard le 1er juin 1846 : « Ici, j'ai été très bien reçu. Il faut vraiment rendre justice aux Anglais ; ils ont beaucoup d'indépendance dans le caractère. Hier, j'ai été dîner sur les bords de la Tamise, dans la plus délicieuse villa, et, lorsque je me rappelais qu'il y a huit jours, je méditais avec Conneau, sur le haut du rempart, au sujet de mon évasion, je crois rêver. » Et le 6 juin : « L'agitation me fait du bien. Mais je ne suis pas encore revenu de la crainte que j'avais de ne pas réussir. Quand je me rappelle que j'étais toisé des pieds à la tête par le gardien, les soldats et les ouvriers, je frémis à la pensée d'un troisième échec. »

Pendant que le prince multipliait ses démarches pour obtenir un passeport qui lui permît d'aller rejoindre son père en Toscane, l'infortuné vieillard, qui n'avait plus que quelques jours à vivre, attendait avec une impatience remplie d'angoisses l'unique enfant que Dieu lui avait laissé. Le seul vœu du mourant était de revoir avant de mourir ce fils sur qui se concentrait toute son affection, mais un pareil vœu rencontrait des obstacles insurmontables. M. Fernand Giraudeau en a fait justement la remarque : « Le droit de circuler librement, dont nous avons pris l'habitude, n'était pas alors accordé à tout le monde ; et ceux qui se mettaient en route sans avoir des papiers en règle ne pouvaient aller loin. Si nous nous promenons partout, ou presque partout maintenant sans passeports en poche, c'est parce qu'à cette époque, ayant cruellement souffert d'une telle entrave, Louis-Napoléon avait résolu de la supprimer dès qu'il arriverait au pouvoir, qu'il exécuta cette résolution, et que la plupart des autres gouvernements furent amenés à faire comme le sien. »

Toutes les tentatives du prince pour obtenir son passeport furent inutiles. L'ambassade de France à Londres lui opposa une fin de non-recevoir absolue. L'ambassadeur d'Autriche, qui était en même temps chargé d'affaires de Toscane, lui répondit : « Vous n'êtes ni sujet autrichien, ni sujet toscan ; vous nous êtes étranger, ou plutôt suspect, comme ancien carbonaro ; ce n'est pas à nous que votre requête doit s'adresser. » Le grand-duc de Toscane lui fit déclarer qu'il ne le tolérerait point vingt-quatre heures dans ses Etats.

Pendant ce temps, l'infortuné roi Louis attendait son fils avec une impatience fébrile, comptant les jours, les heures, hélas ! inutilement. Peu de destinées furent aussi tristes que celle de l'ancien roi de Hollande. Né à Ajaccio le 2 septembre 1778, il n'avait que trente et un ans, quand il fut dépossédé de son trône. Depuis lors il avait vécu dans la retraite et dans un exil qui ne fut interrompu que pour quelques semaines, en 1814, lors de l'invasion. Aussi affligé des malheurs de sa patrie que de ses malheurs personnels, il traîna sur la terre étrangère une existence décolorée et assombrie. Roi détrôné, époux malheureux, ayant perdu deux de ses trois enfants, et contraint à vivre éloigné du seul qui lui restât, il voyait toutes les choses humaines sous l'aspect le plus noir. Il n'avait conservé de ses grandeurs éphémères qu'un souvenir rempli d'amertume. Le détestable état de sa santé lui avait donné un caractère morose que les petites contrariétés affectaient autant que les plus grandes catastrophes. Vieux pilote retraité, il voyait avec plus de surprise encore que de chagrin son audacieux enfant affronter de gaîté de cœur les orages. Des aventures comme les échauffourées de Strasbourg et de Boulogne lui paraissaient être de coupables chimères, d'inexcusables folies. Il avait toutefois pour un fils téméraire plus de compassion que de courroux. Sa sévérité s'était adoucie, et le motif qui avait inspiré l'évasion de Ham avait touché profondément son cœur de père. La Providence lui refusa la réalisation de son dernier vœu. Il mourut, triste et seul, à Livourne, le 25 juillet 1846, sans avoir pu dire adieu à son fils et le bénir.

Le roi Louis légua à la ville d'Amsterdam tous les biens qu'il possédait dans la ville, en

manifestant le vœu que le revenu fût employé
à soulager les victimes des inondations annuelles.
Il fit des legs assez importants à son frère le roi
Jérôme, aux trois enfants de ce prince et au
fils de Lucien Bonaparte, le prince de Canino.
Son testament se terminait ainsi : « Je laisse
tous mes autres biens, mon palais de Florence,
mon grand domaine de Civita-Nuova, etc., tous
mes biens, meubles et immeubles, actions et
créances, enfin tout ce qui, à l'époque de mon
décès, constituera mon héritage à mon héritier
universel Louis-Napoléon, seul fils qui me reste,
et auquel fils et héritier je laisse comme témoignage de ma tendresse ma *Dunkerque*, placée
dans ma bibliothèque, avec toutes les décorations
d'ordres étrangers et tous les souvenirs qu'elle
contient, et, comme témoignage encore plus particulier d'affection, je lui laisse tous les objets
qui ont appartenu à mon frère l'empereur
Napoléon, lesquels sont renfermés dans le petit
meuble consacré à cet effet. »

Louis-Napoléon fut vivement affligé de n'a-
voir pu fermer les yeux d'un père qu'il véné-
rait et avec lequel il avait plus d'une ressemblance physique et morale. Le visage du roi
Louis ne rappelait en rien celui de l'Empereur
son frère. Ses yeux étaient remplis de douceur.
Sa physionomie respirait la bonté. Les portraits du roi qui furent faits sous le premier
Empire, et qui se trouvent les uns dans les

musées de Hollande, les autres dans les attiques du château de Versailles, prouvent la similitude qui existait entre les traits du roi et ceux de Louis-Napoléon. Les caractères de l'un et de l'autre présentaient également certaines analogies. On remarquait chez le fils comme chez le père une propension à la mélancolie, un mélange de froideur et d'affabilité, un goût prononcé pour la littérature, des rêves humanitaires et des utopies généreuses.

Le roi détrôné voulut être homme de lettres, prosateur et poète. Il écrivit beaucoup. Dès 1800, il avait fait paraître un roman en trois volumes intitulé *Marie ou les Peines de l'amour*. Il en publia une deuxième édition en 1814, sous le titre de *Marie ou les Hollandaises*. Il fit paraître en 1819 des *Documents historiques sur le Gouvernement de la Hollande*, qui ont une véritable valeur; en 1820, une *Histoire du Parlement Anglais*; en 1825, un *Essai sur la Versification*, où il proposait de rendre la langue française prosodique comme la langue latine, ce qui permettrait de supprimer la rime; en 1828 un recueil de poésies et une réponse à l'histoire de Louis-Napoléon par Walter Scott. Dans certaines œuvres du roi Louis il y a des projets utopiques comme dans le livre de son fils sur l'*Extinction du Paupérisme*. Citons ce passage du roman *Marie ou les Hollandaises*, dans lequel l'ancien souverain décrit, sous le voile de la fiction, un pays selon son cœur, gouverné paternellement, mais despotiquement, où les mariages sont réglés par l'autorité supérieure et où des corporations nombreuses de rosières gardes-malades chantent les jours de fête.

Si l'on peut constater entre le caractère du roi Louis et de Napoléon III certaines analogies, on doit d'autre part y remarquer de grandes dissemblances. Le second Empereur était beaucoup plus ardent, beaucoup plus ambitieux, beaucoup plus téméraire que l'ancien roi de Hollande. Il avait plus de charme et plus de séduction personnelle. Il savait mieux se concilier les dévouements, et il avait en son étoile une confiance qui manquait complètement à son père. Morose, malade, désenchanté, le roi Louis supportait la vie comme un fardeau, n'aspirait qu'au repos matériel et moral. Son fils,, homme d'action, avide d'aventures, ayant la passion du pouvoir, joueur politique infatigable, ne fut découragé ni par Strasbourg, ni par Boulogne, ni même par Sedan. Après avoir perdu une partie formidable, il songeait encore à prendre sa revanche. Assurément, ce n'étaient pas les exemples de son père, ce philosophe si résigné, qui lui avaient inspiré une telle ténacité dans ses projets, un tel acharnement à tenter la fortune.

Aucun historien n'a mieux résumé, croyons-nous, la carrière et le caractère du frère de l'empereur Napoléon que M. Albert Réville. Les études publiées par lui, en 1870, dans la *Revue des Deux-Mondes*, sous ce titre : *La Hollande et le roi Louis*, sont vraiment remarquables. Il raconte que les Hollandais de distinction qui faisaient le voyage d'Italie ne passaient pas par Florence sans aller présenter leurs hommages à leur ancien roi, qui les recevait avec affabilité, causant volontiers avec eux de la Hollande, et s'intéressant toujours à ce qui s'y passait. M. Albert Réville trouve qu'en résumé l'histoire de Louis Bonaparte laisse dans l'esprit de ceux qui l'étudient une expression très mélancolique, et que les torts qu'il put avoir ne sont pas en proportion avec ses infortunes. « Le pays sur lequel il a régné, qui ne le désirait pas, qui ne songea guère à le rappeler quand il l'aurait pu, ce pays est le meilleur juge de sa conduite comme roi. Eh ! bien, il est impossible de contester que la Hollande, sans distinction de partis et d'opinions, a conservé de Louis Bonaparte un affectueux souvenir. Rien ne ressemble, même de loin, dans ce sentiment du peuple hollandais à un attachement dynastique quelconque, mais il n'en résulte pas moins que, lorsqu'on parle en Hollande du prince qui dirigea les destinées du pays de 1806 à 1810, on l'entend le plus souvent nommer le bon roi Louis. » M. Albert Réville a raison d'ajouter que ce titre vaut mieux que tant de qualifications fastueuses inventées par la flatterie.

Louis-Napoléon, n'ayant pu assister aux derniers moments de son père, et n'étant autorisé à se rendre ni en Italie, ni en Suisse, resta en Angleterre jusqu'à la révolution du 24 février. Au commencement de 1847, il se logea à Londres dans une des maisons neuves de King street Saint-James. Le 15 février, il écrivait à M. Vieillard : « Je suis installé depuis quinze jours dans une nouvelle maison, et je jouis pour la première fois depuis sept ans d'être chez moi. J'y rassemble tous mes livres, tous mes albums et portraits de famille, enfin tous les objets précieux qui ont échappé au naufrage. Le portrait de l'Empereur par Paul Delaroche est bien beau. Ce généreux cadeau m'a fait grand plaisir et forme le plus bel ornement de mon salon. »

Le prince menait à la fois l'existence d'un homme de travail et celle d'un homme du monde. Il fréquentait également les salons et les bibliothèques. Il s'occupait d'un projet de canal de Nicaragua entre l'Atlantique et le Pacifique. Il préparait une nouvelle édition de son *Manuel d'artillerie*. On avait dit que fidèle à la promesse faite par lui à l'ambassadeur de France, il se désintéresserait des choses politiques. Il ne se montrait plus prétendant que par ses libéralités envers ceux de ses partisans qui manquaient de ressources.

La cause bonapartiste semblait d'ailleurs absolument perdue. Malgré l'agitation parlementaire, on croyait la dynastie de Louis-Philippe inébranlable. Un trône soutenu par des princes jeunes, braves et populaires, paraissait ne pouvoir courir aucun danger. Il n'y avait de parti bonapartiste ni dans les Chambres, ni dans la presse, ni dans l'armée et la marine, ni dans le pays légal et dans les masses. On avait le culte de l'Empereur mort à Sainte-Hélène, mais personne ne croyait à une résurrection de l'Empire. Les Bonaparte eux-mêmes semblaient avoir renoncé à toute arrière-pensée ambitieuse. Le roi Joseph était mort sans postérité mâle. Les enfants de Lucien, mort aussi, étaient tous sujets du pape et princes romains. Le roi Jérôme avait reçu, au mois de septembre 1847, l'autorisation de séjourner en France pendant trois mois avec sa famille. Ce séjour paraissait devoir être définitif. L'ancien roi de Westphalie avait obtenu la promesse d'une pension annuelle de cent mille francs, et l'on dit même qu'un siège de pair de France lui était réservé par Louis-Philippe. Son fils le prince Napoléon avait été reçu avec bienveillance par le Roi qui remarqua, dit-on, l'instruction et l'intelligence de ce jeune homme, dont la sœur, la belle et spirituelle princesse Mathilde, mariée depuis 1840 à un grand seigneur russe, le prince Demidoff de San Donato, fréquentait le salon de la reine Marie-Amélie. Quiconque aurait prédit, à la fin de 1847, qu'un an plus tard le prince Louis-Napoléon serait, par les voies légales, le chef du gouvernement français, aurait été traité de fou.

Le prétendant était le seul à croire à son étoile, et dans sa retraite de Londres en apparence si calme, il attendait avec patience le moment où elle se lèverait dans un horizon encore absolument brumeux. On raconte que sa cousine, lady Douglas, fille de la grande-duchesse Stéphanie de Bade, étant venue le voir en Angleterre, lui dit : « Maintenant que vous êtes libre, vous résignerez-vous au repos ? Renoncez donc à ces illusions qui vous ont coûté si cher, et dont les cruelles déceptions ont été si vivement ressenties de tous ceux qui vous aiment ? — Ma cousine, répondit le prince, je ne m'appartiens pas. J'appartiens à mon nom et à mon pays. Parce que la fortune m'a trahi deux fois, ma destinée ne s'en accomplira que plus vivement. » L'heure attendue par l'infatigable conspirateur allait sonner.

XXIX

LOUIS-NAPOLÉON DÉPUTÉ

Le 25 février 1848, Louis-Napoléon arrive à Paris. Il y descend chez son ami M. Vieillard, rue du Sentier, et, le 28, il écrit cette lettre aux membres du Gouvernement provisoire. « Messieurs, le peuple de Paris ayant détruit par son héroïsme les derniers vestiges de l'invasion étrangère, j'accours de l'exil pour me ranger sous le drapeau de la République qu'on vient de proclamer. Sans autre ambition que celle de servir mon pays, je viens annoncer mon arrivée aux membres du Gouvernement provisoire et les assurer de mon dévouement à la cause qu'ils représentent, comme de ma sympathie pour leurs personnes. Agréez, Messieurs, l'assurance de mes sentiments. » On répond au prince en lui intimant l'ordre de repasser immédiatement la frontière.

Loin de s'irriter contre cette injonction, il s'y soumet sans murmure, et repart tout de suite pour Londres, en adressant aux membres du Gouvernement cette seconde lettre, datée du 29 février : « Messieurs, après trente-trois années d'exil et de persécutions, je croyais avoir acquis le droit de retrouver un foyer sur le sol de la patrie. Vous pensez que ma présence à Paris est maintenant un sujet d'embarras, je m'éloigne donc momentanément. Vous verrez dans ce sacrifice la pureté de mes intentions et de mon patriotisme. Recevez, Messieurs, l'assurance de mes sentiments de haute estime et de sympathie. »

Voilà de nouveau le prince à Londres, où il a l'air de se désintéresser des choses politiques françaises, et où il se fait inscrire à côté de ce qu'il y a de plus honorable dans la Cité parmi les constables spéciaux postés à Trafalgar square pour contenir l'agitation chartiste. Il sent très bien qu'au lendemain du 24 février la popularité de Lamartine prévaudrait contre la sienne, et, au lieu d'essayer une lutte où il aurait le désavantage, il laisse s'user au pouvoir le grand poète, dont, au bout de trois mois, le prestige politique se sera évanoui.

Les élections pour l'Assemblée constituante ont lieu au mois d'avril. Louis-Napoléon ne se présente pas. Trois de ses cousins germains, le prince Napoléon, fils du roi Jérôme, Pierre Bonaparte, fils de Lucien Bonaparte, Lucien Murat, fils du roi de Naples, sont élus. L'Assemblée tient sa première séance le 4 mai. Elle acclame dix-sept fois de suite la République, et cependant la majorité des représentants est réactionnaire. L'homme de Boulogne et de Strasbourg se recueille et se réserve. Il écrit de Londres à M. Vieillard le 11 mai : « Je n'ai pas voulu me présenter comme candidat aux élections, parce que je suis convaincu que ma position à l'Assemblée eût été extrêmement embarrassante... J'ignore si vous me blâmerez de cette résolution ; mais si vous saviez combien de propositions ridicules me surviennent même ici, vous comprendriez combien davantage, à Paris, je serais en butte à toutes ces intrigues. Je ne veux me mêler de rien ; je désire voir la République se fortifier en sagesse et en droits, et, en attendant, l'exil m'est très doux, parce que je sais qu'il est volontaire. »

Le prince apprend qu'il est question de maintenir contre lui seul la loi d'exil de 1832, frappant les Bonaparte. A cette nouvelle, il adresse à l'Assemblée nationale une lettre en date du 24 mai dont telle est la conclusion : « En présence d'un roi élu par deux cents députés, je pouvais me rappeler être l'héritier d'un empire fondé sur l'assentiment de quatre millions de Français ; en présence de la souveraineté nationale, je ne peux et ne veux revendiquer que mes droits de citoyen français, mais ceux-là je les réclamerai sans cesse avec l'énergie que donne à une âme honnête le sentiment de n'avoir jamais démérité de la patrie. »

Qui est-ce qui défend devant l'Assemblée la cause du prince ? C'est un républicain, un membre du Gouvernement provisoire, le ministre de la Justice, le citoyen Crémieux. « La renommée de Napoléon, dit-il à la tribune, le 2 juin, reste comme un de ces souvenirs immenses qui s'étendent sur l'histoire d'un peuple et le couvrent d'un éclat immortel. Tout ce qu'il y a de populaire dans cette gloire, nous l'acceptons avec empressement; la proscription de sa famille serait pour la France actuelle une honte. » L'Assemblée prend en considération par un vote à peu près unanime la proposition Piétri ainsi conçue : « L'article 6 de la loi du 10 avril 1832, relatif au bannissement de la famille Bonaparte, est abrogé. « L'imprudence des républicains vient de rouvrir la carrière à Louis-Napoléon.

Des élections complémentaires ont lieu le 4 juin. Le prince ne se présente pas, mais des amis plus impatients que lui-même le présentent à son insu. Quelques anciens conspirateurs de Strasbourg et de Boulogne, MM. de Persigny, Laity, Bataille, se mettent en mouvement. Louis-Napoléon ne paraît pas ; il ne publie aucune proclamation, et cependant à sa grande surprise, il est élu par quatre départements : la

Seine, l'Yonne, la Charente-Inférieure, la Corse.

Malgré un commencement d'agitation bonapartiste à Paris même, qui est-ce qui se prononce à l'Assemblée pour la validation des élections du prince ? Ce sont deux républicains éminents, c'est Jules Favre, c'est Louis Blanc. L'un dit : « Est-ce que vous ne comprenez pas que si le citoyen Louis-Bonaparte était assez fou, assez insensé pour rêver à l'heure qu'il est une sorte de parodie de ce qu'il a fait en 1840, il serait couvert par le mépris de ses concitoyens et celui de la postérité. » L'autre s'exprime ainsi : « La République est comme le soleil. Laissez le neveu de l'Empereur s'approcher d'elle. Je suis sûr qu'il disparaîtra dans ses rayons. » L'admission du prince est votée à une grande majorité.

Cependant l'agitation bonapartiste continue à Paris. Il y a des rassemblements sur les terrasses des Tuileries, sur la place de la Concorde, sur les boulevards. Une propagande napoléonienne se fait au grand jour, sous une forme démocratique et populaire. Le gouvernement s'inquiète. Le prince écrit alors, de Londres, le 14 juin, au président de l'Assemblée : « Je partais pour me rendre à mon poste, lorsque j'apprends que mon élection sert de prétexte à des troubles déplorables et à des erreurs funestes. Je n'ai pas recherché l'honneur d'être représentant du peuple, parce que je savais les soupçons injustes dont j'étais l'objet; je recherchais encore moins le pouvoir. » La phrase suivante est sur le point de tout gâter pour le prince. « Si le peuple m'impose des devoirs, je saurai les remplir ; mais je désavoue tous ceux qui me prêteraient des intentions ambitieuses que je n'ai pas. » A la lecture de ces mots : « Si le peuple m'impose des devoirs, je saurai les remplir », de violentes clameurs retentissent. On s'écrie de tous côtés : C'est un prétendant. Le général Cavaignac s'élance à la tribune, et il dit : « L'émotion qui m'agite ne me permet pas d'exprimer, comme je le désirerais, toute ma pensée. Mais ce que je remarque, c'est que dans cette pièce qui devient historique, le mot de République n'est pas prononcé. » Si l'on votait, le prince serait infailliblement condamné, mais l'on remet la discussion au lendemain 16 juin, et ce jour-là le président de l'Assemblée reçoit une nouvelle lettre de Louis-Napoléon où il est dit : « Je désire l'ordre et le maintien d'une République sage, grande et intelligente, et puisque involontairement je favorise le désordre, je dépose, non sans de vifs regrets, ma démission entre vos mains. Bientôt, je l'espère, le calme renaîtra en France et me permettra d'y rentrer, comme le plus simple des citoyens, et aussi comme un des plus dévoués au repos et à la prospérité du pays. »

Quelques jours après éclate la formidable insurrection de Juin. C'est une grande chance pour Louis-Napoléon de ne pas en être témoin. Présent à Paris, il aurait dû se prononcer pour l'un des deux partis en lutte. D'ailleurs, beaucoup de bonapartistes sont dans les rangs des insurgés. Mieux vaut pour lui avoir joué à Londres le rôle de constable que de s'être vu obligé d'endosser à Paris l'uniforme de garde national. C'est son heureuse étoile qui lui permet de n'être pour rien dans les mesures draconiennes, les fusillades, les transportations en masse qui sont la conclusion des lamentables journées de Juin.

L'insurrection une fois vaincue, le prince ne se hâte pas de rentrer en scène. Il cherche pendant quelques semaines à se faire oublier. L'Assemblée nationale vient de décréter que le général Cavaignac a bien mérité de la patrie, et, pour assurer la dictature, le général n'aurait qu'à en exprimer le désir. L'attaquer prématurément serait une lourde faute. Le prince ne la commettra pas. Il patientera trois mois encore.

Des élections vont avoir lieu au mois de septembre pour pourvoir aux vacances existant dans l'Assemblée nationale. Le général Cavaignac, malgré la droiture de ses intentions, s'est attiré des inimitiés parmi les républicains avancés, et plus encore parmi les conservateurs. Louis-Napoléon juge que c'est pour lui le moment de rentrer en scène. La propagande électorale la plus active s'organise en sa faveur. Il est nommé par cinq départements, la Seine, la Moselle, l'Yonne, la Charente-Inférieure et la

Corse. Il opte pour Paris, sa ville natale. Quand les élections sont proclamées à l'Hôtel de Ville, les deux noms que la foule acclame le plus sont le sien et celui de Raspail.

Le nouveau député, venant de Londres, arrive à Paris le 24 septembre et se loge à l'hôtel du Rhin, place Vendôme, en face de la colonne. Le lendemain, la séance de l'Assemblée nationale est commencée depuis quelque temps déjà, quand tous les yeux se tournent, toutes les lorgnettes se braquent vers le milieu du côté gauche au-dessus du banc où siège M. de Lamartine. C'est le prince qui, faisant une entrée modeste, par un couloir, prend place sur un des bancs de la gauche entre M. Vieillard et M. Havin. Il demande ensuite la parole, monte à la tribune, et lit l'allocution suivante : « Citoyens représentants, il ne m'est pas permis de garder le silence après les calomnies dont j'ai été l'objet. J'ai besoin d'exprimer ici hautement, et dès le premier jour où il m'est permis de siéger parmi vous, les vrais sentiments qui m'animent et m'ont toujours animé. Après trente-trois ans de proscription et d'exil, je retrouve enfin ma patrie et mes concitoyens. La République m'a fait ce bonheur ; que la République reçoive mon serment de reconnaissance et de dévouement. Longtemps je n'ai pu consacrer à la France que les méditations de l'exil et de la captivité. Aujourd'hui la carrière où vous marchez m'est ouverte; recevez-moi dans vos rangs, mes chers collègues, avec le sentiment d'affectueuse sympathie qui m'anime moi-même. Ma conduite, vous ne devez pas en douter, sera toujours inspirée par le devoir, toujours animée par le respect de la loi. Elle prouvera que nul ici plus que moi n'est dévoué à la défense de l'ordre et à l'affermissement de la République. » Ce petit discours est accueilli avec faveur par l'Assemblée.

Député, Louis-Napoléon se tient sur une prudente réserve. Il ne fait à la Chambre que de rares apparitions. Comme la foule stationne devant la grille pour le voir passer, il entre par les petites portes, et se dérobe à la curiosité. Il siège à gauche, mais il ne vote ni avec la gauche, ni avec la droite.

Par tactique, il s'abstient dans les occasions importantes. Il cause très poliment avec ses collègues des divers partis, mais sans jamais se compromettre et sans jamais sortir des généralités. Cependant comme il est courtois, comme il a l'air modeste, comme il observe toujours un calme de bonne compagnie, il se fait des amis de plusieurs de ses voisins, et il oscille habilement entre les républicains et les royalistes, dont il recherche également les sympathies. Mais, à le bien considérer, on peut voir que dans la salle du Palais-Bourbon il n'est pas dans son élément, et que pour ce député d'occasion le mandat législatif n'est pas autre chose qu'un marche-pied.

XXX

L'ÉLECTION PRÉSIDENTIELLE

Jusqu'à son évasion du fort de Ham, Louis Napoléon avait été poursuivi par la fatalité. Toutes ses entreprises avaient échoué d'une manière misérable. On eût dit qu'il avait au front le signe indélébile de la proscription et de l'infortune. Honni, bafoué, vilipendé, ridiculisé sous toutes les formes, renié par sa famille elle-même, excitant un dédain plus blessant encore que la colère, il semblait condamné pour toujours à des échecs irrémédiables. Soudain, comme par un coup de baguette magique, le même personnage va devenir, on ne sait pourquoi, le favori du sort et jouir d'une des chances les plus imprévues, les plus extraordinaires, les plus inouïes qui aient jamais porté au pinacle un homme politique. Tout ce qui aurait dû lui nuire lui profitera, et ceux-là même qui paraissaient devoir être ses adversaires les plus dangereux vont contribuer à son triomphe.

C'est le 5 octobre 1848. L'Assemblée nationale va statuer sur le mode d'élection du président de la République. Si elle décide qu'il sera nommé par elle, la chose ne fait point de doute, c'est le général Cavaignac qui sera élu. Il semble donc que tous les républicains se mettront d'accord pour faire prévaloir une telle combinaison. Eh! bien le contraire arrive, et l'homme qui détermine l'Assemblée à faire nommer le chef de l'Etat directement par le suffrage universel et à préparer ainsi la chute de la seconde République, c'est son fondateur, c'est M. de Lamartine. « J'ai foi, dit-il, dans la maturité d'un pays que cinquante-cinq ans de vie politique ont façonné à la liberté; mais si cette confiance devait être trompée, je dirais encore qu'il y a des époques où il faut dire comme les anciens : *Alea jacta est,* le sort en est jeté! Il faut laisser quelque chose à faire à la Providence, qui sait mieux que nous ce qui nous convient. » Le poète prophète termine ainsi son discours fataliste : « Si le peuple veut qu'on le ramène aux carrières de la monarchie, s'il veut quitter les réalités de la République pour courir après un météore qui lui brûlera les mains, il en est le maître; après tout il est le roi actuel; il est son propre souverain, et il ne nous restera plus qu'à dire comme le vieux Caton : *Victrix causa diis placuit, sed victa Catoni.* » L'amendement de M. Grévy qui supprimerait la présidence de la République est rejeté par 643 voix contre 138. On adopte par 627 contre 130 l'article de la constitution ainsi conçu : « Le président de la République est nommé, au scrutin secret, et à la majorité absolue des votants, par le suffrage universel. »

Louis-Napoléon vient de faire un grand pas. Mais le terrain parlementaire est un terrain mouvant. Il faut encore au prince beaucoup de réserve et de prudence. Quelque proposition bien présentée à l'Assemblée écraserait dans l'œuf son aigle impériale. Le futur César doit se cacher habilement sous le masque républicain. Son intérêt, c'est de se rapetisser. Il ne réussira que s'il endort les soupçons des anciens partis, en leur persuadant qu'au bout de quatre années de pouvoir il sera complètement usé. Le prince doit désirer que les masses le considèrent comme un homme providentiel, mais que les Burgraves (c'est le surnom donné aux principaux députés royalistes) le tiennent pour un homme nul.

Après les tentatives de Strasbourg et de Boulogne, il paraîtrait tout naturel que Louis-Napoléon fût traité comme un prétendant. La République a exilé les Bourbons des deux branches. Il semblerait tout simple qu'elle exilât aussi les Bonaparte, ou, du moins, celui d'entre eux qui s'est posé en héritier de l'Empereur. Même s'il n'était pas exilé, on pourrait déclarer qu'il ne peut être candidat à la magistrature suprême dans un pays républicain.

Le 9 octobre, M. Antony Thouret soutient un amendement ainsi conçu : « Aucun membre des familles qui ont régné sur la France ne pourra être élu président ou vice-président de la République. » M. Lacaze s'écrie : « Celui qui pourrait affecter des prétentions à la souveraineté est là, qu'il s'explique ! Il a protesté de son dévouement à la République ; devons-nous le juger capable de manquer à cet engagement solennel ? » Tous les regards se tournent alors vers le prince. Parlez ! parlez ! lui crie l'Assemblée tout entière. Cette fois il n'a rien préparé, il n'a point de discours à lire, il est forcé d'improviser. Heureusement pour lui, le talent oratoire lui fait absolument défaut. S'il prononçait un beau discours, s'il avait un succès de tribune, il éveillerait les soupçons de ses collègues, et sa cause serait gravement compromise. Mais il balbutie, il ânonne. C'est à peine s'il peut articuler ces quelques phrases, interrompues par plusieurs pauses : « Je ne viens pas parler contre l'amendement. Certainement, j'ai été assez récompensé en retrouvant mes droits de citoyen pour n'avoir maintenant aucune autre ambition. Mais c'est au nom de trois cent mille électeurs qui m'ont élu que je viens réclamer, et que je désavoue le nom de prétendant qu'on me jette toujours à la tête. » Le prince descend de la tribune. M. Antony Thouret y remonte, et dit dédaigneusement qu'après ce qu'il vient de voir et d'entendre, il retire son amendement comme désormais inutile. L'Assemblée rit ; le prince, dont on se moque, reste impassible.

Louis-Napoléon n'a plus rien à craindre. On le croit médiocre. On le laissera devenir le président de la République.

La lutte électorale commence. C'est une des plus curieuses dont l'histoire ait gardé le souvenir. La France et toute l'Europe y attachent une importance extraordinaire. Elle se concentre dans deux concurrents : Louis-Napoléon et le général Cavaignac. Le prince a quarante ans, le général en a quarante-six. A l'un se rattache le souvenir de l'épopée impériale, à l'autre celui des guerres d'Afrique. Les Bonapartistes honnêtes ne peuvent s'empêcher de rendre hommage à un caractère comme celui du général Cavaignac. « A tous égards, a dit M. Emile Ollivier, un tel homme était digne de la magistrature suprême. » S'il n'avait à lutter que contre Louis-Napoléon, le général serait sans doute vainqueur. Mais son véritable concurrent, ce n'est pas le neveu de l'Empereur, c'est l'Empereur lui-même. Cavaignac sera vaincu par une ombre. Le tout-puissant agent de propagande électorale, c'est un mort, c'est Napoléon. *Defunctus adhuc lo-*

quitur. César a fait Auguste. Napoléon I*er* fera Napoléon III.

Au bout de quelques jours, le prince a toutes les cartes dans son jeu. Les hommes politiques qui sembleraient devoir être les plus opposés à sa candidature la patronnent. Il est soutenu par des légitimistes comme M. Berryer et le comte de Falloux, par d'anciens ministres du roi Louis-Philippe comme M. Thiers, M. Guizot, M. Molé, le duc de Broglie. Les éléments les plus hétérogènes, les forces les plus contraires, depuis les partisans du droit divin jusqu'aux socialistes, se coalisent en sa faveur. Son manifeste électoral est de nature à n'effrayer, à ne décourager personne : « Si j'étais nommé président, dit-il, je me dévouerais tout entier, sans arrière-pensée, à l'affermissement d'une république sage par ses lois, honnête par ses intentions, grande et forte par ses actes. Je mettrais mon honneur à laisser, au bout de quatre ans, à mon successeur, ce pouvoir affermi, la liberté intacte, un progrès réel accompli. »

En vain, M. Thiers, à qui le prince avait soumis son manifeste avant de le publier, s'était-il écrié : « Qu'allez vous faire? biffez cette phrase imprudente. Gardez-vous d'engagements de cette sorte. » La phrase n'avait pas été supprimée. Le manifeste se terminait par cette noble pensée que malheureusement Louis-Napoléon oublia quand il fut au pouvoir : « La République doit être généreuse et avoir foi dans son avenir; aussi, moi qui ai connu l'exil et la captivité, j'appelle de tous mes vœux le jour où la patrie pourra sans danger faire cesser toutes les proscriptions et effacer les dernières traces de nos discordes civiles. »

Bientôt le succès de la candidature du prince ne fit de doute pour personne. Le général Cavaignac disposait de toutes les forces gouvernementales, mais son concurrent avait pour lui un nom qui était un talisman. On avait oublié ce que la France avait souffert sous l'Empire, pour ne se rappeler que la gloire qu'il lui avait donnée. M. Pierre de La Gorce a dit dans son *Histoire de la Seconde République* : « Les peuples sont ainsi faits : quand les sacrifices qu'on leur demande n'ont rien coûté à l'égalité et ont eu la gloire pour récompense, ils finissent par oublier le prix de ces sacrifices eux-mêmes ; aux pouvoirs qui ont le plus abusé d'eux, ils sont prêts à offrir de nouveau le meilleur de leur sang, comme les vignes donnent leur plus généreuse substance à ceux qui les foulent aux pieds dans la cuve. »

Les partisans du prince et ceux du général Cavaignac se livraient à Paris et en province, surtout dans les campagnes, à des polémiques dont la violence égalait souvent le mauvais goût. On traitait couramment l'un d'idiot et l'autre de massacreur. Mais les deux adversaires étaient personnellement aussi corrects, aussi courtois que leurs partisans l'étaient peu. Un ouvrier vint apporter au prince une pierre lithographique sur laquelle le général était représenté en bourreau massacrant les vaincus de juin : « Combien voulez-vous de cette pierre, demanda Louis-Napoléon ? » L'ouvrier ayant fixé le prix, le prince paya, se fit apporter un marteau et mit la pierre en pièces.

De son côté, le général Cavaignac, homme d'aussi bonne compagnie que son rival, ne prononça pas contre lui une seule parole malsonnante.

Les mémoires inédits du général comte Fleury, ce serviteur si dévoué, cet ami si fidèle de Napoléon III, contiennent des détails très curieux sur la période de l'élection présidentielle. Le général, alors chef d'escadron de spahis, en congé à Paris, alla trouver à l'hôtel du Rhin le prince, auquel il avait été présenté à Londres en 1837. Louis-Napoléon le reçut comme une vieille connaissance qu'on n'a pas oubliée. Acceptant ses offres de service, il lui dit : « Au milieu de la foule qui stationne sur la place Vendôme et attend ma sortie, il peut se trouver des gens mal intentionnés. Des rapports que m'adressent des agents fidèles me disent que je cours de grands dangers. Tout en n'ajoutant qu'une créance médiocre à ces prédictions sinistres, j'ai le devoir de me garantir contre les périls qui me sont signalés. Aussi, je ne sors jamais qu'armé d'un revolver et d'une canne à épée. Comme vous allez jouer près de moi le rôle d'un aide de camp, jusqu'à ce que vous le soyez de fait, je vous confie les attributs de votre charge. » Le prince sortit alors d'un tiroir un revolver, et, prenant une canne à épée près de la cheminée, il remit les armes à son nouveau collaborateur, en lui serrant la main.

Quelques jours après, Louis-Napoléon se promenant à cheval avec le commandant Fleury, passa sur le quai d'Orsay où était caserné le 2ᵉ dragons, commandé par le comte de Goyon, qui, en 1846, y avait remplacé mon père comme colonel. Le prince fut tenté d'entrer au quartier. Mais laissons la parole au général Fleury.

« A peine avais-je dit au sous-officier de garde le nom du visiteur presque inconnu, que ce nom magique volait de bouche en bouche, montait à tous les étages, et que les soldats, se mettant à leurs fenêtres, acclamaient Louis-Napoléon à gorge déployée. Le colonel du régiment, qui, par hasard se trouvait au quartier, entraîné par l'exemple, se joignit à ce mouvement spontané et, d'une voix vibrante, criait : Vive Napoléon ! »

Citons encore ce passage des mêmes mémoires : « Bien peu de temps avant l'élection, j'avais accompagné le prince chez M. Thiers, place Saint-Georges. En revenant, il me dit : « Quel singulier petit homme que M. Thiers!

« Tout à l'heure, il m'a demandé quel costume
« je prendrai quand je serai nommé Président,
« un costume civil ou militaire ? — Celui de
« premier consul ou quelque chose d'appro-
« chant conviendrait très bien, il me semble.
« — Je ne sais encore, ai-je répondu. Mais pro-
« bablement je choisirai entre l'uniforme de gé-
« néral de la garde nationale ou de l'armée. —
« Mais alors, dit M. Thiers, comment voulez-
« vous que nous fassions, moi ou tout autre,
« quand nous serons appelés à vous succéder.
« Croyez-moi, prince, prenez l'habit de premier
« consul. — Je n'ai pas insisté et je l'ai laissé
« dans la croyance que je suivrais son avis. »

L'élection ne faisait plus de doute. Le courant ferme des opinions les plus diverses, a écrit M. Odilon Barrot, était devenu irrésistible... Qu'on ne dise pas que tel ou tel personnage qui a appuyé cette élection en est politiquement responsable... MM. Molé et Thiers, par exemple, qui crurent devoir patronner hautement la candidature de Louis-Napoléon n'ont mérité pour cela ni reproche ni remerciement, car s'ils se fussent abstenus comme je l'ai fait, le dénouement eût été absolument le même. »

Le scrutin ouvert les 10 et 11 décembre donne les résultats suivants :

Votants : 7,517,811.

Louis-Napoléon	5,572,834
Cavaignac	1,469,156
Ledru-Rollin	376,834
Raspail	37,106
Lamartine	20,938
Changarnier	4,687

Le 20 décembre, à trois heures de l'après-midi, au moment où l'Assemblée nationale discutait un projet de loi d'une médiocre importance, on vit entrer dans la salle le membre de la commission chargé du dépouillement des procès-verbaux de l'élection présidentielle. C'était M. Waldeck-Rousseau. Il en annonça le résultat. Puis M. Armand Marrast, président de l'Assemblée nationale, proclama comme président de la République Charles-Louis-Napoléon Bonaparte. Le général Cavaignac demanda ensuite la parole et ne prononça que cette seule phrase, qui fut couverte d'applaudissements : « L'Assemblée comprendra mieux que je ne pourrais l'exprimer quels sont les sentiments de reconnaissance que me laisse le souvenir de sa confiance et de ses bontés pour moi. »

Dès que le général fut descendu de la tribune, le nouveau président de la République y monta. En habit noir, avec la plaque de la Légion d'honneur, il prêta le serment prescrit par la Constitution et prononça, au milieu d'un silence profond, une courte harangue. « Les sufrages de la nation, dit-il, et le serment que je viens de prêter commandent ma conduite future. Je verrais des ennemis de la patrie dans tous ceux qui tenteraient de changer par des voies illégales ce que la France a établi... J'ai appelé près de moi des hommes honnêtes, capables, dévoués au pays, assuré que, malgré les diversités d'origine politique, ils sont d'accord pour concourir avec moi à l'application de la Constitution, au perfectionnement de la loi, à la gloire de la République. » Il fit ensuite, de son concurrent, cet éloge mérité : « La conduite de l'honorable général Cavaignac a été digne de la loyauté de son caractère et de ce sentiment du devoir qui est la première qualité d'un chef d'Etat. » Et il termina ainsi son discours bien accueilli par l'Assemblée : « Nous avons une grande mission à remplir, c'est de fonder une République dans l'intérêt de tous et un gouvernement juste, ferme, qui soit animé d'un sincère amour du pays, sans être réactionnaire ou utopiste. Soyons les hommes du pays, et non les hommes d'un parti, et, Dieu aidant, nous ferons du moins le bien, si nous ne pouvons faire de grandes choses. »

Descendu de la tribune, le Prince monta jusqu'au banc où sié- geait le général Cavaignac, et lui tendit la main. Le général surpris laissa prendre sa main plutôt qu'il ne la donna. Puis Louis-Napoléon quitta la salle des séances, et, suivi de quelques amis, alla s'installer au palais de l'Elysée, qui lui avait été fixé pour résidence. Il devait y rester trois ans et ne le quitter que pour prendre possession des Tuileries.

Le commandant Fleury, qui allait organiser la maison du nouveau président de la République, avait préparé la voiture et les chevaux qui le conduisirent du Palais-Bourbon à l'Elysée. La voiture était un grand coupé ayant appartenu à la princesse de Liéven, l'amie de M. Guizot. Les deux chevaux avaient été achetés au général Cavaignac, qui lui-même en avait fait l'acquisition à Alger, après la révolution de Février, lors de la vente de l'écurie du duc d'Aumale. Aux portières de la voiture, menée par un nommé Ledoux, ancien cocher du roi Louis-Philippe, se tenaient à cheval le colonel Edgard Ney et le commandant Fleury, destinés à être un jour l'un le grand veneur, l'autre le grand écuyer de l'Empereur. En pénétrant à l'Elysée, le Président fut tout étonné d'y trouver l'appareil d'un séjour princier. Les valets de pied à la livrée impériale étaient rangés dans l'antichambre. Le suisse frappait le sol de sa hallebarde, et les huissiers étaient à leur poste aux portes intérieures. « Le prince se mit à table, nous dit le général Fleury dans ses Mémoires. A ce premier dîner assistaient les intimes : Persigny, Laity, Mocquard, Bataille, le colonel Vaudrey, Edgard Ney, moi. Le dîner, sans recherche, était bien servi. Cette longue galerie avec ses peintures de Carle Vernet reportait le prince aux premiers jours de son enfance. Il semblait éprouver ce bien-être du voyageur qui, après de longues années d'absence, rentre chez lui. »

Les convives de Louis-Napoléon, au premier dîner qu'il fit à l'Elysée, étaient tous des bonapartistes ardents. Mais aucun des ministres que le prince venait de nommer n'appartenait à ce parti. Par les antécédents de ses membres, deux noms exceptés, le cabinet du 20 décembre 1848 était un ministère centre gauche et orléaniste. Orateur éminent, représentant distingué de la bourgeoisie honnête et libérale, le président du Conseil, ministre de la Justice, M. Odilon Barrot, avait été un partisan dévoué de la monarchie de Juillet, pendant laquelle son opposition n'avait jamais cessé d'être dynastique. Ses collègues, le général Rulhière, MM. Drouyn de Lhuys, de Malleville, de Tracy, Hippolyte Passy, Léon Faucher, tous recommandés au choix de Louis-Napoléon par M. Thiers, avaient une nuance politique pareille à celle de M. Odilon Barrot. Il n'y avait dans le cabinet qu'un seul républicain, M. Bixio, et encore ne conserva-t-il son portefeuille que quelques jours. Le seul ministre légitimiste était le comte de Falloux, qui n'accepta le double portefeuille de l'Instruction publique et des Cultes que sur les vives instances de MM. Molé, Thiers, de Montalembert, de

Mme Swetchine, de l'abbé Dupanloup, qui voulaient, grâce à lui, faire passer la loi si vivement désirée par le parti catholique : la loi sur la liberté de l'enseignement. Cependant M. de Falloux hésita beaucoup avant d'accepter. « Je voulais, disait alors le Prince, prendre mon point d'appui sur les conservateurs ; puisque ce point d'appui me manque, je vais le chercher ailleurs. Aujourd'hui le parti légitimiste (en empêchant M. de Falloux d'accepter) lève son drapeau ; demain le parti orléaniste lèvera le sien. Je ne puis pas rester en l'air et je vais demander à gauche le concours qu'on ne veut pas me prêter à droite. Ce soir je verrai M. Jules Favre. » Cette menace avait mis un terme aux hésitations du comte de Falloux. Quant au général Changarnier, appelé par le président de la République au double commandement de la 1re division militaire et des gardes nationales de la Seine, bien que ce cumul fût contraire à la loi de 1831, les salons royalistes se plaisaient à voir en lui un futur Monck, et se proposaient de faire tous leurs efforts pour le séduire et pour l'*enguirlander*.

Destiné à lutter contre des embarras et des difficultés de tout genre, Louis-Napoléon allait osciller entre les hommes de droite et les hommes de gauche, comme il devait le faire plus tard entre la papauté et la révolution italienne, entre la Russie et la Turquie, entre l'Autriche et la Prusse. Ce système de bascule, qui lui fut si fatal au point de vue de la politique étrangère, devait, au point de vue de la politique intérieure, servir merveilleusement à l'accomplissement de ses desseins. Sa mère, très ambitieuse, sinon pour elle-même, du moins pour sa race, malgré toutes ses protestations de détachement des choses humaines, lui avait laissé des conseils écrits qui allaient le diriger. La reine Hortense disait dans ce programme : « Napoléon, l'auteur de notre célébrité, a sans doute écrasé les peuples sous le poids de son ambition, mais il a suscité de magnifiques espérances chez tous les pauvres et d'étonnantes admirations partout... Lorsque ceux qui possèdent des biens craindront pour leurs avantages, promettez-leur d'en être garants. Si c'est le peuple qui souffre, montrez-vous comme étant, ainsi que lui, un opprimé ; faites entendre qu'il n'a de salut que par vous. Croyez qu'il ne vous est pas impossible de devenir littéralement une idole, quelque chose comme le Rédempteur... Il est si facile, d'ailleurs, de gagner l'affection du peuple. Il a la simplicité de l'enfance. S'il croit qu'on s'occupe de lui, il laisse faire ; ce n'est que quand il croit à l'injustice et à la trahison qu'il se révolte... Ne rebutez personne, sans vous donner à personne. Accueillez tout le monde, même les curieux, les hommes à projet, les conseillers. Tout cela sert... Soyez un peu partout, toujours prudent, toujours libre, et ne vous montrez qu'à l'heure opportune »

C'est en suivant une telle ligne de conduite, en appliquant la maxime « diviser pour régner » et en se servant, pour atteindre son but, des hommes les plus opposés, des éléments les plus contradictoires, que Louis-Napoléon allait mettre à profit son calme imperturbable, sa surprenante ténacité, son expérience de conspirateur, sa puissance de dissimulation, sa hardiesse de joueur politique, ses facultés de séduction tranquille et douce.

XXXI

L'ÉLYSÉE

Le séjour de l'Elysée évoquait dans l'esprit du nouveau président de la République des idées tour à tour brillantes et sinistres. Cet élégant palais a eu les destinées les plus diverses. Bâti en 1718, il fut successivement la propriété du comte d'Evreux, de la marquise de Pompadour, de son frère le marquis de Marigny, du financier Beaujon, de la duchesse de Bourbon, mère du duc d'Enghien. Lorsque cette princesse émigra, l'Elysée, devenu propriété nationale, fut livré à des entrepreneurs, qui donnèrent des bals publics dans les jardins, et réservèrent pour des jeux de hasard, notamment la roulette, le palais transformé en une sorte de casino. Murat l'acheta en 1803, et le céda, quand il alla occuper le trône de Naples, à l'Empereur qui le donna à Joséphine, après le divorce, et y résida pendant une partie des Cent-Jours. C'est de là qu'il partit pour Waterloo, et c'est là qu'il signa sa seconde abdication. Sous le règne de Louis XVIII, l'Elysée fut l'habitation du duc et de la duchesse de Berry, depuis leur mariage jusqu'au jour où le prince alla tomber sous le coup de poignard de Louvel. Un des plus anciens souvenirs du président de la République était d'avoir vu l'Empereur, son oncle, à l'Elysée. C'est là que s'était effondrée la puissance de Napoléon Ier. C'est là qu'allait se constituer celle de Napoléon III.

Le 1er janvier 1849, à dix heures du matin, le Président portant l'uniforme de général de la garde nationale, et entouré des maréchaux Molitor, Sébastiani, Bugeaud, Reille et de l'amiral de Mackau, tous en grande tenue, reçut les fonctionnaires et le corps diplomatique. Il exprima au nonce l'espérance de voir bientôt le pape Pie IX rétabli dans ses Etats. Le 4 janvier, il alla installer le roi Jérôme comme gouverneur des Invalides, où il fut reçu, à l'entrée de l'hôtel, par le général Petit, que les adieux de Fontainebleau ont rendu célèbre. Le 17, il dîna chez M. de Falloux, ministre de l'Instruction publique. On remarquait parmi les convives M. Armand Marrast, président de l'Assemblée nationale, l'archevêque de Paris, le maréchal Bugeaud, les généraux Changarnier, Bedeau, de Lamoricière, MM. Thiers, Molé, de Noailles,

Viennet, Victor Hugo, Cousin, de Saint-Priest, de Maillé, de Mouchy, Berryer, de La Rochejaquelein. Le 29 janvier, Louis-Napoléon dînait chez M. Léon Faucher, ministre de l'Intérieur, avec MM. Armand Marrast, de Rémusat, Molé, Berryer, de Montalembert, Mignet, Meyerbeer, de Luynes, Victor Hugo, Mérimée, le maréchal Bugeaud, le général Changarnier. Le 16 février, il donna à l'Elysée un bal auquel assista la société la plus éclectique. Parmi les membres de l'Assemblée, nationale il y avait MM. Molé, Thiers, Guinard, Flocon, Bixio, Armand Marrast, le général Cavaignac, le général Changarnier. Le faubourg Saint-Germain avait envoyé ses plus grandes dames. Les regards se portaient sur Mme de Gramont (mère du duc, ministre des Affaires étrangères en 1870), avec laquelle le Président se promena longtemps dans les salons. Le journal la *Patrie* rendit compte du bal dans un article reproduit par le *Moniteur*, où l'on disait : « Cette fête, où n'a cessé de régner la gaieté la plus cordiale, et en même temps du meilleur goût, produira, nous n'en doutons pas, le meilleur effet sur le public parisien ; elle contribuera à rétablir la confiance dans le commerce et dans les classes laborieuses de la population qu'on avait depuis longtemps effrayés et découragés, en répétant sur tous les tons : le beau monde s'en va. »

Le 24 février, anniversaire de la Révolution,

une messe fut dite à la Madeleine, par l'archevêque de Paris. Le Président y assista. Je crois encore le voir gravissant les marches de l'église, en uniforme de général de la garde nationale, avec le grand cordon de la Légion d'honneur et un chapeau galonné d'argent, surmonté d'un très haut plumet tricolore. Le soir, les édifices publics furent illuminés.

Le lendemain, Louis-Napoléon inaugura la section du chemin de fer de Creil à Saint-Quentin comprise entre Compiègne et Noyon. Il dit dans cette dernière ville : « Je partage les vœux du pays pour l'affermissement de la République. J'espère que tous les partis qui ont divisé le pays depuis quarante ans y trouveront un terrain neutre où ils pourront se donner la main pour la grandeur et la prospérité de la France. » Le même jour, il passa une revue à Compiègne. Il en passa une autre à Paris, au Champ-de-Mars, le 21 mai. 40,000 hommes y assistaient. Après la revue, il écrivit au général Changarnier : « Avec de semblables soldats notre jeune République ressemblerait bientôt à son aînée, celle de Marengo et de Hohenlinden, si les étrangers nous y forçaient. A l'intérieur, si les anarchistes relevaient leur drapeau, ils seraient aussitôt réduits à l'impuissance par cette armée toujours fidèle au devoir et à l'honneur. Faire l'éloge des troupes, c'est faire l'éloge du chef qui les commande. Je suis heureux de cette nouvelle occasion de vous exprimer mes sentiments particuliers de haute estime et d'amitié. » L'accord était alors complet entre le Président et le général Changarnier. Aucun conflit ne se produisit non plus entre Louis-Napoléon et l'Assemblée constituante, qui se sépara le 27 mai 1849, et fut remplacée par l'Assemblée législative, le lendemain.

La nouvelle Assemblée se composait de plus de 700 membres. Les conservateurs en comptaient 500, dont près de 200 appartenaient au parti légitimiste, et dont le reste se composait d'anciens amis de la monarchie de Juillet. Les républicains modérés étaient environ 70, et les socialistes 180. La majorité ne voulait pas du régime républicain, mais ne s'entendait point sur les projets de restauration monarchique. L'Assemblée était divisée contre elle-même.

Une question irritante entre toutes, la question de Rome, séparait la droite et la gauche. Après l'assassinat de son ministre, M. Rossi, Pie IX, menacé par la révolution, était parvenu à s'échapper de sa capitale, le 24 novembre 1848, et s'était réfugié à Gaëte sur le territoire napolitain. Le 9 février 1849, une Assemblée constituante, réunie à Rome, avait proclamé la déchéance du pouvoir pontifical et l'établissement de la République. Le 23 mars, à Novare, l'armée piémontaise avait été écrasée par les Autrichiens. Charles-Albert ayant abdiqué, son fils Victor-

Emmanuel était monté sur le trône. Le gouvernement français avait laissé l'Autriche vaincre à Novare, mais il voulut l'empêcher d'intervenir à Rome. L'Assemblée nationale, à la majorité de 395 voix contre 283, se prononça en faveur du crédit destiné à l'expédition romaine. Commandée par le général Oudinot, cette expédition débarqua le 25 avril à Civita-Vecchia. S'étant avancée imprudemment devant les murs de Rome, elle subit un échec, le 30 avril. Louis-Napoléon écrivit au général Oudinot, le 8 mai : « J'espérais que les habitants de Rome, ouvrant les yeux à l'évidence, recevraient avec empressement une armée qui venait accomplir chez eux une mission bienveillante et désintéressée. Il en a été autrement ; nos soldats ont été reçus en ennemis, notre honneur militaire est engagé, je ne souffrirai pas qu'il reçoive une atteinte ; les renforts ne vous manqueront pas. Dites à vos soldats que j'apprécie leur bravoure, que je partage leurs peines ; qu'ils pourront toujours compter sur mon appui et sur ma reconnaissance. »

Au fond, Louis-Napoléon était combattu entre ses souvenirs de jeunesse, favorables au libéralisme italien, et l'intérêt gouvernemental qui le poussait à se concilier le clergé et le parti conservateur en France. Il aurait voulu pouvoir ne froisser ni les républicains de Rome, ni la papauté. Mais cela était impossible. On essaya une mission de conciliation, qui fut confiée à M. Ferdinand de Lesseps, mais elle échoua, et le négociateur, accusé d'avoir trop incliné du côté de la République romaine, fut désavoué.

En présence des dispositions manifestées à Paris par la majorité de l'Assemblée nationale, Louis-Napoléon l'aurait-il voulu, était dans l'impossibilité de se prononcer contre la cause du Pape. L'expédition fut donc continuée avec une extrême énergie. De là parmi les Montagnards une exaspération qui amena l'insurrection du 13 juin 1849, le jour même où les batteries de brèche de l'armée française ouvraient leur feu contre les remparts de Rome. Des groupes nombreux se formèrent sur la partie des boulevards qui s'étend entre la porte Saint-Martin et la place de la Bastille. Une colonne de quinze à vingt mille hommes descendit les boulevards, se grossissant en route. Le général Changarnier attendit que la tête de cette colonne eût atteint l'église de la Madeleine. Alors, débouchant par la rue de la Paix avec une forte division, il coupa la manifestation en deux. Les meneurs avaient désigné comme quartier général de l'insurrection le Conservatoire des Arts-et-Métiers, situé rue Saint-Martin. C'est là que M. Ledru-Rollin et 119 autres représentants montagnards de l'Assemblée signèrent cette proclamation : « Au Peuple français, à la Garde nationale, à l'Armée. La Constitution est violée ; le peuple se lève pour la défendre. La Montagne est à son poste. »

Cependant, la population restait indifférente. Les troupes, après avoir enlevé facilement quelques barricades, pénétrèrent dans le Conservatoire. Ce fut alors parmi les députés montagnards un « sauve qui peut » général. Ils s'enfuirent par toutes les issues, même par les fenêtres. L'émeute avait été vaincue pour ainsi dire sans combat. Dès que les boulevards furent dégagés, Louis-Napoléon, à cheval, suivi par plusieurs généraux et par une escorte de lanciers, parcourut toute la ligne des boulevards, ainsi que le faubourg Saint-Antoine, et revint à l'Elysée par la rue de Rivoli. Sur toute sa route on l'acclama. D'après ce que raconte M. Odilon Barrot, il répondit, moitié sérieusement, moitié en riant, au général Changarnier qui le complimentait de la journée : « Oui, général, la journée a été bonne, très bonne. Mais vous m'avez fait passer bien rapidement devant les Tuileries. »

Le président de la République profita de la belle saison pour faire des tournées officielles dans plusieurs villes voisines de Paris. Les inaugurations de chemins de fer, les distributions de drapeaux à la garde nationale lui servaient de prétexte pour ces excursions, où il était partout reçu comme un souverain. A Chartres, il rappela que saint Bernard avait prêché la seconde croisade dans cette ville, que Henri IV y avait été sacré, et porta, en évoquant ce double souvenir, un toast à la religion et à la concorde. A Amiens, il parla du traité de 1802. A Ham, le 22 juillet, il se rendit à la forteresse, et visita en détail son ancienne prison, alors occupée par le chef algérien Bou-Maza, qu'il gracia. La ville lui offrit un bouquet : « Croyez-le, dit-il, si je suis venu à Ham, ce n'est pas par orgueil, c'est par reconnaissance. J'avais à cœur de remercier les habitants de cette ville et des environs de toutes les marques de sympathie qu'ils n'ont cessé de me donner pendant mes malheurs. Aujourd'hui qu'élu par la France entière je suis devenu le chef de cette grande nation, je ne saurais me glorifier d'une captivité qui avait pour cause l'attaque contre un gouvernement régulier. Quand on a vu combien les révolutions les plus justes entraînent de maux après elles, on comprend à peine l'audace d'avoir voulu assumer sur soi la terrible responsabilité d'un changement. Je ne me plains donc pas d'avoir expié ici, par un emprisonnement de six années, ma témérité contre les lois de ma patrie, et c'est avec bonheur que, dans les lieux mêmes où j'ai souffert, je vous propose un toast en l'honneur des hommes qui sont déterminés, malgré leurs convictions, à respecter les institutions de leur pays. »

Quelques jours après, Louis-Napoléon affirmait ses idées personnelles dans une lettre qui eut un grand retentissement. L'armée française était entrée à Rome le 3 juillet 1849, et le pouvoir temporel du Pape y fut rétabli. Pie IX, resté à Gaëte, ne revint dans sa capitale que le 12 avril suivant, mais il y envoya trois cardinaux qui, arrivés le 31 juillet, gouvernèrent en son nom et inaugurèrent une période de réaction. Ce fut alors que Louis-Napoléon écrivit à son officier d'ordonnance, le lieutenant-colonel Edgard Ney, qui faisait partie de l'expédition de Rome, une lettre célèbre datée du 18 août. Cette lettre, le *Moniteur* la reproduisit dans sa partie non officielle le 7 septembre : « Mon cher Ney, disait le Président, la République française n'a pas envoyé une armée à Rome pour y étouffer la liberté italienne, mais au contraire pour la régler, en la préservant contre ses propres excès, et pour lui donner une base solide en remettant sur le trône pontifical le prince qui, le premier, s'était placé hardiment à la tête de toutes les réformes utiles. J'apprends avec peine que les intentions bienveillantes du Saint-Père, comme notre propre action, restent stériles, en présence de passions et d'influences hostiles. On voudrait donner comme base à la rentrée du Pape la proscription et la tyrannie. Dites de ma part au général Rostolan qu'il ne doit pas permettre qu'à l'ombre du drapeau tricolore on commette aucun acte qui puisse dénaturer le véritable caractère de notre intervention. Je résume ainsi le rétablissement temporel du pape : *Amnistie générale, Sécularisation de l'administration, Code Napoléon* et

Gouvernement libéral. J'ai été personnellement blessé, en lisant la proclamation des trois cardinaux, de voir qu'il n'était pas même fait mention du nom de la France, ni des souffrances de nos braves soldats. Toute insulte faite à notre drapeau, ou à notre uniforme, me va droit au cœur, et je vous prie de bien faire savoir que si la France ne vend pas ses services, elle exige au moins qu'on lui sache gré de ses sacrifices et de son abnégation. Lorsque nos armées firent le tour de l'Europe, elles laissèrent partout, comme trace de leur passage, la destruction des abus de la féodalité et les germes de la liberté; il ne sera pas dit qu'en 1849 une armée française ait pu agir dans un autre sens et amener d'autres résultats. » Le Président n'avait communiqué à aucun de ses ministres cette lettre où reparaissaient ses idées de 1831.

En fait de politique intérieure, l'accord entre Louis-Napoléon et son ministère n'était plus qu'apparent. Le président du Conseil, M. Odilon Barrot, a écrit dans ses Mémoires : « Je sentais qu'il y avait un abîme entre les idées de Louis-Napoléon et les miennes. Doux, facile, plein de distinction et de bienveillance dans ses relations habituelles, parlant peu et sachant écouter beaucoup, à la grande différence de Louis-Philippe, il lui arrivait quelquefois de trahir sa pensée par des jets soudains; mais, à la première résistance, il la repliait dans le secret de son âme, et paraissait se rendre aux raisons de ses conseillers, alors qu'il ne faisait qu'ajourner et attendre. Il ne me fut pas difficile de deviner tout de suite ce caractère tout à la fois entreprenant et réservé, et de pressentir que si nous pouvions traverser ensemble et en bon accord des temps de crise, pendant lesquels combattre c'était gouverner, cet accord cesserait aussitôt que le danger ne ferait plus diversion à la contrariété si profonde de nos sentiments et de nos opinions. » M. Alexis de Tocqueville, alors ministre des Affaires étrangères, a écrit : « Nous voulions faire vivre la République, il en voulait hériter. Nous ne lui fournissions que des ministres, quand il avait besoin de complices. »

La situation du cabinet était difficile. Les républicains l'accusaient d'être clérical, et la majorité de l'Assemblée d'être trop républicain. MM. Thiers et Molé, qui allaient souvent à l'Elysée, constituaient, avec d'autres chefs du parti conservateur, une sorte de ministère occulte, qui excitait les susceptibilités du cabinet. La droite, voulant reprendre pour ses créatures toutes les places, se montrait froissée que le ministre de l'Intérieur, M. Dufaure, qui avait déjà dirigé le même ministère sous le gouvernement du général Cavaignac, se refusât à révoquer des fonctionnaires républicains.

Divisant pour régner, Louis-Napoléon travaillait à exploiter à son profit les querelles de la droite et de la gauche. Il en profita pour congédier le cabinet, qui cependant n'avait pas cessé d'avoir la majorité dans la Chambre. Tout en se séparant ainsi de M. Odilon Barrot, il signa une série de décrets qui le nommaient le même jour chevalier, officier, commandeur, grand-officier et grand-croix de la Légion d'honneur. M. Barrot refusa cette haute distinction, et comprit très bien que l'avènement du pouvoir personnel approchait. « Un jour vint, a-t-il écrit dans ses Mémoires, où M. Thiers s'écria douloureusement : L'Empire est fait! C'était le 28 octobre 1849 qu'il aurait dû pousser ce cri, c'est-à-dire le jour où un ministère vraiment parlementaire et en pleine possession de la majorité, avait été remplacé par des ministres, véritables commis subordonnés ; c'est bien ce jour-là que la première assise du trône impérial avait été relevée. »

Louis-Napoléon avait l'art d'avancer et de reculer, suivant les circonstances. Autant avait été hautain son message du 31 octobre, où se trouvaient des phrases comme celles-ci : « — La France inquiète, parce qu'elle n'a pas de direction, cherche la main, la volonté de l'élu du 10 décembre;... le nom de Napoléon est à lui seul un programme ; il veut dire, à l'intérieur, ordre, autorité, religion, bien-être du peuple ; à l'extérieur, dignité nationale, » autant l'attitude du nouveau ministère vis-à-vis de l'Assemblée fut différente. Les *Burgraves* triomphaient. La loi de liberté d'enseignement, à laquelle le parti catholique attachait tant de prix, fut votée, le 15 mars 1850, par 399 voix contre 137. « Il faut, disait M. de Montalembert, l'expédition de Rome à l'intérieur. » Le 31 mai suivant, par 433 suffrages contre 241, l'Assemblée adoptait la loi qui mutilait le suffrage universel, sous prétexte de l'épurer et de le moraliser. Cette loi ne frappait pas seulement les vagabonds et les gens sans aveu, ceux que dans la discussion M. Thiers qualifia de « vile multitude »; elle frappait beaucoup de citoyens honnêtes, mais pauvres. Près de trois millions de citoyens se trouvaient rayés des listes électorales. Louis-Napoléon comptait bien faire retomber sur l'Assemblée l'impopularité d'une pareille mesure. Ainsi que l'a dit M. Odilon Barrot, « le parti conservateur ne sut pas voir qu'il forgeait comme à plaisir l'arme avec laquelle on devait le frapper ».

En même temps, le Président recherchait toutes les occasions d'entrer personnellement en communication directe avec les populations des provinces. On le recevait au bruit des cloches et des salves d'artillerie. Il disait au banquet de Soissons, le 9 juin 1850 : « Si j'étais toujours libre d'accomplir mes volontés, je viendrais parmi vous sans faste, sans cérémonie. Je voudrais, inconnu, me mêler à vos travaux, comme à vos fêtes, pour juger mieux par moi-même de vos désirs et de vos sentiments. Mais il semble que le sort mette sans cesse une barrière entre vous et moi, et j'ai le regret de n'avoir jamais pu être simple citoyen de mon pays. J'ai passé, vous le savez, six ans à quelques lieues de cette ville, mais des murs et des fossés me séparaient de vous. » A Dijon, il disait, le 13 août : « Quand je vois mon nom conserver encore de l'influence sur les masses, influence due au chef glorieux de ma famille, je m'en félicite, non pour moi, mais pour vous, pour la France, pour l'Europe. » A Lyon, le 15 août, il désavouait ainsi les projets qu'on lui attribuait : « Des bruits de coup d'Etat sont peut-être venus jusqu'à vous ; mais vous n'y avez pas ajouté foi, je vous en remercie ; les surprises et les usurpations peuvent être le rêve des partis sans appui dans la nation ; mais l'élu de six millions de suffrages exécute les volontés du peuple, il ne les trahit pas. »

Cependant à Strasbourg, à Nancy, à Metz, à Reims, à Caen, à Cherbourg, il apparaissait entouré de l'appareil d'un souverain.

L'Assemblée, qui s'était prorogée du 11 août au 11 novembre, avait institué une commission de permanence, composée de vingt-cinq membres, tous hostiles aux projets de restauration impériale. Les deux pouvoirs s'observaient avec une mutuelle défiance. Le 30 octobre 1850, Louis-Napoléon passait, au plateau de Satory, près de Versailles, une grande revue, où plu-

sieurs régiments de cavalerie poussaient le cri de
« Vive l'Empereur ! » La commission demanda des
explications. Le général Changarnier adressa aux
troupes un ordre du jour ainsi conçu : « Aux
termes de la loi, l'armée ne délibère point ; aux
termes des règlements militaires, elle doit s'abstenir de toute démonstration et ne proférer
aucun cri sous les armes. Le général en chef
rappelle ces dispositions aux troupes placées
sous son commandement. » A partir de ce moment, il y eut contre le Président une lutte acharnée, mais non encore déclarée ouvertement.
Louis-Napoléon ne trouvait pas l'heure venue de
jeter le masque. Le 12 novembre il adressait à
l'Assemblée un message dont telle était la conclusion : « Ce qui me préoccupe surtout, ce
n'est pas de savoir qui gouvernera la France en
1852, c'est d'employer le temps dont je dispose,
de manière à ce que la transition, quelle qu'elle
soit, se fasse sans agitation et sans trouble. Le
but le plus digne d'une âme élevée n'est point de
rechercher, quand on est au pouvoir, par quels
expédients on s'y perpétuera, mais de veiller
sans cesse aux moyens de consolider, à l'avantage de tous, les principes d'autorité et de morale
qui défient les passions des hommes et l'instabilité des lois. Je vous ai loyalement ouvert mon
cœur, vous répondrez à ma franchise par votre
confiance, à mes bonnes intentions par votre
concours, et Dieu fera le reste. » Louis-Napoléon,

ayant ainsi endormi la vigilance de l'Assemblée, attendit jusqu'au 9 janvier 1851 pour se débarrasser du principal obstacle à ses projets, le général Changarnier ; non seulement celui-ci était devenu le général du Parlement ; mais les légitimistes et les orléanistes le regardaient comme un futur Monk. Le Président de la République, dont il tenait le commandement de la première division militaire et celui des gardes nationales de la Seine, les lui enleva. A partir de ce jour commença entre Louis-Napoléon et l'Assemblée un conflit qui ne devait se terminer que par un coup d'Etat.

XXXII

LES PRÉLIMINAIRES DU COUP D'ÉTAT

L'Assemblée nationale, pour se venger de la révocation du général Changarnier, déclara, le 18 janvier 1851, que le ministère n'avait pas sa confiance. Louis-Napoléon changea ses ministres, mais ne changea pas sa politique. Débarrassé de l'homme qui était le principal obstacle à ses projets, il poursuivit son but avec calme et patience, cherchant à se concilier le clergé, l'armée et les masses populaires. Le 18 avril 1851, jour du Vendredi-Saint, la procession des reliques était précédée, à Notre-Dame, par un discours du Père Ravignan. Le Prince-Président — c'est ainsi que l'on commençait à appeler le chef du pouvoir exécutif — prenait place au banc d'œuvre, ainsi que le maréchal Exelmans. Le 23 mai, il passait en revue, au Champ-de-Mars, l'armée de Paris. Le 1ᵉʳ juin, lors de l'inauguration du chemin de fer de Dijon, il prononçait, dans le banquet que lui offrait cette ville, un discours où le Parlement vit une menace. « Depuis trois ans, disait le Prince, on a pu remarquer que j'ai toujours été secondé par l'Assemblée quand il s'est agi de combattre le désordre par des mesures de compression. Mais lorsque j'ai voulu faire le bien, améliorer le sort des populations, elle m'a refusé ce concours. Si la France reconnaît qu'on n'a pas eu le droit de disposer d'elle sans elle, la France n'a qu'à le dire : mon courage et mon énergie ne lui manqueront pas... Quels que soient les devoirs que le pays m'impose, il me trouvera décidé à suivre sa volonté. Et, croyez-le bien, Messieurs, la France ne périra pas entre mes mains. »

Le général Changarnier crut devoir répondre indirectement au discours de Dijon, en prononçant, à la tribune, le 3 juin, une solennelle et courte harangue, qui se terminait ainsi : « L'armée ne désire pas plus que vous voir infliger à la France les misères et les hontes du gouvernement des Césars, alternativement imposé et renversé par des prétoriens en débauche... Personne n'obligerait nos soldats à marcher contre cette Assemblée. Dans cette voie fatale, on n'entraînerait pas un bataillon, pas une compagnie, pas une escouade, et l'on trouverait devant soi les chefs que nos soldats sont accoutumés à suivre sur le chemin du devoir et de l'honneur. Mandataires de la France, délibérez en paix. »

Cependant, Louis-Napoléon continuait en province ses tournées triomphales. Le 1ᵉʳ juillet, il inaugurait la section du chemin de fer de Tours à Poitiers, et, le 6, à Beauvais, la statue de Jeanne Hachette. L'évêque lui dit, ce jour-là : « Quel que soit l'avenir que des nuages épais dérobent à nos regards, l'Eglise redira avec bonheur que sous votre gouvernement l'auguste chef de la catholicité est rentré dans la capitale du monde chrétien, et l'éducation a été en partie délivrée des entraves qui s'opposaient au développement si nécessaire des principes religieux. » Au banquet que lui offrit la ville, Louis-Napoléon prononça un discours imprégné d'une sorte de mysticisme sur les missions providentielles : « Il est encourageant, dit-il, de penser que, dans les dangers extrêmes, la Providence réserve souvent à un seul d'être l'instrument du salut de tous, et, dans certaines circonstances, elle l'a même choisi au milieu du sexe le plus faible, comme si elle voulait, par la fragilité de l'enveloppe, prouver mieux encore l'empire de l'âme sur les choses humaines, et faire voir qu'une cause ne périt pas lorsqu'elle a pour la conduire, une foi ardente, un dévouement inspiré, une conviction profonde. Ainsi, au xvᵉ siècle, à peu d'années d'intervalle, deux femmes obscures, mais animées du feu sacré, Jeanne d'Arc et Jeanne Hachette, apparaissent au moment le plus désespéré pour remplir une sainte mission. »

Louis-Napoléon n'évoquait de pareils souvenirs que pour se poser lui-même en sauveur. On avait répandu le bruit que dans le courant de l'année 1852 la société serait exposée aux plus graves périls. C'était au mois de mai, à quelques jours de distance que devaient expirer les pouvoirs du président de la République et ceux de l'Assemblée, et les prophètes de malheur annonçaient pour cette échéance les catastrophes les plus terribles. La grande habileté des partisans de Louis Bonaparte fut d'entretenir et d'exploiter les terreurs qui s'étaient emparées de la bourgeoisie et des masses.

L'article 45 de la Constitution déclarait que le président de la République n'était pas rééligible, et fixait au deuxième dimanche du mois de mai l'élection de son successeur. La nouvelle Assemblée devait être élue le 29 avril 1852, et l'ancienne siéger jusqu'au 28 mai. Dans un rapport lu à la tribune, le 8 juillet 1851, M. de Tocqueville s'exprimait de la manière suivante sur le danger d'une telle situation : « Ainsi, dans le même mois, et à quelques jours de distance, le pouvoir exécutif et la puissance législative changeront de mains. Assurément jamais un grand peuple encore mal préparé à l'usage de la liberté républicaine n'aura été jeté tout à coup par la loi dans un tel hasard, jamais Constitution naissante n'aura été soumise à une si rude épreuve... Le *statu quo* actuel doit aboutir nécessairement, soit à l'usurpation, soit à l'anarchie, en tout cas, à la ruine de la République et peut-être de la liberté. »

En conséquence, M. de Tocqueville, comme la commission dont il était le rapporteur, proposait une revision de la Constitution. Au mois d'août 1850, sur 85 conseils généraux, 52 avaient formulé un vœu dans ce sens. Le 1er juillet 1851, le nombre des pétitionnaires qui avaient exprimé le même désir s'élevait à 1,123,000. A l'Assemblée, il y avait évidemment une majorité en faveur de la revision, mais ce n'était pas une majorité des trois quarts. Or, d'après son article 111, la Constitution ne pouvait être revisée que si la demande de revision était votée par les trois quarts des suffrages exprimés.

Louis-Napoléon était irrévocablement résolu à rester au pouvoir. Mais de toutes les solutions qui lui permettaient d'arriver à ce but, celle qu'il aurait certainement préférée eût été une réélection légale, par suite de la revision de la Constitution. La délibération de l'Assemblée sur le projet de revision commença le 14 juillet 1851, et ne finit que le 19. Après de magnifiques mais stériles tournois oratoires et une série de discours plus éloquents les uns que les autres sur les mérites respectifs de la République et de la monarchie, la revision réunit 446 suffrages contre 278. La majorité des trois quarts étant de 543 voix, il en manquait 97 pour que le chiffre légal fût atteint. A partir de ce moment, Louis-Napoléon prépara le coup d'Etat.

L'Assemblée, après avoir nommé une commission de permanence, se prorogea du 9 août au 4 novembre. Pendant ce temps, le Prince-Président ne négligea rien pour s'assurer le concours de l'armée. Le général de Lamoricière avait dit chez le duc de Luynes : « Le coup d'Etat ne se fera que quand le Président aura trouvé l'homme pour cela... Son homme est en Algérie. Celui-là ne reculera devant rien. Quand vous verrez Saint-Arnaud ministre de la Guerre, dites : « Voilà le coup d'Etat. » La prophétie se réalisa de point en point. Louis-Napoléon avait auprès de lui un officier d'ordonnance très actif, très dévoué, en qui il avait une confiance absolue, le commandant Fleury. Il l'envoya en Algérie pour y recruter des généraux et des officiers qui prendraient part au coup d'Etat. Au premier rang fut le général de Saint-Arnaud, qui promit formellement son concours ; il n'était alors que général de brigade ; mais on lui fit commander au mois de juillet, en Kabylie, une petite expédition que les journaux dévoués au Prince-Président célébrèrent de la manière la plus pompeuse. Nommé général de division, il fut appelé à un commandement à Paris. Le 27 octobre, il était nommé ministre de la Guerre.

Chose digne de remarque, les trois hommes qui allaient être les principaux collaborateurs de Louis-Napoléon dans l'accomplissement du coup d'Etat, le général de Saint-Arnaud, le comte de Morny et M. de Maupas, n'étaient pas des bonapartistes de la veille. Jacques Leroy de Saint-Arnaud, né à Paris le 20 août 1798, était entré dans les gardes du corps en 1815. Démissionnaire, il avait repris du service après la révolution de 1830. A trente-quatre ans il était encore sous-lieutenant. Pendant tout le règne de Louis-Philippe il ne cessa de témoigner un grand dévouement au roi et à la dynastie. La correspondance qu'il avait avec son frère à cette époque a été publiée, et ne contient aucune trace de bonapartisme. Il avait été l'officier d'ordonnance du général Bugeaud, quand celui-ci était gouverneur de la forteresse de Blaye pendant la captivité de la duchesse de Berry, et par son tact et son esprit il était même parvenu à se concilier la sympathie de la captive. En 1836, il partit pour l'Algérie, et s'y distingua. Le duc d'Aumale le signala comme un officier d'avenir, et, en 1851, lui écrivit pour le féliciter de sa nomination de général de division.

Le comte de Morny, à qui Louis-Napoléon réservait le rôle de ministre de l'Intérieur pour le coup d'Etat, passait pour être le fils de la reine

Hortense et du général de Flahault. Mais cela ne l'avait nullement empêché d'être un orléaniste militant. Né à Paris le 23 octobre 1811, il s'était distingué comme officier de cavalerie, avait servi en Algérie sous les yeux du duc d'Orléans, qui lui témoignait beaucoup de bienveillance, avait fait la campagne de Mascara et la première campagne de Constantine. Il fut décoré pour avoir sauvé la vie du général Trézel, dont il était officier d'ordonnance. Démissionnaire en 1838, il s'était occupé d'industrie. Devenu, en 1842, député du Puy-de-Dôme, il avait figuré, jusqu'à la fin de la monarchie de Juillet, parmi les partisans les plus dévoués de M. Guizot. Ami des princes et très à la mode dans la société orléaniste, homme de plaisir et homme d'affaires, il s'intéressait également aux salons, à la Bourse et à la politique. Jusqu'à la révolution de Février, il n'avait jamais été en relation avec le prince Louis, et ce fut à Londres, vers la fin de 1848, qu'il le vit pour la première fois. Ce n'est qu'après la mort de la reine Hortense, en 1837, que le prince fut mis au courant de la liaison de sa mère avec le général de Flahault, et cette révélation lui causa un profond chagrin. Quant au général de Flahault, c'était un des favoris du roi Louis-Philippe qu'il représentait comme ambassadeur à Vienne, au moment où éclata la révolution de Février.

Après la chute de la dynastie de Juillet,

M. de Morny avait eu, dit-on, des velléités légitimistes. On lit, en effet, dans le journal de la princesse Mélanie de Metternich à la date d'août 1848 : « M. de Morny est venu voir Clément (le prince de Metternich) ; il lui a dit qu'il ne voyait plus qu'une chance de salut pour la France : il fallait appeler Henri V au trône. Il veut faire le voyage de Frohsdorff à l'insu des siens. » Rentré en 1849, dans la vie parlementaire, M. de Morny vota, à l'Assemblée, avec la majorité monarchique, et ne se rangea du côté de l'Elysée que lorsqu'une scission se fut produite entre la droite et le Prince-Président.

Quant à M. de Maupas, le préfet de police du coup d'Etat, il n'avait jamais été signalé comme bonapartiste sous le régime de Louis-Philippe, et il servait avec dévouement le roi, comme sous-préfet de Beaune, au moment de la révolution de Février.

Ajoutons, à la liste des principaux collaborateurs du 2 Décembre, le général Magnan, qui fut appelé, le 15 juillet 1851, au commandement en chef de l'armée de Paris, et en qui Louis-Napoléon avait toute confiance.

L'heure du conflit décisif approchait. Par une habile volte-face, le Prince-Président, voulant se concilier les masses populaires, proposa à l'Assemblée l'abrogation de la loi du 31 mai 1850 qui avait restreint le suffrage universel. La gauche approuva le Prince. Un de ses chefs les plus ardents, M. Michel (de Bourges), dit à la tribune : « Lorsqu'un homme qui s'appelle le chef du pouvoir exécutif prend des mesures qui, selon moi, compromettent la liberté et l'ordre, je le combats ; mais lorsqu'il en prend qui assurent l'ordre et la liberté, je l'appuie, et je m'en fais gloire. » Cependant, le 13 novembre 1851, l'Assemblée, par 353 voix contre 347, se prononça pour le maintien de la loi du 31 mai. C'était mettre dans le jeu du Prince une de ses meilleures cartes.

Une assemblée franchement républicaine aurait rendu tout coup d'Etat impossible ; mais une assemblée divisée contre elle-même et composée d'une majorité de royalistes, qui ne s'entendaient pas même entre eux, ne devait avoir aucune force de résistance. Les tentatives de fusion, que nous avons racontées en détail dans notre livre « Les Exils » n'avaient eu d'autre résultat que d'augmenter les chances de la cause bonapartiste, en accentuant l'antagonisme qui existait entre la branche aînée et la branche cadette des Bourbons. C'étaient les légitimistes, M. Berryer en tête, qui, par opposition aux orléanistes, avaient empêché, de concert avec les républicains, l'Assemblée nationale d'abroger la loi d'exil qui frappait les Bourbons des deux branches. D'autre part, les royalistes de l'Assemblée avaient éveillé toutes les défiances de leurs collègues républicains, qui avaient encore plus de répugnance pour une restauration légitimiste que pour le triomphe du bonapartisme. Les principaux auxiliaires de Louis-Napoléon furent, en réalité, le drapeau blanc et le spectre rouge.

Il y avait à l'Assemblée deux hommes auxquels les républicains étaient plus hostiles qu'au Prince-Président lui-même : M. Thiers et le général Changarnier. Or les accusait hautement de préparer avec leurs amis une dictature royaliste, et on voulait à tout prix leur ôter les moyens de donner suite à de pareils projets. C'est pour cela que les républicains s'opposèrent presque tous à une proposition qui aurait pu seule empêcher le coup d'Etat. Les trois questeurs de l'Assemblée (le général Leflô, M. Baze et M. de Panat) avaient, le 6 novembre, proposé une loi qui accordait au président de l'Assemblée le droit de requérir la force armée et toutes les autorités dont il jugeait le concours nécessaire. La gauche, à l'exception du général Cavaignac, du colonel Charras et de quelques autres députés, se prononça contre la proposition des questeurs. Lors de la discussion qui eut lieu le 17 novembre, M. Crémieux dit : « L'Assemblée n'a pas besoin d'avoir une garde auprès d'elle. Sa garde, c'est le peuple. » M. Michel (de Bourges) s'exprima ainsi : « L'armée est à nous, et je vous défie, quoi que vous fassiez, si le pouvoir militaire tombait entre vos mains, de faire qu'aucun soldat vienne ici pour vous contre le peuple. Non, il n'y a pas de danger, et je me permets d'ajouter que, s'il y avait un danger, il y a aussi une *sentinelle invisible* qui nous garde; cette sentinelle, je n'ai pas besoin de la nommer, c'est le peuple. » M. Jules Favre posait à la droite ce dilemme : « Ou vous croyez que le Président conspire, alors accusez-le; ou vous ne le croyez pas, et c'est, dans ce cas, vous qui conspirez contre la République. »

Cependant, on crut un instant, lors de la discussion, que la proposition des questeurs allait être votée. « Le ministre de la Guerre le crut aussi, a écrit M. Odilon Barrot, car il se hâta de sortir de l'Assemblée, en faisant signe de le suivre au général Magnan, qui assistait à la séance dans une tribune. M. de Morny, pâle et défait, sortit aussi, et ils allèrent à l'Elysée concerter les mesures à prendre pour déjouer d'avance le coup dont ils se croyaient menacés. En effet, l'ordre fut immédiatement donné de consigner tous les régiments dans leurs casernes. » La précaution fut inutile, car grâce à l'accord des partisans du Prince et des membres de la gauche, la proposition des questeurs fut repoussée par 408 voix contre 300. En apprenant la nouvelle, Louis-Napoléon, qui était prêt à monter à cheval, se contenta de dire : « Maintenant, messieurs, nous allons nous mettre à table. »

Pour tout homme perspicace, l'Assemblée venait de signer son arrêt de mort. Mais malgré tant de symptômes alarmants, elle s'illusionnait encore sur le sort qui lui était réservé. Le langage du Président de la République aurait dû lui ouvrir les yeux. Le 9 novembre, recevant à l'Elysée 600 officiers des régiments de Paris, il leur avait dit : « Si jamais le jour du danger arrivait, je ne ferais pas comme les gouvernements qui m'ont précédé, et je ne vous dirais pas : Marchez, je vous suis ; mais je vous dirais : Je marche, suivez-moi. » Le 25 novembre, en distribuant des récompenses aux exposants français de Londres, il s'exprimait ainsi : « Comme elle pourrait être grande la République française, s'il lui était permis de vaquer à ses véritables affaires et de réformer ses institutions, au lieu d'être sans cesse troublée d'un côté par les idées démagogiques, et, de l'autre, par les hallucinations monarchiques ! » Il terminait ce discours par les phrases suivantes qui étaient l'annonce du coup d'Etat : « Ne redoutez pas l'avenir. La tranquillité sera maintenue quoi qu'il arrive. Un gouvernement qui s'appuie sur la masse entière de la nation, qui n'a d'autre mobile que le bien public, et qu'anime cette foi ardente qui vous guide sûrement à travers un espace où il n'y a pas de route tracée, ce gouvernement, dis-je, saura remplir sa mission, car il a en lui le droit qui vient du peuple et la force qui vient de Dieu. »

On dit cependant que Louis-Napoléon, avant de commettre un acte de violence qui répugnait à la douceur de son caractère, hésita. Impassible dans l'action, il était, par sa nature, très indécis avant d'agir. Le coup d'Etat d'abord fixé au 20 novembre, fut remis au 25, puis au 2 décembre. Le Prince aurait voulu tarder encore, avant de passer le Rubicon, mais des conseillers, plus hardis que lui-même, l'entraînèrent, et il se laissa séduire par la date fatidique d'un double anniversaire, celui du sacre de Napoléon et celui de la bataille d'Austerlitz. Comme aucun de ses ministres, excepté le général de Saint-Arnaud, n'était au courant de ce qui se préparait, on était de très bonne foi dans les sphères officielles en démentant les bruits de coup d'Etat. Après tant d'alarmes qui ne s'étaient pas réalisées, l'Assemblée commençait à se rassurer, du moins pour le mois de décembre, en se disant que le Prince ne voudrait pas s'aliéner les commerçants de Paris, en troublant ce qu'on appelait déjà la trêve des confiseurs. « Nous avons au moins un mois devant nous, disait le général Changarnier. » Le 1er décembre l'Assemblée discuta, avec une tranquillité absolue, la loi électorale municipale et la question du chemin de fer de Lyon à Avignon. Elle ne se doutait pas que c'était sa dernière séance.

XXXIII

LE COUP D'ÉTAT

Le lundi 1ᵉʳ décembre 1851 il y a une soirée à l'Élysée. Jamais le Prince-Président ne s'est montré plus calme et plus affable. Sa physionomie ne manifeste aucune trace d'une émotion quelconque. Le même soir, l'Opéra-Comique donne la première représentation du *Château de Barbe-Bleue*, dont la musique est de Limnander, et le livret de M. de Saint-Georges, frère du directeur de l'Imprimerie nationale. M. de Morny se trouve au théâtre en même temps que le général Cavaignac et le général de Lamoricière. Il entre dans la loge de Mᵐᵉ Liadières. « On parle d'un coup de balai, lui dit cette dame. De quel côté serez-vous ? — Du côté du manche, répond-il ». Puis il se rend à l'Élysée. Les invités viennent d'en sortir. Une conférence a lieu entre lui, le Prince, le général de Saint-Arnaud et M. Mocquard. Le colonel de Béville part en fiacre pour l'Imprimerie nationale. Il est porteur des décrets et proclamations qui, le lendemain, doivent être affichés au lever du jour. Une compagnie de gendarmes mobiles est à l'imprimerie pour surveiller les ouvriers. Les portes se referment hermétiquement. A deux heures du matin tout est imprimé.

Une demi-heure plus tard les commissaires de police sont convoqués à la préfecture par le préfet, M. Maupas. Il leur dit qu'un complot étant formé contre le Président, ils vont avoir à arrêter seize représentants, les généraux Bedeau, Changarnier, Lamoricière, Cavaignac, Leflô, le colonel Charras, M. Thiers, M. Roger (du Nord), M. Baze et sept membres de la Montagne, MM. Cholat, Valentin, Greppo, Nadaud, Miot, Baune, Lagrange. A six heures et demie du matin, les seize représentants sont tous arrêtés à leurs domiciles et incarcérés à Mazas. Aucun des ministres, à l'exception du général de Saint-Arnaud, n'est prévenu du coup d'Etat. A son réveil, le ministre de l'Intérieur, M. de Thorigny, est tout étonné de voir des soldats. Il adresse au préfet de police cette dépêche télégraphique : « 2 décembre, 7 heures du matin. Que se passe-t-il donc ? La cour du ministère est pleine de troupes. » Le préfet répond ainsi : « 7 heures 10 minutes du matin. M. de Morny est chargé de vous le dire ; vous le verrez dans un instant ; attendez-le. » A sept heures et demie, M. de Morny arrive en effet, au ministère de l'Intérieur, et remet à M. de Thorigny une lettre du Président lui annonçant qu'il est remplacé comme ministre de l'Intérieur par M. de Morny lui-même. Celui-ci s'installe sans difficulté et envoie immédiatement par le télégraphe des instructions à tous les préfets.

Les Parisiens sont tout étonnés en lisant sur les murs le décret et les proclamations du Président.

Le décret dissout l'Assemblée nationale et le Conseil d'État, rétablit le suffrage universel par l'abrogation de la loi du 31 mai, convoque le peuple dans ses comices, établit l'état de siège dans l'étendue de la 1re division militaire. La proclamation au peuple propose comme devant être soumis à un plébiscite le système politique se résumant ainsi : 1º un chef responsable nommé pour dix ans ; 2º des ministres dépendant du pouvoir exécutif seul ; 3º un Conseil d'État préparant les lois et en soutenant la discussion ; 4º un Corps législatif discutant et votant les lois, nommé par le suffrage universel, sans scrutin de liste ; 5º une seconde assemblée formée de toutes les illustrations du pays, pouvoir pondérateur, gardien du pacte fondamental et des libertés publiques. « Pour la première fois depuis 1804, dit le Président, vous voterez en connaissance de cause, en sachant bien pour qui et pour quoi. Si je n'obtiens pas la majorité de vos suffrages, je provoquerai la réunion d'une nouvelle Assemblée et je lui remettrai le mandat que j'ai reçu de vous. Mais si vous croyez que la cause dont mon nom est le symbole, c'est-à-dire la France régénérée par la Révolution de 89 et organisée par l'Empereur est toujours la vôtre, proclamez-le en consacrant les pouvoirs que je vous demande. »

Dans la même proclamation, Louis-Napoléon accuse l'Assemblée d'être un foyer de complots et de travailler à renverser la République que lui prétend vouloir maintenir. « Soldats, dit-il, dans sa proclamation à l'armée, soyez fiers de votre mission, vous sauverez la patrie, car je compte sur vous non pour violer les lois, mais pour faire respecter la première loi du pays, la souveraineté nationale dont je suis le légitime représentant..... En 1830, comme en 1848, on vous a traités en vaincus. Après avoir flétri votre désintéressement héroïque, on a dédaigné de consulter vos sympathies et vos vœux, et cependant vous êtes l'élite de la nation. Aujourd'hui, en ce moment solennel, je veux que l'armée fasse entendre sa voix. Votez donc librement comme citoyens; mais, comme soldats, n'oubliez pas que l'obéissance passive aux ordres du chef du Gouvernement est le devoir rigoureux de l'armée depuis le général jusqu'au soldat. »

Dès le matin 25,000 hommes de troupes de ligne et 6,000 cavaliers, avec une nombreuse artillerie, occupent la place de la Concorde, tous les abords du Palais-Bourbon et de l'Elysée, le Carrousel et la place de l'Hôtel-de-Ville. Quelques heures après, ces troupes sont renforcées par un régiment de dragons venant de Saint-Germain et une division de grosse cavalerie venant de Versailles.

Le prince Napoléon, qui demeure rue d'Alger, dans la même maison que M. Gavini, sort avec celui-ci, et, en apercevant les troupes, témoigne une exaspération que M. Gavini a grand'peine à calmer. Quant au roi Jérôme, alors gouverneur des Invalides, il n'a été prévenu que le matin de ce qui se passe. Mais, à la première nouvelle qu'il reçoit, il endosse son uniforme, monte à cheval, et va rejoindre le Président à l'Elysée.

A dix heures du matin, Louis-Napoléon, ayant à sa gauche le roi Jérôme, et suivi par sa maison militaire, ainsi que par un très nombreux état-major d'officiers généraux et supérieurs, sort de l'Elysée à cheval pour se présenter aux troupes. Elles lui font un chaleureux accueil. Il ne dépendrait que de lui de prendre alors possession du château des Tuileries.

Quant à la garde nationale, elle ne se montre nulle part. Son commandant en chef, le général marquis de Lawoëstine, a reçu l'ordre d'empêcher toute convocation des légions. Pour qu'il fût impossible de battre le rappel, les caisses des tambours ont été crevées ou enlevées.

Que fera l'Assemblée nationale pour organiser la résistance, ou, tout au moins, pour protester? Le Palais-Bourbon, local de ses séances, est occupé par le 92e de ligne, commandé par le colonel Espinasse, qui a fait récemment la campagne de Kabylie, avec le général de Saint-Arnaud.

Les auteurs du coup d'Etat craignent si peu le président de l'Assemblée, M. Dupin, qu'ils ont cru inutile de le faire arrêter. On a négligé de mettre des factionnaires à la petite porte qui donne sur la rue de Bourgogne. Un certain nombre de représentants entrent par cette porte, et tiennent un simulacre de séance. Un chef de bataillon et des soldats les somment de se retirer. « Une sorte de tumulte s'ensuivit, a écrit M. Odilon Barrot dans ses Mémoires, ce qui fournit à M. Dupin l'occasion d'adresser à ses collègues ce reproche si opportun : — Mais, Messieurs, vous faites à vous seuls plus de bruit que tous ces braves militaires ensemble. — On cite de lui un autre mot qui le peint de mieux en mieux. A quelqu'un qui lui reprochait d'avoir cédé aussi facilement, il répondit naïvement : — Si j'avais eu un homme à mes ordres, je l'aurais fait tuer. — Ce qui est certain, c'est qu'après avoir ainsi épuisé tout ce qu'il avait de courage, il se retira dans ses appartements, et qu'on ne le revit nulle part de toute la journée. Ceux qui avaient cru à la force du droit abstrait dans notre pays pouvaient reconnaître maintenant combien avait été grande leur erreur. »

Une autre réunion de députés eut lieu rue d' Lille, chez le comte Daru — celui qui, en 1870, fut le ministre des Affaires étrangères du cabinet Ollivier. Elle fut également dispersée par la force. Une troisième, beaucoup plus importante, se tint à la mairie du Xe arrondissement, dont le local, actuellement détruit, s'élevait près du carrefour de la Croix-Rouge, presque à l'entrée de la rue de Grenelle. La garde nationale du quartier avait pour chef le général de Lauriston, député de la droite, et favorable au Parlement. Il était onze heures du matin, quand près de deux cent cinquante députés, presque tous de la droite, arrivèrent à cette mairie et y tinrent une séance, dont M. Berryer était l'âme. La déchéance de Louis-Napoléon y fut prononcée. On investit du commandement de l'armée le général Oudinot, qui prit pour chef d'état-major un député de la Montagne, le capitaine Tamisier. Mais des troupes, sous les ordres du général Forey, arrivèrent ayant pour instruction de dissoudre la réunion, de laisser sortir de la mairie les représentants qui ne feraient aucune résistance et de transférer les autres à Mazas. Tous à Mazas ! s'écrièrent les représentants sans exception. Il n'y avait pas un nombre suffisant de voitures pour les y conduire. On décida de les déposer provisoirement au quartier de cavalerie du quai d'Orsay. A trois heures, la colonne se mit en marche. M. de La Gorce a écrit dans son *Histoire de la Seconde République française* : « L'appareil n'était pas moins étrange que celui de la séance qui venait de finir. Les représentants s'avançaient entre deux haies de fantassins. Ces fantassins, aujourd'hui agents de Louis-Napoléon, étaient des chasseurs de Vincennes, les mêmes qui, jadis, avaient été organisés par les princes d'Orléans. Les troupes étaient commandées par le général Forey, naguère le bras droit de Changarnier, maintenant proscrit. Dans le cortège étaient mêlés des députés de toute opinion, hier adversaires, unis aujourd'hui, et destinés de nouveau à se séparer demain ; car plusieurs, et non parmi les moins ardents, devaient se rallier plus tard à l'Elysée. » Les représentants ainsi arrêtés passèrent la nuit au quartier du quai d'Orsay. Le lendemain matin, ils furent transportés les uns à Mazas, les autres au Mont-Valérien, d'autres à Vincennes. Laissons la parole à l'un deux, M. Odilon Barrot : « Lorsque nous traversâmes le faubourg Saint-Antoine, a-t-il écrit, les ouvriers commençaient à sortir de chez eux pour se rendre à leurs ateliers ; ils s'interrogeaient sur ce que contenaient ces voitures si bien escortées. — Ah ! disaient-ils, après avoir appris qui nous étions, ce sont les *vingt-cinq francs* qu'on va coffrer. C'est bien joué. — C'est là tout l'intérêt que montrait aux élus du suffrage universel la population d'un faubourg si fameux et si redouté pour ses passions démocratiques. C'est ainsi que successivement, et une à une, s'évanouissaient toutes les illusions que s'étaient faites et les conservateurs et les républicains. Ils avaient dit : *Il n'osera pas*, et il avait osé. Ils avaient affirmé que pas un soldat ne voudrait marcher contre l'Assemblée nationale, qu'ils désobéiraient plutôt à leurs officiers, et les soldats avaient marché et les officiers avaient été parfaitement obéis. Ils avaient affirmé avec une grande solennité que le peuple tout entier se lèverait pour la défense du Droit et de la Constitution, et ce peuple n'avait que des sarcasmes pour les victimes du droit et de la Constitution. Enfin, les ponts-levis de la vieille forteresse de Vincennes s'abaissèrent, et nous fûmes reçus par le général qui mit à notre disposition les appartements qu'avait occupés le duc de Montpensier, au moment où ce prince commandait l'artillerie sous le règne de son père. » M. Odilon Barrot raconte ainsi comment il sortit de Vincennes le lendemain. « On vint, dit-il, nous avertir de préparer nos paquets. Après de longs détours, nous arrivâmes sur les boulevards extérieurs, non loin de la Salpêtrière, et là tout à coup les voitures s'arrêtèrent. Les commissaires de police en descendirent, nous saluèrent respectueusement, en nous annonçant que nous étions libres. Nous restâmes quelques instants sans croire à un dénouement si imprévu ; puis chacun de prendre son paquet et de chercher un véhicule. »

Les généraux Cavaignac, Bedeau, de Lamoricière, Changarnier, Leflô, le colonel Charras, M. Baze et le comte Roger (du Nord) furent traités plus rigoureusement. Après treize heures d'une route fatigante, ils furent enfermés dans la forteresse de Ham. Le général Cavaignac eut la chambre que Louis-Napoléon avait occupée pendant ses six années de captivité.

En résumé, la réunion de la mairie du Xe arrondissement n'avait abouti qu'à une simple protestation. Les représentants de la droite, dont elle se composait presque exclusivement, n'avaient pas le talent de soulever les masses. « Qu'eussent-ils fait du peuple, a dit Victor Hugo ?.. Se figure-t-on Falloux tribun, soufflant sur le *Faubourg-Antoine !* » Cependant, les chefs de la gauche ne se décourageaient pas encore. Ils espéraient qu'une véritable insurrection éclaterait le 3 décembre. La veille, la foule avait montré plus de surprise que de colère, les magasins étaient restés ouverts, les omnibus avaient suivi leur parcours ; les paiements s'étaient effectués à toutes les caisses publiques ; les théâtres n'avaient point fait relâche. Le 3, vers huit heures et demie du matin, une dizaine de représentants et quelques journalistes arrivaient au faubourg Saint-Antoine, en criant : « Aux armes ! Aux barricades ! Vive la République ! Vive la Constitution ! » Un député de la Montagne, M. Baudin, tendit un fusil à un ouvrier. L'ouvrier répondit : — « Plus souvent que nous nous ferons tuer pour vos vingt-cinq francs. — Eh bien ! répliqua l'intrépide député, vous allez voir comment on meurt pour vingt-cinq francs. » Puis il monta sur le sommet d'une barricade, cria : « Vive la République ! » et tomba criblé de balles. Sa mort enflamma les esprits. Des barricades assez nombreuses s'élevèrent, et une bataille fut imminente.

M. de Maupas aurait voulu qu'elle s'engageât dès le 3 décembre. On en décida autrement. Le général de Saint-Arnaud résolut de faire reposer les troupes jusqu'au milieu de la journée du lendemain. On leur distribua cinquante mille francs, seul reste du patrimoine de Louis-Napoléon, et des rations supplémentaires de vivres et de vin. On voulait en finir par un seul coup de force, au lieu d'énerver les soldats par une lutte de plusieurs jours. Ce programme fut strictement suivi. On laissa pendant quinze heures les insurgés se développer tranquillement. Les troupes ne sortirent de leurs casernes que le 4 décembre, à une heure et demie, et l'attaque ne commença qu'à deux heures. Une barricade qui occupait toute la longueur du boulevard entre le Gymnase et la porte Saint-Denis fut enlevée par le 72ᵉ de ligne, et la brigade du général Canrobert enleva celles qui s'étaient formées aux alentours de la porte Saint-Martin. Sur le boulevard Montmartre, à la hauteur des magasins du *Prophète* et de la maison de M. Sallandrouze, des coups de feu étant partis des fenêtres, une pièce de canon tira à mitraille contre cette maison, dont les brèches se voyaient encore béantes quelques jours après. A la pointe Saint-Eustache et à la rue Rambuteau, la lutte fut acharnée. La brigade du général Courtigis, venant de Vincennes, descendit le faubourg Saint-Antoine et renversa les barricades qu'elle trouva sur sa route. Pendant près de trois heures, Paris entendit un roulement non interrompu de canonnade et de feux de mousqueterie. L'insurrection voulait se porter sur la rue Saint-Honoré, la place Notre-Dame-des-Victoires, le quartier de la Bourse et de la Banque. Mais elle fut partout refoulée. A cinq heures du soir, tout était terminé. L'armée eut 25 tués et 184 blessés. Quant à la population civile, les divers chiffres produits concordent si peu les uns avec les autres qu'on ne peut arriver à une supputation précise. Ce qui est malheureusement certain, c'est que la plupart des victimes furent des gens inoffensifs, de simples curieux. Le 5 décembre, Paris reprenait sa physionomie accoutumée.

Des mouvements graves se produisirent dans les contrées du Centre et du Midi. On apprit coup sur coup l'insurrection de la Nièvre, celle de l'Hérault, celle de la Drôme, les troubles de l'Allier, du Jura, du Lot-et-Garonne et du Gers, la prise de possession du Var et des Basses-Alpes par les socialistes. Sur plusieurs points furent commis des crimes de droit commun, que la réaction ne manqua pas d'exploiter. La répression fut terrible. Trente-deux départements furent mis en état de siège. Des commissions mixtes statuèrent sommairement et arbitrairement sur le sort de milliers de républicains. Quelques-uns furent envoyés à Cayenne, 9,530 transportés en Algérie, 1,545 expulsés, 2,804 condamnés à l'internement. Les représentants de la droite avaient été presque tous mis en liberté. Un décret exila momentanément les généraux Changarnier, Lamoricière, Bedeau, Leflô, MM. Thiers, Duvergier de Hauranne, Baze, Chambolle, de Rémusat, Creton, de Lasteyrie. Le général Cavaignac ne sortit de la forteresse de Ham qu'au mois de février pour épouser Mlle Odier.

Rien n'est contagieux en France comme le succès. Le résultat officiel du plébiscite des 20 et 21 décembre donna 7,439,216 *oui*, contre 646,737 *non*. Si Louis-Napoléon avait échoué, il aurait été, comme après les échauffourées de Strasbourg et de Boulogne, traité de criminel et de fou ; il avait réussi, on le saluait comme un libérateur.

XXXIV

LE COMMENCEMENT DE 1852

La République n'existait plus que de nom. Son président s'entourait de tout l'appareil d'un souverain. Il ne couchait pas encore aux Tuileries, parce que le rez-de-chaussée était en réparation, mais il recevait et donnait des fêtes dans les grands appartements du premier étage. Les fonctionnaires y venaient lui présenter leurs hommages, le 1er janvier 1852. Le même jour, il y avait à Notre-Dame un *Te Deum*, et le Prince s'y rendait, escorté de nombreux escadrons de cavalerie. Le 7, il assistait à une représentation de gala à l'Opéra, et l'orchestre entamait la marche du *Prophète*.

Un grand nombre d'orléanistes paraissaient disposés à se rallier au nouveau pouvoir. Mais les décrets du 22 janvier, qui enlevaient injustement à la famille d'Orléans une partie de ses biens, les faisaient persister dans leur opposition. Les serviteurs les plus dévoués de Louis-Napoléon blâmaient une mesure si contraire aux idées d'apaisement, et quatre de ses ministres, MM. de Morny, Achille Fould, Rouher et Magne, donnaient leur démission.

Le 24 janvier, le décret du Gouvernement provisoire, qui avait aboli les titres de noblesse, était abrogé. Le 23 février, il y avait un grand bal aux Tuileries. Huit mille personnes y assistaient. On remarquait trois cents maîtres d'hôtel dans la tenue prescrite par le cérémonial de l'ancienne maison impériale.

Le 29 mars, le Prince ouvrait aux Tuileries, dans la salle des Maréchaux, la session du Sénat et du Corps législatif. Après s'être félicité, dans son discours, que sa dictature eût cessé, il désavouait en ces termes les projets de restauration monarchique : « En me voyant rétablir les institutions et les souvenirs de l'Empire, on a répété souvent que je désirais rétablir l'Empire même. Si telle était ma préoccupation constante, cette transformation serait accomplie depuis longtemps, car ni les moyens, ni les occasions ne m'ont manqué. Ainsi, en 1848, lorsque six millions de suffrages me nommèrent, en dépit de la Constituante, je n'ignorais pas que le simple refus d'aquiescer à la Constitution pouvait me donner un trône. Mais une élévation qui pouvait entraîner de graves désordres ne me séduisit pas.

Au 13 janvier 1849, il m'était également facile de changer la forme du gouvernement ; je ne le voulus pas. Enfin, au 2 décembre, si des considérations personnelles l'eussent emporté sur les graves intérêts du pays, j'eusse d'abord demandé au peuple, qui ne me l'eût pas refusé, un titre pompeux. Je me suis contenté de celui que j'avais. » Le Prince concluait ainsi : « Résolu aujourd'hui, comme avant, de faire tout pour la France, rien pour moi, je n'accepterais de modifications à l'état présent des choses que si j'y étais contraint par une nécessité évidente. D'où peut-elle naître ? Uniquement de la conduite des partis. S'ils se résignent rien ne sera changé... Ne nous préoccupons pas d'avance de difficultés qui n'ont sans doute rien de probable. Conservons la République ; elle ne menace personne, elle peut rassurer tout le monde. »

Tout en conservant le nom de République, Louis-Napoléon rétablissait les aigles impériales. Il en faisait la distribution solennelle au Champ-de-Mars, le 10 mai. La cérémonie fut à la fois militaire et religieuse. Tout le clergé, l'archevêque de Paris en tête, y assistait. Le Prince, venant des Tuileries, arriva par le pont d'Iéna, un peu avant midi, suivi par un peloton de chefs arabes. Après avoir passé en revue les troupes, il descendit de cheval, et monta sur une immense estrade adossée à l'Ecole militaire. « Soldats, dit-il, l'histoire des peuples est, en

grande partie, l'histoire des armées. De leurs succès ou de leurs revers dépend le sort de la civilisation et de la patrie. Vaincues, c'est l'invasion ou l'anarchie ; victorieuses, c'est la gloire ou l'ordre... L'aigle romaine adoptée par l'empereur Napoléon au commencement de ce siècle fut la signification la plus éclatante de la régénération et de la grandeur de la France. Elle disparut dans nos malheurs. Elle devait revenir lorsque la France, relevée de ses défaites, maîtresse d'elle-même, ne semblerait plus répudier sa propre gloire. Soldats, reprenez donc ces aigles, non comme une menace contre les étrangers, mais comme le symbole de notre indépendance, comme le souvenir d'une époque héroïque, comme le signe de noblesse de chaque régiment. Reprenez donc ces aigles qui ont si souvent conduit nos pères à la victoire, et jurez de mourir, s'il le faut, pour les défendre. »
Après avoir prononcé cette allocution, le Prince remit à chaque colonel un drapeau. Surmonté d'une aigle, ce drapeau portait les chiffres du Président, un R et un F (République française) et le nom des principales batailles auxquelles chaque régiment avait assisté. La cérémonie religieuse fut ensuite célébrée. Un autel se dressait au milieu du Champ-de-Mars. Des salves d'artillerie annonçaient que la messe, dite par l'archevêque de Paris, commençait. A l'élévation, un coup de canon ayant retenti, les tambours

battirent aux champs, les trompettes sonnèrent la marche, les troupes présentèrent les armes, les drapeaux s'inclinèrent. Après la messe l'archevêque prononça un discours dans lequel il donnait à Louis-Napoléon ce sage conseil : « Prince, regardez moins le présent que l'avenir. On peut parler de paix quand on tient dans sa main de si vaillantes armées. Vos aigles, des cimes de l'Atlas aux cimes des Alpes et des Pyrénées auront, pour leur vol sublime, d'assez vastes espaces. » Le prélat termina ainsi sa harangue : « Dieu, maître souverain de la guerre et de la paix, venez bénir vous-même ces étendards ; imprimez-y des signes éclatants de votre puissance et de votre sainteté... Qu'ils renferment dans leurs plis glorieux la paix et la guerre pour la sécurité des bons et la terreur des méchants, et qu'à leur ombre la France respire, et soit, pour le bonheur du monde, la plus grande et la plus heureuse des nations ! » L'archevêque procéda ensuite à la bénédiction des drapeaux. Puis le Prince remonta à cheval, et le défilé commença. Le soir, tous les édifices publics furent illuminés.

Le surlendemain, 12 mai, l'armée offrait au Prince-Président un grand bal à l'Ecole militaire. Bien que je n'eusse pas encore terminé mes études, j'assistai à cette fête que je me rappelle comme si elle avait eu lieu hier. Les invités étaient au nombre de quinze mille. On avait improvisé, comme par enchantement, un palais dans la cour d'honneur. Etoiles d'acier, lames de sabres, canons de fusils, pommeaux de pistolets, pointes de poignards apparaissaient dans des trophées. Un parterre de femmes et de fleurs rayonnait en amphithéâtre sur les gradins disposés aux deux côtés de la salle de danse, où un tapis de toile gommée et rayée figurait une immense étoffe orientale. Sur les murs resplendissaient, en lettres d'or, des noms de victoires françaises. On avait placé dans l'orchestre un carillon de cloches qui, au moment de l'entrée du Prince, sonnèrent à toute volée, tandis que les tambours et les fanfares retentissaient. Au fond de la salle s'élevait une vaste estrade qui avait pour ornements un buste de l'empereur Napoléon, un buste de son neveu, une gigantesque croix de la Légion d'honneur et une colossale médaille militaire. Le premier quadrille fut dansé par le Prince-Président avec Mme de Saint-Arnaud, femme du ministre de la Guerre, par le général de Saint-Arnaud avec lady Douglas, par le général Magnan avec la princesse Mathilde. Le Prince dansa une seconde fois avec Mme Sautereau, fille du général Magnan.

Le 28 juin, Louis-Napoléon envoya au Corps législatif, pour la clôture de la session, un message dans lequel il s'exprimait ainsi : « Dites à vos commettants qu'à Paris, ce cœur de la France, ce centre révolutionnaire qui répand tour à tour sur le monde la lumière ou l'incendie, vous avez vu un peuple immense s'appliquant à faire disparaître les traces des révolutions et se livrant avec joie au travail, avec sécurité à l'avenir... Vous avez vu cette armée si fière, qui a sauvé le pays, se relever encore dans l'estime des hommes en s'agenouillant avec recueillement devant l'image de Dieu présente au haut de l'autel. Cela veut dire qu'il y a, en France, un gouvernement animé de la foi et de l'amour du bien, qui repose sur le peuple, source de tout pouvoir, sur l'armée, source de toute force, sur la religion, source de toute justice. »

La satisfaction du Prince-Président était sans mélange. Mais il y avait un homme qui, plus napoléonien que Louis-Napoléon, plus impérialiste que le futur empereur, dissimulait à peine son mécontentement. C'était le ministre de l'Intérieur, M. de Persigny. Celui-là trouvait que la République durait trop et que l'Empire ne venait pas assez vite. « Depuis le coup d'Etat, a-t-il écrit dans ses Mémoires, la République n'existait plus que de nom; mais le passage de la forme républicaine à la forme monarchique, désiré par les uns, redouté par les autres, apparaissait encore si difficile à réaliser que personne n'aurait osé s'en déclarer publiquement partisan. Obéissant comme à un sentiment de pudeur, la nation semblait écarter de son esprit la nécessité d'une autre transformation. Elle avait acclamé la République depuis si peu de temps que, malgré le désir de stabilité qui s'était emparé d'elle, il lui répugnait de songer à une nouvelle évolution. Le Président blâmait hautement toute idée de changement et surtout toute tentative pour amener des manifestations constitutionnelles. »

Les choses en étaient là quand Louis-Napoléon se décida à faire dans les départements du midi une grande tournée. M. de Persigny dit alors au Conseil des ministres: « Quelle attitude devrons-nous recommander aux préfets dans des circonstances délicates? — Quelle attitude? quelles circonstances? s'écrièrent ses collègues. — Quelles circonstances? reprit-il; mais si on crie: Vive l'Empereur! » — « A ce mot, ajoute M. de Persigny, en racontant l'incident, il se passa une scène inouïe. Il semblait que j'avais mis le pied dans une fourmilière. De toutes parts on m'interpellait. Les membres du Conseil se levaient, quittaient leur place, criant, gesticulant. Ils se groupaient dans les embrasures des fenêtres, causant entre eux avec animation, puis revenaient vers moi, comme des furieux, en me demandant si je voulais la guerre civile... Je me retirai seul sous les regards troublés, irrités de mes collègues, me demandant si je n'allais pas recevoir de suite l'invitation de donner ma démission. » Après cette scène, le ministre de l'Intérieur passa un jour dans une sorte de stupeur. Le Président allait commencer son voyage. Il n'y avait plus un moment à perdre. M. de Persigny écrivit une dépêche télégraphique pour mander d'urgence auprès de lui les préfets de plusieurs des départements que Louis-Napoléon devait traverser. Le préfet du Cher, M. Pastoureau, fut le premier qui arriva. « Il y a un train, lui dit le ministre, qui part dans une heure pour Bourges. Ne le manquez pas. Retournez à votre poste sans voir ici personne, et sans faire connaître à âme qui vive les instructions secrètes du voyage. Ces instructions les voici : L'Empire ! Vive l'Empereur ! Et ne nous trompons pas. Le duc de Reichstadt, Napoléon II, n'a pas régné, mais le peuple l'a connu sous ce nom pendant longtemps. Il a été proclamé par son père. Rendons cet hommage à sa mémoire, et que le neveu de l'Empereur soit donc Napoléon III. Ce titre vieillira la dynastie. Faites faire, sans perdre un instant, pour les distribuer à chacune des municipalités, des drapeaux sur lesquels il y aura écrit, d'un côté : Vive l'Empereur ! et de l'autre : Vive Napoléon III ! et quand elles défileront devant le Prince, laissez-les crier. Faites de même pour les arcs de triomphe... Dirigez vos préparatifs dans le plus grand secret. »

Après avoir pris une si audacieuse résolution à l'insu du Président et des ministres, M. de Persigny fut dans l'angoisse. « A chaque moment, a-t-il dit, à chaque bruit, à chaque relevée de la sentinelle à ma porte, je craignais qu'on ne vînt me remplacer, m'arrêter, que sais-je ? et que l'œuvre ne fût compromise. Puis il me venait des doutes, des terreurs secrètes. N'avais-je pas trop présumé des sentiments populaires ? Les acclamations en faveur de l'Empire n'allaient-elles pas provoquer des collisions ? Je sentais parfois une sueur glacée couvrir mon visage. » Cependant les terreurs de l'aventureux ministre se dissipèrent. Quand le Prince-Président partit pour son voyage du Midi, M. de Persigny eut la satisfaction de le voir monter dans un wagon, sans que lui ni personne autour de lui parût avoir le moindre soupçon de ce qui allait arriver. La prédiction de M. Thiers allait s'accomplir. On peut dire que l'Empire était fait.

Ainsi le même homme qui avait fait, en 1848, élire Louis-Napoléon député, à son insu, allait, encore à son insu, le faire acclamer comme Empereur ? On peut se demander si l'impérialiste fanatique fut bien inspiré en agissant ainsi et si une république napoléonienne n'était pas préférable à un empire ? Le Premier Consul n'avait-il pas été plus sage, plus heureux, plus vraiment grand que l'Empereur ? L'appareil d'une cour était-il en harmonie avec les idées de la démocratie moderne ? Louis-Napoléon avait-il intérêt à effacer les lettres R. et F. qu'il venait de faire inscrire sur les drapeaux surmontés d'aigles, et à laisser à ses adversaires un talisman, tel que le mot de République ?

XXXV

LE VOYAGE DANS LE MIDI

C'est le 14 septembre 1852 que Louis-Napoléon partit de Saint-Cloud pour faire sa tournée dans le Midi. Il s'arrêta d'abord à Orléans, où le préfet n'avait pas reçu d'ordres spéciaux. Le Prince y fut reçu de la manière habituelle, aux cris de : Vive la République! Vive le Président! Vive Napoléon! mais sans aucune manifestation impérialiste. Le même jour, il arrivait à Bourges. Là le programme tracé par M. de Persigny fut exécuté à la lettre. Le prince n'entendit pas sans étonnement toute la population crier : Vive Napoléon III! Vive l'Empereur! Il était à Nevers le 15 septembre, à Moulins le 16, à Roanne le 17, à Saint-Etienne, le 18. Partout les manifestations impérialistes se reproduisaient. Des dépêches télégraphiques les relatant étaient adressées au ministère de l'Intérieur, et, de là, renvoyées à tous les départements pour être affichées dans chaque commune de France.

Le Prince arriva à Lyon le 19. Il y trouva M. de Persigny. « L'accueil qu'il me fit, a écrit ce dernier, fut glacial. Jamais il ne m'avait traité avec tant de froideur. Il ne fit aucune allusion à mon initiative, mais il était évidemment courroucé de la détermination que j'avais osé prendre à moi tout seul, contre ou sans son avis. »

Le Prince venait de rédiger un discours à prononcer à Lyon, pour déclarer qu'il voulait maintenir la République. M. de Persigny, d'accord avec le général de Saint-Arnaud, M. Mocquard et M. Bret, préfet du Rhône, s'efforça de lui persuader qu'il était trop tard pour arrêter un mouvement d'opinion qui avait envahi la France entière. Louis-Napoléon céda sans grande résistance, et le discours fut changé séance tenante. « Mais il me parut, ajoute M. de Persigny, qu'au milieu même d'un triomphe inouï l'âme de ce grand prince éprouvait une sorte de tristesse, en pensant, d'une part, aux collisions dont sa personne pouvait être le sujet, et, de l'autre, au regret d'avoir été surpris par un événement qu'il n'avait pas prévu. »

Le 21, le Prince inaugura à Lyon la statue de Napoléon Ier. A cette occasion, il prononça un discours où il disait : « Sur tous les points de mon passage s'est élevé le cri unanime de : Vive l'Empereur ! Mais ce cri est bien plus, à mes yeux, un souvenir qui touche mon cœur qu'un espoir qui touche mon orgueil. La prudence et le patriotisme exigent que, dans de semblables moments, la nation se recueille avant de fixer ses destinées, et il est encore pour moi difficile de savoir sous quel nom je puis rendre les plus grands services. Si le titre modeste de Président pouvait faciliter la mission qui m'était confiée, et devant laquelle je n'ai pas reculé, ce n'est pas moi qui, par intérêt, désirerais changer ce titre contre celui d'Empereur. »

Le Prince-Président était le 22 septembre à Grenoble, le 23 à Valence, première garnison de l'Empereur son oncle, le 25 à Avignon et à Marseille. La veille on avait découvert dans cette ville les préparatifs de conspirateurs qui voulaient se servir... d'une machine infernale. Cette découverte n'eut d'autre résultat que de procurer au Prince un accueil plus chaleureux encore. Le 27 il était à Toulon, le 30 à Aix et à Nîmes, le 1er octobre à Tarascon, le 2 à Montpellier et à Narbonne, le 3 à Carcassonne, le 4 à Toulouse, le 6 à Agen, le 7 à Bordeaux.

Le baron Haussmann, qui devint peu de temps après justement célèbre comme préfet de la Seine, avait organisé la réception du Prince avec cette habileté et cette science administrative dont il avait le secret. Il a, dans ses curieux Mémoires, raconté les moindres détails de la réception avec la fidélité d'un Dangeau. Laissons-lui la parole : « Pour l'entrée de Bordeaux par le pont, il existait un cérémonial réglé, pratiqué nombre de fois, pour lequel on se sentait blasé. L'arrivée du Prince par le haut de la rivière, que je proposais, et son entrée en ville par cette belle rade dont les arches du pont semblent être le portique fluvial, comportait, au contraire, une splendeur sans exemple, dont je me faisais garant. Mon avis prévalut. Nous convînmes qu'un des bateaux de la Compagnie des vapeurs du haut de la Garonne, décoré pour la circonstance, et largement approvisionné pour un déjeuner à bord, se tiendrait aux ordres du Prince à Agen, le 7 octobre au matin, avec un bateau de suite. Le départ d'Agen s'effectuerait à sept heures précises — la marée le voulant ainsi, — pour que l'arrivée à Bordeaux ne dépassât pas trois heures de l'après-midi. » Ce programme s'exécuta fidèlement. M. Haussmann ajoute : « Le Prince, par son accueil affable, ses formes simples, sa bonne grâce à causer, ne fût-ce qu'un instant, avec chacun, et à s'informer de toutes choses, charma complètement l'assistance. Il observait le pays, le cours de la Garonne et demandait les noms des villes et des bourgs échelonnés des deux côtés dont les maisons étaient couvertes de drapeaux, et dont les populations criaient : Vive l'Empereur ! à son passage, et faisaient parler la poudre par tous les moyens en leur pouvoir. »

A l'approche de Bordeaux, Louis-Napoléon, voulant mieux voir la silhouette générale de la ville, monta sur la passerelle du commandant. Après le pont, quand il se trouva en plein port, ce spectacle inattendu le frappa d'admiration et de surprise. Serrant le bras du préfet, il s'écria : « Que c'est beau ! »

Depuis le pont jusqu'au débarcadère du quai vertical, devant les Quinconces, les navires français, avec leurs matelots dans les hunes et sur les vergues, s'alignaient sur six rangs parallèles, non interrompus, trois de chaque côté, faisant un milieu de quatre mètres de passage. En aval, devant la façade des Chartrons, se dressait comme un fond de tableau la forêt de mâts des navires étrangers, tous pavoisés, devant laquelle se tenaient les bâtiments de l'Etat, qui saluaient l'arrivée du Prince par des salves d'artillerie, tandis que toutes les cloches de la ville sonnaient. Louis-Napoléon débarqua sur le terre plein du quai vertical, et les autorités le reçurent sous un vélarium semé d'abeilles d'or. Il monta à cheval et se rendit à l'extrémité de la place des Quinconces, où défilèrent devant lui les députations des cinq cent quarante-quatre communes du département de la Gironde, bannière en tête, avec leurs maires et leurs adjoints ceints de leurs écharpes. Les membres de ces députations formaient un ensemble de vingt mille hommes, qui tous portaient à la boutonnière une médaille en bronze frappée à l'effigie du Prince, avec ce revers : « Voyage du Midi. Bordeaux, 7, 8, 9 et 10 octobre 1852. » Tous défilèrent aux cris de Vive l'Empereur ! Vive Napoléon III ! Ils se formèrent ensuite en haies depuis la place des Quinconces jusqu'à l'église primatiale où le Prince allait se diriger. Il s'y rendit à cheval, ayant pour escorte une garde d'honneur composée des jeunes gens élégants de la ville, tous très bien montés. Arrivé devant le portail de la cathédrale, il fut complimenté par le cardinal-archevêque, primat d'Aquitaine, qui le conduisit dans le chœur, entonna le *Te Deum*, et donna la bénédiction du Saint-Sacrement. Le cortège se remit ensuite en marche pour le Palais municipal, où le prince devait loger pendant tout son séjour. Le soir, il y eut un dîner de soixante couverts, et, dans le jardin, un concert donné par la société de Sainte-Cécile. La ville entière était illuminée.

Le lendemain 8 octobre, nouveau dîner de soixante couverts au Palais municipal, et bal au Grand Théâtre — un des plus beaux théâtres de l'Europe. Le baron Haussmann avait déjà pour collaborateur M. Alphand, l'habile ingénieur des ponts et chaussées, qui avait construit le quai vertical de Bordeaux. Ils s'entendirent pour décorer la salle d'une manière magnifique. Fidèlement reproduite sur la scène, elle forma avec celle-ci un immense ovale dont huit mille personnes remplissaient l'enceinte. Le coup d'œil était éblouissant.

Le Prince avait accepté pour le lendemain un dîner que lui offrait la Chambre de commerce. Le repas eut lieu dans le hall de la Bourse. Cent quatre-vingts convives s'assirent autour d'une table immense. On avait ménagé, au milieu de cette table, un vaste espace où apparaissait un véritable jardin, formant vallon, pour ne pas gêner la vue des convives, et un bassin avec des gerbes jaillissantes. Huit cents spectateurs occupaient les galeries du premier étage. A la fin du repas, à neuf heures, Louis-Napoléon se leva, et d'une voix vibrante, au milieu d'un profond et religieux silence, prononça ces paroles : « Il est une crainte à laquelle je dois répondre. Par esprit de défiance certaines personnes se disent : l'Empire, c'est la guerre. Moi, je dis : l'Empire, c'est la paix. C'est la paix, car la France la désire, et lorsque la France est satisfaite, le monde est tranquille. La gloire se lègue bien à titre d'héritage, mais non la guerre. Est-ce que les princes qui s'honorent justement d'être les petits-fils de Louis XIV ont recommencé ses luttes ? La guerre ne se fait pas par plaisir, elle se fait par nécessité, et, à ces époques de transition où partout, à côté de tant d'éléments de prospérité, germent tant de causes de mort, on peut dire avec vérité : Malheur à celui qui le premier donnerait en Europe le signal d'une collision ! »

Hélas! pourquoi les souverains et Napoléon III lui-même ont-ils trop souvent oublié cette réflexion si sage?

Le Prince, continuant son discours, développa en ces termes son programme pacifique : « J'en conviens cependant, j'ai, comme l'Empereur, bien des conquêtes à faire. Je veux, comme lui, conquérir à la conciliation les partis dissidents, et ramener dans le courant du grand fleuve populaire les dérivations hostiles qui vont se perdre sans profit pour personne. Je veux conquérir à la religion, à la morale, à l'aisance, cette partie encore si nombreuse de la population qui, au milieu d'un pays de foi et de croyance, connaît à peine les préceptes du Christ, qui, au sein de la terre la plus fertile du monde, peut à peine jouir de ses produits de première nécessité. Nous avons d'immenses territoires incultes à défricher, des routes à ouvrir, des ports à creuser, des rivières à rendre navigables, des canaux à terminer, notre réseau de chemins de fer à compléter. Nous avons en face de Marseille un vaste royaume à assimiler à la France. Nous avons tous nos grands ports de l'Ouest à rapprocher du continent américain par la rapidité des communications qui nous manquent encore. Nous avons partout, enfin, des ruines à relever, de faux dieux à abattre, des vérités à faire triompher. Voilà comment je comprendrais l'Empire si l'Empire doit être rétabli. Telles sont les conquêtes que je médite, et vous tous qui m'entendez, qui voulez comme moi le bien de notre patrie, vous êtes mes soldats. »

Des applaudissements unanimes accueillirent ce pacifique discours, qui devait produire à l'étranger un aussi grand effet qu'en France. Quelque temps après l'avoir prononcé, Louis-Napoléon monta à la galerie du premier étage d'où il aperçut les illuminations de la rade du port et des coteaux voisins. On tirait de toutes parts des salves de feux étoilés.

Le même soir, il y avait au Grand Théâtre une seconde édition — édition populaire — du bal qui avait eu lieu la veille. Le second bal, offert par la ville, était destiné à la population ouvrière. Son caractère démocratique plaisait spécialement à Louis-Napoléon, qui fit aux invités la surprise de s'y rendre, et y resta plus longtemps qu'à celui de la veille. A son entrée, quinze jeunes filles s'approchèrent de lui. L'une d'elles, Mademoiselle Aimée Ruspino, fille d'un contre-maître, ancien pompier de la ville, portait une immense corbeille de fleurs. Les autres, vêtues de bleu uniformément, avaient chacune un bouquet à la main. Mademoiselle Ruspino adressa un compliment au Prince, qui ouvrit le bal avec elle, ayant pour vis-à-vis le préfet, qui dansait avec une autre fille d'ouvrier. Toutes deux devaient recevoir le lendemain une croix enrichie de diamants, cadeaux du Prince et du préfet. L'entrain et la gaieté de ce bal populaire avaient enchanté Louis-Napoléon. Jamais il ne s'était senti plus heureux qu'au milieu de ces prolétaires qui lui faisaient un si cordial accueil. Comme les mortels doivent se féliciter de ne point connaître leurs destinées futures ! Quel nuage sombre aurait passé sur le front du Prince, alors triomphant, s'il avait su, pendant les ovations de cette soirée du 9 octobre 1852, que, le 28 février 1871, dans cette même salle du Grand Théâtre de Bordeaux, transformée en local d'une Assemblée parlementaire, la déchéance de sa dynastie serait prononcée !

Le 10 octobre, jour fixé pour le départ, le Prince dit aux membres du Conseil municipal : « Messieurs, vous m'avez reçu comme un souverain. Veuillez vous souvenir de moi comme d'un ami. » Il se rendit ensuite à pied à la cathédrale, où le reçut le cardinal-archevêque. M. Haussmann l'accompagna jusqu'à Laroche-Chalais, où il prit congé de lui. Le Prince dit alors : « Je suis on ne peut plus content de mon séjour et de tout ce que j'ai pu voir à Bordeaux, de la situation que vous avez prise dans ce pays difficile et des services que vous m'y rendez. » Et il ajouta en souriant : « Quand le Prince est content, le préfet peut être tranquille. »

Dans les Charentes, l'accueil fut plus chaleureux encore que dans la Gironde. D'après le témoignage de Louis-Napoléon lui-même, ce fut sans contredit la réception la plus énergiquement sympathique qui lui eût été faite. Le plus petit hameau payait son tribut comme la plus grande cité. Le Prince était à Angoulême le 10 octobre le 11 à Saintes et à Rochefort, le 12 à La Rochelle, le 13 à Niort, le 14 à Poitiers, le 15 à Tours et le 16 il rentrait à Paris, où on lui avait préparé un retour triomphal.

XXXVI

LA RENTRÉE A PARIS

Jamais souverain ne fit dans sa capitale une rentrée plus solennelle et plus fastueuse que celle de Louis-Napoléon à Paris, le 16 octobre 1852. Le Président de la République qui allait être Empereur avant la fin de l'année, voulait déjà se montrer à ses futurs sujets dans un appareil impérial. La pompe qu'il déployait était comme la préface du plébiscite qui allait lui mettre le sceptre en main. Le long de ces boulevards tout récemment encore champ de bataille de la guerre civile et hérissés de barricades, un chef d'Etat s'avançait sous des arcs de triomphe dans tout le prestige de la force et de l'autorité. Le sentiment républicain était loin d'avoir disparu à Paris, surtout parmi les ouvriers, et une cérémonie qui ressemblait aux ovations des empereurs romains n'était pas faite pour plaire à tout le monde. Mais la mise en scène avait été si habilement organisée que le spectacle attirait même les opposants. La foule était énorme, et l'on avait amené de la banlieue et des départements voisins tout un flot de populations vraiment bonapartistes, qui faisaient nombre dans les manifestations sympathiques. Les Parisiens accouraient, les uns obéissant à un enthousiasme réel, les autres à une simple curiosité. Les grands déploiements de troupes, les tambours, les musiques militaires, les beaux uniformes, les brillants cortèges ont le don de les charmer. Sur tout le chemin que le Prince allait parcourir depuis la gare d'Orléans jusqu'aux Tuileries, — environ deux lieues — apparaissaient des maisons pavoisées, des faisceaux d'armes, des drapeaux, des bannières, des corporations d'ouvriers, des groupes innombrables d'enfants, avec des couronnes de fleurs, et de jeunes filles vêtues de blanc. Le temps était superbe. Un magnifique soleil d'automne rayonnait.

Le débarcadère du chemin de fer d'Orléans, par lequel le Prince devait arriver, avait été richement décoré. On avait préparé sur une estrade un fauteuil de velours rouge semé d'abeilles d'or, et surmonté d'un dais. Les délégations des grands corps de l'Etat se tenaient dans la salle d'attente. Deux heures sonnant, des salves d'artillerie et des chœurs annoncèrent l'entrée du train en gare. Le Prince descendit de wagon, salué par les cris de : Vive l'Empereur ! Après avoir échangé quelques paroles avec plusieurs personnages, notamment l'archevêque de Paris, il monta à cheval, ayant pour escorte cinquante-deux escadrons de cavalerie, et le cortège se mit en marche. Au sortir de l'embarcadère, les ouvriers du chemin de fer avaient élevé un arc de tromphe. Un instant, le Prince dut s'arrêter, tant était épaisse la pluie de fleurs qui tombait sous les pieds de son cheval. Cent jeunes filles du 12ᵉ arrondissement lui offrirent des bouquets. Arrivé sur la place Walhubert, il se dirigea vers le pavillon occupé par le préfet de la Seine et le Conseil municipal. « Monseigneur, lui dit alors le préfet, la ville de Paris, votre fidèle capitale, est heureuse de vous voir aujourd'hui rentrer dans ses murs. Depuis un mois, elle vous suivait du cœur et de la pensée dans votre marche triomphale, et attendait avec impatience le jour où, elle aussi, pourrait saluer votre retour de ses acclamations. Cédez, Monseigneur, aux vœux d'un peuple tout entier, la Providence emprunte sa voix pour vous dire de terminer la mission qu'elle vous a confiée en reprenant la couronne de l'immorte fondateur de votre dynastie. » Louis-Napoléon répondit : « Si la France veut l'Empire, c'est qu'elle pense que cette forme de gouvernement garantit mieux sa grandeur et sa gloire. Quant à moi, sous quelque titre qu'il me soit donné de la servir, je lui consacrerai tout ce que j'ai de force, tout ce que j'ai de dévouement. »

Le cortège se remet en marche. Voici sur la place Walhubert un arc de triomphe avec cette inscription : « La Ville de Paris à Louis-Napoléon Empereur. » Les noms des villes visitées par le Prince, lors de son dernier voyage, se détachent en lettres d'or, avec leurs armes sur le frontispice. On traverse le pont d'Austerlitz. Sur la place Mazas, on trouve trente mille personnes venues du département de Seine-et-Oise. Au boulevard Bourdon, arc de triomphe avec cette inscription : « Les artistes de l'Hippodrome à Napoléon III. » A ce moment s'élève dans les airs un ballon portant un colossal aigle d'or qui tient dans ses serres une couronne de laurier. Sur le même boulevard, à droite, se dresse un autre arc de triomphe avec ces inscriptions, sur les deux côtés : « France et Napoléon » ; au frontispice : « Empire. Vive Napoléon III ! » On arrive à la place de la Bastille. Les députations de Seine-et-Marne y stationnent.

Le prince, toujours à cheval, s'avançant seul à quelques pas de son immense escorte de cavalerie, parcourt toutes la ligne des boulevards depuis la Bastille jusqu'à la Madeleine, en passant sous une succession d'arcs de triomphe. L'un se dresse à la hauteur du boulevard Beaumarchais. Il est surmonté d'un aigle aux ailes déployées, avec cette légende : « Le VIII⁰ arrondissement à Louis-Napoléon. » Un autre apparaît devant le Cirque d'Hiver, dont la construction vient d'être achevée. Au sommet de l'entablement se lit cette inscription : « A Louis-Napoléon les ouvriers du Cirque », et plus bas en trois mots : « Amitié. Respect. Dévouement. » De chaque côté de la travée ces strophes :

> Ami des travailleurs, et leur ami sincère,
> Non content de leur rendre un labeur quotidien,
> Pour eux, dans l'avenir, combattant la misère.
> Il veut de leurs vieux jours être encor le soutien.

> Dieu nous garde la paix ! Mais un jour si la guerre
> En lui nous menaçait, après nos vœux, nos bras.
> Du paisible chantier courant à la frontière
> Pour combattre avec lui, nous serions tous soldats.

Voici maintenant l'arc de triomphe du Théâtre Lyrique, avec cette inscription : « A Napoléon, protecteur des arts. » Voilà celui de la Porte Saint-Martin, avec ces paroles :

« *Ave Cœsar Imperator.*

— L'Empire, c'est la paix. La France est satisfaite. » Voilà sur la façade du Gymnase un aigle d'or tenant dans ses serres la foudre et la couronne impériale ; sur celle des Variétés : des draperies et des attributs militaires. Un peu plus loin, sur un immense dais semé d'abeilles d'or on lit cette inscription : « A Napoléon III ! Vive l'Empereur ! » C'est l'hommage des deux théâtres qui s'intitulent déjà eux-mêmes par anticipation : Académie impériale de musique, Théâtre impérial de l'Opéra-Comique. A la hauteur de la rue Vivienne, voici deux oriflammes que les agents de change ont fait dresser, et une riche draperie verte avec ces mots en lettres en or : « A Louis-Napoléon, le Tribunal de commerce de la Seine et la Chambre de commerce de Paris. » Voilà sur le boulevard des Capucines un grand arc de feuillage. Le prince arrive à l'église de la Madeleine. Au bas des marches, toutes occupées par les élèves des écoles communales et par ceux des lycées, ayant à leur tête les frères de la doctrine chrétienne et les professeurs en robe, se tient, avec son clergé, le curé de la paroisse, l'abbé Deguerry, futur victime de la Commune de 1871. Le Prince arrête son cheval devant la grille de l'église, dont la magnifique colonnade produit un effet si grandiose. Le curé lui dit alors : « Monseigneur, il a plu à Dieu de vous investir d'un pouvoir immense, et comme il a mis dans votre cœur un ardent amour pour le peuple, que de bien il vous a appelé à faire ! Quel bien vous avez fait déjà et ne ferez-vous pas encore ! Soyez donc béni, Monseigneur, au nom de ce Dieu, qui aime la France, la fille aînée de l'Eglise. »

L'aspect de la rue Royale, de la place de la Concorde, du jardin des Tuileries n'est pas moins animé que celui des boulevards. Au milieu d'une foule innombrable se détache une forêt de drapeaux et de bannières : corporations d'ouvriers, députations de communes rurales, vétérans du premier Empire, jeunes filles vêtues de blanc, couronnées de lauriers et de roses, représentant les marchés et les ateliers de Paris. A l'entrée du jardin des Tuileries s'élève un grand arc de triomphe. On lit au frontispice : « A Napoléon III Empereur et Sauveur de la Civilisation moderne, Protecteur des Arts et des Sciences, de l'Agriculture, de l'Industrie et du Commerce, les ouvriers reconnaissants. » A gauche : « Constitution de l'an VIII. Constitution de 1852. Conversion des rentes. Crédit foncier. » — A droite : « Travaux d'utilité publique. Chemins de fer. Construction du Louvre. Rue de Rivoli. » Au moment où Louis-Napoléon, ayant passé sous cet arc triomphal, entre dans le jardin, il est comme inondé par une pluie de fleurs. Les acclamations redoublent jusqu'à son arrivée au château, ce symbole architectural de la souveraineté. Il se repose un instant dans ses appartements, puis comme les députations qui stationnent dans le jardin continuent à l'acclamer, il se montre au balcon de la salle des Maréchaux, et remercie la foule par un salut. Le soir, les rues et les boulevards sont remplis de promeneurs. Un grand nombre de maisons et tous les monuments de Paris sont illuminés.

XXXVII

ABD-EL-KADER A SAINT-CLOUD

Au moment où Louis-Napoléon fit sa rentrée solennelle aux Tuileries, on procédait à la restauration des grands appartements. La fin de ce travail devait coïncider avec le rétablissement de l'Empire. En attendant, le prince habita Saint-Cloud. Quand il y arriva, le 17 octobre, le maire lui adressa cette allocution : « Prince, la France depuis un mois n'existe que dans une seule pensée. Elle est attachée à suivre les détails du voyage merveilleux qui vous a convaincu qu'un grand peuple, sauvé par vous des dangers du naufrage, mettait encore en vous tout son espoir d'avenir. Régnez, Prince, régnez de longues années sur un pays qui vous paiera en amour et en dévouement les soins que vous prendrez de son bonheur. »

C'est à Saint-Cloud que Louis-Napoléon reçut,

le 30 octobre, la visite d'Abd-el-Kader. Quelques jours auparavant, à la fin de son voyage, il s'était détourné de sa route pour aller voir l'émir à Amboise.

Depuis bientôt cinq ans, Abd-el-Kader était prisonnier en France, malgré les promesses qui lui avaient été faites au moment où il s'était rendu aux Français sur le plateau de Sidi-Brahim, le 23 décembre 1847. La veille, le général de Lamoricière lui avait fait porter, avec la promesse de l'aman, son propre sabre, comme gage de sa parole. L'émir lui avait écrit alors : « Je désire que tu m'envoies ta parole française qui ne puisse être démentie ni changée, et qui me garantisse que vous me ferez transporter soit à Alexandrie, soit à Akka (Saint-Jean-d'Acre), mais pas autre part. » Le général lui avait répondu : « J'ai ordre du fils de notre roi (le duc d'Aumale) de t'accorder l'aman et le passage de Djemma-Ghazouat à Alexandrie ou à Akka ; on ne te conduira pas autre part. Viens comme il te conviendra, soit de jour, soit de nuit. Notre souverain sera généreux envers toi et les tiens. » Le duc d'Aumale, alors gouverneur général de l'Algérie, avait ratifié la parole donnée par le général de Lamoricière, en exprimant le ferme espoir que le gouvernement lui donnerait sa sanction. » Cependant, au milieu du mois d'octobre 1852, Abd-el-Kader était encore prisonnier à Amboise.

L'entrevue de Louis-Napoléon et de l'émir eut quelque chose de solennel dans ce château auquel se rattachent tant de souvenirs historiques. Avec ses jardins en terrasses, à quatre-vingts pieds au-dessus du sol, ses hardis clochetons, ses flèches aiguës, ses deux grosses tours dont il est flanqué au nord et au midi, et dans l'intérieur desquelles on peut monter en voiture jusqu'au faîte ; c'était un beau cadre pour la scène mémorable qui s'y passa. Le Prince dit à l'émir : « Abd-el-Kader, je viens vous annoncer votre liberté. Vous serez conduit à Brousse, dans les États du Sultan, dès que les préparatifs nécessaires seront faits, et vous y recevrez du gouvernement français un traitement digne de votre ancien rang. Depuis longtemps, vous le savez déjà, votre captivité me causait une peine véritable, car elle me rappelait sans cesse que le gouvernement qui m'a précédé n'avait pas tenu tous les engagements pris envers un ennemi malheureux, et rien à mes yeux de plus humiliant pour le gouvernement d'une grande nation que de méconnaître sa force au point de manquer à sa promesse. La générosité est toujours la meilleure conseillère, et je suis convaincu que votre séjour en Turquie ne nuira pas à la tranquillité de nos possessions d'Afrique. Votre religion, comme la nôtre, apprend à se soumettre aux décrets de la Providence. Or, si la France est maîtresse de l'Algérie, c'est que Dieu l'a voulu, et la nation ne renoncera jamais à cette conquête.

« Vous avez été l'ennemi de la France, mais je n'en rends pas moins justice à votre courage, à votre caractère, à votre résignation dans le malheur, c'est pourquoi je tiens à honneur de faire cesser votre captivité, ayant pleine foi dans votre parole. »

Abd-el-Kader répondit en assurant le Prince de sa respectueuse et éternelle reconnaissance, puis il jura sur le Coran que jamais il ne ferait de tentative contre la domination de la France en Algérie. Il ajouta que ce serait bien mal connaître l'esprit et la lettre de la loi du Prophète que de penser qu'elle permet de violer les engagements pris envers les chrétiens, et il montra au Prince un verset du Coran qui condamne formellement, sans exception ni réserve aucune, quiconque viole la foi jurée, même aux infidèles.

Le château d'Amboise fut le séjour de plusieurs rois de France, à commencer par Louis XI, qui y créa l'ordre de Saint-Michel. Charles VIII y naquit et y mourut. Claude de France, femme de François Ier, y mit au monde la plupart de ses enfants. A tant de souvenirs l'histoire ajoutera celui de la mise en liberté d'Abd-el-Kader par Louis-Napoléon. Cet événement a déjà fait le sujet d'un grand tableau qui figure dans les galeries de Versailles.

Le 30 octobre, l'émir revit le prince, cette fois au château de Saint-Cloud. Il y arriva avec le général de Saint-Arnaud, ministre de la Guerre, et le général Daumas, directeur des affaires de l'Algérie. En attendant le prince, il fit avec dévotion ses prières. C'était sans doute la première fois qu'un musulman avait accompli au château de Saint-Cloud ses devoirs religieux.

Quand Louis-Napoléon parut, entouré de ses ministres et de ses aides de camp, Abd-el-Kader s'inclina pour lui baiser la main. Le prince le releva et le serra dans ses bras avec effusion. L'émir, après avoir chaleureusement exprimé sa gratitude, ajouta: « Je veux laisser entre vos mains un écrit qui soit pour tous un témoignage de mon serment. Je vous remets donc cette lettre; elle est la reproduction fidèle de ma pensée. » Voici la traduction des principaux passages de ce document: « Louange au Dieu unique! Que Dieu continue à donner la victoire à Napoléon, à notre Seigneur, le Seigneur des rois!... Celui qui est actuellement devant vous est l'ancien prisonnier que votre générosité a délivré, et qui vient vous remercier de vos bienfaits, Abd-el-Kader, fils de Mahhi-ed-Din. Il s'est rendu près de Votre Altesse pour lui rendre grâce du bien qu'elle lui a fait, et pour se réjouir de sa vue, car j'en jure par Dieu, le maître du monde, vous êtes, Monseigneur, plus cher à mon cœur qu'aucun de ceux que j'aime... Vous avez cru en moi, vous n'avez pas ajouté foi aux paroles de ceux qui doutaient de moi, vous m'avez mis en liberté, et moi je vous ai juré solennellement par la parole de Dieu, par ses prophètes et ses envoyés que je n'oublierai jamais vos bienfaits et que je ne remettrai jamais les pieds en Algérie.

« Lorsque Dieu a voulu que je fasse la guerre aux Français, je l'ai faite, j'ai fait parler la poudre autant que je l'ai pu, et quand Dieu l'a décidé, j'ai renoncé à combattre...

« Je suis le témoin de la grandeur de votre empire, de la force de vos troupes, de l'immensité des richesses de la France, de l'équité de ses chefs, de la droiture de leurs actions. Il n'est pas possible de croire que personne puisse vous vaincre et s'opposer à votre volonté, si ce n'est le Dieu tout-puissant. »

Evidemment il s'était établi entre le prisonnier d'Amboise et l'ancien prisonnier de Ham une réelle sympathie. Elle éclatait dans les paroles qui terminaient cette belle lettre : « J'espère de votre bienveillance et de votre bonté que vous me conserverez une place dans votre cœur, car j'étais loin, et vous m'avez placé dans le cercle de vos intimes ; si je ne les égale pas par mes services, je les égale du moins par l'amitié que je vous porte. Que Dieu augmente l'amour dans le cœur de vos amis et la terreur dans le cœur de vos ennemis ! Je n'ai plus rien à ajouter sinon que je me confie à votre amitié. Je vous adresse donc mes vœux et renouvelle mon serment. »

Louis-Napoléon dit à Abd-el-Kader : « Votre lettre me touche d'autant plus que je n'avais exigé de vous aucune promesse écrite, trouvant une garantie suffisante dans la connaissance de votre caractère. Cette démarche spontanée de votre part est une preuve que j'ai eu raison de croire en vous. »

Le Prince fit ensuite visiter le château de Saint-Cloud à l'émir, et le conduisit aux écuries, où il lui montra ses chevaux de prédilection. Il lui annonça qu'il le ferait assister prochainement à une grande revue de cavalerie, et lui ferait essayer le cheval qu'il lui destinait.

Abd-el-Kader et Louis-Napoléon se quittèrent très contents l'un de l'autre. La mise en liberté de l'émir avait produit partout une heureuse impression. Il allait assister dans quelques jours aux fêtes de l'inauguration de l'Empire, et sa présence, hommage symbolique de l'Algérie à la France, devait attirer à un très haut degré l'attention de la foule. Je me souviens d'avoir eu, tout jeune encore à cette époque, l'honneur d'être présenté au héros africain. Avec son visage noble et grave, ses yeux de feu, son teint mat, son signe d'azur dans la peau du front, son burnous blanc, son allure de guerrier et de pontife, il avait quelque chose de poétique et d'imposant. C'était bien là le véritable chérif, le descendant du Prophète.

Louis-Napoléon avait été heureusement inspiré en accomplissant quelques jours avant de monter sur le trône un acte de générosité et de justice. L'opinion publique lui en sut bon gré en Algérie de même qu'en France. Abd-el-Kader justifia, d'ailleurs, d'une manière éclatante, la confiance mise en lui, quand, près de huit années plus tard, lors des massacres de Syrie, il sauva la vie à tant de chrétiens menacés par le fanatisme musulman, et mérita par son humanité et son courage le grand cordon de la Légion d'honneur.

XXXVIII

PARIS

Paris est une ville tantôt ingouvernable, tantôt facile à régenter, qui, à certaines heures, ne pense qu'aux haines, aux passions et aux luttes politiques, et qui, à d'autres époques, prend pour devise : gagner de l'argent et s'amuser. Mobiles et versatiles, tour à tour révolutionnaires et autoritaires, passant presque sans transition du régime des sans-culottes à celui des culottes courtes, les mêmes hommes, à quelques années de distance, élèvent des barricades contre un souverain et des arcs de triomphe pour un autre. Ils ont, sans même savoir pourquoi, tantôt le mépris, tantôt le culte du pouvoir. La liberté leur semble aujourd'hui le bien suprême: demain, ils la perdront sans le moindre regret. Seuls quelques esprits élevés restent fidèles à leurs doctrines, et, persuadés que le régime parlementaire est la meilleure des garanties pour la prospérité, comme pour la dignité des sociétés modernes, pensent qu'il n'y a jamais de raisons suffisantes pour jeter un voile sur la statue de la Liberté. Mais ces hommes-là sont rares, et aux yeux de beaucoup de Français un coup d'Etat devient légitime, par cela seul qu'il réussit. Le droit qu'ils reconnaissent le plus volontiers est le droit du plus fort. Ils laissent à quelques Catons isolés l'honneur de se complaire dans les causes vaincues.

A la fin de 1852, on ne s'occupait plus de politique à Paris. Le parlementarisme y semblait être une subtilité byzantine usée et démodée. La tribune était comme une ruine archaïque, et presque personne ne songeait à la relever. Les dernières assemblées, par leurs discordes, par leur manque d'esprit de suite, par leur logomachie stérile, les partis par leurs divisions, la presse par ses excès et sa violence, avaient fatigué l'opinion. La même ville qui avait versé son sang pour combattre les ordonnances de Charles X voyait avec indifférence Louis-Napoléon museler tous les journaux.

Sans doute, un très grand nombre d'ouvriers restaient, au fond du cœur, fidèles à la République; mais, comme leurs salaires étaient plus élevés que jamais, ils jouissaient tranquillement de leur bien-être. Ils venaient d'achever la rue de Rivoli, ils allaient achever le Louvre. La transformation de Paris était leur ouvrage, et ce n'est pas sans un certain orgueil qu'ils allaient en faire la capitale des capitales. Les diatribes furieuses des réfugiés politiques de Londres et de Jersey n'avaient point d'écho dans le prolétariat parisien. Louis-Napoléon, sans aucune escorte, se promenait dans les quartiers les plus populeux, en conduisant lui-même son phaéton, et aucune tentative de meurtre ne le menaçait.

Quant à la bourgeoisie, heureuse d'être débarrassée des émeutes et des barricades, elle jouissait d'une quiétude qui, succédant aux crises des derniers temps, lui semblait particulièrement douce. Le service de la garde nationale, naguère encore fatigant et périlleux, n'était plus qu'une distraction inoffensive. On avait mis à la tête de cette milice parisienne, jadis turbulente, maintenant calme et disciplinée, un vieux général, très bonapartiste, avec des manières d'homme d'ancien régime, le marquis de Lawoëstine. Il donnait de beaux déjeuners à un brillant état-major dans un élégant hôtel de la place Vendôme. Les jeunes gens de la bourgeoisie riche étaient tout fiers de caracoler dans la garde nationale à cheval, et de montrer dans les parades et dans les bals leurs uniformes. Les hommes d'affaires sont toujours de très bonne humeur quand ils gagnent de l'argent, et, à la fin de 1852, ils en gagnaient beaucoup. C'est pour cela que presque tous étaient impérialistes. Le programme pacifique de Bordeaux avait donné au commerce et à l'industrie un essor et une sécurité qui allaient permettre aux hommes un peu entreprenants de faire des fortunes aussi considérables que rapides. Les financiers grands et petits, les commerçants, les spéculateurs étaient à peu près tous des soutiens du gouvernement.

Quant à l'aristocratie, son opposition de salon avait un caractère tout à fait anodin, et ne pouvait être prise au sérieux. La société du faubourg Saint-Germain, beaucoup plus brillante et surtout beaucoup plus fermée qu'elle ne l'est aujourd'hui, conservait religieusement sa foi légitimiste, mais, au fond, se trouvait fort heureuse d'être débarrassée du spectre rouge et d'avoir gardé, malgré tant d'inquiétudes, ses titres de noblesse et ses titres de propriété. Elle ne pouvait, d'ailleurs, oublier que les plus grands noms de l'aristocratie française avaient figuré dans la maison de Napoléon Ier et dans celles des impératrices Joséphine et Marie-Louise. Ajoutons qu'en 1852, Louis-Napoléon passait pour être le sauveur de la Papauté. Ses compromissions avec le parti révolutionnaire italien remontaient à vingt ans, et les conservateurs les regardaient comme des erreurs de jeunesse tout à fait oubliées. Le clergé français, à bien peu d'exceptions près, s'était bruyamment rallié à l'héritier de l'Empire, et c'est dans l'épiscopat qu'il trouvait les approbations les plus empressées. Le parti légitimiste ne pouvait donc pas invoquer, à l'appui de ses anciennes prétentions, la théorie du trône et de l'autel. En résumé, les partisans du comte de Chambord se montraient beaucoup moins haineux pour Louis-Napoléon qu'ils ne l'avaient été pour Louis-Philippe. A tout prendre, l'Empire leur était moins antipathique que le régime du juste milieu, et ils avouaient eux-mêmes que s'ils étaient au pouvoir, ils aimeraient mieux gouverner avec la Constitution de 1852 qu'avec la charte de 1830.

Quant au parti orléaniste, il ne se composait plus guère que de quelques amis personnels des princes d'Orléans et d'un petit groupe de doctrinaires, comme on appelait alors les hommes restés fidèles au parlementarisme. Les tentatives de rapprochement entre Claremont et Frohsdorf étaient abandonnées. Entre le drapeau blanc de la branche aînée des Bourbons et le drapeau tricolore de la branche cadette tout accord semblait impossible. On ne parlait donc plus de cette fameuse *fusion* qui quelque temps auparavant, avait donné lieu à de si nombreuses démarches, à de si fréquentes allées et venues. On était d'autant moins tenté de reprendre ces négociations qu'on avait la conscience que même si elles aboutissaient elles n'auraient, dans l'état actuel de la France, qu'un effet purement théorique. Louis-

Napoléon n'avait, d'ailleurs, rien négligé pour rallier à lui les anciens serviteurs, civils ou militaires, du règne précédent. Les hommes qui avaient fait le coup d'Etat : le général de Saint-Arnaud, le général Magnan, le comte de Morny, la plupart des ministres et des conseillers du prince - président : MM. Achille Fould, Drouyn de Lhuys, Rouher, Ducos, Billault, Magne et tant d'autres étaient d'anciens orléanistes. La monarchie de Juillet n'était plus guère représentée à Paris qu'à l'Académie française et dans quelques centres, où l'on ne pardonnait à Louis-Napoléon ni le coup d'Etat, ni surtout les décrets du 22 janvier, qui avaient confisqué une partie de la fortune des princes d'Orléans.

En résumé, la plupart des Parisiens se désintéressaient absolument de la politique et ne songeaient qu'à leurs affaires ou à leurs plaisirs. Tout prospérait, surtout les industries de luxe. La saison des bals qui, à cette époque, commençait avec l'hiver pour finir au carême, s'annonçait comme devant être spécialement animée. On savait qu'il y aurait aux Tuileries, dans les ministères, dans les ambassades, des fêtes magnifiques, qu'on recevait aussi dans les grands salons du faubourg Saint-Germain, et que les deux sociétés rivaliseraient d'élégance. Jamais les femmes n'avaient plus dépensé pour leur toilette. Jamais on n'avait vu aux Champs-

Elysées et au Bois de Boulogne des équipages plus beaux et mieux attelés.

Tous les théâtres faisaient des recettes superbes. Les dilettantes se donnaient rendez-vous les lundis, les mercredis et les vendredis à l'Opéra, les mardis, les jeudis et les samedis aux Italiens, dans la salle Ventadour, ce sanctuaire de l'art du chant. Sa principale étoile était Mlle Sophie Cruvelli, une Allemande, qui avait italianisé son nom, et qui est devenue la vicomtesse Vigier. Eblouissante de jeunesse et de beauté, elle faisait l'admiration générale par la fougue de son jeu passionné et par l'incomparable puissance de sa voix, d'une étendue et d'une égalité prodigieuses, à la fois soprano et contralto. Deux artistes, destinés à devenir célèbres, Faure à l'Opéra-Comique, Got à la Comédie-Française, débutaient en même temps. Le critique du *Moniteur* avait écrit, à propos de ce dernier, qui venait de jouer dans le *Légataire universel :* « Got a les mêmes qualités que Palaprat accorde à Regnard : l'art d'égayer la scène, la finesse et la grâce. Le rire vient à lui ; il est leste, il est naturel, il est réjouissant, il est aimable, il est aisé. » Le Théâtre-Français avait toute une phalange d'artistes de premier ordre : Augustine Brohan et sa sœur Madeleine, Beauvallet, Ligier, Geffroy, Samson, Provost, Régnier, et, avant tout, la sublime interprète de Racine et de Corneille, la tragédienne de génie, Mlle Rachel. En octobre

1852, elle joua le rôle d'Emilie dans *Cinna*. Le critique Hippolyte Rolle écrivait alors : « Mlle Rachel est Emilie elle-même ; elle en a la haine insatiable, la farouche ardeur qui brûle de se baigner dans le sang, l'aveugle mépris du danger, les audaces, les impatiences, les dédains sans pitié pour la main qui hésite ou le cœur qui chancelle, tout, jusqu'à la cruauté ; mais, par un art exquis, au moment où la générosité d'Auguste et sa clémence naturelle tombent sur cette âme ulcérée, comme une rosée bienfaisante qui éteint le feu et en guérit les blesssures, Mlle Rachel exprime l'apaisement de sa haine étonnée et désarmée avec un charme du regard, du geste, de l'attitude, qui fait comprendre combien est complète la victoire d'Auguste sur la rebelle et à quel point elle est tout à coup soumise et domptée. »

Les courtisans de Louis-Napoléon, qui qualifiaient l'Empereur son oncle de César, et lui-même d'Auguste, trouvèrent que *Cinna* était une pièce de circonstance, et l'on décida qu'elle serait jouée devant le prince dans une représentation de gala qui eut lieu au Théâtre-Français le 22 octobre 1852. Longtemps avant l'heure du spectacle, une foule immense remplissait les abords du théâtre, et les fenêtres des maisons voisines étaient occupées par des personnes qui attendaient, pour le saluer au passage, Louis Napoléon venant de Saint-Cloud. La façade, brillamment illuminée, était ornée d'aigles, du chiffre

N que surmontaient des couronnes impériales, et d'un triple cordon de gaz. Des cris de : « *Vive l'Empereur !* » annoncèrent l'arrivée du Prince, qui, en descendant de voiture, fut reçu par le directeur, M. Arsène Houssaye, et entra dans sa loge par les appartements du Palais-Royal. La salle présentait un coup d'œil éblouissant. Les femmes, en toilettes de bal avec de riches parures, portaient presque toutes des bouquets de violette, fleur des bonapartistes. Dans le foyer, un faisceau de drapeaux tricolores entourait le buste de Louis-Napoléon. Pendant la représentation, le public souligna de ses applaudissements tous les passages où l'on pouvait voir des allusions flatteuses pour le Prince, Mlle Rachel se surpassa. Après la tragédie, elle reparut sur la scène, entourée de tous les artistes de la Comédie-Française, et récita une ode intitulée : « *L'Empire c'est la Paix* » dont l'auteur était M. Arsène Houssaye ; elle commençait ainsi :

> Je suis la Muse de l'histoire.
> Mon livre est de marbre ou d'airain.
> Quand vient l'heure de la victoire
> Je prends mon stylet souverain.
>
> Un nouveau cycle recommence,
> Le vieux monde s'est réveillé.
> Déjà dans l'horizon immense
> L'étoile d'or a scintillé.

L'Empire, c'est la paix ! paix qui sera féconde.
Quand Dieu veut que du Nil les flots soient assoupis.

Où le Nil débordait jaillissent des épis.
L'Empire a débordé pour féconder le monde.

Grande ruche en travail par les beaux-arts charmée,
Paris, une autre Athène, Alger, une autre Tyr,
Des landes à peupler, des villes à bâtir
Voilà les bulletins de notre Grande Armée...

O Prince, l'avenir qu'hier tu fécondas
Nous ramène aux splendeurs des âges magnifiques,
Et pour suivre avec toi tes aigles pacifiques
Les Français, tu l'as dit, seront tous tes soldats.

Voici les deux dernières strophes, elles furent couvertes d'applaudissements :

> La jeune France martiale,
> Qui va guidant l'humanité
> Avec l'idée impériale
> Rentre enfin dans sa majesté.
>
> Nous réaliserons le rêve
> Qu'avait formé Napoléon.
> Le Louvre, qui bientôt s'achève,
> Prince, sera ton Panthéon.

XXXIX

MADEMOISELLE DE MONTIJO

La Rochefoucauld a dit : « On passe souvent de l'amour à l'ambition, mais on ne revient guère de l'ambition à l'amour. » Louis-Napoléon devait donner un démenti à cette maxime. Il y a des ambitieux qui, une fois leurs rêves d'orgueil réalisés, ont comme la nostalgie de l'amour, et qui disent, avec Alfred de Musset :

> Être admiré n'est rien, l'affaire est d'être aimé.

Louis-Napoléon était de la race de ces ambitieux-là. Au moment où, après tant d'épreuves, il touchait à son but, et pouvait s'écrier, comme le Charles-Quint de Victor Hugo :

> Oh ! l'Empire ! l'Empire !
> Que m'importe, j'y touche, et le trouve à mon gré ;
> Quelque chose me dit : Tu l'auras ! Je l'aurai !

il se laissait charmer par des rêveries et aspirait au plus grand bonheur de la vie : l'amour dans le mariage.

François Ier avait coutume de dire qu'une cour sans femmes est une année sans printemps et un printemps sans roses. Louis-Napoléon était de l'avis du roi chevalier. Il ne comprenait pas un empire sans une impératrice. Dans les trois premières années de la présidence, il n'avait pas songé à se marier, parce que des doutes planaient encore sur ses destinées politiques. Il avait amené de Londres à Paris une femme très belle qui lui était très dévouée, mais qu'il ne fit jamais paraître dans les salons de l'Elysée, et qui n'eut à aucun degré le caractère et le rôle d'une favorite. M. Odilon Barrot a reproduit dans ses Mémoires (t. III, p. 361) une lettre curieuse que le Prince lui adressa, en 1849, à propos de cette belle Anglaise. « Comme jusqu'à présent, est-il dit dans cette lettre, ma position m'a empêché de me marier ; comme, au milieu des soucis du gouvernement, je n'ai, hélas ! dans mon pays, dont j'ai été si longtemps absent, ni amis intimes, ni liaison d'enfance, ni parents qui me donnent la douceur de la famille, on peut bien me pardonner, je crois, une affection qui ne fait de mal à personne, et que je ne cherche pas à afficher. »

Les plus jolies femmes de la haute société française et étrangère figuraient aux fêtes de l'Elysée. Le Prince-Président se montrait courtois et prévenant pour toutes, mais ne témoignait de préférence à aucune.

Après le coup d'Etat, les ministres et les amis du Prince cherchèrent à le marier avec une princesse de sang royal ou impérial. Mais leurs tentatives ne furent pas heureuses, car il y avait encore dans les cours de l'Europe beaucoup de préventions contre Louis-Napoléon. Il y eut cependant une négociation matrimoniale, qui, pendant un instant, parut devoir aboutir.

La grande-duchesse Stéphanie de Bade, née Beauharnais, avait eu trois filles de son mariage avec le grand-duc Charles-Louis-Frédéric de Bade, mort en 1818 : Louise-Amélie-Stéphanie, née en 1811, mariée au prince Gustave de Wasa; Joséphine, née en 1813, mariée au prince de Hohenzollern-Sigmaringen; Marie, née en 1817, mariée au marquis de Douglas, fils du duc de Hamilton.

C'est en 1830 que la première de ces trois princesses avait épousé le prince Gustave Wasa, fils du roi de Suède Gustave IV qui fut dépossédé du trône en 1809 et remplacé par son oncle Charles XIII, lequel adopta pour héritier un maréchal de France, Bernadotte. Exilé de Suède, le prince Gustave Wasa vivait en Autriche où il devint lieutenant-feld-maréchal au service de l'empereur. De son mariage avec la princesse Louise-Amélie-Stéphanie de Bade, dont il se sépara en 1844, il eut une fille, la princesse Caroline Wasa, née le 5 août 1833. C'est cette princesse (actuellement reine de Saxe), qu'il fut question de marier à Louis-Napoléon. Le prince Gustave Wasa dit qu'il n'était pas opposé en principe à cette union, mais qu'il demanderait le consentement de la cour d'Autriche. L'empereur François-Joseph fit comprendre qu'après le sort des deux archiduchesses Marie-Antoinette et Marie-Louise il aurait peu d'empressement à favoriser un mariage avec un prince français, et le projet fut abandonné. Louis-Napoléon regretta peu l'échec de cette négociation matrimoniale, car son cœur n'y était pas engagé.

Il y avait alors à Paris une jeune Espagnole qui attirait l'attention des principaux salons par la splendeur de sa beauté. C'était Mademoiselle Eugénie de Montijo, comtesse de Téba. Nous avons déjà parlé de son enfance et nous l'avons laissée à Paris en 1837, quand elle était élève au couvent du Sacré-Cœur de la rue de Varenne, où elle fit sa première communion. Son père mourut le 15 mars 1839. A la première nouvelle de sa maladie, ses deux filles avaient quitté la France pour aller le rejoindre à Madrid. Elles étaient accompagnées de leur institutrice, miss Flowers. « Vous ne sauriez croire, écrivait alors leur vieil ami Mérimée, le chagrin que j'éprouve à les voir partir. » Dans son livre sur l'auteur de la *Chronique du règne de Charles IX*, M. Auguste Filon a dit, à propos de ce départ : « Elles avaient treize et quatorze ans ; elles étaient à cet âge indécis où la femme commence à regarder par les yeux de l'enfant. Je connais un tableau qui les représente alors avec des nattes dans le dos et un bout de pantalon brodé qui dépasse la jupe. La beauté de la seconde n'est encore qu'à l'état de pressentiment, mais on reconnaît déjà certain regard couvert et certaine flexion du cou... » Mérimée était ému d'une fine, délicate, pénétrante émotion, alors qu'il vit, dans la cour des Messageries, s'ébranler la diligence qui emportait Paca et Eugénie. Un peu plus, cédant à un besoin du cœur, il partait avec elles. Il avait fait promettre aux enfants et à miss Flowers de lui écrire. — De tout cela, écrivait-il à la mère, il sortira bien une lettre. — En effet, d'Oloron, où les mauvais temps, qui rendaient impossible la traversée de la montagne, arrêtaient les trois voyageuses, Eugénie écrivit une belle lettre, sur papier réglé, à M. Mérimée.

Après la mort de son mari, la comtesse de Montijo devint une femme politique. Elle appartenait au parti du maréchal Narvaez, et son salon, place de l'Angel, exerçait à Madrid une certaine influence. Ses réunions du dimanche soir y étaient très suivies. La grandesse, les membres des Cortès, le corps diplomatique, les sommités de l'art et de la littérature s'y donnaient rendez-vous. Pendant la belle saison, la comtesse habitait son domaine de Carabanchel, qui avait appartenu au comte Cabarrus, le ministre de Charles IV, et où Terezia, la fille du comte, plus tard célèbre sous le nom de Mme Tallien, passa les premières années de sa vie.

Nous avons eu l'honneur de voir souvent Mme la comtesse de Montijo, lors des séjours qu'elle faisait à Paris, pendant le règne de son gendre. C'était une très grande dame dont nous avons conservé un respectueux souvenir. Espagnole dans l'âme, patriote passionnée, profondément dévouée à sa patrie et à ses amis, elle unissait à une haute intelligence un caractère d'une énergie extrême. Il y avait en elle un esprit de suite et une force de volonté remarquables. C'était une femme de tête et une femme de cœur. Aucune des personnes qui eurent l'honneur de fréquenter son salon n'ont oublié avec quelle distinction elle le présidait. Aimable, spirituelle, pleine d'entrain et de gaieté, elle s'intéressait à toutes les nouvelles de Madrid et de Paris, et sa conversation était toujours variée et animée. La littérature française avait pour elle autant d'attrait que la littérature espagnole. Elle aimait beaucoup la musique et savait par cœur tous les opéras du répertoire. Très assidue au théâtre, elle protégeait les artistes et les recevait chez elle avec bienveillance. A Madrid et à Carabanchel, elle donnait de

petits bals et organisait des comédies de so
ciété, Mérimée mettait à la disposition de l'hospitalière comtesse ses talents de machiniste,
de peintre de décors, de souffleur, de metteur en
scène.

« Dans son domaine de Carabanchel, a écrit
M. Auguste Filon, la comtesse de Montijo
planta des arbres, et avec cette admirable puissance de l'illusion qui rend tout possible, à
peine nés, elle les voyait grands et jouissait de
leur ombre. Sur son petit théâtre de campagne,
elle osait jouer de grands opéras. Elle faisait
chanter et danser tout le monde ; elle maria et
amusa les gens jusqu'à son dernier jour. Elle
distribuait le plaisir, elle imposait le bonheur
autour d'elle ; manière d'agir qui ne peut déplaire
qu'à ceux-là seulement qui s'en font une idée
très indépendante et très particulière. Le grand
nombre est ravi d'accepter un bonheur tout
fait. »

Les deux filles de la comtesse, Françoise (en
espagnol Paca), née le 29 janvier 1825, et Eugénie,
née le 5 mai 1826, excitaient l'admiration générale, et l'une des questions que la société madrilène se posait était de savoir qui des deux
était la plus belle. Leurs admirateurs se divisaient en deux camps. L'aînée fit un mariage
brillant, le 14 février 1844. Elle épousa le
duc d'Albe, douze fois grand d'Espagne. Voici
comment a parlé de la cadette M. de Mazade,

qui, à la fin du règne de Louis-Philippe, avait été chargé par le ministère de l'Instruction publique d'une mission en Espagne : « Mlle Eugénie de Montijo s'était fait dans la société de Madrid une grande réputation par la hardiesse de son imagination et la vivacité ardente de son caractère. Elle frappait par une sorte de grâce virile qui en eût aisément fait une héroïne de roman, et elle portait fièrement, avant de ceindre le bandeau impérial, cette couronne de cheveux dont un peintre vénitien eût aimé la couleur. » (C'est dans la chronique de la quinzaine de la *Revue des Deux Mondes*, à la date du 31 janvier 1853, que M. de Mazade écrivit les lignes que nous venons de citer.)

Les deux sœurs furent très remarquées lors des fêtes qui eurent lieu à Madrid pour les célèbres mariages espagnols (celui de la reine Isabelle avec son cousin l'infant François d'Assises, et celui de l'infante Louise, sœur de la reine, avec le duc de Montpensier, fils du roi Louis-Philippe). A la soirée que donna le comte de Bresson, ambassadeur de France, le 7 octobre 1846, le duc d'Aumale, qui avait accompagné son frère le duc de Montpensier à Madrid, eut une très longue conversation avec Mademoiselle Eugénie de Montijo et fut sous le charme de son esprit et de sa beauté. Mme la comtesse de Bresson, veuve de l'ambassadeur, nous le racontait récemment. Le duc d'Aumale n'a pas oublié ce souvenir de sa jeunesse, et lui-même l'a rappelé à la veuve de Napoléon III, pour laquelle il professe un respect chevaleresque. Il y a quelques années, venant d'arriver à Naples, le fils du roi Louis-Philippe apprit que l'Impératrice s'y trouvait aussi. Il alla lui faire une visite et il évoqua le souvenir de cette soirée du 7 octobre 1846 où il lui avait parlé pour la première fois. « Comme Votre Majesté, lui dit-il, était une belle jeune fille ! — Et vous, Monseigneur, répondit l'infortunée souveraine, comme vous étiez un beau cavalier ! » Le duc d'Aumale et l'impératrice Eugénie se sont revus au mois de mai 1896. Le duc possède en Sicile, sur les coteaux de Zucco, un domaine célèbre par ses vignobles. Il y recevait son petit-neveu, le duc d'Orléans. Les deux princes avaient accepté une invitation à déjeuner à bord de la *Namouna*, le yacht de M. Gordon Bennett, le riche Américain, directeur du *New-York Herald*. En arrivant à bord, le duc d'Aumale apprit que le *Thistle*, yacht de l'impératrice Eugénie, venait de jeter l'ancre en rade de Palerme. Après le déjeuner, il se rendit auprès d'elle, et lui fit part du désir exprimé par le duc d'Orléans de lui présenter ses hommages. La veuve de Napoléon III répondit gracieusement qu'elle serait heureuse de connaître le jeune prince. M. Gordon Bennett fit immédiatement mettre à la mer la baleinière de la *Namouna*, qui conduisit le duc d'Aumale et le duc d'Orléans à bord du yacht de l'Impératrice. Sa Majesté et les deux princes causèrent amicalement pendant plus d'une heure. Le lendemain, un déjeuner réunissait à la table du duc d'Aumale, au château de Zucco, la veuve de Napoléon III et le duc d'Orléans.

Revenons maintenant à la jeunesse de l'impératrice Eugénie. L'année qui suivit les mariages espagnols, sa mère occupa la plus haute charge de cour qui puisse être dévolue à une femme en Espagne. Elle fut nommée, en octobre 1847, *camarera major* de la reine Isabelle. Mérimée lui écrivit : « Vous êtes donc vraiment camarera major, et vous en êtes contente : cela suffit pour que j'en sois content aussi. Vous pourrez faire du bien ; c'est assez. Quoi que vous en disiez, vous êtes faite pour le combat, et il serait ridicule de souhaiter à César la vie tranquille du second citoyen de Rome. Je vous dirai qu'on m'a déjà fait la cour à votre occasion, et je m'attends qu'au premier jour on me donnera des placets. D'humeur comme je suis, vous devinez l'usage que j'en saurai faire. » Ce qui alarmait l'amitié de Mérimée, c'était de savoir que la comtesse sortait seule en phaéton avec une souveraine que menaçaient de nombreux complots. Du reste, elle ne fut *camarera major* que pendant très peu de temps. « Moins de trois mois après sa nomination, a écrit M. Auguste Filon, la comtesse de Montijo quittait spontanément la charge qu'elle avait acceptée avec joie, mais dont elle connut bientôt les difficultés et les périls. Une intrigue se noua pour lui faire perdre la confiance de la reine. Un peu naïf en ces matières, Mérimée s'étonna que le gouvernement n'eût pas mieux su défendre une auxiliaire aussi utile. Il le comprit un peu plus tard, c'était précisément l'intelligence, l'influence grandissante de la camarera major qui portaient ombrage aux maîtres de l'Espagne, et Mme de Montijo prit son parti à l'instant. Son ambition était de la bonne sorte et ne s'arrangeait pas d'une autorité précaire, contestée, achetée par des compromis ou des complaisances. Elle aima mieux se démettre que se soumettre. »

Mme et Mlle de Montijo étaient à Madrid quand éclata à Paris la révolution du 24 février 1848. Elles en suivirent les phases et les conséquences avec une extrême attention. Les affaires d'Espagne occupaient moins Mlle Eugénie que les affaires de France. Déjà peut-être avait-elle le pressentiment qu'elle jouerait un grand rôle dans ce pays dont l'histoire est une tragi-comédie qui a le don d'intéresser et de passionner le monde entier.

Du 10 février au 26 décembre 1849, le prince Napoléon, fils du roi Jérôme Bonaparte, ancien souverain de Westphalie, fut nommé ambassadeur de France à Madrid. On dit qu'il conçut alors une grande admiration pour Mademoiselle de Montijo et qu'il eut même la pensée de la demander en mariage, mais que cette idée n'aurait été encouragée ni par elle-même, ni par sa mère.

En 1849, la comtesse de Montijo et sa fille vinrent à Paris. Comme toutes les étrangères de distinction, elles assistaient régulièrement aux fêtes de l'Elysée, et le Prince-Président les recevait avec les égards dus à leur rang. Mais personne ne prévoyait encore que le prince s'éprendait de la jeune et belle Espagnole qui, cependant, dès la première fois qu'il la rencontra, fit sur lui une impression profonde, destinée à s'accroître de jour en jour.

Les personnes que Mme de Montijo et sa fille voyaient le plus souvent à cette époque n'étaient pas des bonapartistes. Elles faisaient des séjours chez le marquis et la marquise de Dampierre, au château de Plassac (Charente-Inférieure), qui avait donné asile à Mme la duchesse de Berry, avant la prise d'armes de 1832. Elles fréquentaient surtout à Paris les légitimistes et les orléanistes. Au surplus il n'y avait pas encore en ce moment de société bonapartiste. Le monde officiel et les ministres eux-mêmes n'étaient pas en réalité des partisans de Louis-Napoléon.

Cependant Mademoiselle de Montijo, dont l'enfance avait été bercée par les légendes de l'épopée napoléonienne, croyait à un prochain rétablissement de l'Empire. L'intérêt passionné qu'elle témoigna pour le succès du coup d'État toucha profondément le Prince-Président. M. Auguste Filon a écrit que son inclination pour elle naquit dès l'année 1849 et « se réveilla plus forte lorsque la jeune enthousiaste, en pleine bataille de décembre, avant que la fortune se fût prononcée, écrivit au Prince pour mettre, en cas d'échec, tout ce qu'elle possédait à sa disposition. »

L'année qui suivit le coup d'État fut pour l'héritier de l'empereur Napoléon une série d'ovations incessantes. L'ancien proscrit passait sa vie sous des arcs de triomphe. Les incroyables faveurs que lui prodiguait alors la capricieuse fortune lui inspiraient non point des pensées de fierté ou d'orgueil, mais des rêveries sentimentales. Plus il était adulé et acclamé, plus il songeait avec extase à la jeune fille qui avait conquis son cœur, en même temps que lui-même conquérait le pouvoir. Il oubliait les fêtes, les revues, les applaudissements, les fanfares, pour se rappeler la phrase de La Bruyère : « Un beau visage est le plus beau de tous les spectacles, et l'harmonie la plus douce est le son de voix de la femme que l'on aime. » D'après l'affirmation d'un témoin oculaire, ce fut entre un séjour de Fontainebleau et un séjour de Compiègne que l'on vit grandir rapidement son amour. Nous allons raconter en grands détails ces deux séjours.

XL

FONTAINEBLEAU

Le jeudi 11 novembre 1852 le Prince-Président quitta Saint-Cloud pour se rendre à Fontainebleau, où il devait résider quelques jours et recevoir un certain nombre d'invités. Il y arriva à trois heures de l'après-midi accompagné par M. Achille Fould, ministre d'Etat, le général Roguet, premier aide de camp, le duc de Caumont-Laforce, sénateur, le général Vaudrey, gouverneur des palais nationaux, le lieutenant-colonel Fleury et le baron de Pierres, remplissant les fonctions, l'un de premier et l'autre de second écuyer. Les hommages qu'il reçut donnent l'idée du genre d'adulations dithyrambiques dont il était alors l'objet. Au moment où il descendait de wagon, le maire d'Avon lui dit : « Prince, la commune d'Avon est heureuse de posséder la gare de Fontainebleau sur son propre territoire. Cela lui procure le privilège d'être présentée à Votre Altesse Impériale et d'unir sa faible voix à cet immense concert qui vous salue de tous les points de la France. Quelque obscur qu'il soit, vous ne dédaignerez pas cet hommage ; vous êtes l'ami des petits et des pauvres ; vous aimez en particulier le peuple des campagnes, et lorsqu'il se présente à vous avec sa naïve simplicité, il vous plaît autant que la cité avec ses magnifiques honneurs. »

Le 6ᵉ régiment de hussards, commandé par le colonel Edgard Ney, était rangé en bataille dans la cour de la gare. Il escorta le Prince, qui fit à cheval le trajet de la gare au château. A l'entrée de la ville on avait élevé un grand arc de triomphe devant lequel il s'arrêta. Fontainebleau avait alors pour maire le général comte Héraclius de Polignac, proche parent du ministre de Charles X. Le général prononça le discours suivant : « Monseigneur, la ville de Fontainebleau est heureuse de recevoir Votre Altesse Impériale dans le moment solennel qui va changer les destinées de la France ; elle répète avec conviction : l'Empire c'est la paix, en ajoutant : c'est la prospérité, c'est la gloire, non pas la gloire des conquêtes, mais celle que donnent les bonnes institutions et l'amour des peuples. Aujourd'hui, Monseigneur, la ville de Fontainebleau ne forme plus qu'un seul vœu, c'est qu'après avoir été la dernière à saluer l'Empire, elle soit des premières à saluer Napoléon III, empereur. » M. l'archiprêtre Charpentier, entouré du clergé, fut encore plus lyrique, dans son allocution : « La religion et la justice, dit-il, sont les deux rails de la voie humaine. Ces lignes salutaires, profondément enracinées dans le sol français, un instant nous avons craint de les voir emportées par le torrent des révolutions. Mais Dieu protège la France, et lorsque le char de l'Etat allait se briser dans les abîmes, la Providence vous a suscité pour le soutenir. Votre avènement à la couronne impériale sera donc pour tout le peuple le sujet d'une grande joie, et le jour où sa voix reconnaissante aura placé le diadème sur votre auguste front, l'Eglise entonnera un hymne de bonheur et d'espérance : Gloire à Dieu dans les hauteurs du Ciel et paix sur la terre aux hommes de bonne volonté ! » Vingt-cinq jeunes filles vêtues de blanc offrirent des corbeilles de fleurs et de fruits au Prince qui continua sa route au pas et très lentement, tant la foule était grande. Des bouquets pleuvaient de toutes les fenêtres et toutes les maisons étaient pavoisées. A quatre heures, le cortège arriva devant la grille du château. Le Prince traversa la célèbre cour des Adieux, où il crut voir encore Napoléon embrassant le général Petit et pressant l'aigle sur son cœur. Puis il gravit l'escalier du Fer-à-Cheval, et entra dans ses appartements, qui étaient ceux que son oncle avait habités.

Le lendemain, 12 novembre, les invités arrivèrent de Paris par un train spécial. Parmi eux se trouvaient la princesse Mathilde, le prince Napoléon, le général de Saint-Arnaud, ministre de la Guerre, M. Drouyn de Lhuys, ministre des Affaires étrangères, et Mme Drouyn de Lhuys, lord Cowley, ambassadeur d'Angleterre, et lady Cowley, M. de Maupas, ministre de la Police, le général, Mme et Mlle Magnan, la marquise de Contades, fille du général de Castellane, la comtesse de Montijo et sa fille, Mademoiselle Eugénie. Personne encore ne se doutait que trois mois plus tard la jeune et brillante Espagnole serait impératrice des Français. Elle et sa mère furent modestement logées au château dans l'aile Louis XV où elles occupèrent, au second étage, des chambres donnant sur le jardin anglais.

Le 13 novembre, il y eut dans la forêt grande chasse à courre. Le rendez-vous était à Belle-Croix. Au point de vue pittoresque. il n'y a rien de supérieur à la forêt de Fontainebleau, illuminée par un radieux soleil d'automne. Les arbres ont je ne sais quoi de fantastique. A côté de feuilles encore vertes, scintillent d'autres feuilles, les unes rouges comme du sang, les autres jaunes comme de l'or. C'est un spectacle qui tient de l'apothéose et de la féerie. Dans ce décor merveilleux, Mademoiselle de Montijo, montant un cheval des écuries du Prince, apparaissait comme une intrépide amazone. Elle suivit la chasse avec une hardiesse admirée de tous les cavaliers. Le soir, la curée aux flambeaux fut faite dans cette magnifique et gracieuse cour ovale, à l'extrémité de laquelle s'élève le baptistère de Louis XIII.

Le Prince était heureux de montrer à une jeune fille très admirée par lui ces deux chefs-d'œuvre de la nature et de l'art, la forêt et le palais de Fontainebleau. Nous ne croyons pas qu'il y ait dans le monde entier une forêt ayant plus de charme, plus de poésie que celle qui a inspiré tant de grands paysagistes. Quant au palais, c'est assurément la plus intéressante, la plus variée, la plus féerique des résidences impériales ou royales : toutes les époques, depuis saint Louis jusqu'à nos jours, y sont représentées par d'admirables spécimens d'architecture, de décoration et de mobilier. Quel cadre pour mettre en pleine lumière la beauté d'une femme que ce château où rayonnèrent tant d'enchanteresses, et où les imaginations ardentes font tant de magnifiques évocations! En parcourant les galeries de François Ier et d'Henri II, ne croit-on pas apercevoir les héroïnes de la cour des Valois, les demoiselles d'honneur de Catherine de Médicis, la radieuse Marie Stuart, la magicienne Diane de Poitiers? Le château n'est-il pas comme un lieu hanté par les ombres des princesses et des favorites d'autrefois ? Ayant un culte pour la mémoire de Marie-Antoinette, Mademoiselle de Montijo voulut visiter les appartements qui avaient été ceux de la reine martyre, au temps de ses splendeurs : le salon de ses dames d'honneur, son salon de musique, son boudoir avec son chiffre incrusté dans le parquet d'acajou massif, sa chambre à coucher, cette pièce qui a été appelée la chambre des cinq Marie, en souvenir de cinq souveraines qui l'habitèrent : Marie de Médicis, Marie-Thérèse, femme de Louis XIV, Marie-Antoinette, Marie-Louise et Marie-Amélie. En s'arrêtant là, tout émue, Mademoiselle de Montijo avait-elle le pressentiment que cette chambre légendaire serait bientôt la sienne ?

Les quatre jours où les invités du Prince-Président résidèrent à Fontainebleau se passèrent très agréablement. On déjeunait et on dînait dans cette étincelante galerie Henri II, où l'architecture et les arts décoratifs du XVIe siècle ont dit leur dernier mot en fait de splendeur et d'élégance. Qu'elle est belle cette galerie des fêtes avec ses fenêtres gigantesques aux vastes embrasures, cinq sur le jardin, cinq sur la cour ovale, son plafond divisé en caissons octogones profilés a fond d'or et d'argent, son riche parquet en boiserie, sa cheminée monumentale, sa tribune des musiciens, ses murs garnis de lambris en bois de chêne à chiffres et emblèmes d'or jusqu'à la hauteur où s'épanouissent, dans leur éblouissant coloris, les fresques mythologiques peintes, d'après les dessins du Primatice, par Nicolo dell' Abbate ! Le soir, dans les salons voisins de la galerie, on causait, on faisait quelques tours de valse ; plusieurs des invités jouèrent une charade organisée par le général de Saint-Arnaud.

Le dimanche 14 novembre, on entendit la messe dans la chapelle du château, cette chapelle de la Sainte-Trinité, bâtie par François Ier, sur l'emplacement de l'oratoire de saint Louis. Entre les colonnes de l'autel apparaissent, dans des niches, les statues en marbre de Charlemagne et de saint Louis, et, au-dessus, quatre anges de bronze attribués à Germain Pilon. L'autel est surmonté par les statues colossales de deux anges qui supportent les écussons de France et de Navarre. En face, à l'autre extrémité du sanctuaire, est la tribune avec les armes des Bourbons et des Médicis. C'est dans cette chapelle, où avait eu lieu le mariage de Louis XV et de Marie Leczinska, que, le 10 novembre 1810, fut célébré le baptême du futur Napoléon III.

Le 14 novembre était la veille de la Sainte-Eugénie, patronne de Mademoiselle de Montijo. Le Prince lui offrit un bouquet. Il lui fit cadeau en même temps du cheval qu'elle avait monté le jour de la chasse à courre, et dont elle avait apprécié la finesse et les belles allures. Pendant quatre jours, Louis-Napoléon témoigna à la jeune Espagnole les égards les plus respectueux, mais sans aucune affectation, et nul ne soupçonna qu'il eût l'idée de demander prochainement sa main.

Le Prince ne voulut pas quitter Fontainebleau sans y avoir fait des largesses aux pauvres. Il visita l'hospice, l'école des frères, la maison des sœurs, celle des orphelins, laissant à tous ces établissements des marques de sa munificence, et il donna, sur sa cassette particulière, deux cent mille francs pour la reconstruction de l'église paroissiale. Le mardi 16 novembre, il repartit pour Paris avec ses invités.

Le soir du même jour, tous se retrouvaient à l'Opéra-Comique où avait lieu une représentation par ordre, qui fut comme la continuation de la *série* de Fontainebleau. On y exécuta, après le *Domino Noir*, une cantate intitulée : *Chant de l'avenir*, paroles de Méry, musique d'Adolphe Adam. La flatterie prenait toutes les formes pour exalter celui qui était déjà empereur de fait. La cantate commençait ainsi :

> La France est satisfaite et le monde tranquille,
> Car le monde a toujours les yeux sur nous ouverts,
> Et quand la paix descend sur cette immense ville,
> Le calme de Paris s'étend sur l'univers.
> Sire, votre œuvre est faite ; oui, deux fois elle s'ouvre,
> L'ère de Périclès, d'Auguste et de Léon.

> Un aigle plane sur le Louvre,
> Une croix sur le Panthéon ;
> Et le peuple applaudit le soleil qui découvre
> Ce rêve colossal des deux Napoléon.

Un couplet en l'honneur de la reine Hortense, l'artiste couronnée, toucha le cœur de son fils. A la fin de la représentation, la toile du fond se leva, et l'on vit un décor représentant le Louvre achevé.

XLI

L'EMPIRE

Louis-Napoléon avait habitué les esprits à l'Empire par une habile gradation. Il s'était fait d'abord appeler le Président de la République, puis le Prince-Président; on l'avait ensuite qualifié de Monseigneur et d'Altesse, avant de lui donner les appellations de Sire et de Majesté. Ne trouvant de résistance ni à l'intérieur, ni à l'étranger, il n'avait plus qu'à tendre la main pour saisir la couronne. Avant même que le peuple eût été convoqué dans ses comices, pour changer la forme du gouvernement, il adressait au Sénat, le 4 novembre, un message où il disait : « Dans le rétablissement de l'Empire, le peuple trouve une garantie à ses intérêts et une satisfaction à son orgueil; ce rétablissement garantit ses intérêts en assurant l'avenir, en fermant l'ère des révolutions, en consacrant encore les conquêtes de 89. Il satisfait son juste orgueil, parce que, relevant avec liberté et avec réflexion ce qu'il y a trente-sept ans l'Europe entière avait renversé par la force des armes au milieu des désordres de la patrie, le peuple venge noblement ses revers sans faire de victimes, sans menacer aucune indépendance, sans troubler la paix du monde. Je ne me dissimule pas néanmoins tout ce qu'il y a de redoutable à accepter aujourd'hui et à mettre sur ma tête la couronne de Napoléon; mais mes appréhensions diminuent par la pensée que, représentant à tant de titres la cause du peuple et la volonté nationale, ce sera la nation qui, en m'élevant au trône, se couronnera elle-même. »

La date du plébiscite était fixée aux 21 et 22 novembre. Le résultat ne faisant de doute pour personne, c'était une simple formalité qui ne devait donner lieu dans le pays à aucune espèce de discussion.

Il n'y avait d'opposition réelle que parmi les réfugiés politiques de Londres et de Jersey. Mais il y a des heures où les gouvernements sont tellement favorisés par le sort que même les attaques dirigées contre eux n'ont d'autre résultat que de les fortifier. Loin d'empêcher la publication des manifestes des réfugiés, Louis-Napoléon les fit insérer dans le *Moniteur* du 15 novembre, à la place même des documents officiels. Le *Comité révolutionnaire* de Londres s'exprimait ainsi : « La démocratie a dû s'imposer quelques mois d'attente et de souffrances avant de frapper le brigand qui souille notre pays, afin de se réorganiser malgré la terreur bonapartiste... Aussitôt que vous apprendrez que l'infâme Louis-Bonaparte a reçu son juste châtiment, quel que soit le jour où l'heure, partez de tous les points à la fois pour le rendez-vous convenu entre plusieurs groupes, et de là marchez ensemble sur les cantons, les arrondissements et les préfectures afin d'enfermer dans un cercle de fer et de plomb tous les vendus, qui, en prêtant le serment, se sont rendus complices de leur maître. Purgez une bonne fois la France de tous les brigands qu'elle nourrit et qui la rongent. »

Le manifeste des proscrits démocrates socialistes de France, résidant à Jersey, porte, entre autres signatures, celle de Victor Hugo, dont on reconnaissait facilement le style : « M. Bonaparte, y était-il dit, trouve que l'instant est venu de s'appeler *Majesté*. Il n'a pas restauré un pape pour le laisser à rien faire. Il entend être sacré et couronné... Amis et frères, en présence de ce gouvernement infâme, négation de toute morale, obstacle à tout progrès social, en présence de ce gouvernement élevé par le crime, et qui doit être terrassé par le droit, le Français, digne du nom de citoyen, ne sait pas, ne veut pas savoir s'il y a quelque part des semblants de scrutin, des comédies de suffrage universel et des parodies d'appel à la nation, il ne s'informe pas s'il y a un troupeau qu'on appelle le Sénat et qui délibère, et un autre troupeau qui s'appelle le peuple qui obéit, il ne s'informe pas si le pape va sacrer au maître-autel de Notre-Dame l'homme qui, n'en doutez pas, ceci est l'avenir inévitable, sera ferré au poteau par le bourreau ; en présence de M. Bonaparte et de son gouvernement, le citoyen digne de ce nom ne fait qu'une chose, et n'a qu'une chose à faire : charger son fusil, et attendre l'heure. »

Le *Moniteur*, après avoir reproduit ce manifeste, ajoutait : « Il est regrettable de voir un prince qui supporte noblement son infortune, arriver aussi, par un sentiment exagéré de ce qu'il croit être son devoir, à nier le droit du peuple de choisir un gouvernement. », et la feuille officielle reproduisait le manifeste du comte de Chambord, écrit à Frohsdorf et daté du 25 octobre 1852. La conclusion de ce document était celle-ci : « Je me dois à moi-même, je dois à ma famille et à ma patrie de protester hautement contre des combinaisons mensongères et pleines de dangers. Je maintiens mon droit, qui est le plus sûr garant des vôtres, et, prenant Dieu à témoin, je déclare à la France et au monde que, fidèle aux lois du royaume et aux traditions de mes aïeux, je conserverai religieusement jusqu'au dernier soupir le dépôt de la monarchie héréditaire dont la Providence m'a confié la garde, et qui est l'unique port de salut où, après tant d'orages, cette France, objet de tout notre amour, pourra enfin retrouver le repos et le bonheur. »

Ecrite dans un style noble et grave, avec une grande modération de pensée et de langage, cette protestation avait un caractère purement académique. Ce n'était pas l'œuvre d'un conspirateur. Le comte de Chambord était bien loin de vouloir faire quelque chose d'analogue à la prise d'armes de 1832. Cette tentative de sa mère, la duchesse de Berry, devait être le dernier effort du parti légitimiste, au point de vue de l'action. Vingt ans plus tard, la Vendée elle-même était devenue impérialiste. On n'y aurait trouvé personne pour une insurrection au nom du drapeau blanc.

Le plébiscite des 21 et 22 novembre dépassa les espérances des partisans de l'Empire. Sur 8,140,060 votants, il y eut 7,824,189 *oui* contre 253,145 *non*. Le 1er décembre, les membres du Sénat et du Corps législatif apportaient, à Saint-Cloud, ce résultat au nouvel Empereur. Il prononça, à cette occasion, un discours qui finissait ainsi : « Aidez-moi tous à asseoir sur cette terre bouleversée par tant de révolutions un gouvernement stable qui ait pour bases la religion, la justice, la probité et l'amour des classes souffrantes. Recevez ici le serment que rien ne me coûtera pour assurer la prospérité de la patrie, et que, tout en maintenant la paix, je ne céderai rien de ce qui touche à l'honneur et à la dignité de la France. » Le lendemain 2 décembre, le nouveau régime était inauguré dans tout l'Empire.

Le matin, Napoléon III signait, au château de Saint-Cloud, un décret qui élevait les généraux de Saint-Arnaud, Magnan et de Castellane à la dignité de maréchal de France. A midi, il partait de ce palais, à cheval, escorté par le 12e dragons et par la division de cavalerie de réserve, carabiniers et cuirassiers, pour faire une entrée solennelle à Paris. A une heure, le canon tonnait, et les tambours battaient aux champs pour annoncer que l'Empereur venait d'arriver à l'arc de triomphe de l'Etoile, et passait sous la voûte gigantesque de ce monument consacré par son oncle à la gloire de l'armée française. Au même moment, le ciel s'éclaircit, et un rayon de soleil perça les nuages. Le nouveau souverain parcourut, au milieu des acclamations, les Champs-Elysées, la place de la Concorde, le jardin des Tuileries, et, toujours à cheval, suivi par son escorte de cavalerie, il traversa le pavillon de l'Horloge, et passa en revue, sur la place des Tuileries et sur la place du Carrousel, les troupes de toutes armes qui y étaient rangées et le saluèrent par des *vivats*.

Plusieurs femmes, entre autres la comtesse de Montijo et sa fille, avaient été invitées à contempler ce spectacle, du haut des fenêtres du palais. Abd-el-Kader y assistait aussi. Après la revue, l'Empereur monta dans les grands appartements nouvellement restaurés dont tout le monde admirait les magnificences. Arrivé à la salle des Maréchaux, il se montra aux deux balcons donnant l'un sur le jardin, l'autre sur la cour. Au même moment, le maréchal de Saint-Arnaud, entouré des généraux, sur la place des Tuileries, lisait à l'armée la proclamation de l'Empire, et le comte de Persigny, ministre de l'Intérieur, accompagné du général de Lawoëstine et de son état-major, la lisait, sur la place de la Concorde, à la garde nationale. A la tombée de la nuit, les édifices publics et beaucoup de maisons particulières se couvrirent d'illuminations; il y eut, le soir, grande réception au château des Tuileries. La propagande napoléonienne, imprudemment développée d'abord par les libéraux sous la Restauration, ensuite par le gouvernement de Juillet, portait ses fruits. La prédiction de M. Thiers s'accomplissait. Le conspirateur de Strasbourg et de Boulogne, le prisonnier de Ham, réalisait son rêve: l'Empire était fait.

XLII

COMPIÈGNE

L'Empereur inaugura, au château de Compiègne, en décembre 1852, les séjours qualifiés de *séries*, qui devaient avoir tant de retentissement, et pour lesquelles les invitations allaient être aussi recherchées que le furent celles de Louis XIV à Marly. Depuis 1853 jusqu'à la fin de son règne, Napoléon III, dans les séjours qu'il fit à Compiègne, ressembla plutôt à un grand seigneur recevant ses hôtes dans un château qu'à un souverain entouré des prestiges du trône. Mais il voulut que sa première résidence dans un palais illustre fût marquée par un appareil majestueux. Au début de l'Empire, il tenait à faire reprendre aux esprits l'habitude des pompes monarchiques, et, d'autre part, il se sentait heureux d'apparaître avec tout l'éclat du pouvoir suprême aux yeux de la jeune fille que son cœur avait choisie. Le voyage fut retardé de quelques jours, l'Empereur ayant voulu attendre la fin d'un rhume de Mademoiselle de Montijo.

L'arrivée au château eut un **caractère solennel**. C'était le samedi 18 décembre 1852. Le temps pluvieux s'était tout à coup éclairci, et l'on voyait briller un soleil magnifique — un soleil d'Austerlitz, comme se plaisaient à le dire les courtisans — lorsque, à trois heures de l'après-midi, le bourdon de l'Hôtel de Ville et les canons de l'artillerie de la garde nationale annoncèrent que le train impérial venait d'entrer dans la gare de Compiègne. Toutes les cloches des églises se mirent en branle, et, à ce signal, la foule se porta en masse compacte aux abords des rues que devait suivre le cortège. Au moment où le souverain descendait de wagon, le maire, M. Deverson, lui dit : « Sire, l'Empereur votre oncle, aimait Compiègne, qu'il a comblée de ses bienfaits ; il en a souvent visité le palais, qui a été restauré et embelli sous son règne glorieux. Qu'il nous soit permis, Sire, de fonder sur ce souvenir l'espérance de saluer souvent de nos acclamations la présence de Votre Majesté dans nos murs. » Après quelques mots de remerciement, Napoléon III s'avança dans la gare où soixante jeunes filles vêtues de blanc, et portant en sautoir un large ruban de satin vert, étaient réunies pour lui souhaiter la bienvenue. L'une d'entre elles, Mlle Deverson, nièce du maire, lui adressa une allocution et lui offrit des fleurs. Puis il monta à cheval, accompagné par un nombreux état-major. Au moment où il sortait de l'embarcadère, la doyenne des dames de la Halle, Mme Lequin, lui récita les vers suivants, composés par M. Alphonse Marcel, et que nous avons retrouvés dans un journal de la ville, *le Progrès de l'Oise* :

Compiègne est un grand livre où chaque feuille explique
Et votre oncle immortel, et son sublime nom.
Ce palais, ce jardin, ce berceau magnifique,
    Tout rappelle Napoléon.

Napoléon ! L'Europe à ce nom se découvre.
Son ombre vous protège, et dirige vos pas.
La guerre l'a grandi. Vous, que la paix vous couvre
    De lauriers qui n'attristent pas !

A présent que le calme a béni les orages,
Que, grâce à vous, les flots apaisent leur fureur,
Sire, venez souvent sous nos riches ombrages
    Méditer comme l'Empereur !

Les gardes nationales de Compiègne et des environs formaient la haie à droite, et les troupes de la garnison à gauche. Le souverain les passa en revue, puis il fit son entrée dans la ville. Sur le pont de l'Oise on avait dressé un arc de triomphe. Après avoir franchi le pont et traversé la place de l'Hôtel-de-Ville, l'Empereur arriva à l'église Saint-Jacques. L'évêque de Beauvais l'attendait sous le portail, et lui dit : « A peine proclamé, l'Empereur, à Paris, a dirigé ses pas vers la basilique de Notre-Dame et vers l'asile de la souffrance, et aujourd'hui, avant d'entrer dans ce palais qui lui rappelle tant de souvenirs, Votre Majesté veut incliner son front devant le Roi des Rois, duquel relèvent tous les empires. » Napoléon III répondit : « Monseigneur, c'est un devoir pour moi de recourir à la prière pour remplir ma mission sur cette terre. La prière est le gage des bénédictions du Ciel ; c'est par elle et par le soulagement des classes souffrantes que nous atteindrons le but auquel nous devons tous tendre. » En sortant de l'église, l'Empereur remonta à cheval et poursuivit sa route. Les acclamations retentissaient de toutes parts.

Sur la place du Château la foule était si compacte que les corporations rangées sous leurs bannières ne pouvaient conserver leur rang et leurs distances. Les vieux soldats du premier Empire étaient à peu près débandés lorsqu'un commandement se fit entendre, et à l'instant même, les vieux braves se rallièrent. C'était M. Sézille, curé de Beaulieu, qui, par une subite inspiration, venait de se déclarer le chef de la vieille phalange. Ce vénérable ecclésiastique, qui fut décoré le lendemain, était un ancien sous-officier qui, dans les armées de Napoléon Ier, avait fait neuf campagnes et reçu quatre blessures.

Aucun palais ne se prête mieux à l'entrée d'un souverain que le château de Compiègne, avec sa façade flanquée de deux pavillons en avant-corps, ses deux ailes reliées l'une à l'autre par une colonnade d'ordre ionique, couronnée d'une galerie à l'italienne qui forme terrasse, sa grille d'un beau travail, sa vaste cour d'honneur, son bâtiment central orné d'un balcon de pierre et surmonté d'un fronton sculpté représentant la chasse de Méléagre.

Le souverain traversa toute la cour d'honneur, descendit de cheval, parcourut au rez-de-chaussée la salle des Colonnes où se trouvent les statues en marbre des chanceliers l'Hôpital et d'Aguesseau, monta le grand escalier, entra dans la salle des Gardes ornée de bas-reliefs qui représentent les triomphes d'Alexandre, et gagna ses appartements. Sa chambre était celle qui avait servi de cabinet de travail à Louis XV, de chambre à coucher à Napoléon Ier, à Louis XVIII, à Charles X et à Louis-Philippe. Le lit est à pilastres en bois doré avec un ciel en forme de tente soutenue par des lances. La chambre est située entre deux pièces dont l'une était le cabinet de travail de Napoléon III, et l'autre la salle du Conseil des ministres. La première, qui avait aussi servi de cabinet de travail à Napoléon Ier, a été très exactement reproduite dans un des principaux décors de la *Madame Sans-Gêne* de Victorien Sardou. Malheureusement tous les rayons de sa bibliothèque sont maintenant vides. On a eu la malencontreuse idée d'en retirer les volumes et de les transporter à la Bibliothèque nationale. On a mis sous un globe le seul qui ait été respecté ; c'est un livre qui, à cette place même, fut frappé par un boulet prussien, lors de l'invasion de la ville en 1814. Quant à la salle du Conseil, ancienne chambre à coucher de Louis XVI, on y voit encore une grande table ronde couverte d'un tapis de velours vert autour duquel s'assemblaient les ministres de Napoléon III. Ces trois pièces — cabinet de travail, chambre à coucher de l'Empereur, salle du Conseil — donnent sur le parc, comme toutes celles comprises dans ce qu'on appelle les grands appartements du château, et leurs fenêtres font partie de cette façade du parc, très régulière et d'un aspect très imposant, qui se développe sur une longueur de deux cents mètres. Son rez-de-chaussée correspond au premier étage des bâtiments de la cour d'honneur.

Avant le dîner, l'Empereur trouva ses invités réunis dans le salon des Cartes, ainsi nommé parce qu'en guise de tentures il contient trois cartes immenses de la forêt de Compiègne. Outre la comtesse de Montijo et sa fille, les principaux invités étaient le prince Napoléon, la princesse Mathilde, le prince Murat, lord Cowley, ambassadeur d'Angleterre, et lady Cowley, le maréchal de Saint-Arnaud, ministre de la guerre, M. Drouyn de Lhuys, ministre des Affaires étrangères, et Mme Drouyn de Lhuys, le comte de Persigny, ministre de l'Intérieur, et la comtesse de Persigny, le marquis de Valdégamas, ministre d'Espagne, le duc de Mouchy, le général prince de la Moskowa, père de la comtesse de Persigny, le marquis et la marquise de Padoue, le baron et la baronne de Pierres, le marquis et la marquise de Las Marismas, la marquise de Contades, fille du maréchal de Castellane. L'Empereur causa quelques instants avec plusieurs de ses hôtes, puis on alla dîner dans la galerie des fêtes. Cette galerie, où avaient lieu les repas pendant les séries de Compiègne, a été construite par Napoléon Ier et ses peintures sont de Girodet. Le plafond, disposé en voussure, est supporté par vingt colonnes en stuc à chapiteaux dorés. Cette vaste salle présente un aspect magnifique. Après le dîner, on retourna dans le salon des Cartes; c'est là qu'on se réunissait avant les repas, et là qu'après le dîner on causait, on jouait des charades, on dansait au son d'un piano mécanique, qui ne possédait que trois airs : un quadrille, une valse, une polka, et dont un chambellan, souvent même un plus grand personnage, tournait la manivelle.

Pendant que l'Empereur et ses invités passaient la soirée du 18 décembre 1852 dans le salon des Cartes, toute la ville de Compiègne était en fête. Une foule immense circulait sur les places et dans les rues. Les édifices publics et un grand nombre de maisons étaient illuminés, et les corporations ouvrières donnaient un grand bal dans le théâtre de la ville.

Le lendemain 19 décembre était un dimanche. L'Empereur entendit la messe dans la chapelle du château, qui fut construite par Louis-Philippe, à l'occasion du mariage de sa fille aînée Louise avec le roi des Belges, Léopold Ier. A gauche de la salle des Gardes se trouve une pièce désignée sous le nom de salon de la Chapelle, et tendue de tapisseries des Gobelins qui représentent le « Miracle de la Messe, Héliodore chassé du Temple », d'après Raphaël, et la « Bataille de Constantin contre Maxence d'après Jules Romain », ce salon communique de plain pied avec la tribune de la chapelle où l'Empereur se tenait pendant les offices. Mademoiselle de Montijo, sa mère et plusieurs autres personnes se placèrent dans cette tribune. En face, au-dessus de l'autel, il y a un grand vitrail peint par Ziegler, d'après les dessins de la princesse Marie, fille du roi Louis-Philippe. Il représente une femme en robe violette, qui tient un livre sur lequel on lit le mot *Ama*, aime, et qui donne la main à un jeune homme en robe rouge, portant une croix et regardant le ciel. La future Impératrice jetait sans cesse les yeux sur ce vitrail dont la devise : *Ama*, était pour elle comme une exhortation à aimer le souverain qui allait lui donner une si grande preuve de son amour. Après la messe, l'Empereur passa en revue les gardes nationales, les troupes, les corporations ouvrières. Le temps était superbe. Ce ne fut qu'une longue ovation.

Le 20 décembre il y eut dans la forêt une chasse à courre. On amena les chevaux et les voitures devant la façade du parc, sur la terrasse où l'on voit les statues d'Ulysse et de Philoctète. L'uniforme des chasses était, pour le chapeau et pour l'habit, le même que celui de la vénerie de Louis XV; il ne différait que par la couleur. Au bleu de roi avec parements d'argent on avait substitué le gros vert de la livrée impériale. Aucune forêt ne se prête mieux aux chasses à courre que celle de Compiègne avec ses 14,859 hectares, ses huit grandes routes qui toutes aboutissent au Puits du Roi, ses 278 carrefours, ses 27 ruisseaux, ses 16 mares et ses 15 fontaines. L'auteur d'un joli livre, intitulé : *Compiègne*, M. Lefebvre Saint-Ogan, a écrit : « Cette grande quantité d'eau que la forêt contient la distingue essentiellement pour le peintre de celle de Fontainebleau, où il n'y en a pas du tout. L'air sec de la forêt de Fontainebleau donne au paysage des contours plus nets et plus précis. A Compiègne, l'atmosphère chargée d'humidité la revêt d'un éclat plus velouté. Une vapeur argentée qui flotte devant l'œil estompe les bords de l'objet observé, et réfléchit la lumière avec intensité. » Mademoiselle de Montijo suivait la chasse à cheval. Jamais on n'avait vu plus gracieuse et plus intrépide amazone. L'Empereur, qui était lui-même un cavalier si élégant et si hardi, ne cessait de l'admirer. Le soir, à huit heures, la curée aux flambeaux se fit dans la cour d'honneur. Des valets de pied, en grande livrée, les cheveux poudrés, portaient des torches.

Le mardi 21 décembre, l'Empereur, accompagné d'un de ses aides de camp, le général Canrobert, sortit du palais à dix heures du matin, dans une voiture à deux chevaux, pour aller visiter les hospices de la ville. Entré dans la chapelle de l'hôpital des indigents, il y fit une courte prière, puis il parcourut les salles des malades, et décora la supérieure, sœur Massin. C'est après quelques difficultés que la sainte religieuse se laissa attacher sur la poitrine cette récompense de tous les services qu'elle avait rendus à l'hôpital, dirigé par elle depuis un grand nombre d'années.

Une scène touchante se passa à l'hospice des indigents. L'Empereur, prévenu que dans cet établissement se trouvait, à titre de pensionnaire, une dame qui avait été témoin de son baptême à Fontainebleau, exprima le désir de la voir. Cette dame, étant infirme, s'avançait péniblement, malgré la défense expresse du souverain de ne pas la déranger. Il s'approcha vivement d'elle, lui serra la main, et lui dit quelques paroles affectueuses.

Le mercredi 22 décembre, il y eut une représentation théâtrale dans la salle de spectacle du château. Située à l'extrémité de l'aile du nord, près de la porte Chapelle, sur l'emplacement de l'ancien jeu de paume, cette salle, à laquelle actuellement rien n'a été changé, avait été construite par Louis-Philippe pour les fêtes du mariage de sa fille avec le roi des Belges. La représentation du 22 décembre 1852 fut la première des quarante-neuf qui eurent lieu sous le règne de Napoléon III. La troupe du *Gymnase* de Paris joua *Un Fils de Famille*, comédie-vaudeville en trois actes de MM. Bayard et Biéville. Les principaux interprètes de la pièce étaient Bressant, Lafontaine, Lesueur, Priston et Rose Chéri. La loge impériale, située en face de la scène, peut contenir plus de cent cinquante places.

L'Empereur, ses invités et tous les membres de sa maison civile et militaire qui étaient de service prirent un siège dans cette loge. La beauté de Mademoiselle de Montijo y attirait tous les regards. Les deux côtés de la galerie, à droite et à gauche, que de légères travées séparaient de la loge impériale, étaient exclusivement réservés à des dames. Des officiers, jusqu'au grade de capitaine inclusivement, tous en uniforme, occupaient l'orchestre et le parterre. On avait réservé aux officiers supérieurs et aux autorités civiles l'amphithéâtre, placé entre le parterre et la loge impériale, à deux mètres au-dessous de celle-ci. Un rang de secondes loges était rempli par les gens de service du château, et une seconde galerie par des invités de la ville et des environs. Pendant les entr'actes, les spectateurs de l'orchestre, du parterre et de l'amphithéâtre se tenaient debout et en face de l'Empereur. Des valets de pied en grande livrée passaient des glaces, des gâteaux et des rafraîchissements. La représentation marcha à souhait. La pièce et les interprètes eurent un vrai succès, et l'Empereur donna plusieurs fois le signal des applaudissements. A la fin du spectacle, les acteurs chantèrent des couplets, composés par M. Lemoine-Montigny, directeur du Gymnase. Ces vers, intitulés le « Repos de la France », sont loin d'être remarquables ; mais nous en citerons quelques-uns, parce qu'ils montrent bien le genre d'adulation dont le nouvel Empereur était alors l'objet :

> L'Empire est fait, un peuple immense,
> A parlé haut et librement,
> Et la grande voix de la France
> Éclate avec entraînement
> En un long cri de ralliement.
> Salut, règne de délivrance,
> Grand nom que l'Univers connaît !
> Sauveur d'un siècle qui renaît,
> Donne le repos à la France...

Oui, tout renaît, plus de misère,
Le travail est dans chaque main,
La maison du pauvre s'éclaire ;
Il a de l'air, il a du pain,
Et l'épargne du lendemain,
Il sait qu'à guérir sa souffrance,
Le pouvoir s'applique aujourd'hui,
Et son fils, conseillé par lui,
Bénit le repos de la France.

Peuples combattus par nos pères,
Ne voyez pas d'un œil jaloux
Venir la fin de nos misères.
L'orage qui gronda sur nous
N'a point passé si loin de vous !
Ah ! gardez-en la souvenance !
La France, on ne peut l'ébranler,
Sans vous faire tous chanceler.
Respect au repos de la France !

Voici le dernier couplet, chanté par Rose Chéri ; c'était un hommage rendu à la mémoire de la reine Hortense, et ce fut celui qui toucha le plus l'Empereur :

Reine de grâce et de génie,
Mère d'un enfant glorieux,
On t'a vue, illustre bannie,
Pour sauver ses jours précieux,
Braver un destin rigoureux.
Lorsque tu vois, heureuse Hortense,
Le fils par tes soins conservé,
Sois fière aussi d'avoir sauvé,
Reine, le repos de la France.

Le 23 décembre, il y eut dans la forêt une

seconde chasse à courre, aussi brillante que la première. L'Empereur avait d'abord l'intention de ne rester que quatre jours au château de Compiègne. Il en resta onze, et ne retourna aux Tuileries que le 28 décembre. Pour Napoléon III, le grand attrait de Compiègne avait été la joie de vivre sous le même toit que Mademoiselle de Montijo, de s'asseoir à la même table qu'elle, d'écouter sa conversation toujours si vive et si colorée, de contempler sa radieuse beauté, de chercher à mériter son cœur. Si habitué qu'il fût à se maîtriser et à cacher ses émotions sous un masque impassible, il avait peine à ne pas laisser éclater sa passion. Amoureux comme un jeune homme de vingt ans, il était attendri, subjugué, fasciné. Toutefois, il ne sortait jamais de la réserve la plus correcte, et n'accordait à la jeune fille si admirée par lui aucune préséance qui aurait été contraire à l'étiquette. Les ennemis les plus acharnés de Napoléon III ne lui ont jamais contesté les manières et les sentiments d'un parfait gentleman. Son attitude pendant toute cette *série* de Compiègne fut absolument irréprochable. Déjà, peut-être, son projet de mariage était-il arrêté dans son esprit. Cependant, Mme de Montijo et sa fille elle-même n'en savaient encore rien. Les courtisans traitaient la charmante Espagnole comme une étrangère de distinction, digne de tous les hommages, mais non point comme une future impératrice. Ceux qui auraient cru que Napoléon III pourrait avoir un instant l'idée d'obtenir les faveurs de Mademoiselle de Montijo, autrement que par le mariage, auraient bien peu connu le caractère de cette noble et fière jeune fille, et le profond respect que l'Empereur avait pour elle.

M. de Maupas a raconté dans ses *Mémoires sur le Second Empire* que, pendant ce séjour à Compiègne, par une belle matinée d'automne, l'Empereur, accompagné seulement de quelques personnes, parmi lesquelles se trouvaient Madame et Mademoiselle de Montijo, se promenait dans le parc. « Les pelouses, ajoute M. de Maupas, étaient couvertes d'une rosée abondante, et les rayons du soleil donnaient à toutes les gouttelettes qui chargeaient encore les herbes des reflets et des transparences diamantés. Mademoiselle Eugénie de Montijo, dont la nature était pleine de poésie, se plaisait à admirer les effets capricieux et magiques de la lumière. Elle avait fait remarquer, en particulier, une feuille de trèfle si gracieusement chargée de gouttes de rosée qu'on eût dit un vrai bijou tombé de quelque parure. La promenade finie, l'Empereur prenait à part le comte Bacciochi, qui, quelques instants après, partait pour Paris. Il rapportait, le lendemain, un délicieux bijou, qui n'était autre qu'un trèfle dont chacune des feuilles portait un superbe diamant imitant des gouttes de rosée. Le comte avait fait imiter avec une rare perfection la feuille admirée la veille par sa future souveraine. »

Le soir, une loterie fut tirée au château. On s'arrangea de manière à ce que le trèfle fût gagné par Mademoiselle de Montijo. Dans la pensée de l'Empereur, ce bijou-là était l'équivalent d'une bague de fiançailles. Mais nul, excepté lui, n'attachait encore cette idée au poétique présent que la belle Espagnole venait de recevoir.

XLIII

LES PREMIERS JOURS DE 1853

Napoléon III prit définitivement sa résolution au début de 1853. Les renseignements donnés à cet égard par l'ancien précepteur du Prince Impérial, M. Auguste Filon, paraissent authentiques. Il a écrit dans son ouvrage intitulé : *Mérimée et ses amis*, et dédié à l'Impératrice : « D'un séjour de Fontainebleau à un séjour à Compiègne — c'est un témoin oculaire qui me l'affirme — on vit grandir rapidement l'amour de l'Empereur. Mais tant de gens étaient intéressés à le combattre ! Et, dans le cœur du Prince, la politique, la raison d'Etat n'était pas encore vaincue. Je n'ai pas à raconter l'incident qui se passa aux Tuileries dans la salle des Maréchaux, le soir du 31 décembre 1852. Ce soir-là l'Empereur se montra un homme différent de celui qui avait laissé partir Marie Mancini. » L'incident auquel M. Filon fait allusion, est, croyons-nous, celui-ci : « Mademoiselle de Montijo, qui donnait le bras au colonel de Toulongeon, ayant passé devant la femme d'un haut fonctionnaire, celle-ci laissa éclater sa mauvaise humeur et prononça quelques paroles malsonnantes. Mademoiselle de Montijo, très émue, se plaignit à Napoléon III et lui fit comprendre qu'elle ne pourrait rester plus longtemps dans une cour où elle était traitée ainsi. L'Empereur lui répondit : « Je vous vengerai. » Et le lendemain il la demanda en mariage. Elle habitait alors avec sa mère, place Vendôme numéro 12, au premier étage, tout près de l'hôtel du Rhin, où logeait Louis-Napoléon, quand il fut élu président de la République. La place Vendôme leur avait porté bonheur à tous deux.

Le 3 janvier eut lieu à Paris une cérémonie de nature à toucher le cœur de la jeune fille que l'Empereur allait prendre pour compagne. Très catholique, comme presque toutes les Espagnoles, Mademoiselle de Montijo fut heureuse de voir la capitale rendre hommage à sainte Geneviève, et la solennité qui coïncidait avec la demande en mariage faite par le souverain parut un bon augure à la future impératrice. Dès neuf heures du matin, les reliques de la patronne de Paris sortaient en grande pompe de l'église métropolitaine, et traversaient les quartiers les plus populeux de la capitale pour aller reprendre sous les voûtes de l'ancien Panthéon la place qu'elles avaient occupée autrefois. La foule se pressait pieusement autour de la châsse vénérée. Les ouvriers de Paris tenaient la plus grande place dans la basilique, et leur présence imprimait à la cérémonie un caractère populaire. A l'issue de la messe, l'archevêque de Paris, la mitre en tête et la crosse en main, monta en chaire, et rappela les nombreuses vicissitudes traversées par la France et par le temple que l'Empereur a rendu au culte catholique. « Et maintenant, dit l'archevêque, douce et glorieuse protectrice de Paris, reprenez votre place que la piété de quatorze siècles vous avait préparée au sommet de cette montagne. La gloire d'aujourd'hui efface les malheurs d'hier. Détournez par votre puissante intercession, détournez de cette capitale les orages semblables à ceux qui l'ont frappée si souvent pendant plus d'un demi-siècle, depuis le jour où l'impiété vous chassa de votre trône tutélaire. Protégez ensuite cet Empereur qui répare les injures du passé, et augmente la gloire de ce sanctuaire. »

Aux fêtes religieuses succédèrent bien vite les fêtes mondaines.

Le 12 janvier 1853, les grands bals du second Empire furent inaugurés au palais des Tuileries. Les invités arrivèrent tous à neuf heures précises. Les appartements de réception du palais n'avaient jamais eu un pareil éclat. On gravit les degrés du grand escalier, et l'on entra dans le vestibule de la galerie des Travées. L'emblème lumineux de Louis XIV y avait été substitué à une lourde rosace qui déparait le plafond, et M. Vauchelet avait encastré autour de l'emblème du Roi-Soleil deux médaillons et quatre grisailles représentant la Sagesse, la Justice, la Science et la Force avec leurs attributs. Il avait complété la décoration du plafond par un tableau qui représentait la Gloire, tenant une palme d'une main et de l'autre une couronne. Les invités traversèrent la salle des Travées, puis la galerie de la Paix où apparaissait, au-dessus de la cheminée, un portrait de Napoléon III à cheval, en uniforme de général de division, œuvre du peintre Charles-Louis Muller. Ils pénétrèrent ensuite dans la salle des Maréchaux, toute renouvelée par l'architecte Visconti. On y entrait autrefois par quatre portes; on en avait fait pratiquer deux autres dans le sens des deux façades principales du château. La décoration de la voûte était entièrement modifiée. On y avait fait ranger quatre arceaux en plein relief, dont les retombées, s'appuyant sur les quatre angles de la salle, se trouvaient masquées par quatre grands trophées que surmontaient des aigles, et sur lesquels étaient inscrits les noms des victoires remportées par Napoléon en personne. La salle contenait les portraits en pied des quatorze plus anciens maréchaux du grand homme et vingt-deux bustes de ses généraux.

Les femmes portaient des toilettes magnifiques; les hommes étaient tous en uniforme ou en habit de cour. « Etrange chose ! écrivait, dans la *Revue des Deux Mondes*, le chroniqueur de la Quinzaine, M. de Mazade, combien y aurait-il eu d'hommes, il y a quelques années, qui se fussent fait un point d'honneur de braver l'étiquette et de paraître à la cour en costume démocratique! Il n'en est plus de même aujourd'hui, et l'étiquette reprend son empire. Nous ne nous plaignons point assurément que les grands fonctionnaires de l'Etat donnent des fêtes, que les cérémonies aient leur pompe et leurs règles et qu'il faille se vêtir proprement pour figurer à la cour. Très probablement, il est des industries qui seront fort satisfaites qu'on s'habille de velours et que les bas de soie deviennent de rigueur; mais à côté de ces choses extérieures, il y a évidemment un travail plus profond qui consiste à ramener la société au culte de sa propre dignité, des supériorités qui font sa force des distinctions qui ont fait l'influence de la France dans le monde. Ce travail intime et profond accompli, la transformation des mœurs et des usages suivra son cours. Elle ira jusqu'où elle peut aller, et elle s'arrêtera aux limites que comportent notre temps et la vie moderne. »

Pendant que les invités arrivaient jusqu'à la

salle des Maréchaux, le souverain sortait de son
appartement, et entrait dans le salon de Louis XIV
appelé aussi : le cabinet de l'Empereur. Une copie de l'Olympe, de Lesueur, décorait le plafond
de cette salle, qui était ornée de trois tableaux :
un superbe portrait du grand roi, par Rigaud ;
une copie de la célèbre toile de Gérard, représentant le duc d'Anjou (Philippe V) recevant à
Versailles les ambassadeurs d'Espagne, et enfin
la copie d'une composition de Mignard, qui représente Anne d'Autriche donnant des instructions à son jeune fils Louis XIV.

Napoléon III traversa ensuite la salle du Trône,
qui venait d'être splendidement restaurée. Le
baldaquin du trône était surmonté d'une aigle aux
ailes déployées. Les draperies de velours cra-
moisi, semées d'abeilles d'or et bordées de feuilles
de laurier, étaient rattachées par de riches em-
brasses à deux candélabres, dont l'extrémité supportait un globe et une couronne. Une estrade,
élevée au-dessus de trois degrés circulaires, soutenait le trône, posé sur un socle formant marchepied. Ce trône avait servi dans une circonstance solennelle : le sacre de Napoléon Ier. Sur
le fond des draperies, au milieu d'une couronne
de chêne et de laurier, apparaissait, brodé en
or, l'écusson impérial, accompagné de la main
de justice, du sceptre de Charlemagne, des insignes de la Légion d'honneur, et surmonté
d'un casque et d'une couronne.

L'Empereur traversa, après la salle du Trône, le salon d'Apollon, ainsi nommé parce que le panneau du fond représentait Apollon entouré des neuf Muses, puis entra dans le salon blanc (désigné plus tard sous le nom de salon du Premier Consul), où l'attendaient les personnes de sa famille, les officiers de sa maison, le corps diplomatique, les ministres et les grands dignitaires. Les peintures, les rehaussés d'or, les camaïeux de Nicolas Loyr venaient d'être restaurés, et quatorze meubles de Boule, supportant des objets d'art du plus grand prix, garnissaient les entre-croisées. C'est dans le salon d'Apollon que les présentations se faisaient et que se formait le cortège du souverain. Un décret rendu le 10 janvier venait de régler le rang des princes et princesses, parents et parentes de l'Empereur, mais ne faisant point partie de la famille impériale ; le décret décidait que ces princes et princesses prendraient le pas immédiatement après le corps diplomatique réuni en corps, et après les ambassadeurs, quand le corps diplomatique ne serait pas réuni. Un grand nombre d'étrangers de dictinction furent présentés par les ambassadeurs et les chefs de mission. Puis, à neuf heures et demie, un huissier cria : l'Empereur ! et Napoléon III fit son entrée dans la salle des Maréchaux, tandis que l'orchestre entonnait l'air composé par la reine Hortense : *Partant pour la Syrie*. L'Empereur portait l'uniforme de général de division, avec la culotte courte en casimir blanc, les bas de soie, et les souliers à boucle. Le frac des chambellans était écarlate, celui des écuyers vert, des préfets du palais amarante, des maîtres de cérémonies violet, avec ornements d'or, celui des officiers d'ordonnance bleu clair, brodé d'argent avec des aiguillettes. Plusieurs rangées de gradins pour les femmes entouraient la salle des Maréchaux. Au milieu, sur une estrade peu élevée, il y avait un grand fauteuil pour l'Empereur. Les chambellans formèrent et maintinrent le cercle réservé à la danse, et le bal commença par un quadrille d'honneur : Napoléon III le dansa avec l'ambassadrice d'Angleterre, lady Cowley. Il dansa un autre quadrille avec Mademoiselle de Montijo, dont la beauté resplendissante et l'extrême élégance excitaient une admiration générale. De toutes les femmes présentes à la fête, c'était assurément la plus belle, mais on ne se doutait pas qu'avant la fin du mois elle régnerait en souveraine dans ce palais où elle n'était encore qu'une invitée.

Ce ne fut pas à Mademoiselle de Montijo, ce fut à l'ambassadrice d'Angleterre que l'Empereur donna le bras pour se rendre au souper servi dans la salle de spectacle du château, et où prirent place quatre cents dames. Cette salle, adossée au pavillon de Marsan, dans le corps de bâtiment qui est actuellement rasé, occupait toute la largeur et toute la hauteur du palais. Construite sur une partie de l'emplacement de l'ancienne salle des machines et du local qui fut celui de la Convention, elle présentait, par ses proportions grandioses et la richesse de sa décoration, un aspect féérique. Remplie de fleurs, inondée de lumières, c'était un cadre digne de faire ressortir une beauté comme celle de Mademoiselle de Montijo.

Tout rayonnait dans ce premier bal du second Empire : le prestige d'un gouvernement jeune, le retour à l'élégance et aux pompes monarchiques, les toilettes éblouissantes, les uniformes neufs tout chamarrés d'or et d'argent. Il y avait aux Tuileries comme une apothéose. Nul ne songeait sans doute aux souvenirs lugubres, inséparables de ce séjour funeste. Pensait-on ce soir-là, que, dans le salon d'Apollon, Louis XVI avait été coiffé du bonnet rouge ? Qui donc songeait au 20 juin et au 10 août 1792, au comité de salut public, siégeant dans le pavillon de Flore, aux séances tumultueuses et sinistres de la Convention, à l'envahissement du château par la populace en 1830 et en 1848, au trône de Louis-Philippe brisé en morceaux puis livré aux flammes ? On oubliait le passé, et personne ne redoutait l'avenir. De quelle stupéfaction n'aurait-on pas été frappé, si un prophète de malheur était venu prédire le sort réservé à cette salle de spectacle si brillante, si radieuse, où l'on soupait avec tant de plaisir et d'entrain. Et Mademoiselle de Montijo, comme elle aurait frémi, si elle avait pu pressentir l'état dans lequel, en 1870, au commencement de la guerre fatale, elle retrouverait cette même salle du souper ! Alors elle y installerait une ambulance. Au lieu du décor d'opéra, des feuillages, des fleurs, de la riche vaisselle, des éblouissantes lumières, de la foule des courtisans, l'aspect et l'atmosphère d'un hôpital, les médecins, les chirurgiens, les blessés, les mourants. Au lieu des joyeux accords d'un orchestre, les cris de douleur, le râle de l'agonie. Au lieu des femmes couvertes de pierreries, les sœurs de charité avec leur cornette blanche ! Pendant le bal du 12 janvier 1853, tandis que tous les candélabres, tous les lustres des Tuileries répandaient de si vives clartés, qui aurait pu entrevoir, dans l'avenir, des lueurs plus éclatantes encore : l'incendie de 1871 ? Mais écartons les funestes présages et revenons à l'époque où le jeune Empire, plein d'espoir et de confiance en lui-même, s'imaginait avoir fait un pacte avec le bonheur.

XLIV

L'ANNONCE DU MARIAGE

On ne commença à parler du mariage de 'Empereur qu'après le bal des Tuileries. Mme la marquise de Contades (actuellement comtesse de Beaulaincourt) écrivait à son père le maréchal de Castellane, à la date du 16 janvier 1853 : « Vous devez entendre, même de loin, l'écho des bruits de Paris, où il n'est question que du mariage de l'Empereur et de Mademoiselle de Montijo. Eh! bien, entre nous, cela pourrait arriver. L'Empereur a pris pour elle une très vive passion, et il me paraît prendre la chose tout à fait au sérieux. Quant à elle, elle se conduit avec réserve et dignité. Au point de vue politique, ce mariage offre des inconvénients au premier aspect; mais s'il ne se fait pas, il est plus que probable que l'Empereur ne se mariera pas du tout, attendu que sa répugnance pour se marier jusqu'à cette heure n'a été que trop prouvée, et que de vieilles *chaînes anglaises*, qui sont encore bien près de lui, et qui font la terreur de ceux qui l'aiment, pourraient le retenir. » La marquise de Contades ajoutait parlant de Mademoiselle de Montijo : « Cette jeune fille est jolie, bonne et spirituelle ; avec cela, je lui crois beaucoup d'énergie et de noblesse d'âme. Je l'ai beaucoup vue en ces derniers temps et n'ai observé que de bonnes choses en elle. »

Au même moment, l'autre fille du maréchal de Castellane, la comtesse de Hatzfeld, femme du ministre de Prusse à Paris, écrivait à son père : « On parle, dans la ville, du mariage de l'Empereur avec Mademoiselle de Montijo ; cette nouvelle a besoin de confirmation. Si cela est, il aura, du moins, une belle femme ; c'est quelque chose pour lui. C'est de l'avancement au choix. »

Le maréchal, qui commandait alors l'armée de Lyon, répondait : « Pour mon compte, je m'en réjouis. Je ne me doutais guère, lorsque madame sa mère me l'amena à Perpignan, le 29 juillet 1834, la tenant par la main, elle et sa sœur, car elle avait avec elle deux petites filles et un petit garçon nommé Paco, qu'elle serait un jour impératrice des Français. Je donnai alors à la comtesse de Montijo, qui fuyait d'Espagne, des lettres de recommandation pour nos parents de Toulouse. Je la retrouve dans mes notes d'alors comme ayant trente à trente-cinq ans, grande, encore bien, ayant un esprit remarquable. Lorsque je revis Mme de Montijo en 1849, avec sa fille Eugénie, elle fut très aimable pour moi. L'Empereur aura dans Mademoiselle de Montijo une femme très belle, très spirituelle, et je crois, fort bonne. Mme de Montijo aura fait un beau rêve. »

Les rumeurs relatives aux fiançailles de l'Empereur rencontraient encore beaucoup d'incrédules, quand on lut dans le *Moniteur* du 19 janvier 1853 les lignes suivantes : « Le bureau du Sénat, le bureau du Corps Législatif et MM. les membres du Conseil d'Etat se réuniront samedi aux Tuileries, afin d'y recevoir de l'Empereur une communication relative à son mariage. MM. les membres du Sénat et du Corps Législatif pourront se joindre à leurs collègues. » Dès lors, tout Paris sut que Napoléon III était fiancé à Mademoiselle Eugénie de Montijo, comtesse de Teba. La nouvelle produisit de la surprise, mais en général les gens de cœur l'accueillirent avec sympathie et apprécièrent les sentiments nobles et chevaleresques qui avaient inspiré à l'Empereur sa résolution. S'il y eut des critiques, elles vinrent de quelques hommes d'Etat qui auraient désiré pour Napoléon III une princesse de sang royal ou impérial. Elles venaient surtout d'un petit groupe de femmes coquettes et ambitieuses, qui, déjà très jalouses de l'éclatante beauté de Mademoiselle de Montijo, ne la voyaient pas sans dépit s'élever au rang suprême. Mais ces murmures furent étouffés par la grande voix des masses toujours émues par les pensées qui viennent du cœur, et le discours prononcé par Napoléon III toucha la fibre populaire. Ce discours, à la fois raisonnable et sentimental, plein d'idées familiales et d'aspirations romanesques, séduisit la nation française et eut, dans le monde entier, un retentissement immense.

Le samedi 22 janvier, à midi, les trois grands corps constitués étaient réunis aux Tuileries dans la salle du Trône, pour entendre la communication que le souverain allait leur faire. L'Empereur debout, en avant du trône, ayant à sa droite le roi Jérôme, à sa gauche le prince Napoléon, lut le discours suivant, d'une voix accentuée et vibrante :

« Messieurs,

« Je me rends au vœu si souvent manifesté par le pays, en venant vous annoncer mon mariage.

« L'union que je contracte n'est pas d'accord avec les traditions de l'ancienne politique; c'est là son avantage. (*Sensation.*)

« La France, par ses révolutions successives, s'est toujours brusquement séparée du reste de l'Europe; tout gouvernement sensé doit chercher à la faire rentrer dans le giron des vieilles monarchies; mais ce résultat sera bien plus sûrement atteint par une politique droite et franche, par la loyauté des transactions, que par des alliances royales, qui créent de fausses sécurités, et substituent souvent l'intérêt de famille à l'intérêt national. D'ailleurs, les exemples du passé ont laissé dans l'esprit du peuple des croyances superstitieuses; il n'a pas oublié que depuis soixante-dix ans, les princesses étrangères n'ont monté les degrés du trône que pour voir leur race dispersée et proscrite par la guerre ou par la révolution. (*Sensation profonde*). Une seule femme a semblé porter bonheur et vivre plus que les autres dans le souvenir du peuple, et cette femme, épouse modeste et bonne du général Bonaparte, n'était pas issue d'un sang royal. » Cet hommage rendu par le souverain à la mémoire de sa grand'mère, l'impératrice Joséphine, fut accueillie par des applaudissements et des cris de Vive l'Empereur.

« Il faut cependant le reconnaître, ajouta Napoléon III, en 1810, le mariage de Napoléon Ier avec Marie-Louise fut un grand événement: c'était un gage pour l'avenir, une véritable satisfaction pour l'orgueil national, puisqu'on voyait l'antique et illustre maison d'Autriche, qui nous avait si longtemps fait la guerre, briguer l'alliance du chef élu d'un nouvel empire. » Il y avait beaucoup de tact dans cette allusion à l'impératrice Marie-Louise. Peut-être celle que l'Empereur fit ensuite à la princesse Hélène de Mecklembourg-Schwerin, veuve du duc d'Orléans, fut-elle moins opportune. « Sous le dernier règne, au contraire, l'amour-propre du pays n'a-t-il pas eu à souffrir lorsque l'héritier de la couronne sollicitait infructueusement, pendant plusieurs années, l'alliance d'une maison souveraine, et obtenait enfin une princesse accomplie sans doute, mais seulement dans des rangs secondaires et dans une autre religion. » Beaucoup de personnes pensèrent que Napoléon III aurait mieux fait de ne point parler d'une princesse malheureuse qui était encore vivante, et souffrait d'un injuste exil.

En revanche, le passage suivant fut accueilli avec enthousiasme : « Quand, en face de la vieille Europe, on est porté par la force d'un nouveau principe à la hauteur des anciennes dynasties, ce n'est pas en vieillissant son blason et en cherchant à s'introduire à tout prix dans la famille des rois qu'on se fait accepter. C'est bien plutôt en se souvenant toujours de son origine, en conservant son caractère propre, et en prenant franchement vis-à-vis de l'Europe la position de parvenu, titre glorieux, lorsqu'on parvient par le libre suffrage d'un grand peuple. (*Applaudissements unanimes.*)

« Ainsi, obligé de s'écarter des précédents suivis jusqu'à ce jour, mon mariage n'était plus qu'une affaire privée. Il restait seulement le choix de la personne. »

Ici l'Empereur exprima avec émotion toute sa tendresse pour sa fiancée : « Celle qui est devenue l'objet de ma préférence est d'une naissance élevée. Française par le cœur, par l'éducation, par le souvenir du sang que versa son père pour la cause de l'Empire, elle a, comme Espagnole, l'avantage de ne pas avoir en France de famille à laquelle il faille donner honneurs et dignités. Douée de toutes les qualités de l'âme, elle sera l'ornement du trône, comme au jour du danger, elle deviendrait un de ses courageux appuis. Catholique et pieuse, elle adressera au ciel les mêmes prières que moi pour le bonheur de la France ; gracieuse et bonne, elle fera revivre, dans la même position, j'en ai le ferme espoir, les vertus de l'impératrice Joséphine. »

Heureusement pour Napoléon III, l'impératrice Eugénie fut beaucoup plus vertueuse que Joséphine. On excusa un petit-fils de louer peut-être avec exagération une grand'mère qui, malgré d'excellentes qualités, n'avait pas eu toutes les « vertus », et la phrase sur la première femme de Napoléon Ier fut saluée par des applaudissements.

L'Empereur termina son discours par ces paroles vraiment éloquentes : « Je viens donc, Messieurs, dire à la France : J'ai préféré une femme que j'aime et que je respecte à une femme inconnue dont l'alliance eût eu des avantages mêlés de sacrifices. Sans témoigner de dédain pour personne, je cède à mon penchant, mais après avoir consulté ma raison et mes convictions. Enfin, en plaçant l'indépendance, les qualités du cœur, le bonheur de famille au-dessus des préjugés dynastiques, je ne serai pas moins fort, puisque je serai plus libre. Bientôt, en me rendant à Notre-Dame, je présenterai l'Impératrice au peuple et à l'armée; la confiance qu'ils ont en moi assure leur sympathie à celle que j'ai choisie, et vous, Messieurs, en apprenant à la connaître, vous serez convaincus que cette fois encore j'ai été inspiré par la Providence. »

Il est rare que des paroles partant du cœur ne touchent pas un auditoire. Quand l'Empereur eut terminé son discours, des acclamations unanimes et sincères retentirent.

Pendant quelques jours le prochain mariage du souverain fut à Paris le sujet de tous les entretiens. Dans la *Revue des Deux Mondes*, M. de Mazade résuma très bien l'impression générale par ces lignes : « Il y a des événements qui, aussitôt qu'ils se produisent, ont le singulier privilège d'éclipser tous les autres et de faire diversion dans les préoccupations politiques, tout en se rattachant au cours général des choses. On en parle, on les commente. Il deviennent pour quelques jours l'inépuisable aliment des conversations. Cela s'explique sans doute par l'importance qu'ils ont, et aussi parce qu'ils s'adressent par quelque côté à l'imagination, — l'imagination qui a joué un si grand rôle dans notre histoire... Le mariage de l'Empereur est à coup sûr un de ces événements. Il y a peu de jours encore il n'en était nullement question. L'Empereur a agi comme il procède souvent, surprenant ceux qui devaient ou pouvaient être le plus prévenus, les déconcertant peut-être autant par la rapidité de ses résolutions que par le secret de ses délibérations intimes, et élevant tout à coup par le fait de sa situation un acte privé de sa volonté à la hauteur d'un événement politique. Une voie nouvelle s'ouvre pour la brillante Espagnole, en ce moment associée à l'Empire, et cette voie nouvelle n'est-elle pas ouverte pour la société française tout entière ? »

Aussitôt que l'Empereur eut annoncé aux grands corps de l'Etat ses fiançailles, Mme de Montijo et sa fille quittaient leur logement de la place Vendôme et s'installèrent pour quelques jours au palais de l'Elysée, où elles devaient demeurer jusqu'au dimanche 30 janvier, date fixée pour la célébration du mariage religieux à Notre-Dame. L'Empereur fit jusque-là des visites quotidiennes à l'Elysée, où il venait faire sa cour à sa fiancée et lui apporter des bouquets. Les souvenirs historiques se rattachant à ce charmant palais n'étaient pas tous de bon augure. C'est de l'Elysée que Napoléon partit pour Waterloo, c'est à l'Elysée qu'il revint pour signer, au milieu des plus cruelles angoisses, sa seconde abdication. C'est de l'Elysée que, le 13 février 1820, le duc de Berry sortit pour tomber, au seuil de l'Opéra, sous le coup de poignard d'un assassin. Mais on ne songeait plus à ces pages sinistres de l'histoire, Mademoiselle de Montijo se rappelait surtout que depuis 1848, le palais de l'Elysée avait porté bonheur à son fiancé, que c'est là qu'il s'était installé, après son élévation à la présidence de la République, et que c'est là que, surmontant les plus grandes difficultés, il avait préparé l'Empire.

On lisait dans le *Moniteur*, à la date du 27 janvier : « Ce matin, à dix heures, Mgr l'évêque de Nancy, premier aumônier de l'Empereur, a célébré la messe dans la chapelle de l'Elysée, en présence de Sa Majesté et de Son Excellence la comtesse de Teba (c'est le nom officiel que porta Mademoiselle de Montijo, depuis l'annonce de ses fiançailles jusqu'à la célébration de son mariage). Sa Majesté et Son Excellence la comtesse de Teba ont reçu la sainte communion de la main de Sa Grandeur. »

Napoléon III, malgré ses écarts de jeunesse, avait toujours eu du respect pour la religion et croyait aux vérités chrétiennes. Comme tous les hommes qui font un mariage d'inclination, il était sincère en promettant à Dieu et en se promettant à lui-même d'être toujours fidèle à la compagne que son cœur avait choisie. Il voulait être un aussi bon époux qu'il avait été un bon fils. Ayant la conviction que le plus grand bonheur de la vie est l'amour légitime partagé, il remerciait le Ciel de voir sa fiancée l'aimer et le comprendre. Jamais à aucune époque de son existence, il ne s'était senti aussi heureux. De son côté, Mademoiselle de Montijo, touchée par l'affection qu'elle inspirait, s'associait, du plus profond de son âme, à tous les sentiments et à toutes les espérances de l'Empereur. Très dévouée à l'Eglise catholique, elle souhaitait, avant tout, que son époux méritât le nom de « Majesté Très Chrétienne ».

A la veille de monter sur le trône, la fiancée eut une inspiration charitable dont les Parisiens lui surent gré. Le 28 janvier, à l'ouverture de la séance du conseil municipal, à l'Hôtel de Ville, le préfet de la Seine donna lecture d'une lettre que Mademoiselle de Montijo lui avait adressée, aussitôt qu'elle avait appris que, d'après une décision du conseil, une parure de diamants devait lui être offerte. Cette lettre était ainsi conçue : « Monsieur le Préfet, je suis bien touchée d'apprendre la généreuse décision du conseil municipal de Paris, qui manifeste ainsi son adhésion sympathique à l'union que l'Empereur contracte. J'éprouve néanmoins un sentiment pénible en pensant que le premier acte public qui s'attache à mon nom, au moment du mariage, soit une dépense considérable pour la ville de Paris. Permettez-moi donc de ne point accepter votre don, quelque flatteur qu'il soit pour moi ; vous me rendrez plus heureuse en employant en charités la somme que vous avez fixée pour l'achat de la parure que le conseil municipal voulait m'offrir. Je désire que mon mariage ne soit l'occasion d'aucune charge nouvelle pour le pays auquel j'appartiens désormais, et la seule chose que j'ambitionne, c'est de partager avec l'Empereur l'amour et l'estime du peuple français. Je vous prie, Monsieur le Préfet, d'exprimer à votre conseil toute ma reconnaissance et de recevoir pour vous l'assurance de mes sentiments distingués. Eugénie, comtesse de Teba. Palais de l'Elysée, le 26 janvier 1853. »

Emu par cette lettre si noble et si simple, le conseil municipal décida à l'unanimité que, pour se conformer aux intentions de la future souveraine, la somme de six cent mille francs qu'il avait destinée à l'achat d'une parure pour elle serait employée à la fondation d'un établissement où des jeunes filles pauvres recevraient une éducation professionnelle, et d'où elles ne sortiraient que pour être convenablement placées. Cet établissement porterait le nom de l'Impératrice, et serait mis sous sa protection.

XLV

LE MARIAGE CIVIL

Le mariage civil fut célébré aux Tuileries, le samedi 29 janvier 1853. A huit heures du soir, le duc de Cambacérès, grand maître des cérémonies, se rendit, avec deux voitures de cour escortées, au palais de l'Elysée, pour y chercher la fiancée de l'Empereur, et la conduisit aux Tuileries. La première voiture fut occupée par deux dames du palais et par le maître des cérémonies ; la seconde reçut Mademoiselle de Montijo, sa mère, le marquis de Valdegamas, ministre d'Espagne à Paris, et le duc de Cambacérès. Le cortège entra au château par la grille du pavillon de Flore. Le duc de Bassano, grand chambellan, le maréchal de Saint-Arnaud, grand écuyer, le colonel Fleury, premier écuyer, deux chambellans et les officiers d'ordonnance de service attendaient, au bas de l'escalier, la fiancée impériale A l'entrée du premier salon, elle trouva le prince Napoléon et la princesse Mathilde, et l'on se rendit au salon de famille. Le premier chambellan annonça au souverain l'arrivée de sa fiancée. L'Empereur, ayant autour de lui son oncle le roi Jérôme, les membres de sa famille qu'il avait désignés : prince Lucien Bonaparte, prince Pierre Bonaparte, prince Lucien Murat, princesse Bacciochi Camerata, princesse Lucien Murat, les cardinaux, les maréchaux, les amiraux, les ministres secrétaires d'Etat, les grands officiers de la couronne, les officiers de sa maison civile et de sa maison militaire, les ambassadeurs et ministres plénipotentiaires français en congé, apparut, en uniforme de général de division, avec le collier de la Légion d'honneur qu'avait porté Napoléon Ier, et le collier de la Toison d'or ayant appartenu à l'empereur Charles-Quint. Il s'avança au-devant de la comtesse de Teba, et, à neuf heures, le cortège se dirigea vers la salle des Maréchaux où le mariage civil allait s'accomplir.

Au fond de la salle, splendidement éclairée, devant l'embrasure de la fenêtre donnant sur le jardin, deux fauteuils pareils avaient été placés sur une estrade, l'un, à droite pour l'Empereur, l'autre à gauche pour sa fiancée. Ils s'assirent sur les deux fauteuils. A droite, se placèrent le roi Jérôme et le prince Napoléon, à gauche la princesse Mathilde, la comtesse de Montijo, le ministre d'Espagne, le prince Lucien Bonaparte, le prince Pierre Bonaparte, le prince Lucien Murat, la princesse Bacciochi Camerata, la princesse Murat. Au bas de l'estrade, du côté gauche, était une table sur laquelle se trouvait placé le registre de l'état civil de la famille impériale, remontant au règne de Napoléon Ier. Le premier acte qui y figure, daté du 2 mars 1806, est l'adoption du prince Eugène comme fils de l'Empereur et vice-roi d'Italie. Le dernier acte, celui qui précède immédiatement l'acte de mariage de Napoléon III, est celui de la naissance du roi de Rome, portant la date du 20 mars 1811. M. Achille Fould, ministre d'Etat et de la Maison de l'Empereur, remplissant les fonctions d'officier de l'état civil, et assisté de M. Baroche, président du Conseil d'Etat, se tenait debout devant la table. La première banquette était réservée aux femmes des ministres et des grands officiers de la couronne, aux veuves des grands dignitaires du premier Empire et des maréchaux et amiraux de France. Au moment de l'arrivée de l'Empereur et de la future Impératrice, toutes les femmes s'étaient levées. Elles restèrent debout, comme toute l'assistance, jusqu'à la fin de la cérémonie. Le duc de Cambacérès ayant invité M. Achille Fould à se présenter devant le fauteuil de l'Empereur avec M. Baroche, les fiancés se levèrent, et les paroles suivantes furent échangées entre eux et le ministre d'Etat :

« Sire, Votre Majesté déclare-t-elle prendre en mariage Son Excellence Mademoiselle Eugénie de Montijo, comtesse de Teba, ici présente ?

« Je déclare prendre en mariage Son Excellence Mademoiselle Eugénie de Montijo, comtesse de Teba, ici présente.

« Mademoiselle Eugénie de Montijo, comtesse de Teba, Votre Excellence déclare-t-elle prendre en mariage Sa Majesté l'Empereur Napoléon III, ici présent ?

« Je déclare prendre en mariage Sa Majesté l'Empereur Napoléon III, ici présent. »

Le ministre d'Etat prononça ensuite le mariage dans ces termes : « Au nom de l'Empereur, de la Constitution et de la Loi, je déclare, que Sa Majesté Napoléon III, Empereur des Français par la grâce de Dieu et la volonté nationale, et Son Excellence Mademoiselle Eugénie de Montijo, comtesse de Teba, sont unis en mariage. »

Après que ces paroles eurent été prononcées, les maîtres et les aides des cérémonies apportèrent la table sur laquelle était le registre de l'état civil, et la placèrent devant les fauteuils de l'Empereur et de l'Impératrice. Puis on procéda à la signature de l'acte, dont le préambule était ainsi conçu : « Nous, Achille Fould, ministre d'Etat et de la Maison de l'Empereur, et Pierre-Jules Baroche, président du Conseil d'Etat, avertis par le grand maître des cérémonies, nous nous sommes rendus devant le Trône, à l'effet de procéder, en vertu de la lettre close ci-dessus transcrite, à la cérémonie du mariage entre Sa Majesté l'Empereur Napoléon III, né à Paris, le 20 avril 1808, et Son Excellence Marie-Eugénie Guzman y Palafox Fernandez de Cordova, Leyva y la Cerda, comtesse de Teba, de Banos, de Mora, de Santa-Cruz, de la Sierra, marquise de Moya de Ardales de Osera, vicomtesse de la Calzada, etc., grande d'Espagne de première classe, née à Grenade, le 5 mai 1826, fille de Son Excellence Cypriano Porto-Carrero y Palafox, comte de Montijo, duc de Penaranda, marquis de Valderravano, vicomte de Palacias de la Valduerna, baron de Quinto, etc., grand maréchal de Castille, grand d'Espagne de première classe, chevalier de l'ordre de Saint-Jean de Jérusalem et de la Légion d'honneur, décédé à Madrid, le 15 mars 1839, et de la comtesse de Montijo et de Miranda, duchesse de Penaranda, grande d'Espagne de première classe, grande maîtresse honoraire de S. M. la Reine des Espagnes, dame de l'ordre royal des dames nobles de Marie-Louise et dame de la Société d'honneur et de Mérite, Son Excellence Eugénie Guzman, comtesse de Teba, étant autorisée par Son Excellence la comtesse de Montijo, sa mère, et assistée de Son Excellence le marquis de Valdegamas, envoyé extraordinaire et ministre plénipotentiaire de Sa Majesté Isabelle II, reine des Espagnes. »

Sur l'invitation du grand maître des cérémonies, le président du Conseil d'Etat présenta la plume à l'Empereur, puis à l'Impératrice. Leurs Majestés signèrent assises, et sans quitter leur place. La comtesse de Montijo, les princes et princesses, le ministre d'Espagne, reçurent ensuite la plume des mains du président du Conseil d'Etat, s'approchèrent de la table, et signèrent suivant leur rang. Puis les autres personnes désignées par l'Empereur apposèrent leurs signatures, et, l'acte étant terminé, le duc de Cambacérès annonça à Leurs Majestés la fin de la cérémonie. Les assistants, auxquels se joignirent un grand nombre d'invités, se rendirent alors dans la salle de spectacle du château. Quelques instants après, Leurs Majestés, accompagnées des princes et princesses, des ministres, des ambassadeurs étrangers et des grands officiers de la couronne, faisaient leur entrée dans cette salle, où, en leur présence, on chanta une cantate dont Auber avait composé la musique.

L'Impératrice fut ensuite reconduite à l'Elysée, avec le même cérémonial que pour son arrivée aux Tuileries. Désormais, elle allait être traitée en souveraine. Le *Moniteur* du 26 janvier avait déjà fait connaître la formation de sa maison, qui était ainsi composée : grande maîtresse, la princesse d'Essling ; dame d'honneur, la duchesse de Bassano ; dames du palais, la comtesse Gustave de Montebello, Mme Feray, la vicomtesse de Lezay-Marnesia, la baronne de Pierres, la baronne de Malaret et la marquise de Las Marismas ; grand maître, le général comte Tascher de la Pagerie ; premier chambellan, le comte Charles Tascher de la Pagerie ; chambellan, le vicomte de Lezay-Marnesia ; écuyer, le baron de Pierres.

Le mariage religieux, qui devait être célébré à Notre-Dame le lendemain du mariage civil, allait être une de ces solennités dont le monde entier s'occupe. Depuis que les fiançailles de l'Empereur avaient été connues, tous les journaux de l'Europe étaient pleins de commentaires sur la résolution qu'il avait prise.

Nous mentionnerons quelques extraits de journaux publiés dans deux pays à l'opinion desquels Napoléon III attachait une importance particulière, l'Angleterre et l'Espagne.

Le *Standard* : « L'Empereur Napoléon s'est enfin décidé à se marier. Sa Majesté, ayant actuellement l'âge de maturité de quarante-cinq ans, personne ne peut dire que son mariage soit brusqué, et sa fiancée étant jeune, belle, aimable, et d'une réputation sans tache, on ne peut qualifier d'imprudence une telle union... Nous regardons la conduite de l'Empereur des Français comme bonne à imiter. Nous croyons qu'en prenant une femme qu'il aime pour elle-même il a obtenu des garanties de bonheur, et que c'est là le meilleur exemple qu'il puisse donner au peuple dont il a été choisi pour chef. »

Le *Morning Post* : « Napoléon est inspiré par l'amour, et presque pour la première fois depuis des temps moins civilisés nous voyons un potentat élever au trône une femme qui ne soit pas de race royale. Le roman l'a emporté sur la politique... Il y a là une teinte d'indépendance qui ne peut que plaire à la nation française. Pour nous, nous en sommes heureux. L'expérience a prouvé que jusqu'à présent Napoléon n'a obéi qu'à sa propre impulsion, et nous pensons qu'il persistera dans cette voie. Le mariage donnera à la nation de nouvelles espérances ; il créera un nouveau lien entre l'Empereur et son peuple ; il ajoutera une nouvelle considération à sa cour. »

Le *Globe* : « Nous pensons que le mariage de l'Empereur est envisagé par l'opinion publique en Angleterre plus favorablement qu'aucun événement de sa carrière. »

Le *Times* : « Nous parlerons de la future impératrice des Français avec toute la déférence qui lui est due, car il est impossible d'avoir remarqué les attraits de sa personne, la distinction de ses manières et la vivacité de son esprit (comme beaucoup d'entre nous l'ont pu faire lors de ses voyages en Angleterre), sans éprouver un intérêt plus qu'ordinaire pour son extraordinaire destinée... Elle combine, par sa naissance, l'énergie des races espagnole et écossaise, et, si l'opinion que nous avons d'elle est exacte, elle est faite non seulement pour orner le trône, mais pour le défendre au jour du danger. »

Le *Morning Herald* : « Napoléon III a fait appel aux cœurs honnêtes et à la conscience universelle. Son peuple ne s'éloignera pas de lui parce qu'il verra à ses côtés une belle, gracieuse et courageuse Impératrice, qu'il épouse par des raisons que tous les hommes respectent au fond du cœur. »

On retrouvait cette même note dans la plupart des feuilles européennes. L'imagination du public était frappée, et, comme Napoléon Ier l'a dit : « C'est l'imagination qui gouverne le monde. »

Les journaux espagnols témoignèrent une satisfaction mêlée d'un sentiment de patriotisme. On lisait dans le *Heraldo* de Madrid, du 25 janvier : « Le courrier de France nous apporte une très importante nouvelle... Celle qui va ceindre la couronne de l'Impératrice est une des femmes les plus distinguées de la haute société madrilène : la comtesse de Teba, fille de la comtesse de Montijo et sœur de la duchesse d'Albe ; elle est aussi remarquable par sa beauté que son esprit, et elle est connue de tout Madrid depuis son enfance. »

Le journal *la Espana*, du 26 janvier, s'exprimait ainsi : « C'est une Espagnole qui va donner au trône d'une grande nation l'éclat de sa grâce. La comtesse de Teba, qui nous charmait par son affabilité, qui était l'ornement de nos réunions, va revêtir la pourpre des Césars, et partager la haute destinée de celui qui est à la fois l'héritier de l'homme du siècle et le vainqueur de l'anarchie. C'est notre sympathique compatriote qui est choisie pour régner sur les sommités sociales d'un grand peuple. C'est la vive et spirituelle Espagnole qui va présider au développement des sciences, des arts, de l'industrie, de la civilisation en France. Nous portons envie en ce moment aux Espagnols résidant à Paris; nous ne doutons pas qu'à la vue de notre belle compatriote, au milieu des pompes solennelles de l'auguste cérémonie, ils ne soient fiers, la trouvant digne de la majesté du trône... L'éclat d'une couronne, quelque splendide qu'elle soi, n'éclipsera pas l'éclat des yeux de Marie-Eugénie, et la fortune qui la comble de ses dons n'altérera pas la noble sérénité de son cœur. Pour la gloire de notre patrie, nous exprimons le vœu et nous avons la ferme confiance que l'ancienne perle de l'aristocratie castillane sera la meilleure des Françaises. »

Toutes les nations envoyaient à la nouvelle Impératrice l'hommage de leur admiration et de leur sympathie. Jamais femme, depuis bien des années, n'avait attiré à un si haut degré l'attention générale, et jamais la beauté n'avait remporté un pareil triomphe.

XLVI

LE MARIAGE A NOTRE-DAME

Le dimanche 30 janvier 1853, tout Paris est en fête. Un ciel pur, une température de printemps favorisent la solennité qui se prépare. Une population innombrable se porte sur tous les points où passera le cortège impérial : le Carrousel, la cour du Louvre, la rue des Fossés-Saint-Germain-l'Auxerrois, la rue de Rivoli, la place de l'Hôtel-de-Ville, le quai de Gesvres, le pont Notre-Dame, le quai Napoléon, la rue d'Arcole, le parvis de la cathédrale. Dans la cour des Tuileries sont rangés en bataille deux escadrons des guides. Sur la place du Carrousel apparaissent, en colonnes serrées, une brigade de cuirassiers, une brigade de carabiniers, un escadron de la gendarmerie de la Seine. La garde nationale et l'armée forment une double haie depuis le palais des Tuileries jusqu'à Notre-Dame. Les corporations ouvrières de Paris et de la banlieue, les députations de jeunes filles vêtues de blanc, les vieux soldats du premier Empire, sont déjà groupés sur le chemin que le cortège doit parcourir. La place du Louvre, la rue de Rivoli, l'Hôtel de Ville, les quais sont ornés de mâts, de banderoles, de panoplies, d'écussons au chiffre de l'Empereur et de l'Impératrice.

Il est onze heures et demie. Deux voitures de la cour, escortées d'un piquet de cavalerie, vont chercher la mariée pour la conduire de l'Elysée aux Tuileries. Dans l'une sont la princesse d'Essling, grande maîtresse de sa maison, la duchesse de Bassano, sa dame d'honneur, le comte Charles Tascher de la Pagerie, son premier chambellan; dans l'autre l'Impératrice, la comtesse de Montijo, le général comte Tascher de la Pagerie, grand maître de la maison de Sa Majesté. Son écuyer, le baron de Pierres, se tient à cheval, à la portière de la voiture.

A midi, le canon des Invalides fait entendre ses salves joyeuses, les clairons sonnent, les tambours battent aux champs. C'est le moment où la souveraine arrive au palais des Tuileries par la grille du pavillon de Flore. Elle descend de voiture devant le pavillon de l'Horloge, au seuil duquel elle trouve le grand chambellan, le grand écuyer, le premier écuyer, quatre chambellans et les officiers d'ordonnance de service. Le prince Napoléon et la princesse Mathilde l'attendent au bas du grand escalier. Elle en gravit les marches, et traverse la galerie de la Paix, la salle des Maréchaux, le salon blanc, le salon d'Apollon, la salle du Trône. Accompagné du roi Jérôme, des ministres, des maréchaux et amiraux, du grand maréchal du palais, du grand veneur, Napoléon III s'avance au-devant de l'Impératrice, hors du salon de l'Empereur, la conduit dans ce salon, et, lui donnant la main, paraît au balcon avec elle. Tous deux sont accueillis par une immense acclamation.

Les voitures viennent de se ranger devant le pavillon de l'Horloge. Voilà le cortège qui se met en marche. Il est précédé par la musique du 7e lanciers, l'état-major de la garde nationale, la garde nationale à cheval, un escadron du 7e lanciers, l'état-major de l'armée de Paris et de la 1re division militaire, l'état-major de la place de Paris, un peloton monté de l'Ecole d'état-major, le 7e lanciers, la musique du 12e dragons. Voici d'abord les voitures à deux chevaux : celles de la maison de la princesse Mathilde, des dames du palais de l'Impératrice, de son premier chambellan, d'officiers de la maison civile de l'Empereur, des ministres secrétaires d'Etat. Voilà ensuite trois voitures à six chevaux : celle où se trouvent le grand maréchal du palais, le grand chambellan, le grand maître des cérémonies, le grand maître de la maison de l'Impératrice et la dame d'honneur; celle de la princesse Mathilde et de la comtesse de Montijo; celle du roi Jérôme et du prince Napoléon (c'est le carrosse qui, en 1811, servit pour le baptême du roi de Rome).

Voici maintenant, précédée par un escadron des guides et par les officiers généraux non pourvus de commandement, tous à cheval, en pantalon blanc et bottes à l'écuyère, la voiture à huit chevaux, celle de l'Empereur et de l'Impératrice. C'est le magnifique carrosse tout resplendissant d'or, surmonté d'une couronne impériale, celui qui, le 2 décembre 1804, conduisit Napoléon et Joséphine à Notre-Dame pour la cérémonie du sacre. Le maréchal de France grand écuyer et le général commandant supérieur de la garde nationale de Paris sont à cheval, à la portière de droite; le maréchal de France, grand veneur, à la portière de gauche. Les aides de camp de l'Empereur, les écuyers, les officiers d'ordonnance escortent la voiture, les aides de camp à la hauteur des chevaux, les écuyers à la hauteur des roues de derrière, les officiers d'ordonnance à la suite.

Le cortège venait de se mettre en marche, quand se produisit un incident qui pouvait être considéré comme un fâcheux présage. Le général Fleury le raconte ainsi dans ses Mémoires: « Au moment où la voiture qui portait Leurs

Majestés sortait de la voûte des Tuileries, la couronne impériale qui la surmontait se détacha et tomba à terre. Il fallut la replacer au plus vite et suspendre la marche. Ce ne fut pas sans causer une certaine émotion. Un vieux serviteur du premier Empire signala cette particularité que pareil fait s'était produit exactement dans les mêmes conditions lors du mariage de Napoléon Ier et de Marie-Louise. C'était la même voiture, surmontée de la même couronne impériale, et c'était le même accident. Napoléon III s'informa du motif du temps d'arrêt. Lorsque je lui en donnai l'explication, sa figure immobile ne trahit comme d'habitude aucune impression. Mais dans une autre circonstance il ne manqua pas, lui qui savait l'histoire de l'Empire comme s'il l'eût vécue, de me raconter ce qui s'était passé lors du mariage de Napoléon Ier. »

Revenons à la cérémonie du 30 janvier 1853. Après la voiture impériale s'avançaient un escadron des guides, le 6e et le 7e cuirassiers, le 1er et le 2e carabiniers, un escadron de la gendarmerie de la Seine et un escadron de la garde municipale.

Mêlé à la foule, dans la cour du Louvre, je vis passer le cortège. A travers les glaces du carrosse étincelant apparaissait l'Impératrice, comme un être idéal. Sa pâleur rehaussait son profil de camée. Je n'oublierai jamais l'impression que me produisit cette radieuse et douce image. Je ne sais quel pressentiment me disait que, comme toutes les femmes incomparablement belles, comme Cléopâtre, comme Marie Stuart, comme Marie-Antoinette, cette admirable souveraine était réservée à des catastrophes aussi exceptionnelles que sa fortune et sa beauté. Je demandais à Dieu de bénir l'Impératrice, d'écarter de ses lèvres le calice d'amertume, et de ne pas lui faire expier un jour des joies immenses par d'immenses douleurs.

L'éblouissante vision avait passé. Le cortège poursuivait sa route au milieu des acclamations. Il parcourait la rue de Rivoli, qui venait d'être achevée, et ressemblait à une voie triomphale. Les femmes agitaient leurs mouchoirs, et jetaient des bouquets; les soldats et les gardes nationaux élevaient leurs armes. Sur la place de l'Hôtel-de-Ville ce fut une ovation. A une heure, le bruit des tambours et les acclamations du peuple annoncèrent que le cortège venait d'arriver à Notre-Dame.

Devant le portail on avait élevé un porche gothique dont les panneaux représentaient des figures de saints et de rois de France. Sur les deux principaux pilastres apparaissaient les statues équestres de Charlemagne et de Napoléon. Neuf bannières vertes, semées d'abeilles, au chiffre de l'Empereur et de l'Impératrice, flottaient sur les grandes fenêtres et sur la rosace du milieu. Les drapeaux des quatre-vingt-six départements surmontaient la balustrade de la grande galerie. Quatre aigles et deux bannières tricolores planaient sur le sommet des tours. L'archevêque de Paris, précédé et suivi de son clergé, s'était dirigé processionnellement, la mitre en tête, la crosse en main, sous le portail. La grande porte s'ouvrit, et l'Empereur, donnant la main à l'Impératrice, fit son entrée dans la cathédrale, sous un dais de velours rouge doublé de satin blanc, tandis qu'un orchestre de cinq cents musiciens exécutait une marche nuptiale. En franchissant le seuil de l'antique basilique où tant de générations se sont agenouillées, l'Impératrice pâlit. L'éblouissante perspective de la cathédrale éclairée par quinze mille bougies, avec ses piliers tendus jusqu'aux chapiteaux en velours rouge bordé de palmes d'or, lui semblait une apparition mystique, surnaturelle. S'avançant comme dans un rêve céleste, avec sa longue robe à traîne en soie blanche, sa ceinture de diamants, son diadème, entouré de fleurs d'oranger, auquel se rattachait un voile de dentelles dont les plis l'enveloppaient comme d'un nuage, et tombaient jusqu'à terre, la douce et majestueuse souveraine ressentait une émotion qui se communiquait à tous les assistants. Il y avait dans son regard si pur quelque chose d'attendri et de craintif. Timide, et comme doutant d'elle-même, modeste et paraissant tout étonnée de son triomphe, elle semblait demander à l'envie et à la haine de l'épargner. Elle implorait l'affection de sa nouvelle patrie. C'était comme une auguste suppliante.

Au milieu du transept, deux sièges avaient été placés, l'un pour l'Empereur, l'autre pour l'Impératrice. Les armes impériales étaient brodées sur les dossiers des fauteuils, les prie-Dieu et les carreaux. Au-dessus de l'estrade s'élevait un dais magnifique, semé d'abeilles, et surmonté d'une aigle d'or aux ailes déployées. Au bas de l'estrade, à droite, on avait réservé des chaises pour le prince Jérôme, le prince Napoléon et la princesse Mathilde. Le prince Lucien Bonaparte, le prince Pierre Bonaparte, le prince Lucien Murat, la princesse Bacciochi Camerata, la princesse Lucien Murat et la comtesse de Montijo occupaient des pliants à gauche. Les ministres étaient placés à la droite du transept devant la tribune du Sénat. A gauche de l'autel se tenaient les cardinaux, les archevêques, les évêques, les membres du chapitre métropolitain. Les mariés s'assirent sur les deux fauteuils. La grande maîtresse de la maison de l'Impératrice, sa dame d'honneur et ses dames du palais prirent place sur une banquette derrière elle. Les grands officiers et les officiers de la maison de l'Empereur se tenaient debout, ainsi que le grand maître de la maison de la souveraine, son premier chambellan et son écuyer.

L'émotion de l'Impératrice allait toujours

croissant. Le général Tascher de la Pagerie, qui était derrière elle pendant toute la cérémonie, crut, à diverses reprises, qu'elle allait s'évanouir, et entendit l'Empereur qui s'efforçait de la réconforter par de douces paroles.

Averti par le duc de Cambacérès, l'archevêque de Paris salua Leurs Majestés, qui se rendirent au pied de l'autel, et s'y tinrent debout, se donnant la main. « Vous vous présentez ici, leur dit l'archevêque, pour contracter mariage en face de la sainte Eglise. » Ils répondirent : « Oui, Monsieur. » Le premier aumônier de l'Empereur présenta ensuite sur un plateau de vermeil les pièces d'or et l'anneau nuptial à l'archevêque qui les bénit, et les paroles suivantes furent échangées entre le prélat et les mariés :

« Sire, vous déclarez, reconnaissez devant Dieu et en face de sa sainte Eglise que vous prenez maintenant pour femme et légitime épouse Madame Eugénie de Montijo, comtesse de Teba, ici présente.

— Oui, Monsieur.

— Vous promettez de lui garder fidélité en toute chose, comme un fidèle époux le doit à son épouse.

— Oui, Monsieur.

— Madame, vous déclarez, reconnaissez et jurez devant Dieu et en face de la sainte Eglise que vous prenez maintenant pour votre mari et légitime époux l'Empereur Napoléon III, ici présent ?

— Oui, Monsieur.

— Vous promettez et jurez de lui garder fidélité en toute chose, comme une fidèle épouse le doit à son époux, selon le commandement de Dieu.

— Oui, Monsieur. »

L'archevêque présenta ensuite les pièces d'or et l'anneau à l'Empereur, qui d'abord remit les pièces à l'Impératrice, en lui disant : « Recevez le signe des conventions matrimoniales faites entre vous et moi, » puis, lui plaça l'anneau au doigt, et lui dit : « Je vous donne cet anneau en signe du mariage que nous contractons. »

Alors les époux s'agenouillèrent, et l'archevêque, en étendant la main sur eux, prononça la formule sacramentelle et la prière : *Deus Abraham, Deus Isaac*. Ils retournèrent ensuite à leurs fauteuils, et la messe commença : Le *Credo* chanté fut celui de la messe du sacre de Cherubini. Les cierges de l'offrande furent présentés à l'Empereur par le prince Napoléon, à l'Impératrice par la princesse Mathilde. Les musiciens exécutèrent le *Sanctus* de la messe d'Adolphe Adam, l'*O Salutaris* de la messe de Cherubini, et le *Domine salvum fac Imperatorem* instrumenté par Auber. La messe étant finie, on entonna le *Te Deum* de Lesueur. A ce moment, l'archevêque, accompagné du curé de

Saint-Germain-l'Auxerrois, paroisse des Tuileries, s'approcha des époux, et présenta à leurs signatures le registre où était inscrit l'acte du mariage religieux. Les témoins étaient pour l'Empereur : le prince Jérôme et le prince Napoléon ; pour l'Impératrice : le marquis de Valdegamas, ministre de Sa Majesté Catholique à Paris, le duc d'Ossuna et le marquis de Bedmar, grands d'Espagne, le comte de Galve et le général Alvarez Toledo.

La cérémonie religieuse était terminée. Les vieillards qui avaient assisté, depuis le commencement du siècle, aux grandes solennités de Notre-Dame, disaient que ni l'impératrice Joséphine, le jour du sacre, ni la duchesse de Berry, le jour de son mariage, n'avaient eu un éclat pareil à celui de l'impératrice Eugénie.

L'archevêque et son chapitre métropolitain reconduisirent les époux jusqu'au portail de la cathédrale, pendant que cinq cents musiciens exécutaient l'*Urbs Beata* de Lesueur. Le cortège se reforma sur le parvis Notre-Dame, et le retour aux Tuileries s'effectua au milieu de chaleureuses acclamations.

L'itinéraire suivi fut la rue d'Arcole, le quai Napoléon, le quai aux Fleurs, le pont au Change, les quais de la rive droite, la place de la Concorde, le jardin des Tuileries où les mariés trouvèrent des corporations d'ouvriers et des députations de jeunes filles en blanc, bannière en tête, qui leur offrirent des fleurs. Ils rentrèrent au château par le pavillon de l'Horloge. Puis ils firent en voiture le tour de la place du Carrousel, où étaient massées les troupes qui les accueillirent par d'unanimes vivats. Ils gravirent ensuite les degrés du grand escalier, se rendirent à la salle des Maréchaux et se montrèrent successivement aux deux balcons donnant l'un sur la cour, l'autre sur le jardin. Les personnes qui ont vu l'Impératrice saluer alors la foule n'oublieront pas ce qu'il y avait dans ce salut d'élégance et d'affabilité, de majesté et de grâce suprême. En jetant sur les flots de population un long regard d'une douceur exquise et pénétrante, en s'inclinant d'une manière à la fois si imposante et si modeste, la nouvelle souveraine semblait dire à l'armée et au peuple : « aimez-moi, et protégez-moi. » Ainsi se termina cette journée de triomphe et d'apothéose, dont l'impératrice Eugénie se souvint, à l'heure où elle quitta le château des Tuileries pour toujours.

FIN

TABLE DES MATIÈRES

		Pages
Introduction. .	. . . .	5
I.	L'enfance de Louis-Napoléon.	20
II.	La Première Restauration.	35
III.	Les Cent-Jours.	47
IV.	Les premières années d'exil.	59
V.	Rome.	72
VI.	La naissance de l'Impératrice.	80
VII.	1830.	89
VIII.	Le mouvement italien.	102
IX.	L'Insurrection de la Romagne.	110
X.	Ancône.	120
XI.	Le passage en France.	129
XII.	Arenenberg	142
XIII.	Strasbourg.	157
XIV.	L'enfance de l'Impératrice	170
XV.	L'« Andromède ».	178
XVI.	New-York.	188
XVII.	Quelques jours à Londres	198
XVIII.	La mort de la reine Hortense	207
XIX.	Une année en Suisse.	218
XIX *bis*.	Deux années en Angleterre.	234
XX.	Boulogne	246

XXI.	La Conciergerie.	258
XXII.	La Cour des pairs.	265
XXIII.	La forteresse de Ham.	273
XXIV.	Les lettres de Ham.	288
XXV.	Les écrits du prisonnier	303
XXVI.	La fin de la captivité	311
XXVII.	L'évasion.	323
XXVIII.	La mort du roi Louis.	333
XXIX.	Louis-Napoléon député.	345
XXX.	L'élection présidentielle.	354
XXXI.	L'Élysée.	371
XXXII.	Les préliminaires du coup d'Etat.	388
XXXIII.	Le coup d'État	402
XXXIV.	Le commencement de 1852	415
XXXV.	Le voyage dans le Midi.	425
XXXVI.	La rentrée à Paris	436
XXXVII.	Abd-el-Kader à Saint-Cloud.	443
XXXVIII.	Paris.	451
XXXIX.	Mademoiselle de Montijo.	461
XL.	Fontainebleau	474
XLI.	L'Empire.	483
XLII.	Compiègne	490
XLIII.	Les premiers jours de 1853.	506
XLIV.	L'annonce du mariage.	516
XLV.	Le mariage civil.	529
XLVI.	Le mariage à Notre-Dame.	539

IMP. CH. LÉPICE, 8-10, RUE DES CÔTES, MAISONS-LAFFITTE

LIBRAIRIE DE E. DENTU, ÉDITEUR

OUVRAGES DU MÊME AUTEUR

LES FEMMES DE VERSAILLES

I.	La Cour de Louis XIV	
II.	La Cour de Louis XV	
III.	Les dernières années de Louis XV	
IV.	Les beaux jours de Marie-Antoinette	
V.	La fin de l'Ancien Régime	

LES FEMMES DES TUILERIES

I.	Histoire du Château des Tuileries	
II.	Marie-Antoinette aux Tuileries	3 50
III.	Marie-Antoinette et l'Agonie de la Royauté	3 50
IV.	La dernière année de Marie-Antoinette	3 50
V.	La jeunesse de l'Impératrice Joséphine	3 50
VI.	La Citoyenne Bonaparte	3 50
VII.	La Femme du premier Consul	3 50
VIII.	La Cour de l'Impératrice Joséphine	3 50
IX.	Les dernières années de l'Impératrice Joséphine	3 50
X.	Les beaux jours de l'Impératrice Marie-Louise	3 50
XI.	Marie-Louise et la décadence de l'Empire	3 50
XII.	Marie-Louise et l'invasion de 1814	3 50
XIII.	Marie-Louise, l'Ile d'Elbe et les Cent Jours	3 50
XIV.	Marie-Louise et le Duc de Reichstadt	3 50
XV.	La jeunesse de la Duchesse d'Angoulême	3 50
XVI.	La Duchesse d'Angoulême et les deux Restaurations	3 50
XVII.	La Duchesse de Berry et la Cour de Louis XVIII	3 50
XVIII.	La Duchesse de Berry et la Cour de Charles X	3 50
XIX.	La Duchesse de Berry et la Révolution de 1830	3 50
XX.	La Duchesse de Berry et la Vendée	3 50
XXI.	La Captivité de la Duchesse de Berry	3 50
XXII.	Les dernières années de la Duchesse de Berry	3 50
XXIII.	La jeunesse de la Reine Marie-Amélie	3 50
XXIV.	Marie-Amélie et la Cour de Palerme	3 50
XXV.	Marie-Amélie au Palais-Royal	3 —
XXVI.	Marie-Amélie et la Cour des Tuileries	3 50
XXVII.	Marie-Amélie et la Duchesse d'Orléans	3 50
XXVIII.	Marie-Amélie et l'apogée du Règne de Louis-Philippe	3 50
XXIX.	Marie-Amélie et la Société Française en 1847	3 50
XXX.	La Révolution de 1848	3 50
XXXI.	Les Exils	3 50
XXXII.	Louis-Napoléon et Mademoiselle de Montijo	3 50
	Les Femmes de la Cour des derniers Valois	2 50
	Deux victimes de la Commune	2 50
	Souvenirs (poésies)	2 50
	Portraits des grandes Dames	3 50
	Madame de Girardin	3 50
	Histoire du Château des Tuileries (illustré)	5

PARIS. — IMP. NOIZETTE ET Cⁱᵉ

www.ingramcontent.com/pod-product-compliance
Lightning Source LLC
Chambersburg PA
CBHW070830230426
43667CB00011B/1739